·2018 年度国家社科基金青年项目"基于过程管理的历史档案开发利用众包模式研究"（18CTQ039）

·山东大学历史学院重点学科建设资助（11080082394003）

历史档案开发利用众包模式研究

陈建 ◎ 著

中国社会科学出版社

图书在版编目（CIP）数据

历史档案开发利用众包模式研究 / 陈建著. -- 北京：中国社会科学出版社，2025.7. -- ISBN 978-7-5227-5132-0

Ⅰ. G279.21

中国国家版本馆 CIP 数据核字第 20253Y9F17 号

出 版 人　季为民
责任编辑　刘　艳
责任校对　陈　晨
责任印制　郝美娜

出　　版　中国社会科学出版社
社　　址　北京鼓楼西大街甲 158 号
邮　　编　100720
网　　址　http://www.csspw.cn
发 行 部　010-84083685
门 市 部　010-84029450
经　　销　新华书店及其他书店

印　　刷　北京君升印刷有限公司
装　　订　廊坊市广阳区广增装订厂
版　　次　2025 年 7 月第 1 版
印　　次　2025 年 7 月第 1 次印刷

开　　本　710×1000　1/16
印　　张　26
字　　数　362 千字
定　　价　138.00 元

序

　　深入推进档案利用体系建设，充分实现档案对国家和社会的价值是我国档案事业的基本追求。在档案的利用体系中，历史档案的开发利用则是"档案利用体系建设"的重点和社会关注点。公众对档案的认知往往是通过档案部门对历史档案的开放程度来实现的。尽管在各级各类档案部门的持续努力下，在一些"民生档案"或者政府文件公开方面取得了显著的进展，但是从档案的价值和社会的关注等角度去衡量，历史档案有着无法取代的地位。换句话说，与其他类型的档案相比，历史档案才是档案部门存在的重要基础之一。如果历史档案的开发利用工作不能很好地解决，其他工作的进展不过就是一些表面文章，蹭蹭热度而已。

　　从国家的角度出发，是希望通过"建立各级国家档案馆馆藏档案解密和开放审核有关制度，实现档案开放审核工作法治化、规范化、常态化"等方面去推进，而作为具体的档案部门，"提升档案利用服务能力"和"加大档案资源开发力度"① 则是实施历史档案开发利用的基本功。在这些"基本功"当中，历史档案的开发利用模式自然是不能也无法回避的问题。陈建博士作为档案学界的一员，秉承学以致用的精神，主持完成了国家社会科学基金青年项目"基于过程管理的历史档案开发利用众包模式研究"，就是从学者的角度通过理论和现实的借鉴与推演，为我国档案事业的发展谋取良方。

---

① 　胡鸿杰、李丽环：《回顾与展望：两个规划带来的思考》，《档案与建设》2021 年第 6 期。

由于各国的实际情况不同，历史档案的概念尚无统一界定。按照陈建博士的思路，所谓历史档案指的是形成时间较早、离现在较久远且主要满足人们精神需要起历史文化作用的档案；而历史档案开发利用是指国家机构、社会组织或个人为充分发挥历史档案的价值，对历史档案采取的收集、整理、鉴定、保管、保护、检索、编研、提供利用服务等全过程的管理活动。如此一来，凡是借助互联网平台，将原本属于自身开展的部分数字历史档案开发利用工作分配给大量非特定网络大众或经过筛选的特定机构，依托社会力量、智慧或资金共同开展的档案开发利用行为即可称为对历史档案开发利用的众包。按照"众包"操作模式，还可以细分为微任务众包、众赛、众筹和宏任务众包等。实事求是地讲，在我国档案界这种历史档案开发利用的众包模式还没有被广泛认同和采用。因此，国家社会科学基金青年项目"基于过程管理的历史档案开发利用众包模式研究"中主要是通过介绍欧美一些国家的机构（部门）实施"众包"的案例，分析各种"众包"模式在我国实施的难点和障碍，并在此基础上提出我国开发各种"众包"的模式建构与管理策略。

就像陈建博士在书中提出的一样，历史档案的开发利用无论在理论方面还是在实际操作方面，都有一个大众广泛参与的过程。如果将这一过程也描述为"众包"或者"众筹"，其结果必将是把原来属于单一主体的事务置于多主体（大众）之中，使一种植物在不同的境遇中生根开花，完成生命力的传递。也许这才是研究"历史档案开发利用众包模式"的意义所在。如果在不远的将来，包括历史档案开发利用众包模式在内的档案事务，成为社会大众广泛参与的社会行为，我们再次捧读这部《历史档案开发利用众包模式研究》一定会别有一番风味。

岳鸿杰

2024 年 8 月

在中国，历史档案一般是指 1949 年以前形成的档案。长期以来，作为珍贵文化遗产，历史档案因海量、繁杂、开发利用难度大而被束之高阁。"互联网＋"时代，公众力量崛起，众包成为促进历史档案高效、低成本、高质量开发利用的新模式。本书旨在从系统和动态的视角研究历史档案开发利用众包的理论、模式与实践，运用过程管理理念探索科学高效、安全可控的模式实现策略，以期回应现实关切，释放公众智慧，丰富公众参与理论，促进档案学科的内涵式发展。

众包作为一种全新的理念和运作模式，是"互联网＋"时代历史档案开发利用创新的有效途径。历史档案具有特殊珍贵性，其开发利用众包不仅要关注结果，更要关注过程，其最终旨归是保障和提高历史档案开发利用的安全和质量，相较于目标管理，过程管理更加具有动态与可控性，对于历史档案开发利用众包更具适切性。因此，以过程管理的全部阶段管理和全部要素管理为理论基础，设计并实施历史档案开发利用众包模式是成功的关键。本书把全过程管理提升到众包全局性高度并贯穿于研究始终，将宏观要素和微观要素均纳入过程管理框架予以关注和设计。此外，本书还将历史档案开发利用众包模式分为微任务众包、众赛、众筹和宏任务众包四类，分别探讨各类型众包模式的过程管理策略。本书具体研究内容如下：

（一）历史档案开发利用众包模式概述

介绍众包模式的含义、优缺点及适用条件；对档案机构开展调研，从必要性和可行性两方面探讨众包模式在中国历史档案开发利用中的适用性；分析历史档案开发利用众包模式的含义与要素架构。

（二）中国历史档案开发利用众包模式的应用现状与难点探析

对中国现有档案众包实践进行深入的系统调研，总结项目开展背景、目标与成效并归纳其特点。在此基础上，结合对中国档案机构的问卷调查，讨论分析中国历史档案开发利用众包模式面临的主要问题和难点，包括档案资源开放的限制、政策法规保障及信息安全与法律风险、公众参与度和激励机制的不足、质量管控挑战以及人才、资金与技术障碍。

（三）历史档案开发利用众包模式的国际借鉴

通过文献调研、网络调研等多种渠道全面细致地分析国外（美国、英国、加拿大、澳大利亚、新加坡、德国、荷兰等）档案众包实践的开展背景、理念思路、项目内容、参与主体、技术平台、运作机制、保障体系等，总结学习经验。

（四）历史档案开发利用众包模式的过程管理框架构建及实施策略

以过程管理理论为指导，对模式过程进行科学划分和优化设计，建立基于纵向全部过程管理和横向全部要素管理的众包模式框架（前、中、后端）；根据子过程的不同任务特点和要求，梳理各自的管理要素，探讨实施策略。

（五）历史档案开发利用众包模式的其他类型研究

概述历史档案开发利用众赛模式的优缺点、适用性、构成及种类，对国内应用现状进行调查与评价，构建基于过程管理的众赛框架及管理策略；分析众筹模式适用性，以腾讯乐捐公益平台为例探讨历史档案开发利用众筹模式的特点、问题与原因，并建立众筹模式的过程管理框架及实施策略；研究历史档案开发利用宏任务众包模式的概念、要素及适用性，通过八戒公采案例调研宏任务众包模式的现状并构建相应的过程管理框架及管理策略。

（六）历史档案开发利用众包模式的案例应用

以基于微任务众包模式的济南记忆档案收集与利用、基于众赛模式的档案文化创意产品开发、基于众筹模式的档案文化创意产品开发三个案例为例，对不同类型历史档案开发利用众包模式进行试点、验证或评估，多维度综合判断模式优劣和价值并推进模式优化。

目录

第一章

绪　　论

第一节　研究动因与意义

一　研究动因与背景

当前，中国大量历史档案正被转化为数字资源，但其开发利用仍困难重重：数量庞大（仅中国第一和第二历史档案馆馆藏就达到 5500 万件），形式多样（手写、印刷、外文、古文件等），辨识处理难度大（字形有繁简、字体有"古真草隶篆行"、竖排居多、部分无标点），人员素质要求高（公文知识、历史人文知识、语言概括能力、外语和古文能力等）。档案机构自身力量或外包方式均难以独立应对海量历史档案的著录、转录、翻译、校对、鉴定、编研等开发利用任务。

"互联网＋"时代，随着 Web2.0 技术的发展，社会公众力量被空前重视，众包概念迅速普及，深入人心，它是指企业、机构或者组织把过去交由特定机构或个人完成的工作，现在通过互联网公开分配给非特定广大网络大众的做法或者模式，具有基于互联网、开放共建、网络大众协同创作等特征。2014 年，中共中央办公厅、国务院办公厅发布的《关于加强和改进新形势下档案工作的意见》明确指出，"规范并支持社会力量参与档案事务"。在档案家族，历史档案年代久远，已达开放年限，涉密较少，非常适合引入社会力量开展众包开发。十余年来，众包模式在国外文化遗产领域被广泛接受和成功应用（见表 1—1）。

表 1－1　　国外文化遗产机构历史档案开发利用众包实践项目（部分）

项目名称	众包类型	代表性实践		
		国家	机构	项目内容
Picture Australia	征集	澳大利亚	国家图书馆	2001 年启动，鼓励公众将自己的数字图片上传
Transcribe Bentham	转录	英国	伦敦大学学院图书馆	2010 年推出，旨在鼓励公众对杰里米·边沁（Jeremy Bentham，1748—1832）6 万多本手稿进行查阅和转录；包括作品集的草稿笔记、未出版的文集、往来信件等
Anti-Slavery Manuscripts Transcription Project	转录	美国	波士顿公共图书馆	2018 年启动，旨在鼓励公众对波士顿公共图书馆的反奴隶制收藏进行转录，该收藏是美国最大和最重要的废奴主义材料收藏，包含从 19 世纪 30 年代至 70 年代的大约 4 万份函件、信封、报纸、手册、书籍和纪念品
What's on the Menu?	转录	美国	纽约公共图书馆	2011 年启动，鼓励公众对 4 万份历史悠久的纽约餐厅菜单进行转录
Digitalkoot	校对	芬兰	国家图书馆	2011 年启动，鼓励公众对数字报纸 OCR 识别结果进行校对
Australian Newspaper Digitisation	校对	澳大利亚	国家图书馆	2007 年启动，鼓励公众和历史学家对澳大利亚数字报纸 OCR 识别结果进行校对
Montevideo Maru	翻译	澳大利亚	国家档案馆	鼓励公众对战俘和平民拘留者名单（日文版）进行进一步翻译识别

项目名称	众包类型	代表性实践		
		国家	机构	项目内容
Discovering Mildenhall's Canberra	鉴定（知识贡献与纠错）	澳大利亚	国家档案馆	鼓励公众对堪培拉旧照片档案的标题、日期以及已经定位好的位置进行识别并提出纠正或更改建议
The National Archives Transcription Pilot	转录、标记和注释	美国	国家档案馆	鼓励公众对300多份手写或印刷历史文件（内战间谍信、总统记录、投票权请愿书和逃亡奴隶案件档案等）进行转录、注释等
Ghostsigns	征集	澳大利亚	Sam Roberts	向公众征集澳大利亚相关建筑上的手绘广告
The Traditional Stone Bridge of Plaka	征集	雅典	国立技术大学	收集普拉卡石桥图像或视频并制作3D模型
Nikkilä Memories	征集	芬兰	西波市市政当局	收集当地人对Nikkilä老建筑和方志的个体及社会记忆
Yleisradio Conflict Heritage Crowdsourcing	注释	芬兰	芬兰广播公司	为二战战场以外其他发生冲突的地点标记、描述、提供照片或评论
Click! A Crowd Curated Exhibition	鉴定	美国	布鲁克林艺术博物馆	评估和筛选与改变布鲁克林面貌主题相关的照片
Our Archives Wiki	编研	美国	国家档案馆	公众参与馆藏档案维基百科编辑
VeleHanden	转录	荷兰	阿姆斯特丹档案馆与Picturae公司	2011年启动，截至2021年8月，平台已完成项目67个，正在进行项目33个，拥有20780名注册志愿者，完成6680942条数据转录
Slade Archive Project	标引	英国	伦敦大学学院	2012年启动，以英国斯莱德美术学校历史档案为主题，借助大众标引进行元数据库构建和完善

　　相比之下，众包理念尚未真正融入中国历史档案开发利用工作中，仅有少量应用案例，比如上海图书馆对馆藏盛宣怀档案建立众包平台开展档案转录和著录、华南理工大学知识管理中心对小批量粤海关历史档案的翻译和转录开展众包试点、辽宁省档案馆官网"社会档案人"版块允许公众对部分开放的历史档案在百度百科上创建词条进行编辑等；但在图书情报与文献学领域，众包已在出版、编辑、图书采购、古籍数据库建设、文献资源建设等方面得到广泛应用和研究讨论，这些有益探索值得进一步总结和深化。同时，众包模式在档案信息安全、知识产权保护、用户激励、质量控制等方面的风险和难点使其推广受到挑战。这表明，历史档案开发利用众包有必要进行理念更新、顶层设计、全程管控，过程管理理论可有效应对和解决这一难题。

　　过程管理的理论基础是以系统论、控制论和信息论为主导的现代系统理论，以"过程"作为全新的认识工具和分析框架，核心理念是以过程中的细节最优化来实现最终成果整体价值最大化，主要涵盖两大方面：一是纵向的全部过程管理，从输入到输出，包含所有子过程；二是横向的全部要素管理，对任一过程涉及的方法、手段、参与者等要素进行控制。全部过程与全部要素是基于质量保障而彼此嵌入、相辅相成的统一体。该理论充分汲取了全面质量管理的理论精髓，更加具有动态与可控性，因而对于历史档案开发利用众包更具适切性。

　　综上所述，本书可为历史档案开发利用提供新的思路和模式，具有重要的理论和现实意义。

二　研究意义

　　第一，于档案学科而言，对丰富理论体系、创新发展公众参与理论具有引领意义。一方面，历史档案开发利用众包理论是应对档案资源观、记忆观和权力观理论转型的重要战略，可以促进档案学的内涵式发展；另一方面，从过程管理的视角探讨历史档案开发利用众包模式的质量控制、用户激励、平台构建、信息安全等问题，具有创新档案学公众参与理论的深层次价值。

第二，于档案机构而言，为其拓展工作思路、创新历史档案开发利用模式提供参考。本书引入众包理念和过程控制理念推动档案机构与用户协同开发利用历史档案资源，有利于解决档案机构现实难题，增强其发展活力、动力和社会影响力。

第三，于社会公众而言，为其释放个体潜能、提升档案意识、满足历史档案利用需求描绘路径。本书聚焦基于过程管理的历史档案开发利用众包模式的设计与实现，为微观个体参与价值创造描绘了现实路径，为公众与档案机构建立彼此合作、良性互动的新型伙伴关系以及提升历史档案资源与公众需求的契合度提供了现实可能。

第二节　学术史回顾

一　国内研究现状

笔者以"档案＋众包"为主题词，检索截至 2024 年 8 月 3 日的 CNKI 中国优秀硕（博）士学位论文、学术期刊、重要报纸、万方、维普、读秀等数据库，经过甄选得到有效文献 173 篇。文献统计数据发现，在主题分布方面，目前学界关于该领域的主题分布较为广泛，主要涵盖数字人文、众包模式、公众参与、人文视域、档案资源、数字档案资源、档案信息资源建设、历史档案、数字档案馆等主题（见表 1—2）；在文献发文趋势方面，学界对该领域的关注始于 2013 年，近十年来发文呈现总体上升趋势，近几年年均发文基本维持在 20—30 篇（见图 1—1）；在文献作者分布方面，发表 3 篇及以上论文的核心作者有 8 人，分别是陈建（15 篇）、赵宇翔（4 篇）、黄霄羽（4 篇）、丁越（4 篇）、聂勇浩（3 篇）、张江珊（3 篇）、汪小琴（3 篇）、段佳音（3 篇）（见图 1—2）；在文献机构分布方面，绝大部分文献来源于高校，发文数量排名前五的机构分别是山东大学（21 篇）、上海大学（16 篇）、中国人民大学（11 篇）、湘潭大学（10 篇）、吉林大学（8 篇）（见图 1—3）。

表 1—2　　　　　　　"档案＋众包"主要主题分布表

序号	主题	文献数量（篇）	占比（％）
1	档案众包	25	17
2	数字人文	18	12.24
3	档案馆	13	8.84
4	众包模式	13	8.84
5	公众参与	12	8.16
6	人文视域	7	4.76
7	档案资源	7	4.76
8	档案数字化	6	4.08
9	数字档案资源	5	3.40
10	档案信息资源建设	4	2.72
11	历史档案	4	2.72
12	数字档案馆	4	2.72

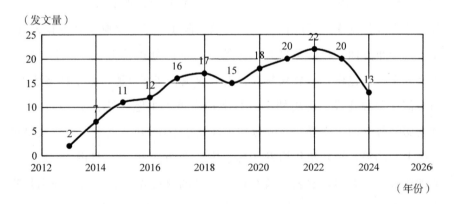

图 1—1　"档案＋众包"文献总体趋势

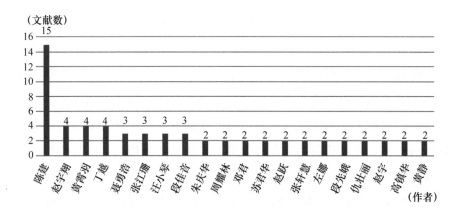

图 1—2　"档案＋众包"文献作者分布

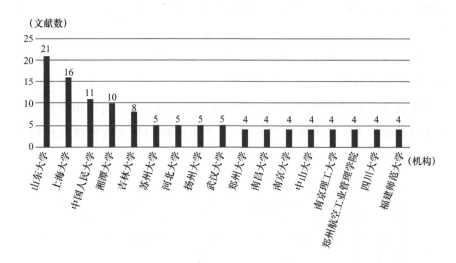

图 1—3　"档案＋众包"文献机构分布

研究内容方面，目前学界对于档案众包的研究内容广泛，研究成果较为丰硕，主要包括以下方面：

（一）档案众包的含义、要素架构与模式分类研究

目前学界对档案众包的含义并无统一界定，谢晓萍等[①]、赵宇[②]、赵盈盈等[③]、裴丽[④]均对档案众包的含义作出界定，如谢晓萍等认为，档案众包是档案部门通过互联网信息共享平台，为某项需大众力量完成的档案业务而组织合适的大规模志愿者群体加入，承担不同难度和模块的任务，贡献个人的智慧与资源，同时获得成就感、社会参与感及个人技能的提升，并可获得档案部门的奖励，从而达到档案部门与参与者互利共赢的一项活动[⑤]。

档案众包的要素架构方面，目前学界对于档案众包的参与主体角色和要素架构探讨较多，如谢晓萍等构建了档案众包多主体模型[⑥]、孙洋洋构建了基于众包的档案馆信息资源协同共建框架[⑦]、张卫东等绘制了LAM众包模式图[⑧]，均对档案众包的参与主体及要素框架进行了系统分析。

档案众包的模式分类方面，目前学界对档案众包模式的分类探讨较多，许多学者根据公众参与档案众包的内容进行分类，例如：孙洋洋将档案众包分为意见征询类、档案资源内容贡献类、信息资源组织类、系统开发与维护类、参考咨询类五种[⑨]；聂勇浩等根据大众发挥的作用将

---

① 谢晓萍、胡燕：《国外"档案众包"项目及启示》，《档案天地》2015年第9期。
② 赵宇：《档案众包平台的构建及运行机制研究》，《浙江档案》2016年第4期。
③ 赵盈盈、刘桂芹：《众包模式在我国档案网站信息资源建设中的应用研究》，《办公室业务》2017年第1期。
④ 裴丽：《档案众包质量管理及评价体系研究》，《档案与建设》2017年第9期。
⑤ 谢晓萍、胡燕：《国外"档案众包"项目及启示》，《档案天地》2015年第9期。
⑥ 谢晓萍、胡燕：《国外"档案众包"项目及启示》，《档案天地》2015年第9期。
⑦ 孙洋洋：《基于众包模式的档案馆信息资源协同共建研究》，《浙江档案》2015年第11期。
⑧ 张卫东、韩效东：《图博档数字资源的众包模式研究》，《情报理论与实践》2016年第10期。
⑨ 孙洋洋：《基于众包模式的档案馆信息资源协同共建研究》，《浙江档案》2015年第11期。

其区分为"用户转化内容"和"用户贡献内容"两类[①]；董雨等以公众参与资源建设深度为标准，将档案众包模式分为接收参与、资源优化、资源创建、行为分析和管理流程纳入五种[②]。此外，也有学者根据档案转录项目组织管理主体属性的不同，将档案转录工作社会参与的运作模式分为国家力量主导模式、市场力量主导模式和社会力量主导模式三种[③]。

（二）关于档案众包的适用性与难点的研究

档案众包的适用性方面，学界对于档案众包的必要性探讨较多，例如：郑博认为，众包使档案工作能够满足大众的需求，又能够借助大众的智慧创新档案工作，激发档案工作的活力，提升档案信息资源的开发利用水平[④]；裘丽认为，档案众包有助于突破档案工作的瓶颈，扩大档案领域的社会影响力[⑤]；张卫东等认为，LAM 等信息机构必须重新审视其资源和用户策略，必须重视用户的期待，与用户形成彼此合作、共同成长、良性互动的新型伙伴关系……众包可以提高 LAM 等公共文化部门用户的参与度，对用户产生一种对文化的参与感、创造感和拥有感[⑥]；叶曦认为，众包的意义已超越档案转录工作本身：不仅局限于优化档案信息资源开发与利用、促进社会其他领域工作开展等传统意义，还有助于加强档案工作对个体的人文关怀[⑦]。关于档案众包的可行性分析方面，唐竞等分析了历史档案著录众包的可行性[⑧]；赵盈盈等对众包

---

①　聂勇浩、董子晗：《档案信息资源建设中众包的实施框架与路径》，《档案学通讯》2019 年第 4 期。

②　董雨、周耀林：《"互联网＋"环境下档案信息资源建设众包模式研究》，《北京档案》2019 年第 2 期。

③　叶曦：《档案转录工作的社会参与研究》，硕士学位论文，福建师范大学，2020 年。

④　郑博：《我国档案众包实现研究》，硕士学位论文，河北大学，2017 年。

⑤　裘丽：《档案众包质量管理及评价体系研究》，《档案与建设》2017 年第 9 期。

⑥　张卫东、韩效东：《图博档数字资源的众包模式研究》，《情报理论与实践》2016 年第 10 期。

⑦　叶曦：《档案转录工作的社会参与研究》，硕士学位论文，福建师范大学，2020 年。

⑧　唐竞、仇壮丽：《历史档案著录"众包"研究》，《档案时空》2016 年第 4 期。

在档案网站信息资源建设中应用的可行性进行分析，认为众包模式在档案网站信息资源建设中的有效应用取决于三个基本条件：丰富优质的档案资源、方便快捷的大众参与平台、广大网民的参与①。在中国档案众包的适用性方面，谢晓萍等认为，中国确实与国外相比还存在一定的差距，但这并不意味着中国与"档案众包"无缘。我们要做的工作就是在借鉴他国经验的基础上，将"档案众包"与本土实践紧密结合，在充分的理论研究与调研后再试点推行，以使"众包"这种群体智慧挖掘方式惠及中国的档案工作②。郭笑红也认为，一些问题和挑战使得中国推行档案众包面临重重阻碍，但并不代表中国不能推行档案众包③。

档案众包的难点和挑战方面，学界对档案众包的难点和挑战关注较多，俞宽认为，用户激励、质量控制和人员选择是档案众包的三大难点④；郭笑红认为，平台构建、资金有限、信息安全、隐私及产权控制等是众包理论在档案领域应用的重要难点⑤；韦秋连对档案众包项目流程中涉及的关键风险要素进行识别，并依据风险来源分为发包方、接包方、平台、任务、环境五个方面⑥；裴丽将档案众包质量风险分为档案众包参与者的不可控性、档案众包结果梳理和质量判定的复杂性以及网络信息安全的潜在风险⑦。

（三）关于档案众包的理论基础及全过程管理的研究

理论基础方面，目前学界对档案众包理论基础的分析总体较为缺

---

① 赵盈盈、刘桂芹：《众包模式在我国档案网站信息资源建设中的应用研究》，《办公室业务》2017年第1期。

② 谢晓萍、胡燕：《国外"档案众包"项目及启示》，《档案天地》2015年第9期。

③ 郭笑红：《基于SWOT的档案众包理论应用分析》，《图书情报导刊》2016年第8期。

④ 俞宽：《基于众包理论的粤海关历史文献数字化处理模式研究》，硕士学位论文，华南理工大学，2014年。

⑤ 郭笑红：《众包理论在档案领域应用的问题及对策研究》，《办公室业务》2016年第3期。

⑥ 韦秋连：《档案众包项目风险识别、评估及防范》，硕士学位论文，广西民族大学，2021年。

⑦ 裴丽：《档案众包质量管理及评价体系研究》，《档案与建设》2017年第9期。

乏，孙洋洋借鉴萨蒂什·南比桑（Satish Nambisan）和莫汉比尔·索尼（Mohanbir Sawhney）提出的两种网络管理范式：由主导者决策创新的过程、定义工作的本质和选择参与者；将领导力分散在网络公众中，认为档案馆应以第一种范式为主，即由档案馆从风险管控、资源纳入、众包群体等方面予协调和适度控制，可在众包工作发展成熟后复议第二范式，从而形成混合式管理体制①。邓景峰等基于长尾理论对档案资源建设众包进行探析，认为长尾理论与众包具有天然的内在联系，他进一步探析了长尾理论应用于档案众包的必要性和可行性，肯定了将二者应用于档案工作对于推进档案事业发展的价值意义②。张熙等也对长尾理论在档案众包中的应用开展了研究③。

　　档案众包的全过程管理方面，历史档案的特殊性对众包模式的质量和安全性要求较高，学界不少学者提出应当采用全过（流）程管理理念对档案众包进行质量控制并开展了初步的理论探索。例如：唐竟等认为应做好各个环节的统筹管理，历史档案著录的众包可以分为三大环节：一是前期处理；二是任务发布；三是任务完成。统筹管理要根据众包的各环节建立良好的组织结构、清晰的实施流程、完善的运行机制④。赵宇将档案众包平台运行模式分为"五个环节""三个阶段"。"五个环节"为发包方及众包项目、项目审核、项目开发、成果审核、项目完成；"三个阶段"为资源开放共建共享的开端阶段、资源开放共建共享的运作阶段、资源开放共建共享的完成阶段⑤。詹逸珂从历时视角出发，构建了融贯众包前端和数字人文项目后端、以历史档案众包过程为核心的关系框架，根据流程先后顺序，数字人文前端的历史档案资源众包可分

---

① 孙洋洋：《基于众包模式的档案馆信息资源协同共建研究》，《浙江档案》2015 年第 11 期。

② 邓景峰、吴品才：《基于长尾理论的档案资源建设众包探析——以美国"公民档案者"项目为例》，《浙江档案》2020 年第 11 期。

③ 张熙、倪丽娟：《长尾理论在档案众包中的应用研究》，《北京档案》2022 年第 6 期。

④ 唐竟、仇壮丽：《历史档案著录"众包"研究》，《档案时空》2016 年第 4 期。

⑤ 赵宇：《档案众包平台的构建及运行机制研究》，《浙江档案》2016 年第 4 期。

为前期、中期和后期，三者在功能上分别对应平台设计、任务执行和成果检查[①]；锅艳玲等利用全程管理理念，将发包方、档案机构、接包团体、众包任务及技术要求等要素集成于整个众包流程，认为理顺各环节的关系有利于分析各环节潜在的质量问题及诱导因素，以保证将质量这一主线贯穿于众包业务流程的始终[②]。陆璐认为应构建参与公众的全过程管理体系[③]。王家慧认为档案众包管理应建立全过程有效管理机制[④]。谈伟提出应做好全过程质量管理，全过程的监管和及时提供帮助与咨询也是提高众包质量的手段[⑤]。赵宇认为应从源头——参与者的控制、中流——制作过程的助力、收尾——制作成果的审核、升华——专家小组的整合四个方面控制数字档案信息资源众包内容质量[⑥]。裴丽提出通过前端控制、中端交互、后端保障三个环节，实现档案众包质量全过程监管，有助于档案部门将众包成果转化为优质的档案服务资源[⑦]。俞宽聚焦于如何进行全流程控制，实现对于任务完成质量的把控，流程类型应该包括三大类：粤海关文献整理流程、基于网站的普通用户参与流程、专家协同流程，其中普通用户参与全流程即从用户招募到最终质量评价，层层把关，构建具有层次性的质量控制体系，具体控制流程包括用户信息审核与能力测试、任务设置控制和最终质量审核三大阶段[⑧]。可见，目前学界对于档案众包的全过程管理与质量控制的认识已经基本达成共识，但在具体阶段的划分上说法不一。

---

① 詹逸珂：《数字人文项目前端历史档案资源众包探析：特征、风险及其控制》，《山西档案》2020 年第 2 期。

② 锅艳玲、陈红：《我国档案众包质量控制探析》，《档案学通讯》2019 年第 3 期。

③ 陆璐：《公众参与档案馆藏建设行为动机与激励研究》，硕士学位论文，吉林大学，2019 年。

④ 王家慧：《档案众包在我国发展困境及发展策略分析》，《档案天地》2022 年第 9 期。

⑤ 谈伟：《国外"档案众包"实践及引发的思考》，《四川档案》2014 年第 2 期。

⑥ 赵宇：《"互联网＋"时代数字档案信息资源建设的众包策略探究》，《档案管理》2017 年第 2 期。

⑦ 裴丽：《档案众包质量管理及评价体系研究》，《档案与建设》2017 年第 9 期。

⑧ 俞宽：《基于众包理论的粤海关历史文献数字化处理模式研究》，硕士学位论文，华南理工大学，2014 年。

（四）档案众包项目实践研究

目前国内学界对档案众包项目实践的探讨较多，这些探讨以介绍国外档案众包项目实践并得出对中国的启示为主，主要关注的项目包括美国"公民档案工作者"（Citizen archivists）项目①、美国纽约公共图书馆"菜单上有什么？"（What's on the Menu?）项目②、荷兰"众在参与"（Velehanden）项目③、英国国家档案馆"战地日记"（Operation War Diary）项目④、新加坡的公民档案员计划（Citizen Archivist）⑤、伦敦大学学院"边沁手稿转录"（Transcribe Bentham）项目⑥、荷兰国家视听档案馆视听档案加标签（Waisda?）项目⑦、澳大利亚数字报纸（Trove）项目⑧、美国国会图书馆"经由人民"（By the People）项目⑨，学界对国内档案众包项目的关注主要包括上海图书馆历史文献众包平台⑩、上海图书馆家谱知识服务平台项目⑪等。

（五）档案众包关键问题研究

目前该领域研究已涵盖众包平台构建、激励机制、质量控制、评价体系等方面，具体来说：

1. 档案众包平台构建方面

学界对档案众包平台的研究较多，研究内容涵盖平台功能⑫、系统

---

① 顾丽娅：《国外档案众包实践及启示》，《浙江档案》2015 年第 7 期。

② 谈伟：《国外"档案众包"实践及引发的思考》，《四川档案》2014 年第 2 期。

③ 谈伟：《国外"档案众包"实践及引发的思考》，《四川档案》2014 年第 2 期。

④ 谢晓萍、胡燕：《国外"档案众包"项目及启示》，《档案天地》2015 年第 9 期。

⑤ 顾丽娅：《国外档案众包实践及启示》，《浙江档案》2015 年第 7 期。

⑥ 郑博：《我国档案众包实现研究》，硕士学位论文，河北大学，2017 年。

⑦ 郑博：《我国档案众包实现研究》，硕士学位论文，河北大学，2017 年。

⑧ 郑博：《我国档案众包实现研究》，硕士学位论文，河北大学，2017 年。

⑨ 郝晓雅：《用户参与数字档案资源开发利用模式及实现研究》，硕士学位论文，天津师范大学，2022 年。

⑩ 张轩慧、赵宇翔、刘炜、朱庆华：《数字人文众包抄录平台用户体验优化的行动研究：基于社会技术系统理论》，《中国图书馆学报》2020 年第 5 期。

⑪ 胡娟、柯平：《我国图书馆数字人文项目建设经验与启示——以上海图书馆家谱知识服务平台项目为例》，《图书馆工作与研究》2022 年第 1 期。

⑫ 赵宇：《档案众包平台的构建及运行机制研究》，《浙江档案》2016 年第 4 期。

架构、平台选择[①]、平台建设等方面，如韩效东从平台维度、任务维度、用户维度三个角度进行众包平台用户需求分析，同时结合技术层面、政策层面、经济层面因素的影响，建立了一套完整的图情档众包平台功能模块图[②]；张卫东等认为档案众包平台主要包括专业平台和第三方平台；赵宇将档案众包平台构建方式分为"自给自足"式构建平台和"顶层设计"式构建平台两种类型[③]。

2. 公众参与档案众包的动机及激励方面

目前学界对档案众包的用户参与动机及其激励路径关注较多，成果较为丰硕。参与动机方面，陆璐确立了公众参与档案馆藏建设行为的动机模型[④]；连志英对公众参与数字档案资源社会化开发项目动机进行了研究[⑤]；张轩慧等构建出数字人文类公众科学项目持续发展阶段的公众参与动因模型，并提出相应的激励对策[⑥]；谭宇彤分析了数字人文视域下档案众包项目公众参与意愿的影响因素[⑦]。参与激励方面，大部分学者将众包激励分为物质激励和精神激励两种方式[⑧]，晏秦将档案信息资源开发大众参与的激励原则归纳为强化正向激励、公平性、差异性和强化内在激励等几个方面[⑨]。

---

① 张卫东、韩效东：《图博档数字资源的众包模式研究》，《情报理论与实践》2016年第10期。

② 韩效东：《LAM众包平台的功能设计优化》，硕士学位论文，吉林大学，2018年。

③ 赵宇：《"互联网＋"时代数字档案信息资源建设的众包策略探究》，《档案管理》2017年第2期。

④ 陆璐：《公众参与档案馆藏建设行为动机与激励研究》，硕士学位论文，吉林大学，2019年。

⑤ 连志英：《公众参与数字档案资源社会化开发项目动机研究》，《档案学研究》2022年第4期。

⑥ 张轩慧、赵宇翔、宋小康：《数字人文类公众科学项目持续发展阶段的公众参与动因探索——基于盛宣怀档案抄录案例的扎根分析》，《图书情报知识》2018年第3期。

⑦ 谭宇彤：《数字人文视域下档案众包项目公众参与意愿影响因素研究》，硕士学位论文，吉林大学，2021年。

⑧ 张卫东、韩效东：《图博档数字资源的众包模式研究》，《情报理论与实践》2016年第10期。

⑨ 晏秦：《档案信息资源开发大众参与激励机制探析》，《北京档案》2017年第3期。

3. 其他方面

目前学界对档案众包的研究还涉及质量审核①、隐私权与知识产权保护②、众包评价③等方面，以档案众包评价为例，裘丽专文探讨构建了一个科学适用的档案众包质量评价体系，主要包括构建原则和指标设计两个方面④，其他研究大多简单提及，并未专文探讨。

综上所述，国内学界目前对档案众包的研究已取得较为丰硕的成果，研究范围较为广泛，研究内容逐渐走向深入，但依然存在以下不足：

第一，目前学界对于档案众包模式的关注均局限于微任务众包模式，而对于众赛、众筹、宏任务众包等其他类型的众包模式缺乏关注。

第二，除个别学者外，学界对档案众包价值和必要性的认识大多局限于档案机构自身视角，而对于档案众包对深化档案机构与社区关系、个人赋权、公众参与强化等维度的认识和讨论不足。

第三，目前国内对档案众包的可行性与适用性分析大多流于表面分析，缺乏对现有档案众包实践的深入系统调研以及对档案部门和公众实际需求的细致调研。

第四，学界对全过程管理的关注重点局限于众包质量控制，缺乏对众包信息安全、合法合规、知识产权等方面的关注，也没有从系统和动态视角把全过程管理提升到众包全局性高度并贯穿于研究和实践始终；提出的全过程管理理念以口号或概述居多，细节阐释不足，且很少根据众包具体环节设计良好的要素框架和完善的运行机制，导致全过程管理理念难以落地。

---

① 孙洋洋：《基于众包模式的档案馆信息资源协同共建研究》，《浙江档案》2015年第11期。
② 赵宇：《"互联网＋"时代数字档案信息资源建设的众包策略探究》，《档案管理》2017年第2期。
③ 裘丽：《档案众包质量管理及评价体系研究》，《档案与建设》2017年第9期。
④ 裘丽：《档案众包质量管理及评价体系研究》，《档案与建设》2017年第9期。

第五，学界对国外档案众包项目的分析以简单介绍居多，在平台建设、用户激励、质量控制等运作机制方面阐释较为薄弱，且经验总结与中国国情结合不够，提出的借鉴意见宽泛且操作性不足。目前国内档案众包项目较为稀少，学界对国内档案众包项目的调研不够，提出的相关对策建议的针对性有待进一步强化。

第六，学界对于档案众包部分关键问题的研究内容仍显零散简单，尚未系统化。比如学界对档案众包激励的研究大多基于用户动机来探讨，很少从参与贡献的维度对用户进行细分来探讨差异化激励措施；学界对档案众包的知识产权问题的关注也较为不足。

二 国外研究现状

笔者分别以 crowdsourcing＋archives/record/archival、citizen archivist 等为题名和关键词，检索截至 2024 年 8 月 3 日的 Elsevier ScienceDirect、ProQuest、Web of Science 以及 Google Scholar 等，经过甄选，得到 64 篇有效文献。

文献统计数据发现，在学科分布方面，目前学界关于该领域研究的学科分布较为广泛，主要涵盖档案及博物馆、计算机软件及计算机应用、图书情报与数字图书馆等学科（见表 1－3）；文献发文趋势方面，学界对该领域的关注始于 2004 年，在 2020 年达到研究高峰（见图 1－4）。

表 1－3 　　　　　　　　　主要学科分布表

序号	主题	文献数量（篇）	占比（％）
1	档案及博物馆	8	15.38
2	计算机软件及计算机应用	7	13.46
3	图书情报与数字图书馆	6	11.54
4	感染性疾病及传染病	4	7.69
5	医药卫生方针政策与法律法规	3	5.77

序号	主题	文献数量（篇）	占比（%）
6	自动化技术	3	5.77
7	生物学	3	5.77
8	新闻与传媒	2	3.85
9	世界文学	2	3.85
10	文化	2	3.85
11	轻工业和手工业	2	3.85
12	出版	2	3.85

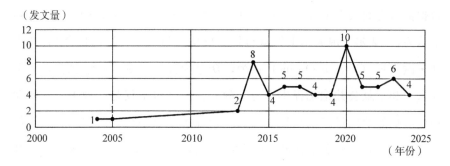

图 1—4　文献总体趋势

研究内容方面，目前国外学界对于档案众包的研究成果较为丰硕，内容较为深入，主要包括以下方面：

（一）档案众包模式的分类研究

国外学界对文化遗产众包的分类探讨较多，分类方式较为多样，例如：乔安·欧门（Johan Oomen）等将文化遗产众包分为六类：更正和转录任务、语境化、补充馆藏、分类、共同策展、众筹[①]；米娅·里奇（Mia Ridge）认为，文化遗产众包项目模式包括"基于平民的同行生产"

[①]　Johan Oomen, Riste Gligorov and Michiel Hildebrand, "Waisda？: Making Videos Findable through Crowdsourced Annotations", in Mia Ridge, ed. *Crowdsourcing Our Cultural Heritage*, Surrey: Ashgate, 2014, pp. 161—184.

和参与式档案馆[1]；斯图尔特·邓恩（Stuart Dunn）等认为，人文众包根据任务类型可以分为机械性众包、配置性众包、编辑性众包、合成性众包、调查性众包和创造性众包六种类型[2]。

（二）档案众包的原因与难点方面

国外学界对档案众包原因和价值的探讨较为全面深入，他们将档案众包价值界定为以下方面：第一，组织使命的驱动：加深与社区的关系。例如：内莱克·瓦恩·泽兰（Nelleke van Zeeland）等认为，"（档案众包）不仅促进了转录工作的进行，而且还在家庭历史学家和研究人员不同的数据需求之间架起了桥梁"[3]；林恩·刘易斯·达菲斯（Lyn Lewis Dafis）等认为，（威尔士国家图书馆众包）是机构参与用户社区的机会[4]；特雷弗·欧文斯（Trevor Owens）认为，众包为我们提供了一个机会，为个人参与和贡献公共记忆提供有意义的方式。众包不仅是一种工具，使我们能够更好地向最终用户提供内容，而且实际上是最好的方式，让我们的用户参与到这些数字收藏存在的根本原因中[5]。第二，为个人赋权。马克·费南（Mark Finnane）等认为，为旨在调查和解决社会问题的项目作出贡献可以是一种个人赋权的体验，历史数据的"众包"也可以通过挑

---

① Mia Ridge，"Crowdsourcing Our Cultural Heritage：Introduction"，in Mia Ridge，ed. *Crowdsourcing Our Cultural Heritage*，Surrey：Ashgate，2014，pp. 1—13.

② Stuart Dunn and Mark Hedges，"How the Crowd Can Surprise Us：Humanities Crowdsourcing and the Creation of Knowledge"，in Mia Ridge，ed. *Crowdsourcing Our Cultural Heritage*，Surrey：Ashgate，2014，pp. 231—246.

③ Nelleke van Zeeland and Signe Trolle Gronemann，"Participatory Transcription in Amsterdam and Copenhagen"，in Edward Benoit Ⅲ and Alexandra Eveleigh，eds. *Participatory Archives：Theory and Practice*，London：Facet Publishing，2019，pp. 103—113.

④ Lyn Lewis Dafis，Lorna M. Hughes and Rhian James，"What's Welsh for 'Crowdsourcing'？Citizen Science and Community Engagement at the National Library of Wales"，in Mia Ridge，ed. *Crowdsourcing Our Cultural Heritage*，Surrey：Ashgate，2014，pp. 139—159.

⑤ Trevor Owens，"Making Crowdsourcing Compatible with the Missions and Values of Cultural Heritage Organisations"，in Mia Ridge，ed. *Crowdsourcing Our Cultural Heritage*，Surrey：Ashgate，2014，pp. 269—280.

战关于过去普遍接受的智慧来纠正所谓的"非凡的流行错觉和人群的疯狂"①。第三，降低档案开发成本。例如：蒂姆·考泽（Tim Causer）等认为，一些机构可能会考虑外包转录，但对于边沁论文来说，这不是一个实际的选择，主要是因为没有任何组织会给予边沁项目足够的资金来外包数以万计的剩余未转录手稿的转录②；林恩·刘易斯·达菲斯（Lyn Lewis Dafis）等认为，（威尔士国家图书馆众包）有利于节省成本、时间和人力资源，改善资源的获取渠道和质量③。

档案众包的难点与挑战方面，国外对档案众包的难点与挑战的关注包括贡献者成果质量难保障、贡献成果被不加辨别地使用、项目成本过高、参与者不足等方面。例如：亚历山德拉·伊夫利（Alexandra Eveleigh）认为，贡献者可能是错误的，或者描述性数据可能会被从档案馆的上下文中拉出来，以及使用合作创作的资源的研究人员可能会以某种方式毫无疑问或证实地吞下所有这些④；内莱克·瓦恩·泽兰（Nelleke van Zeeland）等认为，对于收藏较少的小型机构来说，VeleHanden 项目很容易变得过于昂贵，……然而，转录项目跨越的长时间框架越来越受到以项目为导向的供资办法的挑战，业务任务和"长期"越来越难找到资源。建立一个志愿服务环境是一项艰巨的任务，如果没有稳定的资源

---

① Mark Finnane, Andy Kaladelfos and Alana Piper, "Sharing the Archive: Using Web Technologies for Accessing, Storing and Re-using Historical Data", *Methodological Innovations*, Vol. 11, No. 2, 2018, pp. 1—11.

② Tim Causer and Melissa Terras, "'Many Hands Make Light Work. Many Hands Together Make Merry Work': Transcribe Bentham and Crowdsourcing Manuscript Collections", in Mia Ridge, ed. *Crowdsourcing Our Cultural Heritage*, Surrey: Ashgate, 2014, pp. 57—88.

③ Lyn Lewis Dafis, Lorna M. Hughes and Rhian James, "What's Welsh for 'Crowdsourcing'? Citizen Science and Community Engagement at the National Library of Wales", in Mia Ridge, ed. *Crowdsourcing Our Cultural Heritage*, Surrey: Ashgate, 2014, pp. 139—159.

④ Alexandra Eveleigh, "Crowding out the Archivist? Locating Crowdsourcing within the Broader Landscape of Participatory Archives", in Mia Ridge, ed. *Crowdsourcing Our Cultural Heritage*, Surrey: Ashgate, 2014, pp. 211—229.

分配，这项任务可能会迅速瓦解①。

（三）关于档案众包的理论框架及全过程管理的研究

国外学界部分学者对档案众包的理论基础和框架开展了探讨，例如：斯科特·R.安德森（Scott R. Anderson）等运用吉登斯的社会结构理论，从结构论的角度说明档案众包是适应时代发展要求的社会结构模式，随着互联网时代的到来，档案领域的社会结构发生了巨大变化，结构中"规则的制定者"发生了变化，由档案部门作为唯一的规则制定者转变为普通大众可以参与规则的制定，简言之，大众可以充分表达自身的档案需求并广泛参与到档案工作中来②；亚历山德拉·伊夫利（Alexandra Eveleigh）提出了一个用户参与的拟议矩阵，四个象限——档案公地（The Archival Commons）、外联和参与（Outreach and Engagement）、协作社群（Collaborative Communities）、转录机（Transcription Machines）——一起提供了一个概念图，帮助理解当代众包和其他在线参与档案活动中观察到的模糊性和矛盾、意识形态倾向和配置多样性，矩阵的目的不是为档案领域的众包提供定义，而是制定一个框架，通过该框架可以评估现有的实际举措，特别是这些举措对档案专业化的影响③。

关于档案众包的全过程管理方面，国外学者同样关注到档案众包需要加强全要素控制与全过程管理，例如：迈克尔·拉扎里德斯（Michael Lascarides）等认为，在"菜单上有什么？"（What's on the Menu?）的经验也帮助他们阐明了使众包项目成功或失败的几个因素。

---

① Nelleke van Zeeland and Signe Trolle Gronemann, "Participatory Transcription in Amsterdam and Copenhagen", in Edward Benoit Ⅲ and Alexandra Eveleigh, eds. *Participatory Archives: Theory and Practice*, London: Facet Publishing, 2019, pp. 103—113.

② Scott R. Anderson and Robert B. Allen, "Envisioning the Archival Commons", *The American Archivist*, Vol. 72, No. 2, 2009, pp. 383—400.

③ Alexandra Eveleigh, "Crowding out the Archivist? Locating Crowdsourcing within the Broader Landscape of Participatory Archives", in Mia Ridge, ed. *Crowdsourcing Our Cultural Heritage*, Surrey: Ashgate, 2014, pp. 211—229.

这些因素跨越了项目的生命周期，从一开始的规划到构建应用程序，到促进和发展社区，再到将项目与图书馆的其他系统相结合①。蒂姆·考泽（Tim Causer）等认为，检查转录和维护网站的工作流程必须完全建立，并且作为这个试验的结果，质量控制过程得到了更多证明比其他方式更耗时②。马克·费南（Mark Finnane）等认为，如果不投入大量的资源、人力和资本来规划、管理和确保数据收集过程，包括关注可能立即或在较长时间内产生的研究成果，就无法开展以这种方式设计的项目③。

（四）档案众包项目实践研究

国外关于档案众包项目实践的研究成果较为丰富，发表了大量项目介绍和探讨性论文，这些论文基于项目细致调研，总结项目经验，探讨项目发展规律，得出了许多重要启示，对档案众包项目管理具有重要的借鉴意义。代表性项目如"旧天气"（Old Weather）④、"边沁手稿转录"（Transcribe Bentham）⑤、"战争部文件（1784—1800）"〔The Papers of the War Department（1784—1800）〕⑥、"菜单上有什么？"（What's on the

---

① Michael Lascarides and Ben Vershbow，"What's on the Menu？：Crowdsourcing at the New York Public Library"，in Mia Ridge，ed. *Crowdsourcing Our Cultural Heritage*，Surrey：Ashgate，2014，pp. 113－137.

② Tim Causer and Melissa Terras，"'Many Hands Make Light Work. Many Hands Together Make Merry Work'：Transcribe Bentham and Crowdsourcing Manuscript Collections"，in Mia Ridge，ed. *Crowdsourcing Our Cultural Heritage*，Surrey：Ashgate，2014，pp. 57－88.

③ Mark Finnane，Andy Kaladelfos and Alana Piper，"Sharing the Archive：Using Web Technologies for Accessing，Storing and Re-using Historical Data"，*Methodological Innovations*，Vol. 11，No. 2，2018，pp. 1－11.

④ Lucinda Blaser，"Old Weather：Approaching Collections from a Different Angle"，in Mia Ridge，ed. *Crowdsourcing Our Cultural Heritage*，Surrey：Ashgate，2014，pp. 45－55.

⑤ Tim Causer and Melissa Terras，"'Many Hands Make Light Work. Many Hands Together Make Merry Work'：Transcribe Bentham and Crowdsourcing Manuscript Collections"，in Mia Ridge，ed. *Crowdsourcing Our Cultural Heritage*，Surrey：Ashgate，2014，pp. 57－88.

⑥ Sharon M. Leon，"Build，Analyse and Generalise：Community Transcription of the Papers of the War Department and the Development of Scripto"，in Mia Ridge，ed. *Crowdsourcing Our Cultural Heritage*，Surrey：Ashgate，2014，pp. 89－111.

Menu?)①、"威尔士地名众包"（Cymru1900Wales）②、"威尔士遗嘱在线"（Welsh Wills Online）③、"荷兰视频标签游戏"（Waisda?）④、"你的绘画标签"（Your Paintings Tagger）⑤、"命名"项目（Project Naming）⑥、"修正它"（FIX IT-American Archive of Public Broadcasting）⑦、荷兰"众在参与"（VeleHanden）⑧、英国广播公司世界服务电台档案（BBC World Service Archive）⑨、大学广播档案在线（collegeradioarchive.org）⑩、"数据

---

① Michael Lascarides and Ben Vershbow, "What's on the Menu?: Crowdsourcing at the New York Public Library", in Mia Ridge, ed. *Crowdsourcing Our Cultural Heritage*, Surrey: Ashgate, 2014, pp. 113—137.

② Lyn Lewis Dafis, Lorna M. Hughes and Rhian James, "What's Welsh for 'Crowdsourcing'? Citizen Science and Community Engagement at the National Library of Wales", in Mia Ridge, ed. *Crowdsourcing Our Cultural Heritage*, Surrey: Ashgate, 2014, pp. 139—159.

③ Lyn Lewis Dafis, Lorna M. Hughes and Rhian James, "What's Welsh for 'Crowdsourcing'? Citizen Science and Community Engagement at the National Library of Wales", in Mia Ridge, ed. *Crowdsourcing Our Cultural Heritage*, Surrey: Ashgate, 2014, pp. 139—159.

④ Johan Oomen, Riste Gligorov and Michiel Hildebrand, "Waisda?: Making Videos Findable through Crowdsourced Annotations", in Mia Ridge, ed. *Crowdsourcing Our Cultural Heritage*, Surrey: Ashgate, 2014, pp. 161—184.

⑤ Kathryn Eccles and Andrew Greg, "Your Paintings Tagger: Crowdsourcing Descriptive Metadata for a National Virtual Collection", in Mia Ridge, ed. *Crowdsourcing Our Cultural Heritage*, Surrey: Ashgate, 2014, pp. 185—208.

⑥ Beth Greenhorn, "Project Naming: Reconnecting Indigenous Communities with Their Histories through Archival Photographs", in Edward Benoit Ⅲ and Alexandra Eveleigh, eds. *Participatory Archives: Theory and Practice*, London: Facet Publishing, 2019, pp. 45—57.

⑦ Casey Davis Kaufman and Karen Cariani, "Crowdsourcing Metadata for Time-based Media in the American Archive of Public Broadcasting", in Edward Benoit Ⅲ and Alexandra Eveleigh, eds. *Participatory Archives: Theory and Practice*, London: Facet Publishing, 2019, pp. 95—101.

⑧ Nelleke van Zeeland and Signe Trolle Gronemann, "Participatory Transcription in Amsterdam and Copenhagen", in Edward Benoit Ⅲ and Alexandra Eveleigh, eds. *Participatory Archives: Theory and Practice*, London: Facet Publishing, 2019, pp. 103—113.

⑨ Yves Raimond, Tristan Ferne, Michael Smethurst and Gareth Adams, "The BBC World Service Archive Prototype", *Web Semantics: Science, Services and Agents on the World Wide Web*, Vol. 27—28, No. 8—10, 2014, pp. 2—9.

⑩ Laura Schnitker, "Archives, Advocacy and Crowd-Sourcing: Towards a More Complete Historiography of College Radio", *Journal of Radio & Audio Media*, Vol. 23, No. 2, 2014, pp. 341—348.

救援：档案与天气"（Data Rescue：Archives and Weather）①、"哥本哈根历史图像元数据收集"（khbilleder. dk）②。

（五）档案众包关键问题研究

国外对档案众包参与用户划分、公众参与动机及激励、档案众包任务设计、平台设计与技术应用等关键问题给予了较多关注。

众包参与用户划分方面，国外学界对"超级贡献者"重要性的认识已基本达成共识③，如斯图尔特·邓恩（Stuart Dunn）等认为，鉴于一小部分贡献者完成了大部分工作这一事实，在人文众包中能否成功获得贡献者的努力将取决于找到特定领域的热情和专业知识④。学界对档案众包中的社群力量也给予了特别关注，如特雷弗·欧文斯（Trevor Owens）认为，图书馆、档案馆和博物馆中最成功的众包项目都没有涉及大规模人群，"人群"一词多少有些误导，因为大多数成功的众包项目并不依赖于大量匿名的群众，这些项目的成功是通过邀请参与其中的公众成员的参与。成功是建立在长期以来的志愿服务和公民参与创造和发展公益事业的传统上⑤。洛林·A. 董（Lorraine A. Dong）认为，在参与式档案转录中没有"大众"，相反，大多数计划都是由对项目感兴趣

---

① Renée Sieber and Victoria Slonosky, "Developing a Flexible Platform for Crowdsourcing Historical Weather Records", *Historical Methods：A Journal of Quantitative and Interdisciplinary History*，Vol. 52，No. 3，2019，pp. 164—177.

② Karin Hansson and Anna Näslund Dahlgren, "Crowdsourcing Historical Photographs：Autonomy and Control at the Copenhagen City Archives", *Computer Supported Cooperative Work*，Vol. 31，No. 1，2022，pp. 1—32.

③ Mia Ridge, "Crowdsourcing Our Cultural Heritage：Introduction", in Mia Ridge, ed. *Crowdsourcing Our Cultural Heritage*，Surrey：Ashgate, 2014，pp. 1—13.

④ Stuart Dunn and Mark Hedges, "How the Crowd Can Surprise Us：Humanities Crowdsourcing and the Creation of Knowledge", in Mia Ridge, ed. *Crowdsourcing Our Cultural Heritage*，Surrey：Ashgate, 2014，pp. 231—246.

⑤ Trevor Owens, "Making Crowdsourcing Compatible with the Missions and Values of Cultural Heritage Organisations", in Mia Ridge, ed. *Crowdsourcing Our Cultural Heritage*，Surrey：Ashgate, 2014，pp. 269—280.

的核心人员组成的专门小组进行的①。此外，亚历山德拉·伊夫利（Alexandra Eveleigh）将参与者划分为四种类型，分别为合作型参与者、目标型参与者、竞争性参与者和沉浸式（Immersive）参与者②。

档案众包参与动机及激励方面，学界对 GLAM 发起档案众包的动机因素③及公众参与档案众包的动机④均进行了较为深入的探讨，认为建立成功的众包项目需要了解公众参与的初始和持续参与的动机⑤，用户激励方面，学界也提出了众多的激励方式⑥，如内莱克·瓦恩·泽兰（Nelleke van Zeeland）确定了十个结合使用的有助于 Vele handen 项目成功的激励因素⑦。

档案众包任务设计方面，米娅·里奇（Mia Ridge）认为，高质量的"用户体验"（尤其是任务设计）对于创建既富有成效又引人入胜的界面至关重要⑧。迈克尔·拉扎里德斯（Michael Lascarides）等认为，要

①　Lorraine A. Dong，"Subtle Transformations：Increasing Participation and Access through Transcription"，in Edward Benoit Ⅲ and Alexandra Eveleigh，eds. *Participatory Archives：Theory and Practice*，London：Facet Publishing，2019，pp. 85－94.

②　Alexandra Eveleigh，Crowding out the Archivist? Implications of Online User Participation for Archival Theory and Practice，Ph. D. dissertation，UCL，2015.

③　Johan Oomen，Riste Gligorov and Michiel Hildebrand，"Waisda?：Making Videos Findable through Crowdsourced Annotations"，in Mia Ridge，ed. *Crowdsourcing Our Cultural Heritage*，Surrey：Ashgate，2014，pp. 161－184.

④　Johan Oomen，Riste Gligorov and Michiel Hildebrand，"Waisda?：Making Videos Findable through Crowdsourced Annotations"，in Mia Ridge，ed. *Crowdsourcing Our Cultural Heritage*，Surrey：Ashgate，2014，pp. 161－184.

⑤　Mia Ridge，"Crowdsourcing Our Cultural Heritage：Introduction"，in Mia Ridge，ed. *Crowdsourcing Our Cultural Heritage*，Surrey：Ashgate，2014，pp. 1－13.

⑥　Michael Lascarides and Ben Vershbow，"What's on the Menu?：Crowdsourcing at the New York Public Library"，in Mia Ridge，ed. *Crowdsourcing Our Cultural Heritage*，Surrey：Ashgate，2014，pp. 113－137.

⑦　Nelleke van Zeeland and Signe Trolle Gronemann，"Participatory Transcription in Amsterdam and Copenhagen"，in Edward Benoit Ⅲ and Alexandra Eveleigh，eds. *Participatory Archives：Theory and Practice*，London：Facet Publishing，2019，pp. 103－113.

⑧　Mia Ridge，"Crowdsourcing Our Cultural Heritage：Introduction"，in Mia Ridge，ed. *Crowdsourcing Our Cultural Heritage*，Surrey：Ashgate，2014，pp. 1－13.

努力使任务保持基础性和清晰性（仅捕获菜肴和价格）；构建尽可能简化的工具（单击菜单图像的某个区域，输入您看到的内容）；并保持低参与门槛（无须注册或登录），……要求参与者抄写一个句子，或一行，甚至一个单词。有多个步骤的复杂任务有半途而废的风险①。荷兰声音与视觉研究所和阿姆斯特丹自由大学联合推出"Waisda?"视频游戏，将视频档案贴标签的任务游戏化，如果玩家的标签与对手输入的标签匹配，玩家就会获得积分②。

　　平台设计与技术应用方面，内莱克·瓦恩·泽兰（Nelleke van Zeel-and）等认为，平台设计应遵循三个原则：确保快速、简单和尽可能自动化③。档案众包平台涉及自建网站、第三方众包网站和社交媒体等方面，一些机构通过自建网站开发自己的工具、接口和软件应用程序，如史密森尼转录中心（Smithsonian Transcription Center）、"战争部文件（1784—1800）"［The Papers of the War Department（1784－1800）］和"边沁手稿转录"（Transcribe Bentham）等项目④；而另一些机构则选择与第三方众包平台合作，比如 2017 年，美国公共广播档案馆（AAPB）与 Zooniverse 合作，推出了"滚动字幕"（Roll the Credits）项目，目标是让 Zooniverse 用户转录出现在公共电视节目开头和结尾的字

---

① Michael Lascarides and Ben Vershbow，"What's on the Menu?：Crowdsourcing at the New York Public Library"，in Mia Ridge，ed. *Crowdsourcing Our Cultural Heritage*，Surrey：Ashgate，2014，pp. 113－137.

② Johan Oomen，Riste Gligorov and Michiel Hildebrand，"Waisda?：Making Videos Findable through Crowdsourced Annotations"，in Mia Ridge，ed. *Crowdsourcing Our Cultural Heritage*，Surrey：Ashgate，2014，pp. 161－184.

③ Nelleke van Zeeland and Signe Trolle Gronemann，"Participatory Transcription in Amsterdam and Copenhagen"，in Edward Benoit Ⅲ and Alexandra Eveleigh，eds. *Participatory Archives：Theory and Practice*，London：Facet Publishing，2019，pp. 103－113.

④ Lorraine A. Dong，"Subtle Transformations：Increasing Participation and Access through Transcription"，in Edward Benoit Ⅲ and Alexandra Eveleigh，eds. *Participatory Archives：Theory and Practice*，London：Facet Publishing，2019，pp. 85－94.

幕信息①；社交媒体众包方面，亚历克斯·H. 普尔（Alex H. Poole）探讨了利用 Flickr 等来参与社会元数据项目的五个潜在优势和五个潜在成本②，本特·詹森（Bente Jensen）等介绍了奥尔堡城市档案馆从 Instagram 上发起的数字收藏众包收集的"＃奥尔堡的圣诞节"（＃Christmasinaalborg）项目，认为博物馆和档案馆的工作人员可以通过使用现有的热门标签参与社交媒体上现有的对话，从而成功地增加宣传力度③。

此外，国外学者对档案众包的探讨还涉及内容审核④、外联营销与社区建设⑤，成果使用和知识产权问题⑥、众包对 GLAM 专业人员的影响⑦、档案众包的发展趋势⑧等方面。

总之，国外学界目前对档案众包的研究成果十分丰硕，研究较为深

---

① Casey Davis Kaufman and Karen Cariani, "Crowdsourcing Metadata for Time-based Media in the American Archive of Public Broadcasting", in Edward Benoit Ⅲ and Alexandra Eveleigh, eds. *Participatory Archives*：*Theory and Practice*, London：Facet Publishing, 2019, pp. 95 — 101.

② Alex H. Poole, "Social Tagging and Commenting in Participatory Archives：a Critical Literature Review", in Edward Benoit Ⅲ and Alexandra Eveleigh, eds. *Participatory Archives*：*Theory and Practice*, London：Facet Publishing, 2019, pp. 15 — 31.

③ Bente Jensen, Elisabeth Boogh, Kajsa Hartig and Anni Wallenius, "(Hash) Tagging with the Users：Participatory Collection of Digital Social Photography in Museums and Archives", in Edward Benoit Ⅲ and Alexandra Eveleigh, eds. *Participatory Archives*：*Theory and Practice*, London：Facet Publishing, 2019, pp. 59 — 70.

④ Alex H. Poole, "Social Tagging and Commenting in Participatory Archives：a Critical Literature Review", in Edward Benoit Ⅲ and Alexandra Eveleigh, eds. *Participatory Archives*：*Theory and Practice*, London：Facet Publishing, 2019, pp. 15 — 31.

⑤ Sharon M. Leon, "Build, Analyse and Generalise：Community Transcription of the Papers of the War Department and the Development of Scripto", in Mia Ridge, ed. *Crowdsourcing Our Cultural Heritage*, Surrey：Ashgate, 2014, pp. 89 — 111.

⑥ Michael Lascarides and Ben Vershbow, "What's on the Menu?：Crowdsourcing at the New York Public Library", in Mia Ridge, ed. *Crowdsourcing Our Cultural Heritage*, Surrey：Ashgate, 2014, pp. 113 — 137.

⑦ Alexandra Eveleigh, Crowding out the Archivist? Implications of Online User Participation for Archival Theory and Practice, Ph. D. dissertation, UCL, 2015.

⑧ Mia Ridge, "Crowdsourcing Our Cultural Heritage：Introduction", in Mia Ridge, ed. *Crowdsourcing Our Cultural Heritage*, Surrey：Ashgate, 2014, pp. 1 — 13.

入，突出特点是实践案例丰富，基于实践案例进行的具体细致分析较多，得出了许多有价值的规律和启示，对中国开展档案众包具有重要的借鉴意义。国外档案众包研究的不足在于：第一，对历史档案开发利用众包科学模式的设计关注不足，系统性研究较为匮乏，也较少从过程管理的视角对历史档案开发利用众包进行动态和系统的探索；第二，对档案众包的关注集中于微任务众包和众筹模式，而对于众赛、宏任务等新型众包模式关注不足。

综合分析国内外档案众包研究现状可知，目前档案众包研究已逐渐走向深入，但仍然在多方面有较大研究空间，未来研究需要在档案众包模式拓展、档案众包价值重塑、中国档案众包模式适用性分析、涵盖宏观要素与微观要素的众包全过程管理架构搭建及关键问题深挖、国外经典档案众包案例学习、档案众包理论基础挖掘和理论框架搭建、平台技术应用、档案众包案例实战、档案众包与数字人文的融合等方面发力，进一步将档案众包研究引向深入。

第三节　主要内容与研究方法

一　研究内容

"互联网＋"时代，众包作为一种全新的理念和运作方式，为历史档案开发利用提供了创新途径。鉴于历史档案的特殊价值，在通过众包进行开发时不仅需要关注最终成果，还必须重视整个过程。保障和提升历史档案开发利用的安全性和质量是这一过程中至关重要的目标。相比于单一的目标管理，过程管理具有更大的灵活性和可控性，更加适合历史档案开发利用。因此，基于过程管理理论构建和实施历史档案开发利用众包模式是取得成功的关键因素。本书采用系统化和动态视角，将全过程管理提升到众包全局高度并贯穿于研究和实践各个环节。同时，本书将宏观和微观管理元素纳入过程管理框架并将历史档案开发利用众包模式分为微任务众包、众赛、众筹和宏任务众包四类，分别探讨每种模式下的过程管理策略。本书具体研究内容如下：

第一章为绪论部分，主要介绍了研究的动因、背景和意义，并对国内外相关领域的研究现状进行回顾。首先，阐述了本研究的动因和背景，解释了为何开展历史档案开发利用众包模式的研究，并强调了其学术和实践意义。其次，回顾了国内外学术界在这一领域的研究成果，指出了已有研究的局限性与空白。最后，概述了本书的主要研究内容和所采用的研究方法，为后续章节的展开奠定了基础。

第二章对历史档案开发利用众包模式进行概述。通过探讨众包模式的基本含义、优缺点以及适用条件，厘清其在历史档案开发利用中的潜在价值。接着进一步分析了历史档案开发利用领域应用众包模式的必要性与可行性，揭示了这一模式在增强公众参与、提升档案利用效益等方面的独特优势。随后详细阐述了历史档案开发利用众包模式的定义，并深入探讨了该模式的核心要素架构，为后续章节众包模式的实际应用与策略设计奠定了坚实的理论基础。

第三章聚焦中国历史档案开发利用众包模式的应用现状与面临的难点。首先，通过调研全面梳理了中国档案众包项目的发展背景、目标及其取得的成效，深入分析这些项目的实践特点，描绘当前中国档案众包的整体图景。接下来，深入探讨众包模式在历史档案开发利用中的主要难点和障碍，包括档案资源开放问题、政策法规保障问题、信息安全与法律风险、公众参与度及参与激励问题、质量管控问题，以及人才、资金与技术障碍等挑战。

第四章主要探讨国际上多个国家和机构在历史档案开发利用中采用众包模式的经验。通过对美国、澳大利亚、英国、新加坡、加拿大、德国和荷兰的档案众包项目的背景、实施情况、成效以及特点的分析，提出这些项目对中国的启示和借鉴意义，旨在为中国档案众包实践的创新与发展提供有价值的参考。

　　第五章聚焦历史档案开发利用众包模式的过程管理框架构建及实施策略。首先，深入阐述了过程管理的内涵和目标，强调其在确保众包项目有序推进中的重要性。其次，提出了适用于历史档案开发利用众包模式的过程管理框架，详细探讨了如何构建一个系统化、结构化的管理体系，以优化项目的各个环节。最后，针对实际操作中的挑战和需求，提出了具体的实施策略，旨在为历史档案开发利用众包项目提供切实可行的管理方案，确保项目顺利、高效地达成预期目标。

　　第六章主要探讨历史档案开发利用中其他类型的众包模式。重点研究了众赛模式、众筹模式和宏任务众包模式的应用与管理。首先，对每种模式的研究现状进行了综述，并概述了其核心概念和应用特点。其次，分析了这些模式在国内的应用现状，通过调查与评价揭示了其中的挑战与机遇。最后，提出了针对这些模式的过程管理框架及实施策略，旨在为历史档案的多元化开发利用提供新的视角和方法。

　　第七章主要探讨历史档案开发利用众包模式在具体案例中的应用。重点分析了微任务众包模式、众赛模式和众筹模式在不同项目中的实践与创新。首先，介绍了基于微任务众包模式的济南记忆档案收集与利用，详细阐述了其概念、架构、成果、问题及改进策略。其次，分析了众赛模式在档案文化创意产品开发中的应用，探讨了当前面临的问题与难点并提出了应对策略。最后，探讨了众筹模式在档案文化创意产品开发中的意义，通过对摩点网的现状分析，提出了基于众筹模式的档案文化创意产品开发策略。

　　第八章总结了全书的研究成果，提出了研究的结论、局限性以及未来的研究方向。首先，概括了主要研究结论，回顾了历史档案开发利用众包模式在理论和实践方面的关键发现与贡献。其次，分析了研究中存在的局限性，指出了可能影响研究结果的因素和未能深入探讨的领域。最后，对未来的研究进行了展望，提出了可能的研究路径和改进方向，旨在推动历史档案开发利用众包模式的进一步研究与应用。

本书的逻辑框架如图1—5所示：

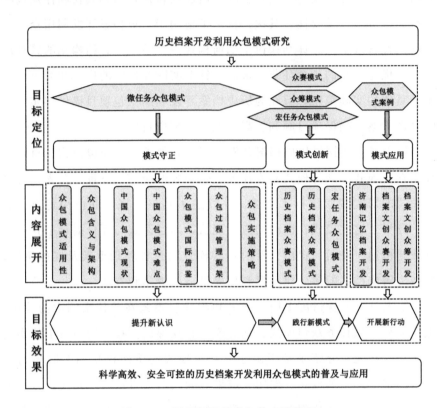

图1—5 研究框架结构与技术路线图

二 研究方法

（一）文献研究法

通过多途径查阅国内外相关文献，对有关过程管理、在线用户参与、档案众包等领域的中外文献进行分类整理与研读，提炼观点，深入剖析，明确研究空间，形成设计思路，在总结前人研究成果的基础上，提出新观点，发现新问题。

（二）调查研究法

通过实地调研访谈、问卷调查、网络调查等方法对目前正在开展的国内外档案众包案例进行调研，搜集数据资料，总结经验，为深化和评价研究成果提供依托。

（三）案例研究法

重点聚焦国内外历史档案开发利用众包实践、过程管理实现策略、模式试点评估等问题，通过基于微任务众包模式的济南记忆档案收集与利用、基于众赛模式的档案文化创意产品开发、基于众筹模式的档案文化创意产品开发等实际案例，多维度评价模式价值和效果，切实优化历史档案开发利用众包模式的实践应用。

（四）系统分析法

将历史档案开发利用众包模式分为微任务众包、众赛、众筹和宏任务众包四类，重点聚焦各类型模式的本质内涵揭示、理论基础挖掘、应用领域拓展和应用难点分析等问题，最终建立历史档案开发利用众包模式的理论体系。运用系统分析方法，通过基于过程管理的历史档案开发众包模式的系统设计，重点聚焦纵向过程优化设计、功能需求梳理、横向要素分析等问题。

第二章

历史档案开发利用众包模式概述

众包具有基于互联网、大众参与、协同共建、资源共享、简单灵活等特点，有利于优化资源配置、降低机构成本、提高工作效率和质量、实现互利共赢。众包模式目前已在众多行业得到广泛应用和快速发展。在档案行业，众包模式也得到了积极响应和广泛应用，国内外尤其是欧美发达国家目前已开展了不少档案众包的成功实践。本章主要聚焦历史档案开发利用众包模式的含义、适用性、要素框架等内容。

第一节　众包模式在历史档案开发利用中的适用性分析

一　众包模式的含义、优缺点及适用条件

众包（Crowdsourcing）最早是 2006 年由美国《连线》杂志特约编辑杰夫·豪（Jeff Howe）提出的，它指的是一个公司或机构把过去由员工执行的工作任务，以自由自愿的形式外包给非特定（而且通常是大型的）的大众网络的做法①。2008 年，杰夫·豪（Jeff Howe）又对众包定义进行了补充，认为众包是企业、机构或者组织把过去交由特定机构或个人完成的工作，现在以公开征集的方式分配给非特定的广大的网

---

① Jeff Howe, "The Rise of Crowdsouring", *Wired*, Vol. 14, No. 6, 2006, pp. 176 – 183.

络大众的做法或者模式①，该定义更为抽象，本书采用此定义。

关于众包的分类，学界分类方法较多，例如：索尼娅·罗约（Sonia Royo）和安娜·叶塔诺（Ana Yetano）基于是否从公众中获取资源和是否将众包数据纳入决策两个维度归纳了四种众包类型：不参与（no participation）、观点生成（generation of ideas）、公众投票（crowd referendum）和完全众包（full crowdsourcing）②；启泽·乐（Qize Le）等认为网络众包创新主要有两种开放模式：基于竞争的众包创新模式和基于合作的众包创新模式③；杰夫·豪（Jeff Howe）根据地域现实情况把众包分成了"群体智能/大众智慧、大众创造、大众投票和大众集资"④四种模式；2015年，电子电气工程师协会（IEEE）计算机学会主席大卫·艾伦·格里尔（David Alan Grier）根据分工方式将众包模式分为众赛（Crowdcontests）、宏任务（Macrotasking）、微任务（Micro-tasking）、自组织众包（Self-organised Crowds）、众筹（Crowdfunding）五大类型，进一步丰富了众包模式的内容，类型划分较为丰富合理，具有重要指导价值。

大卫·艾伦·格里尔（David Alan Grier）将微任务众包模式解释为把工作不断细分，让更多的群体快速完成工作，然后给每一位工作者报酬⑤。微任务众包模式的优点是：第一，操作简单。只需要把工作需求

① Jeff Howe, "Crowdsourcing: Why the Power of the Crowd is Driving the Future of Business", *Crown Business*, No. 6, 2008, pp. 10—15.

② Sonia Royo and Ana Yetano, "'Crowdsourcing' as a Tool for E-participation: Two Experiences Regarding CO_2 Emissions at Municipal Level", *Electronic Commerce Research*, Vol. 15, No. 3, 2015, pp. 323—348.

③ Qize Le and Jitesh H. Panchal, "Modeling the Effect of Product Architecture on Mass-collaborative Processes", *Journal of Computing and Information Science in Engineering*, Vol. 11, No. 1, 2011, pp. 23—46.

④ [美] 杰夫·豪：《众包——群体力量驱动商业未来》，牛文静译，中信出版社 2011 年版，第 227 页。

⑤ [美] 大卫·艾伦·格里尔：《众包》，肖江波译，人民邮电出版社 2015 年版，第 15—16 页。

和任务放到网上,等待群体接包即可,不需要审核参与者资格和面试。第二,经过细分的任务通常需要大量群体的参与,群体一般不需要特殊技能。第三,可以充分借助群体力量和智慧便捷地完成一些简单但工作量巨大的基础性工作。微任务众包模式的主要缺点是:工作群体可靠性低,群体提交的工作质量参差不齐,需要逐一进行审核,人工审核工作量较大,审核信息系统设计难度大。此外,并不是所有工作都可以采用微任务众包模式,微任务众包模式的适用条件有三:第一,工作需要处理的数据量很大;第二,工作可以被分解为许多由个人独立完成的小任务;第三,工作需要经过人脑判断①。同时满足这三个条件就可以应用微任务众包模式。

由于目前国内外档案学界关于历史档案开发利用众包模式的探讨主要聚焦于微任务类型的众包模式,因此,为契合主流认知并简化称谓,本书第二章至第五章统一将历史档案开发利用微任务众包模式称为历史档案开发利用众包模式。

二 众包模式在历史档案开发利用中的必要性

历史档案指的是形成时间较早、离现在较久远且主要满足人们精神需要、起历史文化作用的档案。由于世界各国的历史分期不一样,关于历史档案的划分并无统一的界定,一般以各国重大历史变革事件或新政权建立为界限,比如中国一般以 1949 年 10 月 1 日中华人民共和国成立为界,将此日期之前的档案界定为历史档案;法国以 1789 年资产阶级大革命为界,将此日期之前的档案界定为历史档案。所谓历史档案开发利用,是指国家机构、社会组织或个人为充分发挥历史档案的价值,对历史档案采取的收集、整理、鉴定、保管、保护、检索、编研、提供利用服务等全过程管理活动。长期以来,档案机构主导的历史档案开发利用模式面临资源有限、技术滞

---

① [美] 大卫·艾伦·格里尔:《众包》,肖江波译,人民邮电出版社 2015 年版,第 109 页。

后、受众狭窄以及保护与利用之间的矛盾等瓶颈。通过数字化转型、跨界合作、技术应用和吸引公众参与，可以创新历史档案开发利用模式，提升开发利用效果，众包恰恰为这一模式创新带来重大机遇。

2021 年 8 月，笔者通过问卷网（https://www.wenjuan.com/）对众包模式在中国国家档案馆历史档案开发利用中的应用现状、需求及前景进行在线问卷调查，在国家档案馆系统共计发放问卷（见附录 1）160 份，收回有效问卷 123 份。在收回的 123 份有效问卷中，有 80.49％的人认为可以在中国国家档案馆历史档案开发利用中应用众包模式，当问及"您对众包在贵单位历史档案开发利用中的应用前景有信心吗？"时，有 17.89％的人表示"非常有信心"，47.15％的人表示"有信心"，仅有 6.5％的人回答"没有信心"和"非常没有信心"。当问及"您会向贵单位推荐应用众包模式吗？"时，有 9.76％的人回答"强烈推荐"，49.59％的人回答"推荐"，12.19％的人回答"不推荐"和"强烈不推荐"。综上可知，中国业界目前对历史档案开发利用众包模式的应用大多持肯定和支持态度，对该模式的应用有信心且会积极推荐给本单位来应用，这也在一定程度上说明众包模式在中国历史档案开发利用中是适用的。当进一步被问及"您觉得中国国家档案馆历史档案开发利用可以应用众包模式的原因是什么"时，10 个选项均被不同程度选中（见图 2—1），说明无论是从必要性还是从可行性方面，众包在中国历史档案开发利用中都是适用的，现具体分析如下：

（一）调动社会参与，推进模式创新

目前许多国家档案馆馆藏历史档案数量大且开发利用难度大，档案工作者知识、时间和能力有限，需要通过引入社会力量参与进行模式创新和升级（问卷支持率为 76.77％），有受访者在问卷开放性问题的回答中认为："众包模式相对于历史档案开发利用方面，对社会资源具有广泛的调动性和参与性，可以进一步扩大历史档案收集开发利用覆盖面！"这也体现了众包模式引入社会力量参与的巨大进步性和创新性。

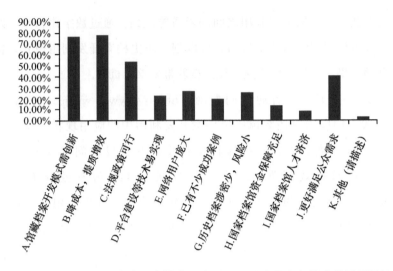

图 2—1 中国国家档案馆历史档案开发利用可以应用众包模式的原因统计

（二）降低开发成本，提高开发深度

首先，众包模式有利于降低档案开发成本。目前，大量历史档案数字化扫描完成后仅仅实现了目录级别检索或全文图片式呈现，大多没有真正实现文本级内容检索，要实现这一目标需要耗费档案机构大量时间、人力和财力，如果通过外包方式来开展成本支出过高，如阿姆斯特丹市档案馆的内莱克·瓦恩·泽兰（Nelleke van Zeeland）等认为："我们已经为流行的档案提供了数字索引，并外包了几个系列打字稿文件的索引，但成本高得令人望而却步。我们认为，为更多的档案收藏提供详细索引的唯一方法是用户自己帮忙完成编制索引工作。因此，在 2010 年，'VeleHanden' 的想法诞生了，毕竟'人多好办事'。"[①] 可见众包在成本上明显优于外包，众包模式可降低历史档案开发利用成本，节省人力投入。其次，众包模式可以提高档案开发深度，改善档案资源获取

① Nelleke van Zeeland and Signe Trolle Gronemann，"Participatory Transcription in Amsterdam and Copenhagen"，in Edward Benoit Ⅲ and Alexandra Eveleigh，eds. *Participatory Archives*：*Theory and Practice*，London：Facet Publishing，2019，pp. 103—113.

渠道和质量（问卷支持率为 77.78％）。如"转录警察登记表"（Transcribing police registration forms）项目中，"我们将数据的标准化和规范化整合到转录工作流程中，以便从一开始就改进搜索和数据对研究目的适用性。我们还使条目从被转录的那一刻起就可以搜索，以便使结果可见，并使参与者和一般用户都清楚数据的价值"，"由此（众包）产生的大型数据集被家族历史学家孜孜不倦地用于寻找他们的祖先，同时越来越多的其他领域的研究人员也看到了它的潜力。它为人口和社会历史研究提供了巨大的机会，因为数据包括哥本哈根的全体人口、他们的家庭关系和他们在哥本哈根历史上快速发展时期的迁移模式，当时该城市正处于工业化和从农村向城市流动的高峰期"[①]。

（三）扩大社会影响，构建新型关系

亚历山德拉·伊夫利（Alexandra Eveleigh）认为，"文化遗产的众包最终都是为了建立联系——以不同的形式，这些联系可能是过去的痕迹之间的联系，也可能是现在的人之间的联系"[②]。爱德华·贝努瓦三世（Edward Benoit Ⅲ）等认为，"传统档案机构对其（社群参与式档案馆）的增长和认可对档案管理员的专业角色提出了挑战。尽管存在这些挑战，社群和参与模式为档案专业和社群本身提供了大量机会。对社群来说，这些项目提供了一个参与记忆活动的空间，并确保保存他们自己的故事、文物和记录。对于档案工作者来说，这些项目提供了在后监管框架内建立伙伴关系的机会——正如安德鲁·弗林（Andrew Flinn）所

---

① Nelleke van Zeeland and Signe Trolle Gronemann，"Participatory Transcription in Amsterdam and Copenhagen"，in Edward Benoit Ⅲ and Alexandra Eveleigh，eds. *Participatory Archives*：*Theory and Practice*，London：Facet Publishing，2019，pp. 103－113.

② Alexandra Eveleigh，"Crowding out the Archivist? Locating Crowdsourcing within the Broader Landscape of Participatory Archives"，in Mia Ridge，ed. *Crowdsourcing Our Cultural Heritage*，Surrey：Ashgate，2014，pp. 211－229.

指出的，这是对重新评估这一职业本身的呼吁”①。可见，档案众包模式可以更好地满足公众需求，扩大档案馆的社会影响力，提高历史档案利用率，有利于实现档案馆与公众的互利共赢，构建合作互动的新型伙伴关系，促进知识交流。一方面，这符合档案馆以民为本、社群驱动的组织使命，为档案馆提供了参与用户社区的机会。例如：纽约公共图书馆的众包发起者认为，“众包不仅是完成原本不可能完成的工作的一种方式，而且是我们核心使命的延伸”②；特雷弗·欧文斯（Trevor Owens）认为，“众包成为如此强大的工具的原因——它不仅可以改善和增强与文化遗产收藏相关的数据，而且可以作为一种与公众深度接触的方式”③。另一方面，为公众提供了参与探索馆藏、贡献公共记忆的渠道（问卷支持率为 40.40%）。“它（众包）不是关于西西弗斯式的任务（Sisyphean task）：它是关于为公众提供有意义的方式来增强馆藏，同时更深入地参与和探索它们……如果目的是让人们与收藏、与过去建立联系，那么文字实则是提供有意义的活动供公众参与的奇妙副产品”④，亚历山德拉·伊夫利（Alexandra Eveleigh）等也认为，“在线用户的参与被认为是专业档案实践民主化的一个机会，希望摆脱传统编目实践的束缚，促进档案利用者积极参与历史意义的共创”⑤。

---

① Edward Benoit Ⅲ and Ana Roeschley, “Degrees of Mediation: a Review of the Intersectionality between Community and Participatory Archives”, in Edward Benoit Ⅲ and Alexandra Eveleigh, eds. *Participatory Archives: Theory and Practice*, London: Facet Publishing, 2019, pp. 159—171.

② Mia Ridge, “Crowdsourcing Our Cultural Heritage: Introduction”, in Mia Ridge, ed. *Crowdsourcing Our Cultural Heritage*, Surrey: Ashgate, 2014, pp. 1—13.

③ Trevor Owens, “Making Crowdsourcing Compatible with the Missions and Values of Cultural Heritage Organisations”, in Mia Ridge, ed. *Crowdsourcing Our Cultural Heritage*, Surrey: Ashgate, 2014, pp. 269—280.

④ Trevor Owens, “Making Crowdsourcing Compatible with the Missions and Values of Cultural Heritage Organisations”, in Mia Ridge, ed. *Crowdsourcing Our Cultural Heritage*, Surrey: Ashgate, 2014, pp. 269—280.

⑤ Edward Benoit Ⅲ and Alexandra Eveleigh, “Defining and Framing Participatory Archives in Archival Science”, in Edward Benoit Ⅲ and Alexandra Eveleigh, eds. *Participatory Archives: Theory and Practice*, London: Facet Publishing, 2019, pp. 1—12.

三　众包模式在历史档案开发利用中的可行性

（一）档案资源可行

官方统计显示，截至 2021 年底，全国各级国家综合档案馆馆藏档案 104671.1 万卷、件，照片档案 2676.6 万张，录音磁带、录像磁带、影片档案 109.2 万盘，馆藏电子档案 1629.9 TB[①]，其中蕴含了海量的具有重要历史文化价值的历史档案，它们是珍贵的文化财富和社会记忆，对公众吸引力大，且许多为开放档案，涉密信息少，上网开展众包风险小，这为开展众包模式奠定了坚实的资源基础。

（二）模式可行

审视众包模式的适用条件，历史档案开发利用同时符合微任务众包模式的三个适用条件，即历史档案开发利用工作量巨大，历史档案开发利用任务可以分解为许多独立的小任务，历史档案开发利用工作需要经过人脑判断。此外，历史档案开发利用众包模式已在国外尤其是发达国家广泛采用，已有不少众包模式成功案例供参考，对此，中央档案馆原馆长、国家档案局原局长杨冬权认为，"要利用网络，借助社会力量开展有关档案工作。档案部门的有些工作，如档案编目、关键词著录、照片上人物的识别与标注、展览的设计、开放档案的编研、网络视频的制作等，是可以由志愿者、专业公司、中介组织等社会力量在网上进行的。我们可以通过网络组织社会力量进行这些工作。国外的一些档案馆已经开始这样做了，我们更应该抓紧这样做，充分利用网络来动员社会力量在网上参与档案工作。这样，一方面可以缓解档案部门人手不足的矛盾，另一方面也可以扩大档案部门的社会影响"[②]。

---

① 中华人民共和国国家档案局：《2021 年度全国档案主管部门和档案馆基本情况摘要（二）》，https://www.saac.gov.cn/daj/zhdt/202208/b9e2f459b5b1452d8ae83d7f78f51769.shtml，2023 年 7 月 27 日。

② 杨冬权：《新时代档案工作的新思维（下）》，《中国档案报》2018 年 1 月 18 日第 3 版。

（三）政策法规可行

档案众包模式与中国相关政策法规规章等的总体精神和规定是相契合的，现列举部分如下：

2014 年 5 月，中共中央办公厅、国务院办公厅印发的《关于加强和改进新形势下档案工作的意见》中指出，规范并支持社会力量参与档案事务。

2015 年 7 月，国务院印发的《国务院关于积极推进"互联网＋"行动的指导意见》（国发〔2015〕40 号）指出，创新政府网络化管理和服务……积极探索公众参与的网络化社会管理服务新模式，……加强对"互联网＋"行动的宣传，提高公众参与度。

2017 年 7 月，国务院发布的《国务院关于强化实施创新驱动发展战略进一步推进大众创业万众创新深入发展的意见》（国发〔2017〕37 号）提出，整合政府、企业、社会等多方资源，建设众创、众包、众扶、众筹支撑平台，健全创新创业服务体系，推动政策、技术、资本等各类要素向创新业集聚。

2020 年 6 月，新颁布的《中华人民共和国档案法》（主席令第 47 号）第七条规定，国家鼓励社会力量参与和支持档案事业的发展。对在档案收集、整理、保护、利用等方面做出突出贡献的单位和个人，按照国家有关规定给予表彰、奖励。

2021 年 6 月，中共中央办公厅、国务院办公厅发布的《"十四五"全国档案事业发展规划》提出，档案治理体系建设——加强部门协同、区域协同、行业协同，鼓励、引导、规范社会力量参与档案事务；档案利用体系建设——加大档案资源开发力度。统筹馆（室）藏资源，积极鼓励社会各方参与；加强组织领导——大力宣传档案工作在贯彻落实习近平新时代中国特色社会主义思想，服务党和国家中心工作、服务经济社会发展、服务民生需求等方面发挥的重要作用，激发全社会支持参与档案事业发展的积极性、主动性；加强经费保障——鼓励社会力量参与和支持档案事业发展，引导社会资金投入档案科研创新领域。

2022 年 5 月，中共中央办公厅、国务院办公厅印发的《关于推进实施国家文化数字化战略的意见》（中办国办发〔2022〕27 号）提出，促进文化机构数字化转型升级，增强公共文化数字内容的供给能力。

2022 年 6 月，国务院发布的《国务院关于加强数字政府建设的指导意见》（国发〔2022〕14 号）提出，积极推动数字化治理模式创新，推动社会治理模式从单向管理转向双向互动、从线下转向线上线下融合。

2024 年 1 月，国务院发布的《中华人民共和国档案法实施条例》（国务院令第 772 号）第九条规定，国家鼓励和支持企业事业单位、社会组织和个人等社会力量通过依法兴办实体、资助项目、从事志愿服务以及开展科学研究、技术创新和科技成果推广等形式，参与和支持档案事业的发展。

总之，国家鼓励和支持社会力量参与档案事务的总体政策法规导向是非常明确的，这些政策、法规、规章、规划等均为开展历史档案开发利用众包模式提供了制度支撑（问卷支持率为 53.54%），对此，高振华认为，"社会力量参与档案事业虽尚未以'众包'形式提出，但从政策文件可看出相关部门对社会公众力量的重视程度在不断提升。以互联网平台为依托，将众包与档案信息资源建设有机结合，是推进互联网与档案领域创新融合的重要表现"[1]。

（四）众包群体可行

中国网络用户庞大，中国互联网络信息中心（CNNIC）第 52 次《中国互联网络发展状况统计报告》显示，截至 2023 年 6 月，中国网民规模达 10.79 亿人，较 2022 年 12 月增长 1109 万人，互联网普及率达 76.4%[2]，这为档案众包提供了巨大的用户红利。此外，随着社会档案意识的提升，越来越多的用户希望通过互联网获取更多更优质档案信

[1]　高振华：《基于众包模式的档案信息资源建设策略研究》，《大学图书情报学刊》2023年第 1 期。

[2]　中国互联网信息中心：《第 52 次〈中国互联网络发展状况统计报告〉》，https://www.sohu.com/a/720376613_407401，2024 年 8 月 6 日。

息，有的用户积极参与档案事业，愿意为档案事业发展献计献力，这些都为众包模式提供了充足的群体资源。

（五）技术可行

当前许多国家档案馆大多建立了自己的官方网站，推出了微信、微博等官方账号，依托网站和社交媒体建设众包平台的难度较小，技术易实现。具体来说，通过现代 Web 开发和云存储技术，可以建立稳定的众包平台，支持档案任务的分配、数据上传和处理。借助光学字符识别（OCR）、图像识别和自然语言处理（NLP）等自动化工具，能够加速档案的数字化过程，减少人工参与的工作量。为确保参与者的积极性，平台可以通过将任务分解为易于完成的模块，并通过积分、奖励等激励机制来提升用户的参与度和贡献。同时，众包模式下的数据准确性和可靠性可以通过多层审核机制和自动化校验工具加以保障，协作编辑工具也有助于团队共同处理档案任务。此外，数据安全和隐私保护同样重要，平台可以采用加密技术和分级权限管理，确保档案的存储与访问安全。通过开放 API 接口，众包平台还能够与其他档案管理系统及学术研究平台对接，进一步提升档案的共享与利用价值。整体而言，技术手段为众包模式在历史档案开发利用中的应用提供了全面支持。

第二节 历史档案开发利用众包模式的含义与要素架构

一 历史档案开发利用众包模式的含义

可见，众包模式在中国国家档案馆历史档案开发利用中是适用的。目前学界对档案众包的定义不一，谢晓萍和胡燕认为，档案众包是档案部门通过互联网信息共享平台，为某项需大众力量完成的档案业务而组织合适的大规模志愿者群体加入，承担不同难度和模块的任务，贡献个人的智慧与资源，同时获得成就感、社会参与感及个人技能的提升，并可获得档案部门的奖励，从而达到档案部门与参与者互利共赢的一项活动[①]；赵宇认为，档案众包是指档案馆（档案部门）以互联网为基础，将自身所承担的信息资源建设以及相关服务的工作，以自由自愿的形式外包给非特定的广大的网络大众的做法[②]；裴丽认为，档案众包是档案部门通过互联网信息平台，就某一档案业务，以公开招募的形式向网络大众发出"邀请函"，使其能够参与并完成相关任务，贡献自身的才智与能力[③]。

关于档案众包的定义，笔者有两个不同的观点：第一，上述定义均将档案众包的发起主体界定为档案部门并不全面，其实只要是文化遗产机构、教育机构或其他机构甚至个人发起的与档案有关的众包活动均属于档案众包的范畴。第二，档案众包模式的内涵和分类非常丰富，其本质是一种"互联网＋档案"的创新模式，但目前国内对于档案众包的界定大多指向微任务众包模式，即鼓励公众在众包平台上开展档案的贴标签、著录、转录、上传等经过细分的工作，笔者认为，中国档案学界和业界在观念上不能将对档案众包模式的认知局限在微任务众包这一个众包类型上，还应对大卫·艾伦·格里尔（David Alan Grier）所提到的其他众包类型予以充分关注，事实上，除自组织众包外，国内外学界和业界已有研究或实践涉及众赛、众筹和宏任务众包领域，因此，本书借鉴格里尔对众包的界定，将档案众包的类型进行扩展，即不局限于狭义的微任务众包，而是扩展为包含微任务众包、众赛、众筹、宏任务众包四大类型的广义众包模式，并重点探讨档案众包各类型的内涵、适用性、现实问题、过程管理框架构建及管理策略。

综上，本书将历史档案开发利用众包模式的含义从广义和狭义两个层面进行界定。从广义上来看，所谓历史档案开发利用众包模式，指的是国

---

① 谢晓萍、胡燕：《国外"档案众包"项目及启示》，《档案天地》2015年第9期。
② 赵宇：《档案众包平台的构建及运行机制研究》，《浙江档案》2016年第4期。
③ 裴丽：《档案众包质量管理及评价体系研究》，《档案与建设》2017年第9期。

家机构、社会组织或个人依托丰富的历史档案资源，借助互联网平台，将原本属于自身开展的部分数字历史档案开发利用工作分配给大量非特定网络大众（微任务众包、众赛）或经过筛选的特定机构（宏任务），依托社会力量、智慧或资金（众筹）共同开展的档案开发利用模式。从狭义上来看，所谓历史档案开发利用众包模式，即指历史档案开发利用微任务众包模式，它是国家机构、社会组织或个人依托丰富的历史档案资源，借助互联网平台，将原本属于自身开展的部分数字历史档案资源开发利用工作通过任务细分分配给大量非特定网络大众，依托公众力量和智慧共同开展的行为方式。如前所述，本书第二章至第五章所提历史档案开发利用众包模式特指狭义层面的众包，即微任务众包模式。

二 历史档案开发利用众包模式的要素架构

历史档案开发利用众包模式的构成要素包括作为发包方的国家机构、社会组织或个人（主要是档案机构，以下以档案机构代称）、作为接包方的网络公众、数字历史档案资源和互联网平台（如官网、社交媒体或专业众包平台等）。各要素之间的关系架构如图2-2所示。

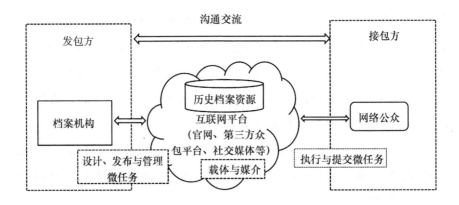

图2-2 历史档案开发利用众包模式的要素架构

在历史档案开发利用众包模式中，档案机构是任务的设计者、发布者、管理引导者和验收者；网络公众是任务的执行者、提交者和成果过滤者；互联网平台是任务的执行媒介和载体，档案机构可以依托官网自行开发众包平台，也可以借助第三方众包平台或社交媒体；数字历史档案资源是任务的执行对象，应为馆藏开放特色历史档案资源且通过上网鉴定。

为简化用语，除章标题外，本书第三章至第五章将历史档案开发利用众包简称为档案众包。值得指出的是，相比于现行档案，公众大多对历史档案更加感兴趣，通过国内外实践调研发现，众包的资源对象大多为历史档案，因此所谓档案众包基本均为历史档案开发利用众包，本书不对两者的概念进行严格区分。

中国历史档案开发利用众包
模式的应用现状

目前，国内学界对中国档案众包项目实践的调研不够，提出的一些启示和策略针对性和操作性不足。基于此，本章对中国目前档案众包项目展开具体网络调研和问卷调查，总结归纳项目成效和实践特点，评估分析项目实践存在的问题和难点，为后文提出更具针对性的改进和提升策略奠定基础。

第一节　中国档案众包模式的应用成效与特点

一　模式开展背景、目标与成效

目前，档案众包在中国仍是一个新鲜事物，总体处于试点探索阶段，现实中的档案众包项目并不多见。目前中国曾经开展或正在开展的档案众包项目或者具有档案众包性质的项目主要有以下四项：

（一）中国人民大学："我的北京记忆"互动网站项目

北京是一座拥有悠久历史和丰富文化的古都，物质和非物质文化遗产资源丰富而独特，它们承载着北京的文化灵魂，是北京精神和记忆代代传承和发展的载体。随着北京城市现代化进程的加快，许多珍贵的文化资源和记忆面临着消失和被边缘化的风险，为了挽救正在消逝的北京记忆，保护、传承和传播北京文化和精神，2013 年，中国人民大学人文北京研究中心发起"北京记忆"项目并建立北京文化资源大型数字平台，而"我的北京记忆"互动网站项目[①]（以下简称"我的北京记忆"项目）是其典型代表，项目于 2018 年 6 月上线，它综合运用多种现代数字技术，通过发动公众或有关组织在线贡献和分享有关北京的文化记忆和故事，旨在建立基于众包众创和共建共享的北京记忆资源空间和数字展示平台，促进信息时代北京记忆的有效保护和永续传承。公众可以上传的记忆形式较为多样，包括照片、音频、视频、文本等，该网站具有明显的数字档案征集和展示众包的色彩。截至 2024 年 7 月 26 日，网站通过众包已在线累计收集有效记忆 2387 条，添加文章 1114 篇，上传图片 8701 张，上传视频 484 个，这些数字还在持续增长。

（二）上海图书馆：盛宣怀档案抄录众包项目

盛宣怀（1844—1916）是晚清著名政治家、企业家、福利事业家以及洋务运动的代表人物，上海图书馆馆藏盛宣怀档案是盛宣怀家族自 1850 年到 1936 年形成的记录，达 17.5 万件，约 1 亿字，内容涉及政治、经济、社会、军事、外交、金融、贸易、教育等多个领域，类型包括日记、信札、电报、合同、章程、账册、文稿等，被称为中国私人档案第一藏，是研究中国近代史的第一手材料，具有珍贵的历史文化价值。由于盛宣怀档案数量庞大，均为繁体手写件，且部分档案纸张破损、字迹模糊，OCR 技术难以准确自动识别，必须进行人工识别，这对上海图书馆来说是非常艰巨的任务。为了提高盛宣怀档案著录和抄录的效率和质量，减轻自身负担和压力，更好地开发利用这批珍贵历史档案，2017 年，上海图书馆历史文献众包中心建立众包平台[②]，积极引入社会公众参与，采取一定激励措施，建立成果审核和质量管控机制，正

---

① 中国人民大学人文北京研究中心：《我的北京记忆》，http：//www.mypekingmemory.cn/5adae6b0efc52b4608642210/index.html，2024 年 6 月 13 日。

② 上海图书馆：《上海图书馆众包系统》，http：//zb.library.sh.cn/index.jhtml，2024 年 4 月 16 日。

式启动了国内首个历史档案著录和抄录众包的试点项目。截至 2019 年 6 月 15 日，众包平台注册人数近 200 人，已完成共计 20 个项目（包括 228 个任务，667 页档案），完成全部平台任务的 40%。

（三）上海图书馆：家谱知识服务平台项目

家谱是家族档案的典型代表，是上海图书馆的特色馆藏之一，上海图书馆中文家谱原件收藏量达 3 万余种，居世界公藏机构首位，上海图书馆 2008 年编纂的《中国家谱总目》收录了海内外近 600 多家机构收藏的 5.4 万余种家谱，包括 608 个姓氏，析出先祖名人 7 万多个，谱籍地 1600 多处，堂号 3 万余支，是一部华人家谱的联合目录和中华家谱知识的百科全书[①]。为了更好地促进馆藏家谱资源的数字化开发，提升知识服务和共建共享水平，2016 年，上海图书馆以《中国家谱总目》为基础建立家谱知识服务平台[②]，这是上海图书馆数字人文平台建设的第一个项目，它囊括了 6.8 万余种家谱目录，超过 8000 种家谱可供全文在线阅读，平台运用知识组织方法和关联数据技术实现家谱知识和成果的开放共享与可视化呈现，平台还支持用户贡献知识，新增公众上传家谱（在线捐赠）、在线识谱、在线修谱三种众包功能，鼓励全球用户在线参与馆藏家谱资源的建设与开发利用，有效解决了家谱征集难题，促进家谱资源的知识生长和动态更新。家谱知识服务平台一经上线，便得到广泛关注，截至 2019 年 4 月，平台访问量即达 16 万余人次，形成了 200 人左右的核心用户群，一些家谱爱好者和各民间家谱研究团体先后百余人参与了平台的测评，积极反馈结果和意见[③]，该项目获国家数字图书馆推广工程数字图书馆建设与服务案例评选一等奖。

---

① 夏翠娟、刘炜、陈涛、张磊：《家谱关联数据服务平台的开发实践》，《中国图书馆学报》2016 年第 5 期。

② 上海图书馆：《家谱知识服务平台》，http：//jiapu. library. sh. cn/#/，2024 年 4 月 13 日。

③ 夏翠娟、刘炜、陈涛、张磊：《家谱关联数据服务平台的开发实践》，《中国图书馆学报》2016 年第 5 期。

（四）沈阳市档案局（馆）：家庭档案网站项目

沈阳市档案局（馆）早在 2002 年就发起了家庭建档活动，其家庭档案管理和指导工作走在全国前列，2008 年，沈阳市档案局被国家档案局命名为"全国家庭档案理论研究基地和管理示范基地"。为了更好地留存民间记忆，拓展和创新家庭建档实践，为家庭记忆提供一个征集、分享、展示和传承的数字空间，2010 年，沈阳市档案局（馆）启动建立了家庭档案网站①，鼓励公众上传、分享和展示自己家族/家庭的照片、录音、录像、文本等家庭档案，学习、分享和交流家庭档案管理知识和经验。该项目具有明显的家庭档案征集和展示众包性质，是中国档案机构少见的档案众包实践。家庭档案网站有效调动了公众参与家庭建档和分享的热情，截至 2019 年 6 月 16 日，公众共计上传家庭照片1500 多张，回忆文章 140 多篇，老奖状照片 1700 多张，百日照近500 张。

二 模式应用特点

中国档案众包实践虽然总体处于起步阶段，但对现有众包项目进行深入调研发现，它们的一些共性特点和经验依然可圈可点：

（一）重视公众力量，积极引入公众参与

开展档案众包的前提是充分重视网络时代公众的巨大智慧和力量，积极引入公众参与到档案资源建设与开发利用中来。中国现有档案众包项目均充分意识到这一点并勇于进行探索尝试。"我的北京记忆"项目深刻认识到北京记忆源自民间，是生活在这座城市里的每一个人的记忆，个人记忆是集体记忆的一部分，只有保护好每一份珍贵独特的个体记忆，才能真正守护好北京的集体记忆。因此，保护北京记忆必须回归和依靠民间，实现大众对文化记忆的活态保护与传承。盛宣怀档案抄录

---

① 沈阳市档案局（馆）：《家庭档案网》，http：//www.jtdaw.com/，2019 年 5 月 14 日。

众包项目中，上海图书馆意识到在历史档案著录与抄录中自身力量的不足，充分相信和依靠用户，开放馆藏档案引入公众参与资源开发，甚至将一些众包任务审核工作下放给一些活跃的、贡献度高的用户，更是体现了对用户的高度信任和尊重。家谱知识服务平台项目之所以增加在线捐赠、识谱和修谱等众包功能也是意识到家谱的私人性和分散性特征，只有充分依靠公众的力量才能真正破解传统家谱征集和资源建设的难题。家庭档案网站项目中，社会公众成为网站内容建设的主角，通过无数个体的档案记忆反映时代的风貌和变迁，建构共有的集体记忆。

（二）选题恰当有特色，项目化管理和运作

档案众包依靠的是非特定网络大众的力量，参与的公众具有明显的松散性和不确定性特征，因此，众包选题对众包效果和成败尤为重要。中国现有档案众包项目选题的共同特点便是注重充分结合自身实际和公众需求，选择具有自身特色的项目。比如"我的北京记忆"项目选题立足北京独特而又丰富的历史人文资源优势，可以快速得到社会共鸣和响应；上海图书馆的盛宣怀档案抄录众包项目和家谱知识服务平台项目也是立足上海图书馆的海量特色档案资源——盛宣怀档案和家谱档案，且资源建设存在现实难题，从中进行选题具有足够的社会影响力和吸引力；而家庭档案网站项目也是立足沈阳市长期的家庭档案管理和指导实践经验进行选题，且与公众利益和需求关系密切，能够迅速吸引公众的参与兴趣。

众包选题确定后还需要围绕选题进行项目化管理和运作，以项目为统领进行必要的资金、技术、人力等资源的投入，中国现有档案众包项目均建立了专门的项目网站，有专门的机构或团队负责项目管理和运作，比如"我的北京记忆"项目建立了专门的制作团队，包括项目发起人、互动总监、技术总监、数据总监、运营管理、技术支持、学生助理等十余人；上海图书馆专门成立了数字人文项目团队，负责开发和管理家谱知识服务平台、盛宣怀档案知识库、中文古籍联合目录及循证平台、历史文献众包平台等众多数字人文项目；家庭档案网站项目由沈阳市档案信息开发服务中心主办并得到沈阳市档案局家庭档案业务指导处的指导和管理。

（三）档案众包类型和内容丰富多样

档案资源建设与开发利用中很多工作都可以通过众包来完成，通过对现有中国档案众包项目进行梳理归纳，其档案众包类型按照档案管理流程可以分为档案征集众包、档案整理与组织众包、档案鉴定众包、档案利用与传播众包四大类，每一类又包含了多样化的众包内容（见表3—1）。

表3—1　　　　　　　中国档案众包的类型和内容一览表

档案众包项目名称	档案征集众包		档案整理与组织众包			档案鉴定众包		档案利用与传播众包		
	数字档案征集	添加评论、故事与回忆	档案文本化或可视化抄录	档案著录与标引（加标签/关键词）	档案地理定位	开放权限设定	知识贡献与纠错	档案编研	档案展示与展览	社交媒体分享
"我的北京记忆"项目	√	√	/	√	√	/	/	/	√	√
盛宣怀档案抄录众包项目	/	/	√	/	/	/	/	/	/	/
家谱知识服务平台项目	√	/	√	√	/	√	√	√	√	/
家庭档案网站项目	√	√	/	√	/	/	/	√	/	√

1. 档案征集众包

档案征集是丰富馆藏的有效途径，档案征集众包可以充分借助网络技术和公众力量提高征集效率和质量，是中国档案众包领域较为流行的众包类型，它又可以分为数字档案征集和添加评论、故事与回忆两部分，前者侧重档案载体，后者侧重档案内容。数字档案征集方面，"我的北京记忆"项目鼓励公众上传有关北京记忆的照片、文集、音频和视频等数字档案材料；上海图书馆家谱知识服务平台项目鼓励全球公众上传捐赠家谱目录、全文或全部书影；家庭档案网站项目中，公众可以上传自己家族的照片、录音、录像等档案材料。添加评论、故事与回忆方面，"我的北京记忆"项目中公众上传了上千条有关北京历史和文化的相关故事和记忆，个别专题也可以对别人的记忆进行评论；家庭档案网站项目中，公众也分享和贡献了上百条有关个人家族的记忆和往事。

2. 档案整理与组织众包

档案整理与组织是通过立卷、编目、著录、标引、抄录等方式实现档案实体和内容信息有序化的过程，大多档案整理与组织任务具有难度不高、任务琐碎、工作量大等特点，特别适合引入众包。中国现有档案众包项目中也普遍运用众包开展档案整理与组织工作，具体包含以下三方面的内容：

第一，档案文本化或可视化抄录众包。档案的数字扫描版影像无法有效满足内容挖掘和全文检索要求，需要对其进行文本化或可视化抄录。上海图书馆的盛宣怀档案抄录众包项目就是对盛宣怀档案的全文文本化抄录；上海图书馆家谱知识服务平台则更进一步，由于家谱的特殊结构，传统的文本抄录很难对其进行立体呈现，因此，上海图书馆家谱知识服务平台通过"在线识谱"的众包功能借助公众力量将家谱世系图影像识别为结构化的、可被机器处理和分析的数据，实现家谱的可视化抄录、展示和检索，公众可以在平台上申请认证为专家，然后领取在线识谱的相关任务。

第二，档案著录与标引（加标签/关键词）众包。即依靠公众标注档案的内容与形式特征，比如"我的北京记忆"项目中，公众在上传档案的同时需要完成对档案的著录，包括载体类型、所有人、描述、所属栏目（大众记忆或精选记忆）、添加标签等；上海图书馆盛宣怀档案抄录众包项目更是专门设置盛宣怀档案著录众包的任务，著录项包括题名、责任者、版本类型、地点、主题、日期等；上海图书馆家谱知识服务平台项目中，公众在上传家谱的同时也要求对家谱进行著录，著录项包括谱籍地、书名、责任者、版本、载体形态、附注项等；家庭档案网站项目中，公众上传家庭档案的同时也需要对档案进行简单的著录，包括主题、内容、档案类别与属性、参加活动等。

第三，档案地理定位众包。即依靠公众的力量通过 GIS（地理信息系统）技术对档案的地理分布数据进行采集、描述和显示，实现档案记忆的可视化呈现和检索。如"我的北京记忆"项目中，公众在上传档案记忆的同时需要选择最核心的记忆产生地点，可以直接单击地图选择记忆位置，从而构建起一个数字时代北京记忆的可视化地理空间。

3. 档案鉴定众包

档案鉴定是对档案载体、内容及价值的鉴别与判断活动，具体包括判定档案真伪、内容准确性、价值大小、开放期限、开放权限和保管期限等内容，档案鉴定众包反映的是馆藏机构认识到自身在鉴定方面存在知识、能力等方面的局限和不足，将部分档案鉴定任务交给社会公众来承担。目前，中国档案众包项目实践中体现档案鉴定众包色彩的主要有二：一是由公众设定档案开放权限，上海图书馆家谱知识服务平台项目中，为充分尊重公众意愿，保护公众合法权益，公众在线上传和捐赠家谱时可自主确定开放权限，可选择上海图书馆局域网开放或指定用户使用权（包括捐赠者和捐赠者指定的亲属，以及上海图书馆授权的工作人员和特定用户）[1]。二是知识贡献与纠错，上海图书馆盛宣怀档案抄录众包项目中，为缓解自身人手不足的问题，上海图书馆根据用户已完成抄录和专业水准，经评定后给予部分用户专家权限，公众便可以对其他用户的著录和抄录进行审核与纠错；再如，上海图书馆家谱知识服务平台项目中，如果公众发现家谱内容存在不完整或不准确的地方，可以经

---

① 上海图书馆：《公开征集家谱协议》，http：//jiapu. library. sh. cn/#/agreement？％E9％99％88％E5％BB％BA，2024 年 7 月 22 日。

过上海图书馆认证成为专家用户，之后公众可以直接在平台上修改姓氏的说明文字，经过审核后更新到平台中，公众的知识贡献使得家谱知识库成为一个可以随时自我修正的活的知识库。

4. 档案开发利用与传播众包

档案资源建设的最终目的在于开发利用和传播以便为更大范围的公众服务。档案开发利用与传播也可以通过众包的方式依靠公众的智慧和力量来开展。中国现有档案众包项目也包含了此种众包类型：第一，档案编研众包。例如，上海图书馆家谱知识服务平台项目中有"在线修谱"的众包功能，上海图书馆制定了一整套方便公众操作的修谱编目规则和手册，在后台专家的协助、指导和审核下，公众可以在线以团队合作的方式新修、续修或重修自己的家谱，实现谱系快速录入，家谱一键出版；再如，家庭档案网站项目中，公众可以上传自己的家谱家史或回忆录，也具有档案编研众包的性质。第二，档案展览与展示众包。即将档案展览展示任务交给公众来完成，如"我的北京记忆"项目中公众上传的档案资料经过审核后就可以在网站上予以分享呈现，此外，网站还对中国人民大学数字记忆课程中学生制作的一些有关北京记忆的专题作品开辟专栏进行展示；家庭档案网站项目也对公众上传的家庭档案进行不同形式的展示，比如"即传即见"、典型家庭档案展览、"优秀家庭档案范例及背后故事"、全家福优秀照片展示、老奖状征集活动成果展示、沈阳市家庭档案珍藏展览、珍档赏鉴等。第三，社交媒体分享。充分借助社交媒体实现档案信息的广泛传播和分享是档案信息传播众包的有效方式，如"我的北京记忆"项目中公众可以将感兴趣的档案记忆分享到新浪微博和微信朋友圈，借助公众和社交媒体的力量大大提升了北京记忆的传播速度和广度。

（四）注重平台设计与管理

众包是依托互联网平台开展的新型生产模式，众包平台的设计和管理直接关系到众包质量和效果。中国现有档案众包项目均建立了专门网络平台，并注重对平台基本功能模块的设计和管理：

1. 用户登录及个人中心

用户登录和个人中心功能模块可以实现对项目用户的有效统计和管理，用户也可以通过该模块实现众包成果的个人查阅管理以及信息的沟通交流。"我的北京记忆"项目公众可以在个人中心看到自己贡献的记忆，管理个人资料，查看个人关注和粉丝；上海图书馆盛宣怀档案抄录众包项目中，用户可分为游客、发布者、抄录者、专家四种类型，用户可以实名注册登录进入个人中心，不同用户有不同的操作权限，个人中心包含的内容包括"我的抄录/发布/审核""我的积分""我的通知""我的反馈"，从而实现了用户对任务状态和积分的随时查询和信息交流反馈；上海图书馆家谱知识服务平台项目中，用户在个人中心可以查看个人资料、上传家谱、在线识谱、消息推送等；家庭档案网站项目中，登录用户可以在个人中心上传图片、音频、视频、上传家谱家史、登录我的博客空间以及家庭档案网上论坛。

2. 公众培训与指导

公众培训与指导可以帮助公众快速了解掌握项目宗旨、内容、操作方法和注意事项，是众包项目平台上的重要模块。如"我的北京记忆"项目包含 18 个详细的常见问题解答；上海图书馆盛宣怀档案抄录众包项目设置专门的"帮助"栏目对用户、项目详情、项目发布流程、任务抄录流程、任务审核流程等进行详细说明；上海图书馆家谱知识服务平台项目有具体详细的专门视频和操作手册对公众在线识谱和修谱进行指导，项目后台专家也会对公众在线修谱给予指导和协助；家庭档案网站项目平台有专门的"建档指南"栏目详细解读家庭档案的建档理论和实践，在家庭档案社区论坛也有大量协助公众上传家庭档案的指导文章，一些图片和音视频编辑工具以及家庭档案管理软件也可供公众下载使用。

3. 公众激励

档案众包是公众自由自愿参加的活动，参加者具有身份未知、数量不定、结构松散等特点，为了吸引更多公众参与，必须对档案众包进行激励。中国现有档案众包项目采用的激励方式较为多样："我的北京记忆"项目通过展示"最热记忆""记忆达人"等栏目以及现场颁发"北京记忆贡献达人"证书的方式对公众进行激励，平台还开展了一些有奖征集活动，比如"北京童谣音视频作品"征集、"我的北京童谣故事"征集、"京梦时光机"老北京照片征集、我的人大记忆有奖征集等，奖励包括发放奖金、奖品和证书、网站专题呈现、参与线下活动等；上海图书馆盛宣怀档案抄录众包项目通过设置任务截止日期、任务难度系数、积分排名、主页展示最近完成的任务以及任务认领、提交及审核的最新动态、与高校合作开展档案众包竞赛并颁发证书、奖金和奖品等方式激励公众参与众包；上海图书馆家谱知识服务平台项目会对捐赠家谱的公众颁发捐赠证书并准许用户检索利用"上海图书馆家谱全文数据库"；沈阳市家庭档案网站项目也通过专题展示优秀档案、举办家庭档案电子相册制作大赛、全家福照片征集等活动并颁发奖品、荣誉证书等奖励鼓励公众上传展示家庭档案。

4. 成果审核

档案众包不是放任公众参与，必须以保证众包质量为宗旨，因此，成果审核显得尤为必要和关键。"我的北京记忆"项目中，网站管理员会对所有上传内容进行审核，确保记忆符合国家法律法规，并与项目主旨保持一致；上海图书馆盛宣怀档案抄录众包项目也有专家对众包结果进行严格及时的审核，如符合要求则根据抄录质量打分，如不符合要求，专家会视抄录内容情况选择退回并指出不足供抄录者修改或直接判定零分；上海图书馆家谱知识服务平台项目也有专家对公众上传的家谱进行审核，对公众在线识谱和修谱成果在后台审核把关，协助公众以团队合作方式做好修谱工作；家庭档案网站项目虽然没有对每一次上传档案进行审核，但会根据国家法律法规要求对上传内容进行不定时抽查，对于违法侵权内容进行删除并注销相关责任人账号使用权。

5. 沟通交流

档案众包项目依靠的是公众的智慧和力量开展档案资源建设与开发利用工作，因此，公众的心声、意愿、意见和建议对项目开展方具有重要价值和意义，调研发现，中国现有档案众包项目较为注重加强与公众的沟通交流。"我的北京记忆"项目设有专门的"联系我们/意见反馈"栏目，公开电子邮箱和邮寄地址，项目还定期召开线下座谈会，邀请北京记忆达人参与其中并发表有关北京记忆保护与传承的意见和建议，充分听取公众心声和需求；上海图书馆盛宣怀档案抄录众包项目中，公众在抄录过程中可以随时留言反馈遇到的问题或特殊说明，以便专家审核，"个人中心"也有专门的"我的通知"栏目，为用户推送相关抄录/发布/审核项目或者任务的最新动态，"我的反馈"栏目向用户公开联系邮箱、地址和电话，用户也可以在线留言进行意见反馈和举报；上海图书馆家谱知识服务平台项目也在平台公布邮箱和电话听取公众意见和建议，自 2016 年平台正式上线以来，形成了由世界各地家谱研究者和爱好者组成的 200 人左右的核心用户群，他们积极协助平台升级改造和功能更新测试并提出了大量宝贵意见和建议，从而促进平台在知识内容、系统性能、数据开放性等方面精益求精[1]；家庭档案网站项目除公布电话和地址外，还建立了专门的在线论坛社区，会员近 13 万人，发表帖子近 2 万篇（统计时间：2019 年 6 月 11 日），实现了很好的在线沟通交流与互动。

（五）精心设计和丰富创意

档案众包任务需要进行精心设计并且融入丰富创意，如此才能吸引

---

[1]　洪伟成：《上海图书馆升级家谱平台：用户可以在线上传家谱了》，《中国文化报》2009 年 5 月 22 日第 6 版。

更多公众参与其中，贡献自己的智慧和力量。中国档案众包虽然处于起步阶段，但许多地方不乏精彩的设计和创意的巧思，极大提升了众包项目的趣味性和吸引力。"我的北京记忆"项目利用 GIS 技术通过众包构建的记忆资源地图实现了北京记忆的可视化呈现，通过大学生的力量开发有关北京记忆的专题互动与展示网站（"声忆京城""北京玩物""老舍故居""京城春华满"等），通过 3D、音视频、角色扮演等方式很好地阐释了北京特色记忆；上海图书馆盛宣怀档案抄录众包项目也对盛宣怀档案著录和抄录任务进行了精心设计，设计项目包括任务截止日期、难度系数、任务积分、任务状态、完成度、专家留言及评分，这些精心细致的设计和规则很好地保障了档案抄录众包的质量和效率，其吸引优质用户担任众包任务审核专家的做法也较有创新性；上海图书馆家谱知识服务平台项目通过对界面设计进行区分（分为大众和专家）提升用户体验，通过在线识谱和修谱实现对传统家谱影像的可视化转录也具有较大的创新意义；家庭档案网站项目的家庭档案论坛社区互动效果良好，富有特色，"沈阳市家庭档案珍藏展览"通过多媒体和 3D 技术予以网络呈现，制作精美，富有新意。

（六）加强与社会组织或机构的合作

档案众包除了鼓励公众参与外，还应加强与社会组织或机构的合作，通过合作实现资源共享和优势互补。"我的北京记忆"项目注重加强与新闻媒体、社群组织、教育科研机构、社交媒体等的合作，合作伙伴包括北京脉搏微信公众号、北京叫卖艺术团、北科方志实践团、城视集等，它们为平台贡献了大量原创资源和作品，2018 年，平台与部分合作伙伴签署资源合作协议并展开进一步深度合作；上海图书馆盛宣怀档案抄录众包项目也通过与南京大学信息管理学院合作举办"文化遗产数字化竞赛"[1] 推动盛宣怀档案抄录众包的开展；上海图书馆家谱知识

---

[1] 信息管理学院：《校地联合文化遗产数字化竞赛在我校落幕》，https://www.nju.edu.cn/e6/74/c3815a321140/pagem.psp，2019 年 5 月 17 日。

服务平台项目中上海图书馆与江苏时光信息科技有限公司合作，采用其开发的修谱软件平台，技术先进易操作；家庭档案网站项目与辽宁众信同行软件开发有限公司合作进行网站平台开发，与沈阳市家庭档案理论研究小组合作，推动上传大量家庭档案材料，与浙江海盐县档案局等机构合作，为首届家庭档案电子相册制作大赛提供媒体支持，丰富了平台档案资源。

（七）保障依法合规开展

档案众包是大批量公众的参与行为，涉及公众隐私、知识产权、档案信息获取和利用等众多法律问题。中国现有档案众包项目实践均依法对众包参与各方的行为进行了严格的规范和界定，保障档案众包的合法合规开展。"我的北京记忆"项目平台有详细的使用条款、版权声明、隐私声明和免责声明，对记忆所有权、知识产权、违法行为、侵权处理、适用法律、隐私保护等事项进行了严格明确的规范，依法保护各方合法权益；上海图书馆盛宣怀档案抄录众包项目和家谱知识服务平台项目均要求众包用户实名注册且同意《上海图书馆网上注册服务协议》，其中对信息注册、使用规则、隐私制度及保护、版权声明、法律适用及争议解决等事项进行明确规定，此外，用户在上传家谱时必须首先同意《上海图书馆家谱上传协议》，此协议对家谱版权、捐赠方式和内容、开放权限、保存使用、用户权益等进行了明确细致的规范；家庭档案网站项目由沈阳市档案局家庭档案业务指导处进行依法管理和指导，用户在网站注册时必须首先同意注册条款，条款依法对用户网络行为进行严格规范，此外，网站还制定了详尽的版权声明，包括服务内容、知识产权政策、侵权处理、用户注册和行为、上传内容、法律责任、隐私权政策、免责声明、服务终止等事项。

（八）应用先进技术

档案众包借助的是互联网平台开展的公众参与活动，这为各种新兴信息和数字技术的应用提供了巨大空间。中国现有档案众包项目大多注重运用多种先进数字和信息技术增强平台观感和吸引力，提升公众使用感受和效果。"我的北京记忆"项目综合运用数据库技术、网络技术、多媒体技术、移动通信技术、ISLI/MPR复合数字出版技术、GIS技术、3D技术[①]等诠释和再现城市数字记忆，提升了平台的可视化和互动水平，为促进公众参与提供了有力的技术支撑；上海图书馆盛宣怀档案抄录众包项目通过向社会采购历史文献众包系统，有效地实现了众包系统平台的抄录、激励、多用户协作、审核、流程管理、检索展示等多种功能；上海图书馆家谱知识服务平台项目利用关联数据技术、语义可视化技术、GIS技术等建立了人、地、时、事、堂号等概念之间的关联关系，对家谱数据进行知识重组、深度挖掘和可视化呈现，为公众提供了可交互的数据展示，极大地提升了平台的吸引力和趣味性；家庭档案网站项目基于Web2.0技术建立网络论坛和博客方便公众交流，采用3D和多媒体技术开展家庭档案珍藏网上展览，给人以身临其境之感，提升了平台的吸引力。

第二节　中国档案众包模式面临的主要问题和难点

前述可知，中国档案众包虽然处于起步和探索试点阶段，但总体来看，众包项目的建设和管理水平较高且取得了良好成效。在肯定成绩的同时，不能忽视和回避其中的问题，不难发现，前述4个档案众包项目中仅家庭档案网站项目是由档案机构主办的，其余项目主办方为非档案机构的高校和图书馆。作为保管和开发利用档案资源的主体，档案机构拥有海量珍贵档案资源，本应成为开展档案众包项目的主阵地，但实际情况不容乐观，家庭档案网站项目作为先行者在家庭档案征集和展示众包方面做出了有益尝试和探索，但主要停留在家庭档案征集的低层次任

---

① 梁继红：《光影声色：数字重建北京城市记忆》，《中国档案报》2015年12月14日第3版。

务上，没有涉及馆藏公共档案资源的开发利用领域；此外，近年来，个别档案机构的规划或报告曾提出要开展档案众包试点，如 2017 年，《永州市档案信息化建设"十三五"规划》提出"采用众包、众筹、众建等模式，试点用户参与档案数据内容的创建工作"[①]，2017 年，湖南省档案局（馆）领导在全省档案工作会议上提出，"今年将试点历史档案的众包著录模式"[②]，对馆藏民国档案建立众包平台开展档案著录，但"久闻楼梯响，未见人下来"，其官网均无档案众包行为；辽宁省档案馆官网开辟了"社会档案人"版块，与百度百科建立链接，允许公众对部分开放的历史档案词条在百度百科上进行编辑，分享贡献个人知识，但仅有 10 个词条供编辑，仅具有众包象征意义。在西方发达国家档案机构众包广泛开展的背景下，中国档案机构众包却呈现出较为冷清的景象，这种反差值得学界和业界反思，这表明目前中国存在一些阻碍档案众包模式开展的难点和障碍。为更加准确全面地把握这些难点和障碍，2021 年 8 月，笔者在前期网络调研的基础上，针对国家综合档案馆系统开展了在线问卷调查，其中特别设置了众包模式可行性以及中国档案众包模式应用难点和障碍的问题。收回的 128 份问卷结果统计显示，有 20.31％的人认为不可以在中国国家档案馆历史档案开发利用中应用众包模式，在不可以应用的原因选择中 12 个选项均被不同程度选中（见图 3—1），其中选中概率占前三的选项依次为：档案信息安全和法律风险（84.62％）、法规制度保障不足（65.38％）、质量控制难度大（38.46％）。业界认为不可以应用众包模式的原因在很大程度上反映的正是档案众包模式应用的难点和问题。

在认为可以在历史档案开发利用中应用众包模式的人群中，当被问

①　永州市档案局：《永州市档案信息化建设"十三五"规划》，http://www.yzcity.gov.cn/daj/031004/201706/4a24fe09ee0d4b85bc813f8d30574493.shtml，2024 年 8 月 6 日。

②　湖南省档案局：《2017 年领导在全省档案工作会上的讲话》，http://www.xuexila.com/fwn/address/huiyifayan/3222581.html，2024 年 8 月 6 日。

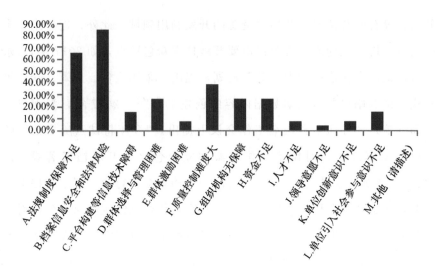

图 3—1 业界认为不可以应用众包模式的原因统计

及"您觉得目前将众包模式应用于贵单位历史档案开发利用的主要障碍和难点是什么?"时,12 个选项也均不同程度被选中(见图3—2),其中超过 30％选中概率的选项依次为:档案信息安全和法律风险(59.80％)、法规制度保障不足(54.90％)、平台构建等信息技术障碍(44.12％)、资金不足(37.25％)、人才不足(37.25％)、质量控制难度大(30.39％)。

综上,将上述两个统计结果进行汇总融合,同时结合前期中国档案众包项目的网络调研结果,可以得出目前中国档案众包模式的主要问题和难点如下:

一 档案资源开放问题

档案众包的前提和根本是丰富、珍贵、系统的档案资源及其高度开放和共享,这是吸引公众参与众包的本质动力所在。中国现有档案众包项目在档案资源及其开放方面的问题有二:

第一,档案众包项目的自有档案资源不足。除上海图书馆家谱知识

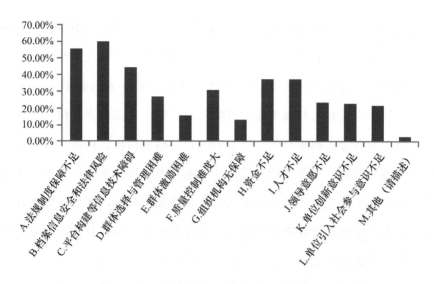

图 3－2　业界认为目前将众包模式应用于本单位历史档案开发

利用的主要障碍和难点统计

服务平台项目和盛宣怀档案抄录众包项目外，其他两个项目均没有自己的原生特色档案资源，其平台资源依靠的是公众上传与分享，虽然公众上传的资源具有来源广泛的特点，同时也往往主题分散、零散无序，致使档案资源对公众的吸引力被打折扣。

第二，档案资源开放不足。目前，除上海图书馆家谱知识服务平台项目的家谱资源开放水平较高外，上海图书馆盛宣怀档案抄录众包项目平台仅开放了 567 份盛宣怀档案供公众抄录（统计截至 2019 年 6 月 23日），约占全部盛宣怀档案的 0.3％，如此小量的档案开放很容易让公众失去关注和持续参与的动力。

二　政策法规保障、信息安全与法律风险

（一）政策法规保障问题

目前，总体来说，中国政策法规对于社会力量参与档案事业的导向是明确的。《关于加强和改进新形势下档案工作的意见》《中华人民共和国档案法》《"十四五"全国档案事业发展规划》《中华人民共和国档案法实施条例》等均为社会力量参与档案事业提供了重要的政策法规依据。但社会力量参与档案事业的范畴较为广泛，包括档案外包、家庭建档、档案基金会、档案众包、档案志愿者、档案捐赠、档案个人收藏与展示等多种形式，目前无论是总体性档案管理政策或规划还是专门性法规、规章或标准规范对于众包模式的规定都是缺位的，如果一种创新模式缺乏完善法规制度标准的明确支撑和规范引导，相关权责不明晰，那么在国家档案馆中进行广泛应用和推广将面临较多阻力。

在笔者问卷调查的开放问题中也有多位被调查者提到了对于档案众包模式政策法规保障的重视和担忧，如"政策引导是众包模式极其重要的一环""政策法规是否允许？""在政策、制度、资金等方面完善的前提下，是一项进步的改革""可运用众包模式，应抓好规范化""完善细则条例""规范合规""需要先了解这方面的需求，制定权责清单，规范管理"等。

（二）信息安全和法律风险问题

中国国家档案馆是党管机构，政治性是开展一切工作的第一标准，保障馆藏档案的绝对安全是一切工作的前提。问卷显示，目前中国国家档案馆中馆藏历史档案数字化率超过60%的档案馆占比约为53.57%（见表3—2），历史档案开放率超过60%的档案馆占比约为28.57%（见表3—3），可见目前国家档案馆历史档案的总体数字化率和开放率并不高，其主要原因还是历史档案的许多内容涉及国家秘密、个人隐私、知识产权等法律问题，许多国家档案馆对历史档案信息安全和法律风险存在顾虑和担忧，这同样是数字历史档案资源上传互联网平台开展众包的主要障碍和难点。

表 3—2   中国国家档案馆馆藏历史档案数字化率统计

数字化率	回复占比
A. 0	0.89%
B. 1%—10%	8.04%
C. 10%—20%	5.36%
D. 20%—40%	13.39%
E. 40%—60%	18.75%
F. 60%—80%	15.18%
G. 80%—100%	38.39%

回答人数：112

表 3—3   中国国家档案馆馆藏历史档案开放率统计

开放率	回复占比
A. 不开放	6.25%
B. 10%以下	16.07%
C. 10%—20%	12.50%
D. 20%—40%	10.71%
E. 40%—60%	25.89%
F. 60%—80%	12.50%
G. 80%—100%	16.07%

回答人数：112

问卷开放性问题中，也有大量被调查者表现出对众包模式安全性的担忧，代表性观点如"考虑到档案的特殊性质，应慎之又慎""应注意涉密问题""做好安全防控""开放鉴定要先行""如何可以评估判断从业者资质、信用、可靠度""应重视众包中的相关法律问题""档案涉密信息及相关安全隐患要注意兼顾好""加强过程管理，加强保密措施"等，综上观点可知，众包模式给历史档案开发利用带来了更大的档案信息安全和法律风险，主要表现有：

第一，与图书、新闻等信息资源不同，档案资源本身是一种特殊的信息资源，许多历史档案的内容中包含大量涉及国家秘密、公民隐私、知识产权等内容的信息，如果开放鉴定不到位，其开放上网进行众包开发利用就会具有很大的不确定性风险。

第二，作为接包方的公众是匿名的，参与动机各异，能力水平和档案信息安全意识参差不齐，其网络行为的监管和控制难度大。

第三，互联网以及众包平台面临信息系统脆弱、信息失密、网络攻击等潜在安全风险，无论是平台数字历史档案资源还是公众提交的任务数据均有丢失、篡改、窃取等网络风险。

第四，公众上传档案或贡献知识等行为也涉及上传档案或公众智力成果的知识产权保护问题。公众智力成果极易被复制且成本较低，公众知识产权被侵权、流失和滥用的风险较高。如露辛达·布莱泽（Lucinda Blaser）认为，"尽管许多用户可能愿意，甚至是经常受宠若惊地被邀请将他们的材料捐赠给藏馆，但其他人也会以商业眼光看待他们的图像，或者他们会害怕在签署所有权时受到使用限制。因此，收购这些作品的谈判可能很耗时"[①]。

无论发生上述哪种行为，一旦数字历史档案信息被盗用或滥用，都会给国家、社会和公众带来巨大的法律风险，威胁信息保密，侵害利益相关者的隐私权、知识产权等合法权益。

三 公众参与度及参与激励问题

档案众包成败的关键就是大量公众的持续有效参与。如何实现档案众包的高参与度和有效激励一直是国内外学界和实践部门关注的关键问题之一。笔者对中国现有档案众包项目的公众参与数据进行调研统计发现，"我的北京记忆"项目1个月（2019年5月22日—6月22日）共

---

① Lucinda Blaser，"Old Weather：Approaching Collections from a Different Angle"，in Mia Ridge，ed. *Crowdsourcing Our Cultural Heritage*，Surrey：Ashgate，2014，pp. 45—55.

计增加记忆 15 条，增加文集 2 篇、图片 5 张、视频 12 个，日均增加记忆约 1 条，公众参与上传记忆的积极性不足，记忆数量增长缓慢；上海图书馆盛宣怀档案抄录众包项目中的积分排行榜显示，真正参与抄录的用户只有 80 人左右（截至 2019 年 5 月 27 日），4 个月（2019 年 2 月 18 日—6 月 22 日）平台共审核完成 8 份档案抄录任务，公众参与度较低；家庭档案网站项目中，公众上传的几乎所有照片、录像、文章、录音时间均在 2016 年之前，之后几年竟基本无人上传档案，公众参与度几近于零，公众上传家谱家史栏目也少有人响应。综上，中国现有档案众包项目存在着一个较为共性的问题，即公众参与度不高且持续参与热情和积极性不足。

笔者认为，此问题的主要原因在于公众参与众包的驱动或激励不足。公众参与众包的激励包含多方面的因素，除了档案资源及开放因素、任务设计因素（任务难度、趣味性、游戏化等）外，还包括公众因素（包括公众自身的情感、兴趣、好奇心、责任、知识、成就感等内部激励因素以及金钱、物质、荣誉等外部激励因素）、平台因素（易用性、可视化、沟通性等）、宣传因素等。每个档案众包项目公众参与不足的原因都存在差异，应根据具体情况具体分析，找出各自问题，对症下药。

四　质量管控问题

问卷开放问题中有多人提到众包质量管控的重要性，代表性问答如"加强监控""在开发利用质量和价值等方面需建立健全相应的科学评价体系""顶层设计很重要""加强管理，透明、公开、公平很重要"等。众包表面看似简单，其实背后涉及大量的工作和环节，比如数字历史档案资源的鉴定选择、平台构建、任务设置与分发、任务执行、用户管理与激励、社区管理等，任何一项工作或环节出现问题都会影响众包的整体效果和质量，而且大部分环节是通过互联网在线进行的，网络的开放虚拟性以及参与群体背景、能力和行为的不可预知性给众包质量的管理控制带来了更大的难度，比如历史档案转录错误、随意上传或著录、恶意评论等在所难免，导致任务成果良莠不齐，质量审核工作难度大。

五 人才、资金与技术障碍

（一）人才与资金障碍

问卷中有被调查者表示应"加大资金、人才投入，加强政府法规知晓率"，体现的是档案众包模式对档案机构人才素质以及资金投入的要求。

人才素质方面，一方面，许多档案机构的工作者缺乏网络环境下引入公众参与的理念，满足于传统的档案开发利用模式和公众参与模式，仅仅将公众定位为档案服务的接受者，缺乏 Web2.0 环境下引入公众力量共同开展档案资源建设与服务的理念。另一方面，档案众包是一项系统工程，涉及特色资源挖掘、档案鉴定与开放、资金投入、技术研发、平台管理、人员配备等全方位的投入和保障，项目工作量大，任务周期长，需要档案工作者具备较强的法治意识、创新意识、项目管理能力、组织协调与沟通能力、特色数字历史档案资源的开放鉴别和内容挖掘能力、平台构建等信息技术能力，这对满足于传统历史档案开发利用模式的档案工作者来说是一项前所未有的挑战，对于许多档案资源开发基础薄弱、人财物力资源捉襟见肘的档案机构来说也是一种无法企及的奢望。

资金投入方面，档案众包作为一个创新性项目，虽然总体有利于降低档案机构的档案开发利用成本，但仍需要大量项目经费的支持，尤其是在项目初始阶段，主要用来支付数字历史档案档案资源的前期整理与数字化、平台建设、人员开支等费用，这对许多经费有限的基层档案馆来说是一笔不小的开支。此外，许多档案众包项目大多基于项目建设成本进行资金投入，但档案众包项目所需资金不仅包括建设成本，后期运营还需要长期持续的资金投入，如果资金不足，项目发展将受到严重挑战。如内莱克·瓦恩·泽兰（Nelleke van Zeeland）等认为，"（哥本哈根城市档案馆）转录项目跨越的长时间框架越来越受到以项目为导向的供资办法的挑战，业务任务的长期投入越来越难找到资源。建立一个志愿服务环境是一项艰巨的任务，如果没有稳定的资源分配，这项任务可能会迅速瓦解。因此，参与式方法必须尽可能坚定地体现在哥本哈根城市档案馆的核心使命中"[1]。蒂姆·格罗夫（Tim Grove）也认为，"在数字人文项目的适当资源配置中发现的一个持续问题是，它们倾向于由一次性投资或赠款资助，而不是作为长期战略的一部分纳入机构的运营成本"[2]。由此可见，档案机构必须将参与式理念融入机构使命，并为推动参与式档案馆建设持续提供资金等资源保障。

（二）技术障碍

档案众包模式一般都需要通过众包平台来开展，因此档案众包的技术障碍主要表现在平台构建方面。国家档案馆可以自建众包平台，也可以借助第三方众包平台，如阿里云众包平台[3]。自建平台方面，虽然中国大多国家档案馆都建立了自己的官网，可以此为依托建设众包平台，但众包平台的技术要求还是比较高，它需要包含公众审核与管理、任务分发、任务执行、结果审核、群体激励、社区构建、信息安全保障等多种功能，这对许多信息技术人才短缺的国家档案馆来说还是存在不小难度的，这就成为国家档案馆历史档案开发利用开展众包模式的一大障碍。第三方平台方面，虽然目前中国已经出现类似阿里云众包平台的第

---

① Nelleke van Zeeland and Signe Trolle Gronemann, "Participatory Transcription in Amsterdam and Copenhagen", in Edward Benoit Ⅲ and Alexandra Eveleigh, eds. *Participatory Archives: Theory and Practice*, London: Facet Publishing, 2019, pp. 103－113.

② Tim Grove, "History Bytes: Citizen History Projects", *History News*, Vol. 67, No. 1, 2012, pp. 5－6.

③ 阿里云:《阿里云众包平台》, https://zhongbao.aliyun.com/, 2024 年 8 月 8 日。

三方平台，可以提供网站建设、数据采集、数据标注等众包服务，国家档案馆可以在此平台发布任务需求，平台会推荐服务商设计方案并提交报价单，但目前该尝试在档案领域尚无应用先例可循，今后能否可行需要大量尝试和磨合。

综上所述，中国历史档案开发利用众包模式应用确实面临诸多难点和风险，但中国档案机构不能因噎废食，首先，这些难点和风险并非完全无法克服和控制，通过采取必要措施可以逐步予以解决或降低风险；其次，档案众包模式的巨大潜力和公共收益对于档案机构资源开发与服务转型是一个重大机遇。正如美国密歇根大学本特利历史图书馆的马修·兰迪斯·亚戴尔（Matthew Landis Adair）所言，尽管问题重重，但有些档案馆的档案工作者仍达成一个共识：即使有风险或是错误，利用者提供的数据还是极其有价值的，并且他还举了这样一个例子，美国国家档案馆 2012 年 4 月公布了一组 1940 年的人口普查数据，通过与相关家谱组织合作，16.3 万余名志愿者参与其中，人口普查中 1.32 亿个姓名的标引仅仅用了 4 个月时间就完成了①。这种档案开发利用效率对于传统方式而言几乎是不可能的，但档案众包模式却将其变为现实，因此，尽管存在难点和障碍，中国档案机构也需要对该模式予以足够重视，加强模式研究和探索应用步伐。

---

① ［美］马修·兰迪斯·亚戴尔：《档案工作需要有温度的数字世界》，孙婷编译，《中国档案报》2017 年 2 月 16 日第 3 版。

第四章

历史档案开发利用众包
模式的国际借鉴

　　"他山之石，可以攻玉。"国外尤其是西方发达国家档案众包模式应用较为广泛，取得了较为丰硕的成果，对于中国具有重要借鉴意义。本章通过文献调研、网络调研等多种渠道从五个国家档案馆层面（美国、澳大利亚、英国、新加坡和加拿大）以及三个具体项目层面（美国波士顿公共图书馆反奴隶制手稿转录众包项目、德国阿罗尔森档案馆档案众包项目和荷兰阿姆斯特丹档案馆"众在参与"项目）对国外档案众包实践展开系统调研，全面细致分析国外档案界代表性档案众包实践的开展背景、理念思路、项目内容、参与主体、技术平台、运作机制、保障体系等，以期为中国档案众包提供可资借鉴的经验。

第一节　美国国家档案馆档案众包项目

　　随着数字时代和互联网时代的到来，众包所具有的优势愈发凸显，越来越多的档案馆或相关机构投入到档案众包的实践中来，其中，2010年美国国家档案与文件署（The National Archives and Records Administration，NARA）率先提出了"公民档案工作者"（Citizen archivists）的概念，启动档案众包实践并迅速形成示范效应，随后几年里，借鉴"公民档案工作者"的项目陆续在美国、英国、新加坡等国家开展起来。但

NARA 所进行的成功众包实践不仅局限于"公民档案工作者"项目，其他众包及具有典型众包色彩的项目同样值得关注。因此，本节将专门从档案众包视角对 NARA 代表性档案众包项目进行系统梳理和分析，探讨项目背景、类型、内容、成效及其特点，并对中国档案众包项目的开展提出可资借鉴的经验。

一　NARA 开展档案众包的背景因素分析

NARA 开展档案众包是网络技术、政府政策、先进实践和社会力量等多种背景因素影响融合的产物。

第一，网络技术因素。即互联网的广泛应用为档案馆众包提供了技术支持，尤其是 Web2.0 时代，互联网的便捷性、交互性和广泛性使得档案众包成为了可能。随着各种各样易操作、大众化的网络应用软件的出现，过去由专业人员解决的问题，现在大众自身就能够解决[1]。NARA 顺应时代潮流，积极利用 Web2.0 技术，推动档案信息服务更好地融入社会[2]。

第二，政府政策因素。美国政府制定了开放政府指令，NARA 根据开放政府指令制订了相应的开放政府计划，发挥档案机构在政府中的独特作用。开放政府计划要求"透明、参与和合作"，通过一系列活动积极推动开放，培养公众参与，并通过让公众获得更高价值的记录来加强国家民主[3]。作为管理美国联邦政府文件和档案官方机构的国家档案馆，NARA 积极按照"开放政府指令"精神对自身所掌握的档案资源进行了开放，引导民众参与到档案信息资源的建设、利用与开发之中[4]。

---

① 韩效东：《LAM 众包平台的功能设计优化》，硕士学位论文，吉林大学，2018 年。

② 赵屹、陈晓晖、方世敏：《Web2.0 应用：网络档案信息服务的新模式——以美国国家档案与文件署（NARA）为例》，《档案学研究》2013 年第 5 期。

③ National Archives and Records Administration, "Open Government Plan 2016－2018", March 24, 2022, https://usnationalarchives. github. io/opengovplan/pubengagement/.

④ 姚明：《美国 "Citizen Archivist" 项目研究：驱动因素、业务内容、启示借鉴》，《档案管理》2021 年第 1 期。

第三，先进实践因素。美国航天科技领域推出的"公民科学家项目"，作为互联网思维的典型应用①，为档案众包提供了借鉴。"公民科学家项目"利用互联网众包来收集科研数据，普通公民参与者与专业科学家和科学机构合作进行科学研究。档案领域借鉴了这一项目的有益经验，理查德·J. 考克斯（Richard J. Cox）提出在数字时代每个人都是档案工作者（We are all archivists），应基于互联网将私人档案管理与公众的档案意识结合起来，强化公众档案意识的延伸，使其扩展到与个人生活、工作、学习等方面密切相关的层次②。

第四，社会力量因素。美国国家档案馆基金会（以下简称 NAF）的主要目标之一就是扩大公众对 NARA 活动、项目的参与度③，NAF为 NARA 开展包括档案众包在内的各种工作提供了强大的财力支持，为保护和开发历史资源、提高公众档案意识、扩大机构影响力发挥了重要作用④。NAF 对项目的积极推动，激发了更多机构、团体和个人通过加入该基金会会员或单独提供赞助支持美国档案事业发展⑤。

二　NARA 档案众包项目的类型和内容

NARA 最具有代表性的众包项目就是它的"公民档案工作者"（Citizen archivists）项目。Citizen archivists 首先作为一个概念，是由NARA 署长大卫·S. 菲尔里诺（David S. Ferriero）在一篇名为"Cultivating Citizen Archivists"⑥ 的文章里借鉴美国国家航空航天局提出的"公民科学家"概念而提出的，指的是非专业档案人员但是参与到档案

①　许林玉：《开放科学：公民在研究活动中的作用与贡献》，《世界科学》2018 年第 2 期。

②　Richard J. Cox，"Digital Curation and the Citizen Archivist"，April 3，2009，https://d-scholarship. pitt. edu/2692/1/CoxOfficialSubmissionRevision. pdf.

③　楚艳娜、谭必勇：《档案基金会资金筹集与运用策略探析——以美国国家档案馆基金会为例》，《档案学研究》2017 年第 1 期。

④　楚艳娜、谭必勇：《档案基金会资金筹集与运用策略探析——以美国国家档案馆基金会为例》，《档案学研究》2017 年第 1 期。

⑤　王玉珏、张晨文、陈洁：《美国国家档案馆公众教育服务的发展》，《档案学研究》2017 年第 5 期。

⑥　David S. Ferriero，"Cultivating Citizen Archivists"，January 18，2022，http://blogs. archives. gov/aotus/? p=144.

工作中的公众。在开放政府计划的公众参与目标推动下，自 2016 年以来，NARA 借助 Citizen Archivist 开展了一系列对外开放的公众参与活动，利用众包工具，让公民参与进行档案上传、转录、标记和扫描等工作。众包的主要主体包括组织者、众包平台以及参与者。NARA 开展众包项目的组织者即 NARA，参与者为社会公众，所利用的众包平台较为丰富，可以分为自建平台、第三方专业平台以及社交媒体等。通过对相关文献、NARA 官方网站及相关报道的调研，本节按照不同平台将 NARA 所开展的档案众包以及具有典型众包色彩的项目的类型和内容阐述如下（见表 4-1）：

表 4-1　　　　　　　　NARA 档案众包项目的类型和内容一览表

众包类型	具体平台 ＼ 内容	上传	标记	转录	编辑	数字化
自建平台众包	公民档案仪表盘	/	✓	✓	✓	/
	创新中心	✓	/	/	/	✓
	档案维基	✓	/	/	✓	/
	旧天气论坛	/	/	/	/	/
专业平台众包	Zooniverse	/	/	✓	/	/
社交媒体众包	Amara	/	/	/	✓	/
	Flickr	✓	✓	/	✓	/
	Giphy	✓	✓	/	/	/
	Historypin	✓	/	/	✓	/
	Foursquare	✓	/	/	✓	/

（一）自建平台众包

1. 公民档案仪表盘

公民档案仪表盘（Citizen archivist dashboard）是 2011 年 NARA 为了鼓励和服务公众参与 NARA 的众包工作而提供的自建平台，这个资源整合平台就是遵循了"公民档案工作者"（Citizen archivists）的理念，所谓"公民档案工作者",指的是对维护具有档案价值的文件负有责任的人民,这些文件不仅包括他们的私人档案,也包括那些还没有或是未能进入档案馆的资料①。该平台提供了不同的模块,公众可以进行档案的标签(Tag)、转录(Transcribe)、编辑(Edit Articles)、上传与分享(Upload and Share),目的是使档案更易于访问和搜索。截至2022年4月1日,仪表盘主页提供的任务分为三种类型(见表4—2):首先是专题类,如"美国有色人种部队——美国内战""杜鲁门总统主题文件

表4—2 **公民档案仪表盘专题类任务主题(截至 2022 年 4 月 1 日)**

众包平台	主要项目	主要内容
公民档案仪表盘	逃生报告	士兵在第二次世界大战期间的逃跑或逃避活动记录
	美国有色人种部队——美国内战	美国内战期间在志愿组织中服役的士兵的梳理记录
	联邦航空设施 1946—1972	与联邦航空设施相关的照片
	杜鲁门总统主题文件 1945—1953	杜鲁门总统秘书档案中的主题文件
	各岗位雇用文员、马车夫和印刷商的报告	1865 年军需官向华盛顿特区军需官提交的报告
	1948—1950 人口普查档案	1948—1950 人口普查中的记录
	历史护士档案	第一、第二次世界大战期间美国国家红十字会护士病历档案
	1917—1919 机密电报	约翰·潘兴将军寄给副将的机密电报
	中国遗产	与排华时代相关的记录
	美洲原住民照片标记任务	来自印第安事务局(BIA)记录的 18000 多张照片

---

① 施少钦:《美国国家档案馆 "Citizen Archivist" 项目研究及其启示》,硕士学位论文,福建师范大学,2012 年。

1945—1953""1948—1950 人口普查档案"等，以"1948—1950 人口普查档案"为例，该专题下包含与主题相关的信函、手册、会议记录和人口普查报告等，文件以图片的形式提供，用户可以单击图片下方的"查看/添加贡献"按钮对图片进行标记、注释或者转录，同时也可以看到其他用户在该任务下的贡献；其次是特殊专题类，包括转录和标记与排华时代相关的档案、标记印第安事务局照片等，其中标记印第安事务局照片任务已经完成；最后是单独精选档案，这些档案主题分散，按照难度被分为了初级、中级、高级三个等级，公众可以根据自己的兴趣和水平来进行挑选。在公民档案仪表盘上工作，用户需要注册一个账户，首先访问资源界面，该界面提供了详细的步骤信息和相关指南，帮助用户更好地了解工作。公众可以在目录或者专题目录中选择感兴趣的工作，选择"标记""注释"或"转录"选项卡，然后进行相应的工作。

2. 创新中心

NARA 向公众开放创新中心，配备了专门的扫描实验室，公众可以扫描馆藏的档案并免费获得其数字副本，最后已扫描的档案经选择后被上传到国家档案目录中[①]。创新中心鼓励公众参与的扫描分为两种类型：一种是扫描自己手中有的档案，包括独立战争后到菲律宾起义的兵役档案、1783—1903 年间兵役的养老金档案、1790—1855 年间兵役的赏金土地文件、独立战争后到 1912 年间与服兵役或军事医院个人医疗有关的医疗档案等。另一种是参与扫描数字化档案馆拥有的馆藏资源，目前进行的项目有印第安童子军养老金档案、布法罗士兵养老金档案和第 20 缅因州步兵团编制兵役档案，以往的项目有越南海岸警卫队项目。公众可以去创新中心扫描室进行档案扫描，工作人员会进行专业指导，包括如何使用平板扫描仪，扫描完成后公众可以获得扫描的数字副本，

---

①　周文泓、张宁：《开放政府框架下档案工作的进展与展望——基于 NARA 开放政府行动的分析》，《山西档案》2017 年第 2 期。

扫描以后形成的数字化档案也会上传至 NARA 国家档案目录之中，其他公众也可以随时免费查看和获取。公众贡献的数字化档案会在用户同意的情况下署上贡献者的名字，来表彰和鼓励公众参与档案数字化事业。

3. 档案维基

档案维基即 NARA 利用维基平台进行的档案众包活动，主要使用的是 wikispace 和 wikisource 两个平台，其中 wikispace 已于 2014 年停止服务。对 wiki 平台的利用集中体现在 NARA 提出的 Our Archives Wiki 项目，该项目旨在构建一个在线空间，供研究人员、教育工作者、家谱学家和档案馆工作人员分享有关国家档案馆档案及其研究的信息和知识[1]。公众利用 Our Archives Wiki 可以针对国家档案馆档案中的相关历史题材创建新的网页或编辑现有的网页，补充档案在线目录中的描述，发布转录的文档，添加信息建立其他资源，将其作为一个工作簿存储档案研究过程中发现的有用信息，与其他类似主题的研究者分享研究信息。公众可以上传或者编辑已有的 NARA 档案，可以上传图像、扩展在线目录中的描述，可以发布文档的转录等，同时由于 wiki 是一个多人协作平台，公众也可以与从事类似主题的其他用户协作，一起开展研究项目，参与有关 NARA 档案的讨论。

4. 旧天气论坛

旧天气论坛是 NARA 与 NOAA（美国国家海洋和大气管理局）合作运用的平台，召集工作者转录和抄写旧的航海日志、了解过去的天气情况，以期待为科学家的气候研究提供帮助[2]。旧天气项目最早开始于 2010 年的"旧天气—二战（首次航行）"项目，该项目使用的是 Zooniverse 平台，随后进行的"旧天气—捕鲸"和"旧天气—北极"则是使

---

① NARAtions, "Welcome to Our Archives Wiki!", April 2, 2020, https://narations.blogs.archives.gov/2010/07/08/welcome-to-our-archives-wiki/.

② 原良娇：《美国国家档案馆的社交媒体战略》，《北京档案》2014 年第 5 期。

用了旧天气论坛平台。该平台的转录内容来自 NARA 保存的美国海军、海岸警卫队等的船舶日志，该日志可追溯至 1850 年。公众在旧天气论坛进行转录，转录的结果将被整合到现有的大型数据集中，如国际综合海洋大气数据集（ICOADS）[①]，同时也收录在 NARA 的国家档案目录之中。

（二）专业平台众包——Zooniverse

Zooniverse 是一个著名的公民科学众包平台，组织者可以将项目放在 Zooniverse 平台上，让公众帮忙收集材料、分析文件、转译资料等。Zooniverse 不会提供报酬，工作者是出于自身的兴趣参与工作，从工作中获取知识或者巨大的满足感[②]。NARA 发布的 2018 财年和 2020 财年业绩计划文件显示，NARA 积极与其他机构进行合作，通过外部平台整合 NARA 档案和数据，其中就包括 Zooniverse 平台。目前 NARA 利用 Zooniverse 进行的众包项目主要有"美国士兵""非裔美国内战士兵"及"旧天气—二战（首次航行）"三个专题项目。"美国士兵"项目要求公众转录第二次世界大战期间参加战斗的美国士兵的 65000 多份手写反思；"非裔美国内战士兵"专题则是转录超过 200000 名在美国内战中为自由而战的非裔美国士兵的军事档案；"旧天气—二战（首次航行）"项目转录自 19 世纪中叶以来记录在船舶日志中的北极和全球天气观测结果，为 NARA 贡献了 1400 万条新的科学天气记录和 150 万页图像。目前，这三个项目均已完成。"美国士兵"项目共吸引了 7179 名志愿者加入，"非裔美国内战士兵"项目吸引了 9155 名志愿者，"旧天气—二战（首次航行）"项目吸引了 3733 名志愿者。项目成果由美国国家档案馆目录收录，并提供公众免费获得，其中"美国士兵"项目于 2021

---

① Free Government Information，"NARA and NOAA Join Old Weather Project to Crowdsource Transcription of Historic Naval Ship Weather Logs"，April 1，2022，https://free-govinfo.info/node/3802/.

② ［美］大卫·艾伦·格里尔：《众包》，肖江波译，人民邮电出版社 2015 年版，第 23 页。

年 12 月运用众包成果推出了专门的"二战中的美国士兵"网站进行成果公开。

（三）社交媒体众包

NARA 从 2009 年正式布局社交媒体的应用以服务于业务交流、档案服务、资源共享、工作创新等方方面面，发布了第一版的社交媒体战略，开始了系统的社交媒体应用进程，经由近十年的实践形成了多元的社交媒体应用体系①。在推动以众包为工具的公众参与过程中，NARA 采用了众多社交媒体，包括 Twitter、Blog、Facebook、Instagram、Flickr、Giphy、Foursquare、HistoryPin、Tumblr 等。社交媒体的功能主要可以分为两类：一类主要用于信息交流；另一类在信息交流以外还可以用于档案的收集和存储。其中，Twitter、Blog、Facebook、Instagram 属于第一类，主要用来发布与 NARA 有关的新闻资讯、最新成果、相关政策等，并与公众积极进行讨论；Flickr、Giphy、Foursquare、Tumblr 等属于第二类，NARA 鼓励公众积极参与平台的活动，分享相关的文字或图片档案。

在第二类中，各个社交媒体平台又发挥着不同的作用：①Amara 是一种在线资源开发平台，可让个人、社区和更大的组织克服在线视频的可访问性和语言障碍，NARA 鼓励公众在 Amara 上加入 NARA 小组，为历史视频添加字幕和翻译。②Flickr 是一个以图片服务为主的网站，它提供图片存放、用户交友等功能，用户可以基于自身的理解，对自己上传的图片和感兴趣的图片等网络资源进行自由标注②。NARA 鼓励用户关注 Flickr Commons 上的 NARA 的照片流，通过添加标签、注释来分享知识、见解和经验，同时还鼓励用户通过评论来更正原有描述中的

----

① 周文泓、黄榆涵、洪页子、李晓昱：《档案机构对社交媒体的多元化应用探究——基于 NARA 的调查与启示》，《档案学研究》2018 年第 3 期。

② 章成志、赵华、李蕾、肖璐：《中英文图片标签质量差异比较研究——以 Flickr 为例》，《情报理论与实践》2018 年第 4 期。

信息。③Giphy 是一个互联网众包动态图片资源网站，允许用户以 GIF 格式搜索、发现和共享各种动态图像①。NARA 在 Giphy 上进行共享的 GIF 图片主要包括世界大战历史、美国发展历史、太空探索、妇女史以及一些视频剪辑转化而成的 GIF 图片等，截至目前官方账号已有 1.3 K 的上传量和 3.9 B 的浏览量。④Historypin 是一个融合地理位置信息与图片的社交媒体，NARA 鼓励公众在上面按照谷歌街景共享照片、音视频档案及其背后的故事，以每个人独特的描述和记忆来充实呈现身边环境的变化。例如，NARA 推出了"马修·布雷迪内战照片""华盛顿特区街道、建筑物和历史事件的照片"等专题收集，公众将个人所保管的历史"钉（Pin）"在 Historypin 网站上呈现给全世界。⑤Foursquar 是一个基于位置的社交媒体网络，公众能够在全国的地理位置分享提示和其他信息，关注 Foursquare 上的 NARA，即可开始解锁有关全国各地地点的历史提示。NARA 让公众用智能手机在全国某一个历史遗址或者博物馆签到，并向公众提供有关具体政府文件历史背景的信息。公众每次签到，政府不仅能搜索到公众的个人信息，还能定位其地理位置②。

三　NARA 档案众包项目的成效与特点

（一）项目成效

Citizen archivist 项目自开展以来取得了巨大的成效，获得了很高的公民参与度，NARA 对公民参与度是通过"公民贡献者增强记录"的数量来衡量的，从 2017 年至今，从 NARA 官方网站统计数据③可以看

---

① 文传玲、张晓宇、周文泓：《社交媒体在国家数字档案资源整合与服务中的应用——基于美国档案与文件署的案例研究》，《兰台世界》2020 年第 3 期。

② 高冬玲：《〈公共部门的社交媒介〉（节选）翻译实践报告》，硕士学位论文，郑州大学，2017 年。

③ NARA, "Annual Performance Plan and Report", April 1, 2022, https://www.archives.gov/about/plans-reports/performance-accountability.

到，公民贡献者增强的记录每年都在增加，且每年都超过年初的预计数，具体统计数据见表4—3。

表4—3　　　　　　　　　公民贡献者增强记录

数量＼年度		2021年	2020年	2019年	2018年	2017年
公民贡献者增强的记录	计划	600K	500K	260K	100K	75K
	实际	—	1.2 M	483K	259K	136K

　　自项目实施以来，公民贡献了数百万个标签、元数据、转录、视频字幕和数字图像。为了庆祝2015年阳光周，国家档案馆发起了转录挑战，在一周内，公众就转录了2500个页面，并为国家档案目录中的档案添加了10000个标签。NARA还通过与维基百科的合作，国家档案馆的档案已被纳入上千篇维基百科文章，每年获得超十亿次页面浏览量。2012年，公民档案员仪表板被哈佛大学肯尼迪政府学院民主治理与创新中心评为政府25大创新之一[①]。

　　（二）项目特点

　　1. 多平台融合

　　NARA众包项目综合利用不同平台，开展形式各异的众包活动。众包平台可分为自建平台、专业众包平台及社交媒体平台，NARA档案众包对三种众包平台都进行了充分的利用，不仅依靠NARA官网建设了公民档案仪表盘等自建众包平台，利用NARA自身权威性保障了项目的可靠性，还将一部分转录工作移至Zooniverse专业众包平台，充分利用专业众包平台的影响力和专业服务开展众包，同时积极利用Web2.0时代便捷的社交媒体（如Flickr、Giphy、Foursquare等）进行

———————

　　① Citizen Archivist Dashboard，"Improving Access to Historical Records through Crowdsourcing"，April 1，2022，https：//www.citizenscience.gov/citizen-archivist/＃.

照片、音频、地理位置标记等众包活动，形式活泼，深入人心，不仅丰富了众包活动的形式，收集了更多类型的档案信息，还形成了一定的宣传力度，增加了项目的吸引力。

2. 社交媒体特色突出

NARA 十分重视社交媒体的利用，在官网主页专门开通了"社交媒体和数字参与"模块用于统计和介绍 NARA 使用的社交媒体平台。2009 年奥巴马总统就职后颁布了政务公开及公开透明性备忘录，要求联邦政府所有部门都必须提出政务公开的计划。NARA 作为政府公共部门，使用社交媒体进行众包属于践行政务公开及创新的重要组成部分。2010 年，NARA 发布了第一版社交媒体战略，提出为"公民档案工作者"提供良好的机会和平台；2017 年再次发布社交媒体战略（2017—2020），明确提出使用众包来完成档案馆使命，积极利用社交媒体使公众参与进来，鼓励公众将其技能和经验贡献给众包工作①。目前，NARA 的社交媒体战略已更新至 2021—2025 财年版本，在互联网广泛使用和飞速发展的 Web2.0 时代，NARA 较早认识到了社交媒体普及性好、成本低、反馈及时等优点，充分利用社交媒体不仅能够提高政府公共部门的透明度和吸引力，还能够让公众更加了解和信任相关部门。

3. 良好的项目持续性

从表 4-3 中 2017—2021 年公民贡献者增强的记录数可以看出，NARA 众包保持了良好的持续性，不仅维持了上一年的参与数，并且实现了逐年的增加。NARA 方清楚地认识到，参与者对于项目的参与程度可能会随时间而变化，也可能因人而异：有些人只参加一次，其他人偶尔做参与者，还有一些人是长期参与者，然后是"超级用户"——做很多工作的少数人。为了对项目的持续参与进行准确的评估，NARA

① NARA，"Social Media Strategy FY17-20：Goal 2：Deepen Engagement"，April 10，2022，https：//usnationalarchives. github. io/social-media-strategy/goal2/.

十分注重进行数据的统计分析，如统计贡献者增强记录数、Web 访问量、用户参与次数等具体数据，根据评估结果来制定下一步的战略，来维持良好的项目持续性。同时，为了增加社交媒体众包的吸引力，NARA 会在社交媒体中发布一些别处无法找到的档案信息，并且注重应用社交媒体各个环节中产生的数据，进行专业的量化分析①。

4. 以公众利用为目的

作为《开放政府计划》的重要组成部分，NARA 进行档案众包的最终目的就是实现公众对档案的有效利用，为此，NARA 建立了一系列资源平台。首先，最主要的是国家档案目录平台，该平台系统收录了国家档案馆所有档案资源，是国家档案馆保存的档案以及有关信息的在线门户，用户可以通过关键字搜索所需的档案。此外，NARA 对于社交媒体众包获取的档案资料也进行了整合，以 Giphy 平台为例，Giphy 平台上的每一个动图都包含了一个链接，可以连接到 NARA 的在线目录，便于用户搜索使用。同时，一些专题项目也在完成后形成了独立的资源平台，如公民档案仪表盘的美洲原住民照片标记任务，项目成功后建立了印第安事务局"寻找援助的照片"网页来帮助用户探索此记录组中的数字化照片；Zooniverse 平台的"美国士兵"项目也推出了专门的"二战中的美国士兵"网站进行成果公开。

四　NARA 档案众包项目对中国的借鉴意义

如前节所述，中国目前也进行了一些档案众包的实践，如上海图书馆的盛宣怀档案抄录众包项目、家谱转录项目，中国人民大学"我的北京记忆"项目，沈阳市档案馆家庭档案网站项目等，都没有吸引到足够的参与者参与项目，项目持续性也存在不足。借鉴 NARA 的经验，中

---

① 何玉颜：《社交媒体环境下档案馆信息服务与宣传的创新思考——NARA 社交媒体战略（2017—2020）及其启示》，载中国档案学会《新时代档案工作者的使命：融合与创新——2018 年全国档案工作者年会论文集》，中国文史出版社 2018 年版，第 346—352 页。

国档案众包实践可以从前期的平台选择、中期的项目维持和后期的资源开放三个方面进行改进。

（一）前期：充分发挥社交媒体潜力

不同的众包平台有不同的优缺点。自建平台往往依托档案机构的官方网站，容易形成威信，使公众对项目更加信任，但往往不容易吸引外部参与者，对组织者在技术和管理方面提出了较高的要求。第三方专业平台能够提供更加专业的项目管理服务，如数据分析，但是往往模式比较局限，不利于进行形式灵活的众包活动。社交媒体弥补了前两种平台灵活性的不足，档案机构可以利用多种社交媒体进行各种形式的众包活动，同时社交媒体本身就具有宣传功能，可以吸引更多的参与者参与进来，为项目增添活力。中国目前档案众包大多依赖于自建平台开展，如盛宣怀档案抄录众包项目、家谱转录项目运用的是上海图书馆自建平台"上海图书馆众包系统"和"家谱知识服务平台"，中国人民大学"我的北京记忆"项目也是自建"我的北京记忆"网站，平台选择较为单一。中国目前还没有形成较有影响力的与档案开发利用相关的专业众包平台，但社交媒体发展十分迅速，微信、微博等社交媒体早已广泛渗透进公众的生活，以凯特·泰米尔（Kate Themier）为代表的学者提出，档案馆 2.0 建设需要充分发挥社交媒体的作用，在国家数字档案资源整合与服务中，档案工作者应以用户为中心，使用技术分享收藏，与用户互动以及提升效率[1]。因此，中国档案众包可以借鉴 NARA 社交媒体策略，充分利用社交媒体平台，与微信、微博、抖音等具有影响力的社交媒体建立合作，使档案众包进入更多公众的视野。但值得注意的是，网络时代公众对于隐私问题愈发敏感，档案馆在利用社交媒体进行档案众包的过程中应当注意用户隐私问题，社交媒体作为外部平台，往往会存在隐私泄露的风险，例如，Foursquare 需要获取用户定位以进行信息推

---

[1] Kate Themier，"Participatory Archives：Something Old，Something New"，October 15，2019，http：//www. slideshare. net/ktheimer/theimer-participatory-archives-mac-keynote.

送，这可能就会泄露用户地理位置的隐私信息。因此，档案机构在进行档案众包的过程中应当选择可靠的社交媒体，与社交媒体平台签订明确的合作协议，要求社交媒体保护公众的个人信息。

（二）中期：以用户为核心，保持项目参与度

用户参与是档案众包的核心，维持项目参与一方面要留住原有用户，另一方面也要不断吸引新用户参与。有学者通过问卷调查和访谈发现，用户参与众包的主要动机有成就感、学习技能和物质奖励[①]。然而，数字人文众包大多不提供物质奖励，因此，应当注重满足用户的成就感和学习需要。一方面，项目方需要提供给用户感兴趣的众包任务，如 NARA 提供公众转录、标记的大多是有关美国历史、往届领导人等档案，可以吸引很多希望学习历史的公众参与进来，同时还要给予用户奖励和认可，以满足用户自我实现的需要，比如可以通过给予志愿者证书、奖品或其他认可来奖励他们，对于用户的工作成果应当进行贡献者标记。另一方面，可以借鉴 NARA 的历史中心（History Hub）在线平台，这是 2016 年 NARA 推出的在线交流平台，设置了讨论区、博客和特色社区版块，将美国历史爱好者、研究人员等聚集在一起探讨、分享专业知识[②]。这是一个用来提问、分享信息、协作工作的平台，用户可以在此进行提问，也可以互相交流心得体会。通过该社区，用户不仅可以解答疑难问题，向有关专家学者请教，还可以建立起良好的协作互动关系，营造良好的工作氛围，提高项目的持续吸引力和用户参与的积极性。

另外，为吸引新用户，档案馆应当做好宣传工作，不仅加强与报刊、杂志等媒体机构的合作，还可以充分利用社交媒体、自媒体等开展

---

① Karim R. Lakhani and Jill A. Panetta，"The Principles of Distributed Innovation"，*Innovations*，Vol. 2，No. 3，2007，pp. 97—112.

② 张林华、原婧妍：《美国国家档案馆促进公众参与的策略及启示》，《浙江档案》2021年第 9 期。

广泛宣传。国内的众包项目往往在项目宣传方面有所欠缺，如盛宣怀档案抄录众包项目没有和权威媒体进行合作，目前可见仅南京大学相关网站简单刊登了与盛宣怀档案抄录众包项目合作的信息，且在上海图书馆网站、微信公众号等平台均未检索到其他相关报道①；而与之项目模式相类似的英国"边沁手稿转录"（Transcribe Bentham）项目曾经在权威报刊《纽约时报》刊登项目文章，该文章还得到了《纽约人》报刊的推荐，使该项目注册用户数量增加了两倍以上。由于档案众包面对的是非特定的广大公众，因此公众在参与工作前或许对于工作本身甚至是档案馆都一无所知，因此应当积极利用各种渠道如社交媒体评论功能、邮箱、博客、论坛等加强与参与者的互动，扩大项目影响力，这既有利于维护原有用户的参与度，推进项目顺利进行，也有利于组织者不断进行自我改进。

（三）后期：注重资源整合与开放利用

开展档案众包的目的，就是通过收集、标记、转录、数字化等方式，便利公众对档案资源的检索和利用。也就是说，公众利用是档案众包的最终目的。大数据时代，档案资源的开放和流动成为必然。数据开放的意义不仅在于保障公民的知情权、推动政府透明与工作效率的提高，更在于让大数据时代最重要的档案数据可以自由流动起来，由封闭的内部资源向公开的社会信息转变，以催生创新，从而建立一个前所未有的开放社会与智慧城市②。2014年，中共中央办公厅、国务院办公厅《关于加强和改进新形势下档案工作的意见》明确提出，鼓励和支持社会力量参与档案事业，2020年修订的《中华人民共和国档案法》也提出了档案工作走向开放、走向现代化的目标。因此，中国各级各类国家档案馆应顺应时代潮流，努力践行相关政策法规要求，借鉴NARA在档案开放利用方面的先进经验，建立集中的开放档案资源库，将包括通

---

① 叶曦：《档案转录工作的社会参与研究》，硕士学位论文，福建师范大学，2020年。
② 周枫：《大数据时代档案馆的特征及发展策略》，《档案与建设》2013年第8期。

过众包获取和整理的档案资源在内的所有档案资源进行整合，优化搜索引擎，简化检索过程，使公民能够享用档案众包的成果，提升公众对档案馆的信任度和认可度，反过来吸引更多公众参与到档案众包实践中来，为档案馆的资源建设提供持续动力。

综上，NARA 对每一个公民说："总有一天，所有的档案都在线可用，你能帮助实现它。"为实现这一目标，NARA 开展了卓有成效的档案众包实践，实现了档案资源的开放融合与社会公众的参与共赢。在新《档案法》对中国档案开放与开发利用提出新要求的背景下，中国档案机构应当积极学习 NARA 档案众包的先进经验，探索改进中国档案众包的开展方式和路径，提升中国档案事业社会参与水平。

第二节　澳大利亚国家档案馆档案众包项目

调研发现，澳大利亚档案众包项目实践较为丰富和先进，但目前国内档案学界对其关注和研究不多，对其实施概况和特点缺乏系统深入的调研和分析。本节以澳大利亚国家档案馆（National Archives of Australia，NAA）档案众包项目实践为调研分析对象，结合众包理论总结其项目实施特点和管理经验。

一　NAA 档案众包项目实施概况

NAA 创建于 1961 年，主要负责保管自 1901 年 1 月 1 日以来联邦政府产生的所有档案，馆藏档案数量超过 4000 万份，主馆位于首都堪培拉，另外在各州建有分馆。NAA 重视和鼓励公众对于档案事业的参与，其宣传口号为"您的故事，我们的历史"（"Your story，our history"），充分体现了尊重和关爱公众个人记录和记忆的理念。NAA 还专门设立有获取和公共参与处（Access and Public Engagement），职责之一便是开展档案众包等公共参与项目，促进馆藏档案记录的在线获取和开发利用，发展与公众的伙伴关系，提升公众对澳大利亚遗产和民主的认识和深层理解。

（一）NAA 档案众包项目的背景和目标

近年来，NAA 基于国家档案馆网站开发了大量与档案众包有关的公众参与项目，主要代表性项目多达 6 个，简介如下：

1. "目的地：澳大利亚——分享我们的战后移民故事"项目（Destination：Australia—Sharing Our Post-War Migrant Stories）[①]

为更好地宣传、展示和分享澳大利亚战后的移民故事，增加照片档案馆藏的公众参与，NAA 推出了移民摄影档案展示开发的众包项目，该项目专门设立了"目的地：澳大利亚"网站，用来展示入境事务处摄影档案系列 A12111 的超过 2.2 万张黑白及彩色照片，照片由政府摄影师于 1946—1999 年间拍摄，记录了第二次世界大战后移民抵达澳大利亚及定居的情况。公众可以在网站上探索 NAA 的照片，分享自己的移民故事，阅读关于其他移民的记忆。

2. "发现澳新军团"项目（Discovering Anzacs）[②]

为纪念澳大利亚和新西兰军团参加第一次世界大战一百周年，NAA 和新西兰档案馆合作开发了一个创新互动网站——发现澳新军团，用来宣传、展示和分享第一次世界大战和布尔战争的服役和遣返档案（其中澳大利亚"一战"服役档案 37.6 万份，新西兰"一战"服役档案 14.5 万份，遣返档案 60 万份），旨在介绍服役人员的战时和战后经历，揭示军人的个人故事。公众通过该网站可以按地点绘制出服役档案的详细信息，追踪自己亲戚的"一战"官方档案，探索当时的生活档案，帮助完善某个军人战时旅程的个人信息，创建自己的展览，向自己家庭的

---

① NAA, "Destination：Australia—Sharing Our Post-War Migrant Stories"，May 21，2019，https：//www. destinationaustralia. gov. au/.

② NAA, "Discovering Anzacs"，May 21，2019，https：//discoveringanzacs. naa. gov. au/home/.

澳新军团张贴照片，添加故事和评论，在其他档案间创立链接。

3. "强制收养"历史项目（Forced Adoptions History Project）[1]

20 世纪的澳大利亚社会非常重视传统家庭，未婚女子怀孕和生育是耻辱行为，因不符合公认的社会界限而受到歧视。因此，政策规定，未婚妈妈从怀孕到生产要秘密进行，产后妈妈被强迫放弃和忘记自己的孩子以供他人收养，继续她们的生活。据估计，25 万澳大利亚人受到强迫收养政策和做法的影响，大多数收养发生在 1950 年至 1975 年之间，1971 年，记录在案的收养数量达到顶峰，高达 10000 人。强制收养经历给很多澳大利亚人留下了终生的痛苦和折磨。2013 年，澳大利亚前总理朱莉娅·吉拉德（Julia Gillard）代表联邦政府向被强制收养或驱逐政策和做法影响的民众道歉。2014 年，在政府社会服务部以及艺术部"澳大利亚愿景"项目的支持和援助下，NAA 建立项目团队并开发了"强制收养"历史项目网站，旨在提高公众对受强迫收养行为影响的个人经历的认识和理解，识别和分享公众的强制收养经历。公众可以分享自己的相关经历和故事，上传个人手中的档案和相关文件。

4. "发现米尔登霍尔的堪培拉"项目（Discovering Mildenhall's Canberra）[2]

作为联邦政府在首都的第一位官方摄影师，威廉·詹姆斯·米尔登霍尔（William James Mildenhall，1891—1962）拍摄了 7700 多张玻璃底片上的照片（收藏于 NAA），记录了 20 世纪 20 年代到 30 年代堪培拉作为澳大利亚新首都的历史的大部分情况，对澳大利亚人具有重要的文化和历史价值。为了纪念堪培拉百年庆典，增加公众对米尔登霍尔照片

---

① NAA，"Forced Adoptions History Project"，May 21，2019，http：//forcedadoptions. naa.
gov. au/.

② NAA，"Discovering Mildenhall's Canberra"，May 21，2019，https：//mildenhall. moadoph. gov. au/
.

收藏的了解，探索堪培拉作为国家首都的早期发展，并创建一个丰富的具有持久价值的收藏数据集，位于旧议会大厦的澳大利亚民主博物馆和NAA合作开发了"发现米尔登霍尔的堪培拉"项目，该项目网站鼓励公众积极参与馆藏资源开发，公众可以在网上浏览米尔登霍尔的照片，上传自己重新拍摄的馆藏照片，在照片上发表评论、添加故事，并提供额外信息，还可以使用地理数据来定位照片。

5. "蜂巢"转录项目（the arcHive）[①]

NAA如此庞大数量的档案馆藏使公众无法在网上搜索到其全部档案，为了提高公众对NAA档案检索数据库中不能完全检索的档案（比如一些移交清单）的访问，提高数字档案的可用性和可检索性，帮助公众更容易找到感兴趣的档案，NAA推出了"蜂巢"转录众包项目，该项目将NAA布里斯班分馆的热门档案清单通过光学字符识别（OCR）转化为文本上传"the arcHive"网站，公众可以根据档案清单的文本和数字化图片进行档案文本转录和校对。

6. "蒙得维的亚丸：船上的战俘和澳侨名单"项目（Montevideo Maru：List of Prisoners of War and Civilian Internees on Board）[②]

1942年1月，日军在新几内亚首府腊包尔俘获大量澳军战俘和平民，1942年6月22日，845名战俘和208名平民拘留者乘坐日本海军征用的蒙得维的亚丸货船前往海南，由于未被标记战俘船，7月11日，该船在菲律宾吕宋岛外被美国斯特金号潜水艇用鱼雷击沉，造成船上所有战俘和被拘留者死亡，这成为澳大利亚历史上最严重的海难，该事件直到"二战"结束才在澳大利亚被公开，但澳大利亚始终没有拿到准确的船上名单。直到2012年初，日本政府向NAA移交

---

① NAA, "the arcHive", May 21, 2019, http://transcribe.naa.gov.au/.

② NAA, "Montevideo Maru：List of Prisoners of War and Civilian Internees on Board", May 21, 2019, http://montevideomaru.naa.gov.au/.

了一些与澳大利亚战俘有关的原始记录，其中包括一份文件，分为两部分：一部分用英文打字列出战俘名字、等级和单位；另一部分用日文手写，名为"蒙得维的亚丸上失踪的战俘和被拘留者名单"，列出了所有澳大利亚战俘和在船上被拘留平民共计1053人的名字。这被认为是现有蒙得维的亚丸最完整可靠的战俘和被拘留者名单档案。为了更好地展示和深入挖掘这份珍贵档案，NAA 专门开发了"蒙得维的亚丸：船上的战俘和澳侨名单"项目网站，公众可以在线搜索和浏览日语和英文名单，查看服役档案，并且可以添加自己保存的图片和故事。

（二）NAA 档案众包的类型与内容

对 NAA 档案众包项目进行调研发现，NAA 档案众包的类型和内容较为丰富多样，经过归纳总结，笔者梳理出 NAA 档案众包的四大类型和十种具体内容，四大类型分别是档案收集众包、档案整理与组织众包、档案鉴定众包、档案利用与传播众包，每一个众包类型又包含了多种具体的众包内容，详见表4-4。

1. 档案收集众包

档案收集众包是依托互联网平台充分借助社会公众的力量开展档案资源实体或内容信息征集的过程，它可以有效丰富馆藏，促进数字档案资源的社会共建共享。档案收集众包是 NAA 档案众包项目使用最为普遍的众包类型，它又可以具体包含两种内容：一是数字档案征集；二是添加评论、故事、回忆、人生事件或网页。前者侧重数字档案实体的征集，后者侧重档案信息内容的征集。

第一，数字档案征集。NAA 数字档案征集众包采用较为普遍，除"蜂巢"转录项目未采用外，其余项目均采用了数字档案征集的众包，公众可以上传自己所拥有的有关移民、服役、强制收养、首都堪培拉等主题的照片或文件，极大丰富了 NAA 的现有数字馆藏，其中"发现米尔登霍尔的堪培拉"项目开展的照片档案重拍活动较为有特色，NAA

表4-4　NAA 档案众包的类型和内容一览表

项目名称	档案收集众包		档案整理与组织众包				档案鉴定众包	档案利用与传播众包		
	数字档案征集	添加评论、故事、回忆,人生事件或网页	档案转录/OCR文本校对	档案著录与标引(加标签/关键词)	档案地理定位	链接到相关档案或个人	知识贡献与纠错	档案编研	档案展览	社交媒体分享
目的地:澳大利亚	√	√	/	√	√	/	/	/	/	√
发现澳新军团	√	√	√	√	√	√	√	/	√	√
"强制收养"历史项目	√	√	/	√	/	/	/	√	/	/
发现米尔登霍尔的堪培拉	√	√	/	√	√	/	√	/	√	√
"蜂巢"转录	/	√	√	/	/	/	√	/	/	/
蒙得维的亚丸	√	√	/	/	/	√	√	/	/	/

鼓励公众对 NAA 保存的 7700 多张首都堪培拉的照片档案在同一地点进行重新拍摄上传，通过今昔对比感受首都的百年沧桑变化和发展，激起了公众的广泛兴趣和参与热情。

第二，添加评论、故事、回忆、人生事件或网页。公众针对有关主题或档案在线添加评论、故事、回忆、人生事件或网页在 NAA 各档案众包项目中均有采用，其中"强制收养"历史项目和蒙得维的亚丸项目尤其注重邀请公众贡献自己的相关经历或记忆，它充分发挥了公众参与档案记忆建构和叙事的积极性和主动性，在公众的记忆共享和添加评论过程中，相关档案记忆变得更加丰满和立体化。

2. 档案整理与组织众包

档案整理与组织是通过转录、著录、贴标签、地理定位等方式将档案文本化和序化以实现档案快速检索和有效利用的过程，其特点是难度不高但工作量巨大，耗时费力，仅凭档案馆自身难以完成任务，特别适合通过网络平台众包的方式实施大众共建共享。NAA 注重借用众包开展档案整理与组织工作，具体内容体现在以下四个方面：

第一，档案转录/OCR 文本校对。档案转录即邀请公众将馆藏数字档案图像转化为可以检索的文本形式，有的数字档案虽然通过 OCR 已经转化为文本形式，但需要公众帮助与原本进行校对。NAA 主要有两个项目——"发现澳新军团"项目和"蜂巢"转录项目大规模采用了档案转录/OCR 文本校对的众包，这两个项目分别把服役军人档案和 NAA 布里斯班分馆的热门档案清单开展众包转录，其中"蜂巢"转录项目还给每份档案根据转录难度进行分级，界面友好，易于操作，吸引了大量公众的参与。

第二，档案著录与标引。档案著录众包即发动公众从档案中提取内容和形式特征的过程，档案标引众包即公众根据自己的想法从档案中归纳提取标签或关键词，两者都可以更好地满足大众的检索需求，在 NAA 档案众包项目中运用较多。档案著录众包方面，"发现澳新军团"

项目较为典型，公众登录账户后可以根据相应的官方服役档案对某位服役人员的相关信息（包括服役号码、服役部队、服役级别、服役职业、死亡原因、奖牌荣誉和奖项、性别、身高、体重、肤色等）进行识别和完善。此外，"强制收养"历史项目在公众贡献经历和记忆的过程中也注重融入著录众包，即让公众自己根据提供的下拉菜单对相关经历进行归类，可供选择的条目包括经历的主体（领养人、辩护团体、家庭、父亲、母亲、工人等）、地点、日期、主题、文件来源、文件类型等，公众在贡献档案记忆过程中实际上已经同时完成了档案记忆的著录。标引众包方面，公众可以给移民照片档案中认识的人加标签和关键词，给堪培拉百年前的照片档案添加建筑物标签。

第三，档案地理定位。档案地理定位众包即依靠公众力量识别档案所在位置并在数字地图上进行标注的过程。NAA有三个众包项目采用了这种众包方式，"目的地：澳大利亚"项目鼓励公众标注照片档案的地点，"发现澳新军团"项目支持公众标注海量服役档案的地理位置，直观的地图数据呈现出一个审视"一战"对澳大利亚人口广泛影响的新视角。"发现米尔登霍尔的堪培拉"项目也积极引入公众在地图上精确定位首都照片档案，公众点击一个定位就会出现一份照片档案及其详细著录信息，极大提高了照片档案检索的趣味性和公众参与度。

第四，链接到相关档案或个人。链接到相关档案或个人即依靠公众力量将现有档案与其他相关馆藏档案或个人建立链接，以增进公众对相关档案或主题的理解和认识。比如"发现澳新军团"项目中，公众可以将现存档案或某个存在人际关系的人链接到士兵服役档案，从而帮助NAA校对相关信息，更好地呈现相关结果。"蒙得维的亚丸"项目也鼓励公众将自己找到的相关档案条形码添加到死亡战俘的页面。

3. 档案鉴定众包——知识贡献与纠错

档案鉴定众包即档案机构承认自身力量的不足，充分利用公众的知识和智慧来对相关档案内容进行识别或纠错的活动，它集中体现为公众的知识贡献和纠错。NAA多个项目采用了这一众包类型，比如"发现澳新军团"项目和"蜂巢"转录项目都允许公众对现有档案转录稿通过提交报告的方式进行辨认或纠错；"发现米尔登霍尔的堪培拉"项目中，公众可以对某个照片档案的标题、日期以及已经定位好的位置进行识别并提出纠正或更改建议；"蒙得维的亚丸"项目的战俘和平民拘留者名单中仍然有一些名字无法匹配，NAA鼓励公众积极贡献自己的知识，对这些名字进行进一步识别和纠正。

4. 档案利用与传播众包

档案利用与传播众包即档案机构充分借助公众的智慧和力量对档案资源进行深层开发利用和广泛传播共享，最大限度地发挥档案的价值和社会效益。NAA档案利用与传播众包主要体现在档案编研众包、档案展览众包及社交媒体分享三个方面。

第一，档案编研。档案编研是深入挖掘档案信息并进行知识再造，从而产生高质量知识产品的活动。NAA注重充分发挥公众的编研积极性和主动性，积极引入公众参与馆藏档案的编研活动，其中以"强制收养"历史项目最具代表性，该项目充分鼓励和吸引公众参与到与"强制收养"主题有关的档案和经历的研究和分享中来，设立专门栏目收集和分享公众的研究成果，在这一过程中大量档案资源及其研究成果被公众发掘和贡献出来，进一步增进了公众对"强制收养"政策影响的理解和认识。

第二，档案展览。档案展览是以档案资源为依托，以宣传教育为目的，对某一主题进行系统全面的分析和揭示的档案开发利用活动。档案展览众包将档案展览的内容设计和策划交给公众，充分发挥公众的创意和主观能动性，可以有效丰富档案在线展览的内容和形式。NAA的"发现澳新军团"项目鼓励公众（主要是学生）充分利用馆藏档案制作自己的展览并在项目网站展示，NAA会事先向学校或社会组织提供展览的秘诀和主题，并对每个秘诀和主题进行详细介绍，从而有效提升了档案展览的质量。

第三，社交媒体分享。档案信息传播是档案机构宣传展示档案资源的重要手段，在 Web2.0 时代，社交媒体成为档案信息快速传播和共享的重要工具，NAA 档案众包项目也充分利用社交媒体鼓励公众参与传播和分享档案资源。"目的地：澳大利亚""发现澳新军团"以及"发现米尔登霍尔的堪培拉"等项目中，公众均可以对感兴趣的移民档案、服役档案或首都照片档案通过多种社交媒体工具进行分享与传播，从而大大增加了档案信息的传播受众，提高了传播速度，起到了很好的宣传作用。

（三）NAA 档案众包项目的成效

NAA 丰富多彩的档案众包项目极大提高了公众参与档案资源建设与开发利用的热情和积极性，有力推动了 NAA 与公众的互利共赢。公众通过参与档案众包项目有效满足了自身的档案利用需求和兴趣，增进了对相关历史、文化和记忆的理解和认识；NAA 通过档案众包项目促进了馆藏档案资源的高效管理、利用和传播，降低了档案开发成本，提升了自身的社会影响力和知名度。除此之外，NAA 档案众包项目的成效还体现在众包网站平台实实在在的成果上，例如，"蜂巢"转录项目中公众协助 NAA 转录了近 50000 件档案；"发现米尔登霍尔的堪培拉"项目中公众帮助标记了 500 多张照片档案的位置，发布了 300 多组重拍的照片；"发现澳新军团"项目中公众添加了 400 多个团体故事以及近 1000 条个人记忆和评论；"强制收养"历史项目中公众贡献了 400 多条个人经历和故事，上传了近 100 个研究成果；"目的地：澳大利亚"项目中公众添加了近 200 多个故事；"蒙得维的亚丸"项目公众添加了 200 多条个人回忆。所有这些数字还在持续增长中。

二 NAA 档案众包项目实践特点

经过归纳和梳理，笔者认为 NAA 档案众包项目实践的特点主要表现在以下几个方面：

（一）档案高度开放与广泛共享

澳大利亚《信息自由法》（Freedom of Information Act）有效保障了公众的政府信息获取自由，《档案法》（Archives Act）2010 年修正案将联邦档案的开放期由 30 年修改为 20 年，目前 NAA 处于开放期的档案向公众开放比例为 98％，经鉴定将一些豁免信息删除后开放的档案占比 1.75％，因包含全部豁免信息而拒绝向公众开放的档案仅占 0.25％[①]，这些都为联邦档案的及时开放和共享提供了有力的法律保障。馆藏档案的高度开放和广泛共享是 NAA 开展档案众包项目的前提和基础，公众可以从档案众包网络平台上浏览和获得大量的数字档案资源。例如："目的地：澳大利亚"项目将馆藏 22000 多张移民照片档案全部上网供公众浏览和获取复制件；"发现澳新军团"项目中 NAA 和新西兰档案馆开放上网供公众浏览和下载的档案高达 63 万件，而且还对服役和遣返档案的每一个全宗的统计信息和详细内容进行全面介绍；"发现米尔登霍尔的堪培拉"项目将米尔登霍尔拍摄的 7700 多张照片全部上网供公众浏览和获取；"蒙得维的亚丸"项目中，公众可以在线下载战俘名单英文版本以及战俘及被拘留者名单的日文版本。

（二）项目化运作，平台化管理

NAA 档案众包采用的是项目化和平台化的管理和运作模式，即围绕公众感兴趣的某一个主题或某一批馆藏档案资源建立专门的项目和网络众包平台，广泛宣传并充分引入公众参与，通过严格规范的平台管理集中深入地开发利用档案资源，达到档案馆和社会公众的互利共赢。NAA 每一个档案众包项目都以 NAA 官方网站为依托，专门建设一个众包项目网络平台，网络平台上集成了用户登录和个人中心、用户指引与培训、任务执行、公众激励、成果审核、沟通交流等多种功能，项目化和平台化管理保障了档案众包项目的高效有序开展。

---

① NAA，"Access to Records under the Archives Act-Fact Sheet 10"，April 11 ，2019，http：//www. naa. gov. au/collection/fact-sheets/fs10. aspx.

1. 用户登录和个人中心

NAA 的大多档案众包项目都需要公众先注册登录账户才能执行众包任务，通过用户注册登录功能 NAA 可以加强对众包参与者的身份审核、统计、管理和沟通，众包用户也可以在登录后的个人中心看到已完成成果、喜欢的档案以及正在进行的任务。"蜂巢"转录项目中用户个人中心还包括个人等级、已得积分、积分兑换以及社区委员会（Community board），用户可以在社区委员会与其他用户进行交流讨论。

2. 用户指引与培训

为了保障档案众包的质量，NAA 在众包平台注重对公众加强任务指引和培训，帮助公众尽快了解和掌握众包任务的要求和方法。例如："目的地：澳大利亚"项目平台设有专门的辅导栏目详细阐述公众应如何注册账户，如何添加故事、关键词、地点、标签和评论以及如何更改；"发现澳新军团"项目平台除了通过文字详细指引公众档案转录的规范和要求，还通过大量专门录制的视频让公众尽快了解"一战"服役和遣返档案的概况、语言、缩略词等背景和内容信息，增进公众对众包档案的理解和认识；"蜂巢"转录项目平台通过常见问题（FAQ）栏目解释和回答公众参与众包过程中的常见问题，通过"帮助"按钮指导转录要求和规范，通过"指引"按钮对转录界面进行导航性说明，告诉公众每个区域的具体内容或各个按钮的功能。

3. 公众激励

档案众包项目的持续开展离不开对公众的有效激励，这种激励可以分为内部激励和外部激励。内部激励即公众参与档案众包的兴趣、情感、学习、研究、自我实现等动机；外部激励包括精神嘉奖、社区等级、物质奖励等。NAA 档案众包项目平台也注重加强对公众的内部激励和外部激励。内部激励方面，平台上丰富珍贵的档案资源、创新有趣的众包任务设计、公众参与进度和成果的及时呈现等都对公众有着很大的吸引力；外部激励方面，以"蜂巢"转录项目为代表，公众可以通过档案转录获得积分并兑换档案馆的纪念品、档案复制品或出版物，根据积分多少，参与者可以被授予不同级别徽章并登上贡献排行榜，这激发了大批公众参与档案众包的热情。

4. 成果审核

由于档案众包的参与者来自网络大众，其参与动机、社会背景、文化水平不明，这使得档案馆很难在前端对众包用户进行选择和评价。为了保障档案众包的质量和安全，促使公众以一种恭敬的态度和方式参与分享和构建多样化的经历和记忆，NAA 注重从后端对众包成果进行严格审核，成果审核通过后才代表众包的完成。具体审核方式可以分为两种，一种是 NAA 档案众包项目团队自身开展的档案众包成果审核，另一种是利用公众对其他人的众包成果进行审核纠错并向项目团队报告；成果审核政策和标准既要保证公众贡献的准确性、规范性和相关性，又要重视公众贡献的合法合规以及对相关主题或个人的尊重。例如，"发现澳新军团"项目的审核政策详细列出了审核的标准和成果删除规定，内容涉及诽谤或攻击性语言、侵犯版权或道德权利、身份冒充与歪曲、广告等方面的删除规定以及有关隐私保护、外部链接、缩写处理等方面的规定。"强制收养"历史项目的审核指导方针详细阐述了众包成果的审核流程、审核指南、语言使用等事项，任何无理取闹、骚扰或其他不适当的贡献将不会发表，从而确保网站平台是一个安全和尊重的空间。

5. 沟通交流

NAA 档案众包项目注重加强与公众的沟通交流，及时听取参与公众的反馈意见与建议。例如，各众包项目平台大多设有通信或反馈栏目，公众可以进行评论、报告问题或者提出改善建议；"发现澳新军团"项目和"蜂巢"转录项目中，公众执行具体众包任务时可以使用"报告"选项卡反馈转录的具体问题；"强制收养"历史项目组特意在全国多地举办利益相关者参与的咨询和社区工作坊，通过参与者和项目团队的对话收集有关项目网站平台布局、内容、功能的反馈和建议，这直接影响了网站平台的设计和功能。

（三）加强机构合作

为了扩大影响力、获取更多资源和力量支持，NAA在开展档案众包项目时注重加强与档案行业内外部组织和机构的合作，它们既包括行业内部的档案机构也包括政府、图书馆、博物馆、历史学会等行业外部组织和机构，既有澳大利亚国内机构也有国外机构，合作的内容包括档案资源共建共享、资金支持等。例如："目的地：澳大利亚"项目中，NAA的合作伙伴之———澳大利亚政府民政事务部既是移民照片档案的移交方，也是项目网站的财政支持方，该项目的另一个合作伙伴是荷兰国家档案馆，在荷兰—澳大利亚文化遗产共享项目政府资助下，双方积极探索分享藏品和丰富荷兰—澳大利亚移民故事的方式。"强制收养"历史项目中，NAA得到澳大利亚政府社会服务部以及艺术部的"澳大利亚愿景"项目的共同支持和资助。"发现澳新军团"项目中，NAA的项目合作伙伴除了新西兰档案馆之外，还包括昆士兰州立图书馆、新南威尔士州图书馆、维多利亚州公共记录办事处、英国帝国战争博物馆、维多利亚政府原住民事务办公室、塔斯马尼亚图书馆、卡姆登记忆项目、伯尔玛及地区历史与家族史学会、首都地区档案馆等众多机构和组织，它们拥有澳大利亚和新西兰人"一战"经历的宝贵档案和信息，是项目档案资源和数据的重要分享者和贡献者。

（四）丰富的创意和精心的设计

NAA档案众包项目的开展并非简单将档案放在网上供公众浏览和评论，而是在项目选题、任务设计、栏目呈现等方面都融入了丰富的创意和巧思，体现了项目管理者创新的思维和精心的设计，这使众包项目各具特色，充满吸引力。第一，众包项目选题方面，NAA注重选择公众最感兴趣或与公众密切相关的档案（如移民档案、服役档案、首都照片档案等）开展众包，而且项目名字大多通俗易懂，充满吸引力和号召力（比如档案转录众包关于"蜂巢"的比喻形象生动），从而可以迅速抓住公众眼球，提升众包项目的参与度和影响力。第二，众包任务设计方面，从标注移民和首都照片档案的位置到添加服役军人的团体故事，从首都照片档案的重拍到自制档案展览，无不体现了档案众包任务设计的趣味性和创新性。第三，平台栏目呈现方面，NAA 档案众包项目平台的栏目呈现方式丰富多样，让人眼前一亮，例如，通过时间轴（Timeline）、清单以及地图三种方式展现服役士兵人生中的关键事件（"发现澳新军团"项目），按照字母顺序排列标签索引以便公众查找（"发现米尔登霍尔的堪培拉"项目），按照转录难度（简单、中等和困难）、开始状态（未开始、进行中和已完成）、州、主题类别同时进行高级检索以便让公众尽快找到自己感兴趣的档案进行转录（"蜂巢"转录项目）。

（五）研发和应用先进技术

众包是依靠互联网开展的大众参与活动，面对互联网技术发展的日新月异，NAA 主动应对技术变革，积极推进技术研发和应用，为档案众包项目提供了强有力的技术支持。具体来说：第一，NAA 设有专门的信息和技术处，负责基础设施和技术运营、业务参与、信息治理和应用程序集成以及网络安全等技术事宜。第二，NAA 创建和实施了一个实验室环境（Labs Environment），用来对新技术和在线项目进行研发和应用试验，以确定其应用效果和大规模实施的可能性，降低技术应用风险。例如，"蒙得维的亚丸"项目为了将战俘名单更加直观生动地在网上展示，方便用户进行交互浏览，实验室团队尝试使用了微软开发的深度缩放技术（Deep Zoom Technologies），用户可以不用分辨率快速缩放和平移图像，大大增强了查看日文高分辨率精致笔迹的体验；再如，"蜂巢"转录项目中，NAA 技术团队不断提升图像扫描分辨率，使用 Tesseract OCR 引擎将扫描文档识别准确率达到 80%—90%，同时为了激励公众，技术团队将一个初始游戏系统植入"蜂巢"转录项目中，将公众工作量与积分挂钩，积分可以领取奖品；又如，"发现澳新军团"项目中，NAA 技术团队开发了一个应用程序接口（API，Application

Programming Interface），以灵活的方式建立 NAA、新西兰档案馆、州立图书馆、博物馆等机构不同数据源之间的连接，提高数据的可检索性和可用性。第三，NAA 注重充分应用社交媒体技术，促进公众参与档案信息的传播与共享，其中"目的地：澳大利亚"项目公众可以分享的社交媒体工具多达 97 个。

（六）保障依法合规开展

档案众包绝非将档案挂到网上让公众共同开发那么简单，由于海量的数字档案被放到众包项目平台供公众获取和浏览，大量公众通过参与档案众包提交个人档案或信息，并贡献个人知识和劳力形成了丰富的众包成果，这就产生了许多潜在的法律风险和安全问题，比如公众隐私保护、众包成果的知识产权、用户权利与义务、信息安全、适用法律、档案获取与使用等。NAA 高度重视对档案众包项目法律和安全风险的管理和控制，通过要求用户遵守一系列法律、制度和规范保障档案众包项目的依法合规开展。具体来说，NAA 在每个档案众包项目平台上都根据各自项目的不同特点详细列出了有关免责声明、审核政策、版权及隐私政策、使用条款等制度规范，公众在添加个人贡献之前必须首先注册账户并接受网站条款和细则，这些条款和细则涉及以上方方面面的法律事项。例如，"强制收养"历史项目的条款和细则涉及使用条款、免责声明、版权和隐私政策，具体包括 NAA 收集个人信息的目的、遵守的隐私法律和原则（包括个人信息的使用权限、披露与更新、数据安全维护、数据获取与纠正）、法律信息（包括观点持有者、内容负责者、内容拥有者、隐私问题、重新利用或者改正内容、网站寿命）、隐私声明（包括个人信息和敏感信息的定义、NAA 掌握的个人信息、NAA 如何处理个人信息）、条款和条件（包括阐明成果的广泛使用性、NAA 对成果广泛传播无控制权等）、参与原则（包括诚实、准确、尊重和相关等）。这些详尽的制度规范明晰了 NAA 和公众各自的权利与义务，有利于充分保障利益相关方的合法权益，促进档案众包的有序合规开展。

三　NAA 档案众包项目对中国的借鉴意义

综上分析可以看出，NAA 档案众包项目实践较为成熟，其实施特点和经验非常值得中国档案机构学习借鉴。当前，中国档案机构注重加强与公众、企业与社会组织等社会力量的合作，在引入社会力量参与公共档案资源建设与服务领域已经取得了较为丰硕的成果，但具体到Web2.0 环境下的档案众包实践，中国仍然处于萌芽和起步阶段，如前所述，国内开展的档案众包项目实践还比较少见，其中，中国人民大学人文北京研究中心"北京记忆"项目下的"我的北京记忆"互动网站具有明显的档案收集众包色彩，公众可以通过该平台分享和贡献有关北京的记忆或个人故事；另外，上海图书馆历史文献众包中心建立了专门的众包平台，正在开展盛宣怀档案抄录众包项目，已经取得了不少成绩，但这两个项目的开展方都不是档案机构。目前，中国网民数量已高达10.79 亿[①]，档案机构坐拥海量珍贵的档案资源，传统的档案开发利用方式已无法有效满足"互联网＋"时代公众的档案利用需求，档案机构应正视自身差距和不足，积极学习借鉴国外和兄弟单位的档案众包实践经验，探索适合自身实际的档案开发利用众包方式，在推进数字档案开放鉴定与上网的基础上，经过充分的理论研究、需求调研和选题论证，可以选择公众感兴趣的一小批有关文化、教育、名人等特色馆藏档案进行小规模试点，通过项目化管理的方式以档案馆网站为依托建立众包项目平台，选择恰当的众包方式，注重任务设计和创新，通过社交媒体广泛宣传吸引公众参与众包，同时加强用户激励、质量管理和合规管理。另外，国家档案主管部门也可以先行出台相关的政策或指导意见对档案众包予以认可和规范，支持和鼓励这种循序渐进的探索和试点，促进实现档案众包从无到有、从弱到强的转变，真正完成"互联网＋"时代公

---

① 中国互联网信息中心：《第 52 次〈中国互联网络发展状况统计报告〉》，https://www.sohu.com/a/720376613＿407401，2024 年 8 月 6 日。

众参与档案资源建设与服务模式的蜕变。

第三节　英国国家档案馆档案众包项目

本节以英国国家档案馆（The National Archives UK，NAUK）的档案众包项目为调研对象，分析 NAUK 档案众包项目开展的背景、目标与成效，在总结 NAUK 档案众包项目特点的基础上，探讨 NAUK 档案众包项目对中国的借鉴与启示意义。

一　NAUK 档案众包项目开展的背景、目标与成效

NAUK 组建于 2003 年 4 月，前身是 1938 年成立的英国公共档案馆，现由公共档案馆、皇家历史手稿委员会、公共部门信息办公室和皇家文书局共同构成，主要保存自 11 世纪末以来英国政府产生的文件和公共记录，馆藏数量超过 1100 万份。NAUK 在官网中设有"在线目录"和"参与其中"两个模块，主要职责是为了提供检索利用、开展包括档案众包在内的各种公共参与项目。NAUK 开展档案众包项目旨在促进馆藏档案的数字化和在线获取利用，为用户提供机会参与馆藏资源优化，增强公众与传统档案馆之间的互动。近年来，NAUK 通过自建平台、第三方平台、社交媒体平台等开展了大量的与档案众包相关的社会公众参与项目，本节介绍的档案众包项目主要包括近期完成的、正在进行的和计划进行的项目。

（一）基于自建平台开展的档案众包项目

自建平台是指项目平台的所有者为项目开展者本人或者本单位，一般有两种情况：一种是指为众包项目独立开发的众包网站；另一种是在已有网站的基础上添加具有众包功能的网页。NAUK 的自建平台属于后者，他们是在官网 Discovery 页面引入标签工具，公众可以通过官网中的在线目录对已发布的众包项目进行标记和著录。

1. "发现—我们的目录"项目（Discovery—Our Catalogue）[①]

"发现—我们的目录"项目是 NAUK 网站常设项目，NAUK 在官网中的 Discovery 页面引入标签工具，用户可以在浏览档案时标记关键词或短语，帮助其他用户找到他们以前无法识别的档案。由于许多目录数据使用旧的语言来著录档案，该项目提供了一个机会来刷新和更新这些语言，使其与今天的用户相关。目前，Discovery 网页拥有超过 3200 万份国家档案馆保存的档案著录，以及全国 2500 多份数字档案，超过 900 万份档案可供下载。截至 2022 年 3 月底，公众累计已为 82201 份档案添加了 46882 个标记。

2. "C115—时间表"项目（C115—Schedule Project）[②]

C115 系列档案是托马斯·伯德（Thomas Byrd）在 1816 年编制的一份公爵夫人弗朗西斯·斯库达摩尔（Francis Skudamore）家庭文件的清单，内容包括斯库达摩尔家族在英格兰各郡的地产转让或产权契约、斯库达摩尔家族自 15 世纪以来的通信、遗嘱、债券、家庭协议等，该系列中一份 1085 年的契约是 NAUK 持有的最古老的档案之一。为了使时间表中包含的信息能够被转录成详细的描述，更好地挖掘利用这份珍贵档案、改善研究人员的访问，NAUK 已经在官网中"志愿服务"模块上线了"C115—时间表"项目的相关信息和联系方式。目前该项目仍在筹备培训中，暂未托管相关平台。

3. "贸易委员会设计登记册"项目（Board of Trade Design Registers Project，1901—1932）[③]

NAUK 收集了丰富的 1839—1991 年间注册的版权保护的设计，注

[①] NAUK，"Discovery-Our Catalogue"，April 2，2022，https://discovery.nationalarchives.gov.uk/.

[②] NAUK，"C115—Schedule Project"，April 2，2022，https://www.nationalarchives.gov.uk/about/get-involved/volunteering/volunteering-opportunities/remote-opportunities/.

[③] NAUK，"Board of Trade Design Registers Project，1901—1932"，April 2，2022，https://www.nationalarchives.gov.uk/about/get-involved/volunteering/volunteering-opportunities/remote-opportunities/.

册外观设计收藏包括代表作和登记册两部分：代表作是指被注册的物品的样品、照片或图纸；登记册是指关于注册外观设计的人或公司（称为业主）的信息。但是，NAUK 的检索目录中没有这一时期外观设计的任何信息，公众只能到 NAUK 现场查阅，为此 NAUK 开展了"贸易委员会设计登记册"项目。NAUK 的登记册和《插图官方期刊》已被扫描并保存为 PDF 文件，PDF 中的信息已经用光学字符识别（OCR）软件进行了"阅读"，但是有些部分 OCR 软件没有正确地读取字符，电子表格中存在错误，所以该项目的志愿者需要比较 PDF 和电子表格，以确定信息不匹配的地方，并将正确的信息输入注释栏。目前该项目仍在筹备培训中，暂未托管相关平台。

4. "第一次世界大战的护理档案"项目（First World War Nursing Records）[①]

NAUK 收藏的 WO399 系列档案——由近 16000 份第一次世界大战期间在军事护理单位服务的妇女服务档案组成，这些档案中包含了这些妇女及其服务的丰富而详细的历史。为从档案中获取更多信息和更详细的数据，如军衔、婚前姓名和确切的服役日期，同时更准确地追踪 20 世纪上半叶在世界各地医院服务的妇女，NAUK 决定开展"第一次世界大战的护理档案"项目，在该项目中志愿者们需要从 Discovery 下载相关档案，使用 MS Excel 转录 20 世纪的手写体。目前该项目仍在试点中，暂未托管相关平台，但试点工作已经发现了一些伟大的故事，包括已故爱尔兰罗斯康芒郡的凯蒂·沙纳伯格（Kitty Shanagher）护士长的故事。

（二）基于第三方专门平台开展的档案众包项目

专门平台是指具有成熟的众包经验、完备的众包制度和工具、可直接利用的庞大志愿者资源的专业众包平台，NAUK 托管档案众包项目的专门平台是 FromThePage 网站和 Zooniverse 网站。FromThePage 是一

---

① NAUK，"First World War Nursing Records"，April 2，2022，https：//www. nationalar-chives. gov. uk/about/get-involved/volunteering/volunteering-opportunities/remote-opportunities/.

款用于转录文件和与他人协作转录的软件，被称为"地球上最好的众包手稿转录软件"，拥有 OCR 校正、自动标记、版本控制、多格式导入和输出、多语言翻译等强大功能。Zooniverse 是世界领先的在线众包研究平台，该平台现在拥有 90 多个正在进行的项目、来自全球 234 个国家超过 246 万注册志愿者，该平台不仅可以转录，还拥有分类、收集数据等多项功能，任何人都可以在 Zooniverse 平台上免费构建众包项目。

1. 以 FromThePage 网站为依托

第一，"版权登记表：绘画和素描"项目（Copyright Entry Forms：Paintings and Drawings）①。为统计 1862—1912 年交付书商公会（The Stationers' Company）已获得版权保护的绘画和素描的基本信息，帮助公众更好地通过线上检索作品的名字、描述、作者等关键词快速找到作品的照片，NAUK 借助于 FromThePage 转录平台开展了"版权登记表：绘画和素描"项目。该项目的主要转录内容为登记表和样本中对绘画或图画的描述、版权所有者的姓名和地址、作品作者的姓名和地址、登记的日期等，截至 2022 年 4 月，NAUK 在该平台上发布了 7 个合集，共5232 页，共有 124 个志愿者参与，完成转录 5171 页。

第二，"英国陆军：著录和继承书"项目（British Army：Description and Succession Books）②。英国陆军起源于 1642 年的英国内战，组建于 1707 年，是现代英国军队前身的重要组成部分，在 18—19世纪，英国陆军在各种殖民化行动中扮演了主要角色，该时期形成的英国陆军士兵、军官的详细资料是珍贵的研究史料。为便于公众和研究人员更好地挖掘利用这一时期的英国陆军士兵和军官资料，NAUK 借助FromThePage 转录平台开展了"英国陆军：著录和继承书"项目，该项

---

① NAUK，"Copyright Entry Forms：Paintings and Drawings"，April 2，2022，https：//fromthepage. com/nationalarchives/copyright-paintings-drawings.

② NAUK，"British Army：Description and Succession Books"，April 2，2022，https：//fromthepage. com/nationalarchives/british-army-description-and-succession-books-regimental.

目包括 3 个子项目，分别是针对团级士兵、军官和军士的继承书。NAUK 在该平台上发布的数字化微缩胶卷提供了英国陆军士兵和军官包括入伍、任命（晋升）和退伍或死亡的详细资料。志愿者需要转录继承书中的入职日期（证明）、晋升日期等额外信息。截至 2022 年 4 月，团级士兵的继承书包括 11 个合集，共 1571 页，共有 62 个志愿者参与，完成转录 629 页；军官的继承书包括 3 个合集，共 699 页，共有 45 个志愿者参与，完成转录 314 页；军士的继承书包括 8 个合集，共 1335 页，共有 47 个志愿者参与，完成转录 157 页。

第三，"索引转录"项目（Index Transcription Project）[①]。NAUK 收藏了大量未公布的纸质版档案检索工具和索引，这些资料包括印刷品和手稿，只能在伦敦邱园的现场获得。为方便公众利用、提高这些档案检索工具和索引的可用性，NAUK 借助 FromThePage 转录平台开展了"索引转录"项目，志愿者需要将这些资料数字化，转录成可重复使用的格式，以便添加到 NAUK 官网的在线目录——Discovery 中。截至 2022 年 4 月，NAUK 在该平台发布了 12 个合集，共 327 页，共有 19 个志愿者参与，完成转录 322 页。

第四，"张伯伦勋爵：杂项档案"项目（Lord Chamberlain：Miscellaneous Records）[②]。张伯伦勋爵是英国历史上著名的政治家，曾任英国首相，是英国历史上举足轻重的人物。LC5 系列档案包含了 1516—1920 年与皇家家庭有关的不同材料，许多材料都是张伯伦勋爵发出的关于任命或付款的授权书原件或复印件，或者是授权书的记录簿。在其余的杂项中，有家庭条例、先例书、各种命令以及与张伯伦爵士对剧院

---

① NAUK，"Index Transcription Project"，April 2，2022，https：//fromthepage. com/nationalarchives/index-transcription-project.

② NAUK，"Lord Chamberlain：Miscellaneous Records"，April 2，2022，https：//fromthepage. com/nationalarchives/lord-chamberlain-miscellaneous-records.

的管辖权有关的记录。为丰富张伯伦勋爵人物档案的数字馆藏，NAUK借助 FromThePage 转录平台开展了"张伯伦勋爵：杂项档案"项目，截至 2022 年 4 月，在该平台上发布了 3 个合集，共 152 页，共有 16 个志愿者参与，完成转录 152 页。

第五，"外贸商船船长和副船长的合格证书登记册"项目（Registers of Certificates of Service，Masters and Mates，Foreign Trade）[①]。根据 1845 年的命令，贸易委员会授权对打算成为英国外轮船长或大副的人进行自愿能力考试，这一制度在 1850 年由《商船法》规定强制执行，这些合格登记册由海员总登记处和档案办公室及其后续机构保存，现由国家档案馆保存。NAUK 借助 FromThePage 转录平台开展了"外贸商船船长和副船长的合格证书登记册"项目，目的是转录 BT122 卷册中列出的 1845—1906 年强制考试后颁发的证书和自愿制度下颁发的证书，这些卷册提供了姓名、出生地和出生日期、登记票号和被审查或服务的等级，以及证书的日期和编号。截至 2022 年 4 月，在该平台上发布了 BT122 卷册中的 3 个合集，共 850 页，共有 13 个志愿者参与，完成转录 561 页。

2. 以 Zooniverse 网站为依托

"战地日记"项目（Operation War Diary）[②] 于 2014 年启动，由"公民历史学家"对第一次世界大战中的英国陆军西线战地日记进行标记，标记项目包括日期、地点、活动类型和个人姓名。该项目是由 NAUK 和帝国战争博物馆通过 Zooniverse 平台合作开展的，旨在丰富 NAUK 对战争日记的目录描述，为帝国战争博物馆"第一次世界大战的生活"

[①] NAUK，"Registers of Certificates of Service，Masters and Mates，Foreign Trade"，April 2，2022，https://fromthepage.com/nationalarchives/registers-of-certificates-of-service-masters-and-mates-foreign-trade.

[②] NAUK，"Operation War Diary"，April 2，2022，https://www.operationwardiary.org/.

项目提供有关指定个人经历的证据，向学术界提供大量准确数据。9 年来，志愿者们转录并注释了来自国家档案馆收集的英军西线战争日记的数字化图像，总页数超过 100 万页，这个项目的第一阶段现在已经完成，转录平台暂时关闭无任务。

（三）基于社交媒体平台开展的档案众包项目

NAUK 目前用于托管档案众包项目的社交媒体平台是照片共享网站 Flickr，该平台主要功能包括图片服务、联系人服务、组群服务，其重要特点就是基于社会网络的人际关系拓展与内容组织。NAUK 依托 Flickr 开展档案众包项目的主要内容为给每一张档案图片加入标题（Title）、著录（Description）和标签（Tag），代表性项目为"镜头下的世界"项目（World Through a Lens）[①]，其开展目标为维护公共历史档案的完整性，通过鼓励公众为 NAUK 馆藏档案贴上标签并提出意见和建议来改进档案目录描述和地理参考，该项目涉及四个专题，分别是"镜头下的非洲""镜头下的美洲""镜头下的亚洲""镜头下的大洋洲"，这些照片取自外交和联邦事务部的摄影集（CO1069），时间跨度超过 100 年。目前，NAUK 已将完整的 CO1069 系列摄影集放在了 Flickr 平台上，公众可以通过 Flickr 平台添加注释和标签。截至 2022 年 4 月，公众已经在该系列摄影集里添加了 7400 多个描述标签、8000 多个地理标签。其中完成描述的 4558 张照片可以通过 NAUK 官网的展览页面向公众提供利用，同时也可以在官网的 Discovery 页面提供检索下载。

二 NAUK 档案众包项目的特点

NAUK 档案众包项目实践探索开展时间较早、范围广泛，经验成

---

① NAUK，"Through a Lens"，April 2，2022，https://www.flickr.com/photos/nationalarchives/collections/72157632921688592/.

果丰富，设计理念优秀。根据 NAUK 现有的档案众包项目进行整理分析，可得出 NAUK 档案众包平台、任务形式和内容一览表（见表 4—5），对其进一步调研发现，其在项目选题、平台选择、任务划分、激励方式和质量控制等方面存在共性特点。

表 4—5　　　　　NAUK 档案众包平台、任务形式和内容一览表

众包平台	项目名称	任务形式	众包内容				
			档案转录	档案著录/标引	文本校对	档案展览	档案收集
自建	发现—我们的目录	件	/	✓	/	/	/
	C115—时间表	/	✓	/	/	/	/
	贸易委员会设计登记册	/	/	/	✓	/	/
	第一次世界大战的护理档案	/	✓	/	/	/	/
专门平台	版权登记表：绘画和素描	页	✓	/	/	/	/
	英国陆军：著录和继承书	件	✓	/	/	/	/
	索引转录	页	✓	/	/	/	/
	张伯伦勋爵：杂项档案	页	✓	/	/	/	/
	外贸商船船长和副船长的合格证书登记册	件	✓	/	/	/	/
	战地日记	件	✓	✓	/	/	/
社交媒体平台	镜头下的世界	件	/	✓	/	✓	✓

（一）众包选题丰富多样，馆藏需求和社会需求相结合

为了保证档案众包项目具有持续的社会影响力，充分激发社会公众的参与热情，NAUK 充分结合自身馆藏实际和社会公众的需求，形成了丰富多样的众包主题。具体来说，第一，NAUK 的档案众包项目选

题涵盖了战争、艺术、卫生、军队、商业、世界地理等诸多方面，这些选题自古便与公众生活密切相关且为人们所津津乐道，如"第一次世界大战的护理档案"项目中挖掘出的感人故事、"战地日记"项目中军人的生活状态等。第二，NAUK 所有的档案众包项目选题均是基于自身丰富的馆藏资源，这样不但可以完善 NAUK 官网的索引条目，也可以加快推动历史档案馆藏的数字化。同时，丰富多样的选题既契合了社会研究的需要，也满足了不同兴趣的社会群体积极参与档案事业、共同构建社会记忆的现实需求。

（二）众包平台类型多样，以专门平台为主

为更好地吸引不同类型的志愿群体、提高档案众包的质量和效率，NAUK 根据众包内容的不同选择了类型多样的众包平台，由表 4—5 可知这些平台以专门平台为主。该特点主要体现在三个方面：第一，对于众包内容侧重于档案整理环节的项目，NAUK 倾向于托管于专业化的众包平台。例如，被托管于 FromThePage 转录平台的"版权登记表：绘画和素描""英国陆军：著录和继承书""张伯伦勋爵：杂项档案"等项目，这些项目众包内容单一、数量庞大，尤其适合托管于志愿群体庞大、专业化程度高、转录工具多样的专业众包平台。FromThePage 支持自由文本和结构化文本转录，并为个人、小型组织和大型机构提供计划；Zooniverse 支持图像分类和结构化转录，并且可以免费使用。第二，对于众包内容侧重于档案收集和传播的项目，NAUK 一般会在社交媒体平台上开展。例如，被托管于照片共享网站 Flickr 的"镜头下的世界"项目，该项目以照片档案为主、趣味性强、贴近公众的日常社交习惯，比较适合在用户活跃度高、图片服务功能强大的社交媒体上开展。第三，对于单个众包任务简单易操作、尚未试点成功的档案众包项目，NAUK 会在自家官网上开展。例如，"发现—我们的目录"项目，用户仅需要在浏览记录时标记关键词或短语即可完成一条任务；"贸易委员会设计登记册""第一次世界大战的护理档案"等项目在未确定是否托管之前，会在 NAUK 官网上进行小规模的试点。

（三）众包任务独立明确，以件、页为切分单位

为了志愿者能够充分利用其碎片化时间从事档案众包、持续获得满足感和新鲜感，NAUK 在档案众包项目的任务设计上短小简单、单一明确，大多以件、页为切分单位。例如，NAUK 在自建平台上开展的"发现—我们的目录"档案众包项目中是以一件档案为一个任务。用户只要注册登录，通过搜索或浏览查找要标记的单件档案，在档案详细信息页面上单击"添加标记"选项输入标签，然后单击"提交"选项，这样一个任务就完成了，用时极短且步骤简单。NAUK 在 FromThePage 平台上开展的档案众包项目的单个任务形式包括件、页两种形式，用户可以选择注册或者以游客的身份开始一页或者一件档案任务，通过搜索感兴趣的项目名称，便可到达项目主页，单击任何一页或者一件已完成或者未完成的档案都可以在原件的右侧转录，无论转录多少都可以单击保存，保存后算完成一个任务，并且在下次登录时仍然可以继续上次的转录。

（四）多重情感激励并存，质量控制手段多样

情感激励是指以满足人的心理和社会需要为手段，使人对工作和集体产生肯定性的情感，从而强化人的工作动机，调动人的积极性和创造性的一类方法。[①] NAUK 在开展档案众包项目时所使用的情感激励方式主要体现在三个方面：其一，志愿者与平台之间的尊重性激励，主要体现在众包平台主动了解志愿群体、主动宣传志愿群体的贡献、鼓励志愿群体贡献智慧，从而使志愿群体认同自身工作的重要性。例如，NAUK 的自建平台上有志愿者日志模块、FromThePage 转录平台首页开设的"用户说了什么"模块。其二，志愿者之间的挑战性激励，主要体现在每个项目首页的贡献排行榜，志愿者会不断为了保持自己的名次或超越

---

① 林崇德、姜璐、王德胜：《中国成人教育百科全书》，南海出版公司 1994 年版，第506—508 页。

排在自己前面的志愿者而不断工作，排行榜的形式在 FromThePage 转录平台、Zooniverse 平台和 Flickr 平台都存在。其三，社区内部的互动性激励，主要体现在志愿者在空间社区内部可以通过评论、求助等与其他志愿者建立联系，这样可以增强志愿者之间的黏性。例如，在 FromThePage 平台上志愿者可以在他人转录过的页面进行评价、添加注释和寻求帮助。

NAUK 对档案众包质量控制方式主要有三种：第一种是开放式社区内修订，这种方式是指用户可以永久修改转录的文本，所有的更改记录都会保存下来，最后导出时由发包方判断众包成果的可用性，FromThePage 平台主要采用这种质量控制方式。第二种是定期社区修订，这种方式是指专家定期审查众包结果，一旦专家团认定该成果可用，该任务就会被锁定且无法更改，NAUK 自建平台主要采用这种质量控制方式。第三种是开放式社区修订与定期社区修订相结合，Zooniverse 平台采用的是这种方式。

三 NAUK 档案众包项目对中国的借鉴意义

基于中国档案众包项目的现状与不足，结合 NAUK 档案众包项目的实践特点，下面尝试从准备设计、群体管理和质量把控三个层面提出针对性建议，以期为促进中国档案众包项目的蓬勃发展提供借鉴。

（一）准备设计层面

对档案众包项目进行充分准备和设计是其能够顺利开展的前提，这要求中国档案众包的发包方应至少从以下三个方面进行努力。第一，立足于本馆丰富的馆藏资源，结合多方的需求进行选题，且选题必须要丰富以契合不同志愿群体的兴趣。例如，可以通过开展档案机构内部征询会确定馆藏自身的实际需求，通过对学术研究群体进行访谈确定学术研究的迫切需求，通过社会性的问卷调查确定社会公众的需求等。第二，根据档案众包内容的侧重点，选择合适的众包平台。例如，照片、地图等档案资料的标引、收集和展览可以借鉴 NAUK 的"镜头下的世界"项目，托管于用户基数大、活跃度高的社交媒体平台，这样不仅能够保证志愿群体的广泛性，也能在社会中有较广的传播度和较大的社会影响力。第三，在单个任务设计中，任务要求要明确简洁，任务量要小且允许多个志愿者协作，这里可以借鉴 NAUK 托管于 FromThePage 平台的项目。任务要求明确简洁可以减少志愿者的阅读时间，提高众包结果的可用性；任务量小能够适应当今人们时间碎片化的特征；允许多个志愿者进行协作且各不影响，能够有效减轻志愿者的心理压力，提高其参与众包的积极性，同时可以提高众包的效率和众包结果的可用性。

（二）群体管理层面

志愿群体的持续有效参与是档案众包成功的关键，因此，作为发包方的档案机构应加强档案众包参与群体的引导和管理。第一，加强教学和训练，撰写明确的工作指南。教学和训练是管理众包群体的重要环节，档案机构可以通过 PPT、视频、文档的形式展示完成任务的流程、具体工作中的问题指南等，这样可以提高志愿者工作的效率，减轻众包管理者的工作压力，这里可以借鉴 NAUK 在 FromThePage 和 Zooniverse 平台项目首页的教学视频和工作指南。第二，构建空间社区，培养社区精神。这个空间社区可以是一个论坛，也可以是一个社区博客，允许志愿者发表评论、感想等，同时档案机构必须把握空间社区的主动权，通过更新工作进度、上传工作照片等树立起志愿者的认同感，增强对志愿群体的情感激励，这里可以参考 NAUK 的托管平台 FromThePage 和 Zooniverse 的社区博客。

（三）质量把控层面

档案众包结果的质量是衡量档案众包项目目标是否实现的最终标准。为保证档案众包结果的可用性、实现项目最初的开展目标，中国档案机构可以从以下两个方面对档案众包的质量进行控制和改善。第一，在项目进行的过程中，及时更新操作指南。项目推进过程中志愿者可能会因为理解不到位、能力有限等问题，进行错误的标记或者抄写，项目的管理者必须及时发现问题，并将该类问题的解决方法及时更新进志愿者操作指南。这样可以避免更多错误的产生，提高任务完成准确率，具体可以借鉴 NAUK 自建网站中"发现—我们的目录"项目的主页。第二，在项目终期审核的过程中，多种审核方式并用。中国目前主要采取定期社区修订，也就是专家定期审核众包结果，这种审核方式过于单一、审核效率较低。为此可以借鉴 NAUK 采用开放式社区修订和定期社区修订相结合的方式，任务完成后先由社区内部的志愿者对不同的版本进行投票，对于得票最多的版本进入专家审核阶段，专家审核完毕后可以锁定该任务以供出版和导出。这种方式不仅可以减少专家审核时所用的时间，而且可以充分发挥大众智慧的力量，提高最终众包成果的可靠性和准确性。

第四节　新加坡国家档案馆档案众包项目

本节对新加坡国家档案馆（以下简称 NAS）的公民档案员项目（The Citizen Archivist Project）的开展背景、内容目标和成效进行全面梳理，总结众包项目特点，并结合实际探讨对中国档案众包的借鉴意义。

一　NAS 公民档案员项目的开展背景、目标与成效

由于 NAS 有许多档案尚未得到充分著录且有待完善，无法放在档案馆在线目录中被检索利用，因此，2015 年，NAS 提出了公民档案员项目，鼓励每个公民帮助共同完善这些档案资源，广泛利用群体智慧，通过著录和转录使档案资源更容易获取和检索利用，促进公民与历史档案的接触。截至目前，公民可参与的项目主要分为以下几类：

（一）"绘制新加坡的声音地图"项目[①]（Upload a Sound Clip to SoundscapeSG）

声音与图像、视频等都具有十分重要的意义，可以识别甚至塑造新加坡的文化遗产和国家身份。同时，声音也具有特殊的历史意义，可以使后代人在任何时间、任何地点感受到新加坡发展的声音。"绘制新加坡的声音地图"项目旨在利用众包这一方式，通过大众在自然环境中采集的声音来"绘制新加坡的声音地图"，保存新加坡独特而真实的声音。公民可以录制日常生活中的声音片段，或者自己认为可以代表新加坡独特声音遗产的声音片段，登录相关页面，单击"上传音频"的按钮，填写声音录制的背景信息，在新加坡地图中寻找到相应位置信息并选中，即可将剪辑后的音频文件上传至平台。这些声音一旦被采用，将被记录并整合到声音地图中，用户可以通过关键词搜索、位置查找等方法利用自己感兴趣的音频，也便于当代和后代的新加坡人更加真实地了解新加坡历史。当前，NAS 只接受几个类别的声音提交，如节日和庆祝活动、口音和方言、自然与野生动物、工作场所的声音、核心地带的声音、360 立体环绕声音等。

（二）"翻译方言录音"项目[②]（Translate Dialect Recordings）

翻译的方言主要是 NAS 保存的来自 Rediffusion 公司的 5000 多份方言档案中的一部分，该项目借助公众力量将方言档案录音进行翻译，使其便于访问和搜索，帮助无法听懂该方言的人了解所讲述的内容。截至目前，NAS 网站可供翻译的方言只有 Jack Sim Collection 这一系列，显示可参与转录的档案共 12 卷，其中已完成 2 卷，开放状态 6 卷，待审核 4 卷。

[①]　NAS，"Upload a Sound Clip to SoundscapeSG"，February 25，2022，https://www. nas. gov. sg/citizenarchivist/Upload a Sound Clip to SoundscapeSG.

[②]　NAS，"Translate Dialect Recordings"，February 25，2022，https://www. nas. gov. sg/citizenarchivist/Translate Dialect Recordings.

（三）"音译报纸"项目[1]（Transliterate Newspaper）

瓦塔马来亚日报（Warta Malaya）创刊于1930年1月1日，是马来新闻黄金时代最成功的日报之一，旨在通过向读者提供最新的本地消息和外国新闻（包括社会、宗教等问题的新闻）让马来人意识到世界上正在发生的事情。但该日报是爪夷文进行撰稿的，这就使得很多非爪夷文的读者无法查阅该报纸，因此，NAS需要公众来将其译成罗马文本，便于读者使用。截至目前，音译具体进展见表4-6。

表4-6　　　　　　　　　　　**"音译报纸"项目进展**

年份	总数 （All）	已完成 （Completed）	开放 （Open）	进行中 （In Progress）	待审核 （Pending for Review）
1937	192	52	119	20	1
1938	46	16	29	1	0
1939	51	26	21	4	0
1940	241	44	183	14	0
1941	25	23	0	2	0

（四）"转录和翻译唱片标签"项目[2]（Transcribe and Translate Record Lables）

NAS保存了3500多张东盟以前的虫胶和黑胶唱片，这些唱片见证了20世纪80年代新加坡作为一个重要地区音乐录制中心的发展历程。为了更好地检索与利用，NAS号召公民参与转录和翻译这些唱片标签。目前，这些唱片标签依据不同的语言分为四类，分别是缅甸语、柬埔寨语、泰语、越南语，已经转录和翻译的总计56张，其中处于待审核状

---

① NAS，"Transliterate Newspaper"，February 25，2022，https：//www.nas. gov. sg/citizenarchivist/Newspaper.

② NAS，"Transcribe and Translate Record Labels"，February 25，2022，https：//www. nas. gov. sg/citizenarchivist/Translate.

态的 31 张、进行中的 12 张、开放状态的 13 张且均为泰语唱片。

（五）"转录音频"项目[①]（Transcribe Audio）

此项目主要是号召大众转录 NAS 中现存的知名人士的相关录音，来帮助那些无法听到录音的人找到音频档案所叙述的内容。目前，100 组的录音已完成 14 组，其余均处于待审核或进行中状态。

（六）"著录照片"项目[②]（Describe Photographs）

NAS 现存照片档案资源是以事件和时间线来划分的，主要包括新加坡历史上重大事件的记录照片，如文化演出、学校及图书馆、新加坡城市景观、公众协会活动等。但是这些照片大多来源于一些非官方的公共机构，无法准确著录照片具体的信息。因此，NAS 希望借助公民的力量来对照片进行著录，了解照片的拍摄地、人物、事件等详细信息。截至目前，共有照片 4216 张，其中 2350 张照片已经完成著录，其余均为待审核状态。

（七）"转录文档"项目[③]（Transcribe Documents）

转录的文档主要是 1826—1946 年英国管理的海峡殖民地有关记录的合集，这些记录中存在大量的手写材料，无法被机器识别进行转换利用，由于年代久远，有些笔迹已经很难破译，所以需要人工对其进行转录。为了达到最好的转录效果，NAS 根据史密森学会转录中心（https：//Transcription. si. edu/tips）和 NAA（http：//transcribe. naa. gov. au/）的转录建议明确了新加坡文档转录指南。截至目前，所有档案资源按照不同事项共分为 130 类，合计 25000 份左右的档案。目前已完成转录 85 类，其他各类档案中也有部分照片完成转录或处于待审核

---

① NAS，"Transcribe Audio"，February 25，2022，https：//www. nas. gov. sg/citizenarchivist/Audio.

② NAS，"Describe Photographs"，February 25，2022，https：//www. nas. gov. sg/citizen-archivist/pictures.

③ NAS，"Transcribe Documents"，February 25，2022，https：//www. nas. gov. sg/citizen-archivist/Documents.

状态。

二　NAS公民档案员项目的特点

(一)众包项目内容多样

调查发现，NAS公民档案员众包项目的内容十分多样化，根据档案管理流程可以分为档案收集众包、档案整理与组织众包、档案鉴定众包三大类，具体内容见表4-7。

表4-7　　　　　　　　NAS档案众包项目内容一览表

众包类别 / 众包项目	档案收集众包		档案整理与组织众包			档案鉴定众包
	档案征集	添加评论、故事、回忆等	档案转录	档案标引(加标签、关键词)	档案地理定位	档案鉴定、纠错
绘制新加坡的声音地图	✓	✓	/	✓	✓	/
翻译方言录音	/	/	✓	✓	/	/
音译报纸	/	/	✓	✓	/	/
转录和翻译唱片标签	/	/	✓	✓	/	/
转录音频	/	/	✓	✓	/	/
描述照片	✓	✓	✓	✓	✓	✓
转录文档	/	/	✓	✓	/	✓

1. 档案收集众包

档案收集众包是依托于互联网平台，面向社会大众进行档案收集的一项活动。公众可以上传自己所拥有的有关新加坡记忆的档案资料，进而丰富新加坡档案馆的馆藏资源。此外，公众可以针对档案馆现存馆藏资源添加评论、故事、回忆等，充分发挥人的特殊记忆属性，激发民众参与热情，促进档案资源的检索与利用，使冷冰冰的文字资源转变为事件发生的动态场景。

2. 档案整理与组织众包

NAS 积极借助公众力量对档案内容和形式进行整理与组织，主要内容包含档案转录、档案标引、档案地理定位等。NAS 档案众包的对象大多是一些年代久远、字迹模糊的文档和报纸、大量公共机构转移过来没有描述的照片以及一些方言录音和不同语种的唱片，通过公众对这些档案进行转录、标引和地理定位，可以大大提高档案资源利用率，节约人力、物力、财力等成本。

3. 档案鉴定众包

档案鉴定众包相比其他众包而言层次较高，是依托公众知识储备及社会记忆对档案内容或档案转录内容进行鉴定、纠错的一个过程。NAS 有专业的人员对公众提交的转录结果进行鉴定，但在一些照片的著录内容鉴定上无法保证其准确性，因此 NAS 开展了档案鉴定众包。公众可以对档案著录不符的内容提出修改建议，经由工作人员审核通过后即可以对内容进行更正。

（二）馆藏资源丰富且开放，激发公众参与热情

新加坡公民档案员项目得以开展的一个重要基础就是其丰富开放的馆藏资源，其中海峡殖民档案就有近 25000 份，并且这些档案在 NAS 官网均可查阅。此外，在该项目中，公民可以参与的众包形式十分丰富多样，这在很大程度上激发了公民的参与兴趣和热情。第一，公民可以依据自己的喜好来进行选择，选择自己热爱的部分进行参与，不仅可以使公民爱好得以充分发挥，也可以保障转录质量。第二，激发公民的爱国热情。公民可以成为新加坡社会记忆的构建者，将自己对于新加坡发展所了解的事情进行描述，同时也可以将自己的私藏物品捐献给档案馆，进而丰富档案馆馆藏资源。

（三）程序规范严谨，保证转录质量

为确保公民参与转录的质量，新加坡规定了公民参与的相关注意

事项和转录指南。第一，公众需要注册后才能参与。公众需要在网站上进行授权信息登录注册后方可参与进行相关项目转录工作，也可以自己的特定身份追踪自己所参与的项目。第二，详细指引转录过程。NAS 在网站上发布了详细的转录指南，并且有一名出色的公民档案员——李玉梅女士（Ms. Lee Yuh Mei）自己建立了一个转录技巧网站，便于大家交流沟通。第三，转录文件格式有严格规范。为保证转录质量，NAS 有严格的转录标准，音频、视频等均有严格的格式要求，上传后提示"提交义工审核"。第四，严格的档案审核。NAS 专门的工作人员对转录后上传的结果进行审核。如果结果符合标准，将会被标记已完成，若不符合则会被删除，若反复提交不适合的文本内容就会被网站移除①。

（四）沟通反馈机制完善

沟通和反馈直接关系到众包成果的优劣。NAS 为使公众了解项目内容和意义，在网站首页便对项目内容、意义、参与者角色、任务、权限以及知识产权等问题进行明确，并提供了邮箱、用户交流平台等来实现有效沟通。对于用户所提交的众包成果，NAS 的工作人员将及时检查其是否合理、准确和完整并给出相应反馈。如果符合要求，它将被标记为完成；如果不符合要求，它将被重新投入工作状态。当整个案卷完成后将被上传到 Archives Online 目录。

三　NAS 公民档案员项目对中国的借鉴意义

NAS 档案众包的成功经验值得中国档案机构参考和借鉴，具体体现在以下方面：

---

① NAS, "Default", February 25, 2022, https://www.nas.gov.sg/CitizenArchivist/Default/About#about.

（一）健全法规制度，保障众包参与各方的合法权益

在现今"互联网＋"的背景下，档案信息开放共享和众包增加了诸如信息安全、知识产权、隐私权、知情权等法律风险。众包需要海量档案资源的开放上网，这就带来了信息安全风险；公众在众包平台上对相关档案进行转录、注释、翻译等均属于公众个人智慧劳动，这就涉及知识产权的问题；用户在众包网站上注册并参与众包项目时，为保证档案众包的质量，需要对用户注册信息进行采集，这又涉及公众的隐私权问题。为了防止此类法律风险，NAS严格遵守《新加坡国家图书馆管理局法令》（National Library Board Act）[1]、《版权法》（Copyright Act）[2]等有关档案信息安全和著作权的规定，NAS官网也对公众知识产权和隐私权给予高度尊重和保护，如果用户认为知识产权受到侵犯，新加坡知识产权局将会依法对用户实施保障[3]，NAS官网不会强制收集用户的个人信息，网站会使用cookies存储和跟踪有关用户的信息，但它仅用于跟踪用户的首选信息服务及其使用频率，不会读取用户电脑硬盘上存储的数据。同时，用户也享有拒绝cookie的权利，保障参与档案众包用户的隐私权[4]。中国应尽快健全完善公众参与档案众包的相关法律法规和标准规范，通过完善的法规制度配套切实保障档案馆、公众等众包相关方合法权益不受侵犯。

（二）加大众包理念宣传，创新社会记忆构建模式

新加坡公民档案员项目的宣传主题就是"加入我们，帮助每一个

---

① Singapore Statutes Online，"National Library Board Act"，October 7，2024，https：//sso.agc.gov.sg/Act-Rev/NLBA1995/Published/20211231? DocDate＝20141031.

② 蒋琼、高兰英：《新加坡知识产权保护制度研究与启示》，《理论月刊》2011年第4期。

③ NAS，"Terms of Use"，February 25，2022，https：//www.nlb.gov.sg/TermsofUse.aspx.

④ NAS，"Privacy Statement"，February 25，2022，https：//www.nlb.gov.sg/PrivacyStatement.aspx.

人方便检索馆藏档案"，这对于公民的参与意识是一个外在的促进。中国也应加强众包理念的宣传，鼓励群众积极参与到档案众包中来，促进社会记忆的构建。当前中国许多城市相继开展了城市记忆、乡村记忆工程，但大多是基于档案馆等公共机构原有档案进行整合，而忽略了那些包含丰富过往经历和故事的公众口述档案、文本、录音录像等珍贵记忆的众包整合。对此，中国可以参考 NAS 的众包征集模式，接收来自公众贡献的大量档案资源，更好地构建社会记忆。

（三）加强众包过程管理，保障档案众包质量

档案众包是一个依赖于网络的协同合作过程，工作成果高度开放共享，且众包开展中涉及资源保障、技术支持、公众和成果审核、制度规范、操作指引、参与激励、沟通交流等诸多要素，风险点众多，流程环节复杂，这就需要加强众包的全过程和全要素管理。NAS 在档案主题确定、档案资源选取、众包指南发布、公众激励、公众沟通、任务审核和奖励等方面体现了高度系统规范的过程化管理理念，有效确保了众包任务的高质量完成。中国档案众包实践应在前期准备、中期执行与管理、后期审核与奖励等各环节加强管理，实现档案众包的全过程监督控制，全面提升档案众包质量。

第五节　加拿大图书档案馆档案众包项目

本节聚焦加拿大图书档案馆（以下简称 LAC）的档案众包项目——Co-Lab 联合实验室，在分析 Co-Lab 众包的背景、内容与成效的基础上，总结归纳 Co-Lab 众包项目的特点，并尝试为中国档案开发利用众包提供可资借鉴的经验。

一　Co-Lab 档案众包项目的背景、内容与成效

LAC 前身可追溯至于 1872 年成立的加拿大统治档案馆，归加拿大农业部管理。之后，加拿大颁布《公共档案馆法案》，1912 年更名为加拿大自治公共档案馆，1987 年又改名为国家档案馆。2003 年 10 月，加拿大遗产部宣布加拿大图书档案馆正式成立，即将原加拿大国家图书馆与原加拿大国家档案馆合并。[①] LAC 前期优先发展文化功能，重视私人档案收集，公私兼收，"总体档案"的理念贯穿发展始终。[②] 加拿大档案事业在国际档案界具有鲜明的特色，主要表现在加拿大联邦早期优先开展历史档案的收集，他们从英、法等地收集和手工抄录年代久远的档案资料，从早期的魁北克文学与历史学会到自治领档案馆的前两任馆长都尽可能收集反映加拿大历史和颇具学术价值的历史资料。[③] 在此基础上，为了更好地鼓励公众参与，再现历史真实，传播历史文化，LAC 创立了 Co-Lab 联合实验室项目，将收录的大量私人档案包括手稿、日记、图片等记录进行开发利用众包，引导加拿大公众参与到档案故事的重现和讲述中，以唤醒民众的社会归属感和民族自豪感，凸显 LAC 的社会服务功能和文化传播职能。

Co-Lab 联合实验室项目提供英语、法语两种语言切换方式，主要借助 Co-Lab 众包工具，以全新的众包挑战形式吸引用户对馆藏数字化档案进行转录、标记、翻译和著录等，用户使用 Co-Lab 众包工具参与的工作越多，LAC 数字馆藏就越容易被公众访问和利用，是一种"挑

---

① 王知津：《创新型的知识机构——新组建的加拿大图书档案馆》，《档案学通讯》2005 年第 4 期。

② 楚艳娜：《加拿大公共档案馆转型发展研究（1912—1987）》，硕士学位论文，山东大学，2018 年。

③ 谭必勇：《从文化层面解读加拿大公共档案馆的早期发展模式》，《档案学通讯》2015 年第 4 期。

战—贡献—合作"的信息交流方式。本节选取该项目众多挑战的一部分
做具体阐释（项目①信息详见表4－8）。

表4－8　　　　　LAC 部分档案众包"挑战"项目信息一览表

项目主题	项目名称	档案数量	众包任务内容	总体完成状态	档案价值
艺术	Marc Choko 收藏的旅行海报	54	标记、著录	80% 完成	帮助铁路公司推广快速高效的服务
	Molly Lamb Bobak 的日记	226	转录、标记、翻译、著录	30%完成	为 CWAC 在战争中的作用提供了宝贵记录
军事遗产	战争中的妇女	70	转录、翻译、著录	20% 需审查	识别二战中的加拿大妇女有助于扩展叙事
	第一次世界大战海报	140	转录、标记、翻译、著录	65%完成	真实还原一战中战事的经历
	使命：加拿大的护理姐妹	1787	转录、翻译、标记、著录	33%完成 20%未开始	凸显了一战中女性照顾者的重要性
移民	加拿大国家土地定居协会	446	标记、转录	35%完成 10%未开始	促进加拿大移民和土地定居计划的一部分
民族认同	女性守灯人	146	转录、标记、翻译、著录	33%完成	阐明了女性充满挑战的生活和对加拿大海事生活的贡献
摄影	亚瑟·利默斯的儿童艺术课	86	标记、著录	70%进行中	将美术馆从一个正式的空间转变为一个充满活力的社区空间
民族文化团体	约翰·弗里蒙特·史密斯	90	转录、标记、翻译、著录	50%完成 50%进行中	一生对抗种族主义，赢得了同时代人的尊重和钦佩

---

① LAC, "Co-Lab", June 26, 2022, https://colab. bac-lac. gc. ca/eng.

（一）艺术和摄影主题档案众包

"Marc Choko 的旅行海报"项目代表了 1900—1959 年加拿大旅行海报艺术的精彩横截面。对于铁路公司和后来的航空公司来说，这些海报帮助公司向尽可能广泛的受众推销。他们还向旅行者投射了前往加拿大旅行的时尚浪漫的愿景。而在"Molly Lamb Bobak 的日记"项目中，莫莉·兰姆·博巴克（Molly Lamb Bobak）是海外第一位女性官方战争艺术家，是第二次世界大战时期最能捕捉加拿大女性军事生活经历的画家，后来加入了加拿大女子陆军（CWAC），成为一名女制兵。入伍后不久，莫莉·兰姆·博巴克（Molly Lamb Bobak）开始写一本独特的日记，为 CWAC 在战争中的作用提供了宝贵的记录。该类主题的众包挑战中，公众既可以标记和著录海报，又可以识别艺术家的日记，特色化的档案主题和先进方便的众包工具极大地调动了公众参与馆藏历史档案开发的热情。

（二）军事遗产主题档案众包

"战争中的妇女"项目主要涉及第二次世界大战中加拿大妇女的摄影档案。国防部全宗（RG24/R112）收录了从不列颠哥伦比亚省的科莫克斯到意大利那不勒斯的 200 多万张照片档案。这项众包挑战邀请用户识别转录 1942—1945 年间在加拿大和国外服役的女军人和护士姐妹的档案，以便更好地了解她们在第二次世界大战期间所扮演的关键角色，参与这项挑战将有助于扩展战争中的士兵叙事。

在"使命：加拿大的护理姐妹"项目中，公众可以跟随战地护士见证和感受一战的残酷性和破坏力。1914—1918 年间，有 2003 名妇女加入 CEF 并出国。这场战争被认为是男性专属的，但靠近前线和火线的护理姐妹的存在打破了这种误解，并突出了战争期间女性照顾者的重要性。这些妇女照顾了近 54 万名士兵，并在困难的条件下在战场附近工作。公众可以查看、转录、翻译、标记、著录在一战期间服役的加拿大护理姐妹的信件、日记和照片。

（三）民族文化团体和移民主题档案众包

"女性守灯人"项目主要展示的是 LAC 收藏的大量与灯塔和灯塔女性守护者有关的档案，19 世纪末和 20 世纪初加拿大守灯人通常是男性，由于该职位被授予终身职位，当一名灯塔守护者去世时，必须立即有人接任，通常是守灯人的妻子或孩子。因此，在整个 19 世纪末和 20 世纪初，全国各地都有女性守灯人。LAC 邀请用户探索系列档案和图像，使用联合实验室众包工具转录、标记、翻译和著录馆藏中的这些数字化档案。作为 3 月 8 日国际妇女节的一部分，加拿大政府向加拿大的女性灯塔守护者致敬，这些文件和图像阐明了她们充满挑战的生活和对加拿大海事生活的贡献。

二　Co-Lab 档案众包项目的特点

（一）注重档案开放共享和法治保障

数字档案资源的高度开放和共享是开展档案众包项目的基础，公众可以在平台上获取大量数字档案资源，并且能够依据自我能力进行或多或少的贡献，不仅是由于自我兴趣的驱使、民族自豪感和社会认同感的体验，更是得力于档案利用服务法治建设的保障。《加拿大图书档案馆法》[①] 第 7 条第 1 款规定，加拿大图书档案馆的目标之一是获取和保存文献遗产，同时第 8 条第 1 款第 1 项也规定，加拿大图书档案馆可以做任何有益于收集出版物和文件，以及获得对它们的保管、监管、控制权的事情，这从法律角度保障了 LAC 的档案众包收集工作。为了发挥职能，使 LAC 成为加拿大文献财产永久保管基地，该法律还新增了 LAC 进行因特网抽样的权利，该权利使得 LAC 可以在任何时候，以其认为

---

① Government of Canada，"Library and Archives of Canada Act（S. C. 2004，c. 11）"，June 27，2022，https://laws-lois. justice. gc. ca/eng/acts/L-7. 7/page-1. html#h-345297.

适合的方式获取对加拿大有利的、具有代表性的网页标本文献材料，使之能够不受因特网或任何其他类似媒介的限制，为加拿大公众所利用。[①]此举进一步从法律层面上给予 Co-Lab 项目得以顺利实施的根本法律依据。

（二）使用合理有效的众包工具

Co-Lab 作为联合实验室项目的众包工具，用户界面简洁清晰。按需要贡献的档案类型，数字档案馆藏分为三类：照片、艺术、文字材料，按需要贡献的主题分为军事遗产、艺术、传记与人物等十大类，同时提供可供贡献的英、法为主的多种语言材料。鼓励用户设置自我贡献的状态，尤其是"需求审查"和"不完整"状态加深了用户和用户之间的信息交流，更像是一种反馈式交流[②]。用户对于平台的信任通过专家对于用户贡献数据的收集整理逐步建立，反过来使参与者对项目更加信任。LAC 鼓励公众发挥才智贡献传播知识，公众在不断地互动中体验参与感，满足马斯洛需求理论的"自我实现"需求。馆藏档案资源类型多种多样，用于 Co-Lab 项目众包开发的档案资源均被数字化，用户可以直观地看到人们的手稿、笔记、原始照片，并且数字化的馆藏资源利于进行形式灵活的众包活动。Co-Lab 工具本身兼具宣传功能，用户之间的交流可以吸引更多的参与者参与进来，为项目增添活力。

（三）注重民间和私人档案收集，趣味性强

查阅别人的日记或信件、手稿，这些我们日常难以获得的别人内心思想的真实记录，本身是一件有趣的事情，加之与历史背景结合，尤其是战争年代很多后人无从考证的诸多真实社会现象，更能激发公众对前人们所闻所见的研究兴趣。每项挑战下注明了该项挑战档案的年代范

---

① 曹宇、孙沁：《〈加拿大图书档案馆法〉述评及其对我国〈档案法〉建设修改的启示》，《档案学通讯》2011 年第 1 期。

② 赵梦媛、魏莹莹、杨航、曹玉：《北美国家档案馆网站用户参与特色模块分析——以美国国家档案与文件署 DocsTeach 与加拿大国家图书档案馆 Co-Lab 模块为例》，《北京档案》2020 年第 2 期。

围、主要情景、主要角色，便于用户快速识别是否为自己能贡献的领域。个别挑战下还细分为不同的任务，每一项挑战被称为"传奇"，"传奇"进度分为四种，蓝色代表完成，橘黄色代表需要审查，黄色代表未完成，灰色代表未开始。由上述典型的档案故事众包主题可以看出 LAC 注重广泛追溯女性历史事迹和民间市井生活原始状态，以档案记录加深当今社会加拿大公众对于历史文化的社会认同感、归属感和民族自豪感，增强社会凝聚力，同时注重将重要历史史料运用到现实生活重要节日作为歌颂人类伟大献身精神的素材，充分肯定了一战中女护士、历史上女性守灯人的辛苦付出。而且关注市井生活人间百态也增强了挑战的趣味性，让用户在贡献过程中身临其境，把枯燥单调的工作转化为依据自己兴趣进行探索的一项爱好，充分提升社会公众的参与度。

三 Co-Lab 档案众包项目对中国的借鉴意义

LAC 的档案众包项目是加拿大政府重视档案开放和利用并借助社会力量参与实现档案信息资源开发的典型案例。LAC 之 Co-Lab 项目的成功实践和持续活力背后的经验值得中国学习和借鉴。

（一）提高公众参与意识，强化法治建设与保障

公众是公共档案馆的服务主体，尤其是对档案管理以及开发存在热情和兴趣的民众，是参与公共档案馆事业的重要社会力量来源[1]。当前中国也有许多城市相继开展了城市和乡村记忆工程，但都是基于档案馆原有资料进行整合，忽略了对有经历有故事的普通公众进行口述档案或者珍贵记忆的收集。中国档案机构可以考虑借鉴 LAC 的众包模式，鼓励公众参与馆藏档案资源的建设和开发利用。此外，还应借鉴国外典型档案众包项目实践，建立完善科学的社会大众参与档案众包的法规和制度体系，从制度上保障档案众包的质量、效率和安全。

---

① 陈建：《适度可控与合作互动——社会力量参与公共档案管理的多元主体分析》，《档案管理》2020 年第 5 期。

（二）加强档案众包平台建设

档案众包平台是众包开展的主阵地，平台的易用性与科学性直接决定了档案众包开展的质量和效率，从而直接影响公众的参与度。LAC 的 Co-Lab 联合实验室为开展档案开发利用众包提供了强大的平台支撑，同时也为公众利用馆藏数字档案资源提供了良好契机。该平台具有档案分类检索、标记、转录、著录、翻译、馆藏档案数据库链接、公众众包进度激励等多种强大功能，这些功能使得公众在平台参与档案众包时随心所欲地检索感兴趣的档案，持续贡献个人的智慧和知识，强大的公众参与热情和欲望得到激发。中国应积极借鉴 LAC 档案众包的平台设置模式和多元功能，依托官网搭建完善科学的档案众包平台，真正实现"互联网＋"环境下的档案开发利用模式升级。

（三）重视信息交流，提升众包趣味性和公众参与度

档案众包对于公众参与的要求较高，这就需要加强公众与众包平台之间以及公众与公众之间的互动，重视众包信息交流和公众激励。档案机构应随时关注众包平台动向，对公众问题进行及时反馈，对于用户贡献的内容可以由专家进行评定，体现出对用户贡献劳动的尊重，可以建立众包社区鼓励公众之间开展交流，也可以通过将任务变成趣味游戏来吸引和留住更多参与者，通过颁发徽章、使用可见的排行榜和提供其他创意奖励来表彰在众包中表现良好的用户，通过给予参与者更多认可来增加公众吸引力和参与度，鼓励他们继续参与。

总之，LAC 档案众包项目丰富且成熟，他们通过众包发掘馆藏档案中蕴藏的丰富情感和故事，带动了公众持续参与档案开发利用的热情。中国应积极学习其先进经验，积极尝试档案众包模式，合理选择档案众包主题，抓住档案工作数字转型的机遇，让公众走进档案，实现档案服务新突破，开创档案治理新局面。

第六节 美国波士顿公共图书馆反奴隶制
手稿转录众包项目

本节特选取美国波士顿公共图书馆的反奴隶制手稿转录众包 (Transcribe of Anti-Slavery Manuscripts) 项目作为研究对象，对其进行全面深入分析，总结其特色及创新之处，并结合实际探讨对中国当前档案众包工作的启示。

一 波士顿公共图书馆反奴隶制手稿转录众包项目探析

（一）项目简介

波士顿公共图书馆的反奴隶制收藏是美国最大和最重要的废奴主义材料收藏，包含从 19 世纪 30 年代至 70 年代的大约 40000 份函件、信封、报纸、手册、书籍和纪念品。主要藏品包括威廉·劳埃德·加里森 (William Lloyd Garrison)、玛丽亚·韦斯顿·查普曼 (Maria Weston Chapman) 等的文书，马萨诸塞州、新英格兰和女性反奴隶制协会的记录，以及威廉·劳埃德·加里森 (William Lloyd Garrison)、西奥多·帕克 (Theodore Parker) 等的藏书。此外，该收藏还包括威廉·劳埃德·加里森 (William Lloyd Garrison) 的完整版《解放者》，该报纸是废奴运动的权威刊物，从 1831 年至 1866 年连续出版了 35 年。

反奴隶制手稿转录众包项目自 2018 年 1 月 23 日开始，到 2020 年 8 月 12 日结束，有 26059 人参与其中，共抄写了 12247 封信件。项目目前进入数据检查阶段，最终数据将上传到波士顿公共图书馆的州级数字存储库系统，产生的图片集和文字将免费供用户下载、搜索和研究。

（二）馆藏选择

选择合适的馆藏是档案众包工作能够顺利开展的一个重要前提条

件，而反奴隶制手稿则十分契合开展档案众包工作的要求。

第一，价值高、数量多且必须依靠人力才能完成转录。作为美国最大、最重要的废奴主义材料收藏，波士顿公共图书馆的反奴隶制收藏具有不可估量的历史价值和现实意义。虽然大部分收藏已经作了初步的数字化处理，但并不能很好地满足人们的需求，因为图片中的信息只有被转录成文本后才能搜索到。由于馆藏的很大一部分为手写信件，靠当前的文字识别技术很难保证自动转录的准确度，只能依靠人工的力量去完成转录任务。但是，转录上万份手稿势必需要众多的人手，而机构中的工作人员和资金又十分有限。因此，只有靠众包才能解决这众多的困境。

第二，具有足够的吸引力。一方面，反奴隶制手稿收藏包罗万象，能够亲自转录对广大研究者、学生和历史文化爱好者而言是个不可多得的机会。另一方面，由于自由平等的观念深入人心，越来越多的美国公民愿意参与到反对种族歧视的行动中来，而这些手稿的主题正好符合人们的诉求。

（三）平台选择

该项目选择了第三方平台 Zooniverse（见图 4－1），它是全球最大、最受欢迎的公众科学平台。截至 2021 年 4 月，Zooniverse 拥有近 223 万注册志愿者，共完成近 5.8 亿次科学任务。[1] Zooniverse 为公众科学项目的全过程（包括项目创建、审查、上线启动、运行维护和完成等各个阶段）提供全方位的技术和平台支持服务[2]，这是普通的众包平台所不具备的独特优势。

在 Zooniverse 平台创建项目十分便捷，创建者只需单击网站首页的"创建一个项目"按钮即可开始设计任务，任务设计完成后经审核通过

---

① Zooniverse，"The Homepage"，April 24，2021，https://www.zooniverse.org.
② 赵栋祥：《公众科学平台：发展现状、服务实践与启示——以 Zooniverse 为例》，《图书情报工作》2018 年第 17 期。

图 4—1　Zooniverse 网站首页

就可以上线运行。同时，Zooniverse 也为用户提供了相当强大的社区支持，社区分为项目建设、数据处理、故障排除、聊天等不同的讨论板。讨论板与每个项目集成在一起，每个要处理的对象都有一个专门的讨论页面，大量的研究都在讨论板上进行。[①]　此外，社区还支持添加标签，以便特定主题的讨论内容能够被集合和搜索到。

　　选择 Zooniverse 这一功能强大且具有针对性的平台大大推进了项目进程。首先，项目团队省去了独立搭建平台所需耗费的大量人力、物力，加快了项目上线的速度。其次，利用平台提供的全过程服务和专业工具，能够大大降低项目创建和持续运行的难度。再次，平台也提供了配套的社区支持，使得项目组和志愿者可以进行高效且便捷的沟通。最后，平台所拥有的海量志愿者用户也无疑减轻了项目组前期招募参与者的压力，省去了大量推广宣传的工作。

---

　　①　赵栋祥：《公众科学平台：发展现状、服务实践与启示——以 Zooniverse 为例》，《图书情报工作》2018 年第 17 期。

（四）任务设计

由于该项目的数据量大，需要人工判断，且可以分割成若干个小单元，故采取了"微任务"的众包形式。与以往的档案众包项目不同，反奴隶制手稿转录众包项目组将任务进一步细化，不再以"件"为一个任务单位，而是以"行"为一个任务单位，参与者可根据自身情况转录一行或几行。

项目转录界面简洁明了，且配有清晰易懂的教程。项目采取协同转录（见图 4—2①和图 4—3②）的形式，首位转录者需要在进行转录的文字下添加行标记，然后单击行标记在随后出现的文本框中进行转录。之后的转录者单击行标记即可查看之前的转录，如同意或部分同意，则单击下拉菜单，在文本框中填充之前的转录内容，再进行提交或修改后提交；如完全不同意，则在文本框中填写自己的内容后提交。每位转录者在完成自己的任务后均须保存，否则转录内容将丢失。当一行文字收到了足够多次数的转录之后，行标记就会变为灰色，提醒后来的转录者去转录其他内容。当转录者发现一组文件的每一行都被转录过且行标记均为灰色时，就可以单击"完成"按钮进行最后的提交。

细化的任务方便了参与者灵活地安排时间，减轻了他们的畏难情绪。简明易懂的转录界面和教程进一步降低了参与门槛，鼓励更大范围的人参与其中。该项目还创新性地采用了协同转录这一模式，关于它的优势将在"质量控制"这一节详细论述。

---

① Zooniverse，"Transcribe of Anti-Slavery Manuscripts"，April 24，2021，https：//www.antislaverymanuscripts. org/classify.

② Zooniverse，"Transcribe of Anti-Slavery Manuscripts"，April 24，2021，https：//www.antislaverymanuscripts. org/classify.

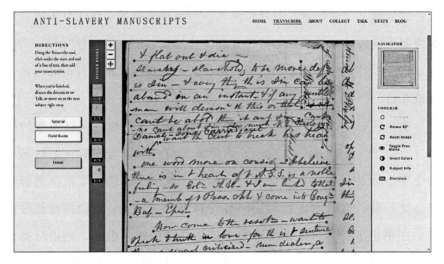

图 4—2　协同转录主界面

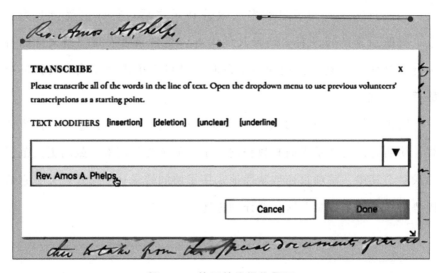

图 4—3　协同转录操作界面

（五）激励机制

1. 授予勋章

当参与者完成了一定量的任务后，Zooniverse 就会向他们颁发勋章。这些勋章是根据英国皇家的排名而命名的。最低一级的勋章为士，最高一级勋章为首长[①]，它会被授予完成最多任务的人。授予勋章是对参与者工作能力的肯定，能让参与者获得满足感与成就感。为了获得更高级别的勋章，参与者会更为积极地参与到项目中来，而获得高级别勋章的人也会努力工作以守护他们获得的荣誉，以此形成良性循环。

2. 社区互动

反奴隶制手稿转录众包项目拥有一个成熟的社区环境，利用 Zooniverse 的社区架构，项目组创建了属于自己的讨论社区。社区分为一般讨论、主题笔记、团队消息、自我介绍、解决问题等版块，满足了大部分的交流需求。通过浏览社区，可以发现其相当活跃，几乎每天都有新的讨论内容，项目组也非常认真负责，及时解答提问者的众多问题。此外，项目组也经常发布博客，告知大众有关项目的最新进展以及相关的背景知识。活跃的社区使得被提出的大部分问题都能得到充分的讨论，有利于解决人们在参与项目的过程中遇到的各种困难，从而保持参与者持续的工作热情。良好的社区氛围也增强了参与者之间的凝聚力，给予他们一种归属感，这种情感上的激励也有利于人们更为积极地投入到项目中去。同时，项目组的及时回应也满足了参与者希望被倾听、被重视的需求，让参与者感到自己被需要、被尊重，从而认为自己的付出是值得的，参与这个项目是值得的。

（六）质量控制

该项目的质量控制包含前期、中期、后期三个方面：

---

① ［美］大卫·艾伦·格里尔：《众包》，肖江波译，人民邮电出版社 2015 年版，第 202 页。

1. 前期——选择合适的参与者

参与者的整体素质对项目的完成质量具有重大影响，因此，有必要对参与者做出一定的选择。像 Facebook、Twitter 这种大众社交网站上的网民素质良莠不齐，如果直接招募，后续将会花费大量时间和精力在筛选参与者上，不仅如此，被淘汰的网民很可能还会产生不满情绪，从而做出一些阻碍项目正常开展的行为。因此，相比传统的"海选"，更好的做法还是在特定的社群中选择合适的参与者。在 Zooniverse 注册成为参与者的人往往都受过科学教育，并对科学感兴趣，他们的参与无疑为保证项目质量提供了强有力的人才支撑，还有利于项目的持续推进。作为全球最大、最受欢迎的公众科学平台，Zooniverse 自然也不乏资深志愿者，他们不仅有着丰富的经验，还具有强大的影响力，与他们合作不仅可以促进项目的发展完善，还有利于扩大项目的知名度，从而吸引更多的人参与其中。

2. 中期——创新工作方法

反奴隶制手稿转录众包项目创新了工作方法，与之前在 Zooniverse 上开展的档案众包项目不同，它不再采用独立转录的形式，而是采用了一种新的工作方法——协同转录。两者最大的不同在于采用独立转录方法的参与者看不到前人的转录结果，而采用协同转录方法的参与者则可以看到。

根据萨曼莎·布利克汉（Samantha Blickhan）等①的研究，2018 年 1 月 23 日—9 月 1 日，项目组在进行转录工作的同时也开展了一项实验，参与者被随机分配到独立转录或协同转录的系统中，两个系统均上传了由 2173 封信件组成的相同数据集，从这个数据集中选择 5 封信件（共 19 页文本）作为样本集，样本集由专家提供标准转录数据。结果表

---

① Samantha Blickhan, Coleman Krawczyk, Daniel Hanson, Amy Boyer, Andrea Simenstad and Victoria van Hyning, "Individual vs. Collaborative Methods of Crowdsourced Transcription", *Journal of Data Mining and Digital Humanities*, No. 12, 2019, pp. 1—33.

明，被分配到协同转录系统中的参与者产生的转录数据与标准转录数据的差异明显小于被分配到独立转录系统中的参与者提供的转录数据。不仅如此，采用协同转录方法的参与者于 2018 年 10 月 22 日完成了转录任务，与此同时，采用单独转录方法的参与者却只完成了不到 50% 的任务。实验证明，协同转录不仅能产生更高质量的数据，而且能花费更少的时间来实现这一结果，基于此，项目组在实验结束之后关闭了独立转录系统，之后的参与者均采用协同转录的方法来完成任务。

3. 后期——专家审核

虽然协同转录大大提升了项目完成质量，但并不能保证得出的数据都是完全正确的。对这样一个参与人数众多、体量庞大的档案众包项目而言，必须对成果进行系统的检查和整合，否则将难以实现数据的有效利用。根据项目组的官方博客，数据现在正由工作人员进行审核，审核完成后才能被上传到数据库中供人们免费利用。

二　波士顿公共图书馆反奴隶制手稿转录众包项目对中国的借鉴意义

作为极具特色和创新性的档案众包项目，波士顿公共图书馆反奴隶制手稿转录众包项目对中国档案众包实践有着重要的启示作用，笔者结合分析结果和中国的实际情况，将该项目对中国的借鉴意义总结如下：

（一）做好档案开放工作

开放的档案资源是档案众包实施的基础，反奴隶制手稿转录众包项目能够成功上线的背后是海量已经开放的数字档案。由于中国档案机构"重藏轻用"的传统，目前档案的开放程度远远不能满足档案众包工作开展的需要，因此，必须做好档案开放工作。首先，要加强档案开放的制度建设，完善有关开放的法律法规，明确各主体在档案开放过程中的权利与义务，扫清制度障碍，促进档案开放工作有序开展。其次，档案机构应转变思想，树立服务意识，以用户为导向，优化档案开放评估体系，促进档案资源价值的有效实现，不断满足用户的多元需求，使用户能够真正在档案开放过程中有所获得。再次，加快档案资源数字化进程，建立标准信息数据库，完善检索机制，降低利用门槛，实现档案资源更广范围的共建共享。最后，处理好"开放"与"保密"的关系，打破"开放危险、保密保险"的思维定式，不能为了规避风险而止步不前，要利用科学制度设计和专业技术手段来保证档案资源的安全，促进档案开放工作的长远发展。

（二）以社会需求为导向

为了推广项目并确保其成功，有必要确定观众想从材料中得到什么，而不仅仅是该项目希望推广什么①，正如反奴隶制手稿转录众包项目符合了大众接触珍贵历史档案、体验新技术以及促进社会公平正义的要求，而大众需求的满足又反过来给予了该项目持续开展的强大动力。因此，开展档案众包工作应以社会需求为导向，努力推出社会大众真正感兴趣的项目。档案机构应进行广泛且深入的调查，挖掘大众的需求所在，并根据调查结果上线众包项目。在项目运行过程中要虚心听取来自大众的意见和建议，博采众长，不断修正问题、完善项目，争取做出令大众满意、让大众有所得的优秀项目，如此，便能更好地发挥档案服务于民的重要价值。

（三）联动各方建立完善专业的档案众包平台

平台建设是档案众包的重要环节，没有合适的平台，档案众包工作将会举步维艰。目前，中国的档案众包平台建设工作严重不足，初具规模的仅"上海图书馆众包系统"这一个平台。除了数量极少，平台的质量也远远不及国外。以"上海图书馆众包系统"平台为例，首先，在互联网上很难搜索到关于该平台的详细资料，甚至连平台入口都难以寻觅。其次，平台使用体验不佳，网站的交互系统存在着一定问题，用户在进行页面切换时经常有不流畅的感觉，特别是在多页面跳转时尤为明

① Lucinda Blaser, "Old Weather: Approaching Collections from a Different Angle", in Mia Ridge, ed. *Crowdsourcing Our Cultural Heritage*, Surrey: Ashgate, 2014, pp. 45—55.

显。再次，网站缺乏许多必要的说明，初入平台的用户需要花费一定的时间去摸索，虽然可以向专家提问，但往往不能及时收到回复。最后，上线档案严重不足，无论是可供转录还是已完成转录任务的盛宣怀档案数量均不多。当然，解决这诸多问题不能仅仅靠某一个主体，而是需要多方携手合作，就如 Zooniverse 成功运作的背后，是美国公众科学联盟、牛津大学、阿德勒天文馆以及其他专家学者的共同努力。当前，可以初步建立的档案众包平台为基础，联合各档案机构，利用它们丰富的档案资源，逐步上线更多项目；与计算机、互联网领域的专家学者合作，不断优化平台设计，改善用户利用体验；前往各大高校、研究机构以及特定的专业网络社区进行宣传，不断吸引新用户和建设人才；重视与网络多媒体的联系，进行形式多样的推广，扩大平台的知名度与影响力。总之，要在建设过程中不断地总结经验教训，争取建立完善更多更高质的档案众包平台。

（四）加强技术创新

档案众包是基于网络的活动，项目的提质增效在很大程度上依靠技术的进步。在反奴隶制手稿转录众包项目中，组织者创新性地采用了协同转录的技术，兼顾了质量与效率，大大推进了项目进程。因此，应主动学习国外档案众包项目的先进经验，积极引进新技术、新方法，将其运用到档案众包工作中，同时注意结合实际情况做出相应改进，不可盲目照搬。除了学习借鉴，也应加强自主创新能力，针对档案众包实践中出现的问题，不断探索研究，创造出属于自己的成果。此外，还应注重学科交叉，加强与计算机、互联网等其他领域专家学者的合作，在交流与争锋中突破思维定式，开拓新的思路，产生新的灵感。

（五）合理设计任务

档案众包的任务设计应尽量遵循简单、清晰、有趣的原则，繁杂枯燥的任务只会迅速消磨参与者的热情，导致项目停滞不前。具体来说，首先，应将任务一分再分，使每一份任务不会占用参与者大量的时间，也不会耗费他们过多的精力，但也要掌握好分割的度，否则将会大大增加项目汇总的难度。其次，应配备简洁明了的任务说明，措辞应通俗易懂、逻辑清晰，具体情况具体说明，尽量添加相应的图片或视频进行演示，完成撰写后应先交给一部分有经验的参与者查看，并根据他们的意见进行相应修改，在使用过程中也应针对出现的新问题进行及时修改。最后，任务还应尽量被设计得富有趣味性，对任务产生兴趣将会大大促进参与者的持续付出。

（六）注重社区建设

建立配套的社区是档案众包项目成功的重要条件，得益于成熟且活跃的社区，反奴隶制手稿转录众包项目的参与者才能进行更为及时便捷的交流，各种问题才能被更为有效地解决，项目才能被持续推进。反观国内的众包项目，往往不注重社区的建设。以上海图书馆的盛宣怀档案抄录众包项目为例，平台并没有配备相应的交流社区，参与者只能通过私人渠道进行沟通。配套社区的缺乏使沟通变得低效，既不利于问题的及时解决，也不利于保持参与者的热情，最终导致项目进展缓慢。一个完善的众包社区至少应由专家、管理者和普通参与者三个群体组成，三者各有分工，专家负责统筹规划、答疑解惑等专业性工作，管理者负责制定并执行社区规则、上传下达等事务性工作，普通参与者应严格遵守社区规则进行交流。社区应根据不同的交流主题分设不同的版块，并完善搜索以及添加标签的功能，以便用户能够准确快速地筛选信息。另外，维护良好的社区氛围，产生矛盾要及时采取友好协商的方式进行解决，在讨论问题之外也要注意化解成员的负面情绪，若有条件可考虑开展形式多样的活动以激发参与者的兴趣、保持参与者的热情。

（七）加大宣传力度

反奴隶制手稿转录众包项目的成功基于良好的群众基础，参与者的积极性较高。近年来，中国虽然积极进行档案开发利用的工作，但大众参与档案事业建设的热情依然不高，了解档案众包的人更是寥寥无几。

不容乐观的现实条件为档案众包工作的开展造成了很大的阻碍，这意味着必须要加大宣传力度，只有吸引到足够多的参与者才能使档案众包成为可能。项目启动前利用多种渠道，采取生动活泼的形式进行宣传，同时进行背景知识的科普，增进大众的理解，获得大众的认同。项目运行过程中，及时跟进最新进展，认真对待大众的批评建议并尽快回应。项目完成后，做出全面系统准确的总结，公布项目成果，展示接下来的工作计划。总之，宣传工作应围绕项目的全过程开展，且必须确保宣传内容的及时性与准确性。

　　总之，作为国外档案众包项目的典型案例，反奴隶制手稿转录众包项目取得了丰富的成果，对中国的档案众包实践起到了良好的示范作用。通过分析该项目的平台选择、任务设计、激励机制、质量控制等方面，总结来自该项目的先进经验，再结合中国实际情况进行因地制宜的利用，将对中国的档案资源建设大有裨益。

第七节　德国阿罗尔森档案馆档案众包项目

　　本节以开展众包项目的德国阿罗尔森档案馆（Arolsen Archives）作为案例对象，分析其如何与时俱进地将档案资源的历史性与数字人文的先进性巧妙融合，同时结合中国的众包实践现状，探讨该项目对于中国数字人文视域下开展档案众包实践的启示。

一　阿罗尔森档案馆档案众包项目的背景、目标与内容

（一）项目背景

　　德国阿罗尔森档案馆是纳粹受迫害者档案的国际保管中心和国际寻人服务组织（the International Tracing Service，ITS），拥有世界上最全面的纳粹受害者和幸存者档案，已被联合国教科文组织列入"世界记忆工程"名录。它收藏了各种纳粹政权受害者群体的文件，其中包含5000

万张索引卡，保管了约 1750 万人的命运信息。

1998 年，工作人员开始将阿罗尔森的档案数字化。在数字化过程中，需要细致扫描各种格式的问卷、索引卡和装订书籍。阿罗尔森档案馆为此设有专门的扫描站。在数字档案馆的建设中，阿罗尔森档案馆编制了适用于浏览的电子指南。电子指南用五个关键问题描述了谁在何时、为什么以及如何使用档案中的卡片和表格。指南中的交互式元素解释了各部分的缩写和符号，还提供了指向各种其他背景信息的链接，赋予其数字性特征。

该众包项目的开展有其特定的原因。从阿罗尔森档案馆在追踪和记录方面进行的工作来看，受害者姓名仍然是馆藏的关键。每一份单独的文件都经过适当的评估，这种评估为研究人员的工作提供了重要的视角。但是，追溯记录这些信息是一项耗时且艰巨的任务。为了支持和补充档案管理人员在现场进行的工作，阿罗尔森档案馆与 Zooniverse 众包平台和家谱门户网站 Ancestry 等私营公司开展合作项目，有助于快速便捷地搜索尽可能多的文档。在 2020 年，众包项目计划启动，让志愿者有机会帮助档案馆捕获数据，其中包括大量受害者名单以及迫害者的盟军文件，这对阿罗尔森档案馆有重要意义，同时学校和其他机构也有机会参与，以一种对整个社会有意义的方式纪念纳粹迫害受害者的命运，借此来了解那段沉痛的历史。众包计划"everynamecounts"以其创新的技术方法获得了"数字参与创新"提名下的智能英雄奖，得到了世界各地的肯定。

（二）项目目标与内容

2020 年，阿罗尔森档案馆在 Zooniverse 众包平台上发布了名为"everynamecounts"的档案众包项目，旨在创建包含名称和所有者信息的数字记录数据库。

该项目的目标是为受纳粹迫害的人们建造一座数字纪念碑，使其后代能够记住受害者的名字和身份，以此来帮助受害者澄清过去的命运，帮助受害者的子孙研究自己的家族史。众包项目预计到 2025 年完成对所有数据的转录。"有了'everynamecounts'，任何人都可以支持尊重、多样性和民主。"到 2022 年，该项目的目标有了新高度。下一阶段，除了呼吁公众直接参与并创建档案数字记录外，还呼吁人们采取鲜明的个人立场，同时档案信息可以进一步用于记录、研究或教育等社会目的。

该项目以个人记忆为主要研究视角，利用数字人文的方法，以个人记忆参与构建社会整体的战争记忆史，以受害者姓名和具体信息反证其受迫害的史实，以个人档案重筑集体和社会档案。该项目既是"众包性"的，又是"个人性"的，是档案记忆与人本情怀交织的产物，也是数字时代"人文性"的体现。项目致力于保存纳粹受害者档案并在全球范围内提供这些档案，以期帮助因大屠杀和种族主义而失散的家庭团聚。

"everynamecounts"项目的众包倡议提供了一种新的、直接的、动态的联系历史的形式，也提供了一个纪念纳粹迫害受害者并捍卫和平与团结的机会。同时，在该项目下，阿罗尔森档案馆的"东欧外展"部门将档案管理方式及其服务进行外延，带到中欧和东欧国家，并与当地公司合作开发了新的教育和信息服务。

二　阿罗尔森档案馆档案众包项目的管理机制

（一）业务开展与运行机制

1. 前期准备阶段——以众包平台为主导

作为第一步，Zooniverse 提供独特的众包项目生成工具，项目开发人员可以使用区域标记和绘图工具等来免费创建自己的 Zooniverse 项目。德国阿罗尔森档案馆与 Zooniverse 平台合作，档案馆负责提供原始档案，这些档案将被扫描并以专题的形式上传至 Zooniverse 平台，供志愿者查看和选择。Zooniverse 是一个世界各地的志愿者可以免费注册的平台。志愿者根据项目分配的任务执行，他们提交的数据会被分类存储在 Zooniverse 的安全在线数据库中。审查员负责检查任务完成的准确性，平台也允许用户在线搜索资源。以众包平台为主导的前期准备阶段，为后续的项目实施奠定了良好的物质基础和保障。

2. 项目运行阶段——以志愿者参与为主导

志愿者的招募和选择是众包成功的关键。志愿者主导进行着文字和图片数据的转录工作及部分分析工作，该项目为志愿者提供了各种有利于开展工作的工具，例如在录入地理信息数据时，志愿者可以使用维基数据 Q-Item 和 GeoNames ID 来辅助输入正确位置的标识符。在 Zooniverse 网站上，还设立了一个专门的志愿者社区，社区由三部分组成：志愿者、志愿者论坛和采访调研。同时给予志愿者自我研究的空间，如果志愿者了解最新的街道地址或 GPS 坐标，可以在"研究信息"中分享。在志愿者的帮助下，研究人员可以更快、更准确地分析既得信息，由此节省时间和资源，提高信息获取和分析的效率。

3. 成果保留阶段——以实体和数字档案馆为主导

截至目前，该项目已经拥有 22422 名注册志愿者，510 万份文件，同时在众包平台上处理了 200153 条信息数据。在 Zooniverse 平台上，现有 26556 个志愿者参与，886701 个分类，共 365632 个科目，已经完成 251956 个科目。在众包项目后期阶段，实体和数字档案馆发挥作用，众包的大量成果会以数据形式存入阿罗尔森的实体和数字档案馆，供公众浏览和利用。实体和数字档案馆的建立为成果保留提供了重要基础。

（二）质量与风险控制机制

众包的过程是将工作外包给互联网上不确定的群体，参与者可以自主行动，然而众包结果的质量难以标准化[①]。对于众包在数字人文领域的应用，一个关键问题是如何有效地消除虚假和劣质内容，提高结果的

---

① 刘晓娟、刘慧平、潘银蓉：《国外数字人文类众包项目的实践经验与启示》，《情报资料工作》2021 年第 4 期。

整体质量。阿罗尔森档案馆的众包项目通过监测和管理全过程，减轻识别偏差造成的质量不均情况，来控制项目风险，提高项目质量。

监测和管理过程主要由国际寻人服务委员会（ICITS）负责，ICITS由来自11个成员国的政府代表组成，负责监督阿罗尔森档案馆的全过程工作。自1955年《波恩条约》以来，国际委员会成员国每年轮流担任主席——在2022—2023年度，由法国尼古拉斯·奇巴夫担任主席。

风险在很多方面与收益相同。数以百万计的纳粹迫害受害者档案是否应该在互联网上免费提供，这是在线数据库投入开发后阿罗尔森档案馆激烈讨论的问题，问题主要集中在以在线方式发布文件是否会侵犯人格权和版权方面。阿罗尔森档案馆仔细考虑了这些问题：大多数专家和受害者的亲属都认为在线档案馆提供的效益远大于其风险。

在质量控制上，总体来看，对内容质量的审核方式分为人工审核与系统自动审核两类。"everynamecounts"项目设有检查员检查程序。检查员通常在项目开始时设置，仅选用具有相关经验的项目负责人或志愿者担任。质量控制的及时性和事后调节性并存，具体而言，每份文件至少转录三次，任何错误都将在质量控制阶段得到纠正。如果三次输入的结果不同，项目工作人员会检查并进行更正。如果遇到无法纠正的错误，可以随时使用"Doubts"标签在论坛中告诉项目负责人。另外，检查员在最终检查时可通过"Report"标签向项目经理反馈志愿者的错误，以此规范志愿者的参与行为。

（三）公众参与与激励机制

公众参与方面，"everynamecounts"项目最突出的公众参与策略是利用社交媒体建立传播矩阵进行宣传，该矩阵分为几个层级，即从个人社交媒体平台到公众新闻媒体平台，从传统纸质媒体形式到新兴数字媒体形式，从线上数字网站宣传到线下实体海报宣传，多维度、多层面地利用社交媒体进行公众参与激励，由此构建公众参与策略上的传播矩阵。例如，项目利用Twitter和Facebook平台发布个人参与感受，在公

众新闻媒体如《纽约时报》上公开报道，上传至新兴数字媒体如"Ha-
dassa Magazine"网站，利用视频社交平台 Youtube 上传项目视频介绍，
在法国驻柏林大使馆外墙上显示"everynamecounts"受害者名字的光投
影等。媒体不再是单一的传播渠道，而是一种"矩阵"形式。新旧媒体
的融合使得覆盖面更大，强调了通过矩阵传播的优越性。"everyname-
counts"项目的公众参与方式很好地利用了媒体传播矩阵，使公众参与
覆盖面更广、传播性更高、宣传力更强，适应了数字人文时代的要求。

公众激励方面，刘晓娟等认为，制定有效的志愿者激励策略，吸引
和激励大量的一次性志愿者，减少或避免志愿者流失，保持或增加志愿
者的贡献度和专业度，是众包成功的关键措施①。参与项目的志愿者们
在项目前期和后期都会收到一份调查问卷，来探讨他们参与项目时遇到
的问题和得到的感悟。志愿者们也可以在志愿者社区的"Talk"讨论区
进行交流，收集和共享数据，分享参与项目的心得体会。在
"Bookshelf"讨论区，志愿者们可以自我发现、建议和链接，上传自己
在参与项目过程中联想到的相关书籍和知识，同时可以利用平台内的相
关信息撰写论文和出版物，达到双向共赢，项目给予志愿者充分的自由
度以激励他们积极参与。

（四）伦理诚信与法律机制

2011 年的《柏林条约》为阿罗尔森档案馆的众包项目提供了法律
基础，取代了 1955 年的《波恩条约》，规范了联邦政府文化和媒体专员
对阿罗尔森档案馆的管理。阿罗尔森档案馆不受国家数据保护指令的约
束，但受特定国际规定的约束：国际寻人服务委员会（ICITS）负责监
督该机构的工作，由 ICITS 所有成员国批准的国际条约第 11 条规定，
"ICITS 应独立颁布从阿罗尔森档案馆馆藏中公布个人数据的指令"。
2017 年，德国文化局决定在线出版期限为 25 年，这意味着档案中所有

---

① 刘晓娟、刘慧平、潘银蓉：《国外数字人文类众包项目的实践经验与启示》，《情报资料工作》2021 年第 4 期。

保管期限在 25 年之内的文档都可以访问和查询。

　　与此同时，在线存档需要严格遵守法律要求和隐私政策。阿罗尔森档案馆遵守《欧盟通用数据保护条例》（GDPR）中有关数据保护的规定。条例规定保护个人数据的权利必须从其社会功能中进行审查，并且必须根据相称性原则与其他基本权利进行权衡。在某些情况下，允许出于存档和发布目的处理个人数据。阿罗尔森档案馆根据 GDPR 条例在 Zooniverse 上详细列出了众包项目的免责声明、审核政策、版权及隐私政策、使用条款等法律规范。

　　多年来，由于法律的限制，特别是隐私法和版权法，档案馆中的材料无法访问。但随着信息时代的到来，人们已经认识到，保护尊严的隐私法和保护财产的版权法不应该阻碍重要历史档案的公开。阿罗尔森档案馆通过公开历史档案，为人权事业和纳粹受害者的利益服务，通过众包项目支持反战争和反侵略意识教育，由此维护正义和真相。与大屠杀和种族灭绝有关的数据具有特殊的社会相关性，它们的公开有利于寻找真相和铭记受害者。根据以上法规和条例，阿罗尔森档案馆的众包项目已经获得授权，能够在在线数据库中提供包含个人数据的档案。

三　阿罗尔森档案馆档案众包项目的数字人文特征

　　阿罗尔森档案馆档案众包项目数字人文特征显著，主要体现在众包的数据类型与特征、数据众包任务特征、数字技术特征三个方面。数字技术参与阿罗尔森档案馆的众包项目，体现了数字人文时代对于档案众包的新要求，反映了一些适应信息社会发展的新特征。

　　（一）数据类型与特征

　　1. 文字数据的离散性

　　该众包项目需要转录数以万计的文字数据，文字数据是各种数据类型中最主要也是最重要的部分。文字的离散性意味着从语流或文字中极易析出，即具有可分析性。此外，离散的特点意味着文本数据非常独立，具有很高的自由度。文本数据作为意义单位被独立编码，但同时又总是可以作为结构单位进行重组。人们注意到文本数据的离散性，因为它可以以排列组合、替换、分割、插入及其组合的形式进行重组。在阿罗尔森档案众包项目的大量文本数据中，文本的语义和连续完整性是不确定的、可重组的，同时通过文本识别和转录技术，可以确定相关受害者文本信息的最佳组配。

2. 图像数据的归一化

由于阿罗尔森档案馆众包项目包含了大量真实的纳粹受害者档案文件，且这些文件都是由图片的形式予以呈现的，因此需要对大量的图像进行归一化，分类并建立起统一的标准形式，以便于识别和转录。图像数据的归一化是指通过一系列的变换将待处理的原始图像转化为单一的对应标准格式，目标是找到一组参数，利用图像的不变矩，消除平移、旋转和缩放等微调变换对图像的影响。在后续志愿者参与的转录环节中，也提供了对图像的翻转、缩放、染色等功能，依据不同信息将图像数据进行初步的模块化区分，便于志愿者使用。

3. 信息数据的个人性与公共性

阿罗尔森档案馆众包项目拥有众多关于纳粹受害者的个人信息和经历数据。这些数据天然具有私权属性和排他性，而在数字人文视域下，信息成为重要的公共资源。首先，个人信息具有识别他人的工具性，这种工具性决定了个人信息的社会性和公共性。其次，关于个人数据的信息不仅是私有财产，个人信息往往是由他人的服务和管理系统产生的，在产生时已经处于与他人共享的状态。最后，个人信息是数字人文时代社会发展的重要资源，触及广泛的公共利益。大量关于受害者的信息数据，既是受害者本人及其家族记忆的体现，具有个人性，又是广泛的社会记忆承载者，具有公共性，与公共利益密切相关。在这点上，要积极讨论个人信息的保护与知识产权的合规性问题。

（二）数据众包任务特征

1. 文本识别任务

对于内容易于索引的中小型馆藏，阿罗尔森档案馆通过"everyn-amecounts"众包项目取得了良好的效果。通过在线平台，志愿者可以识别信息并将其传输到在线数据库。在相关档案的转录工作流程中，众包平台要求志愿者输入囚犯及其亲属的个人数据。在某些情况下，数据库中已经输入了文档中主要人物的姓名，但是亲属的姓名和地址并未登记过，输入他们的名字很有必要，因为囚犯的父母、兄弟姐妹和配偶也经常受到迫害，有关他们遭遇的信息有时只能在这些个人档案上找到。

2. 数据转录任务

数据转录任务主要包括文档所有者的序号、名字、年龄、出生日期、出生地、国籍、囚犯类别等内容。在编制文字索引时，对于数据转录任务的格式也有特定的要求。如果没有关于特定条目的信息，需要输入连字符；如果信息难以辨认，需要输入"不清楚"；如果信息已被划掉，需要输入原始和更正版本，并用分号分隔。

受害者清单中记录了受害者进入集中营前后的"变化"，包括进入营地、转移、"释放"和死亡。囚犯在集中营中被分配到的拘留地和囚犯类别反映了不同的纳粹意识形态，因此需要志愿者在档案中找到所有带有"变化"性质的信息并进行数据转录。

在对转录文本的理解上，也有一定的任务要求。名单上的类别反映了特定的纳粹意识形态，志愿者不应只从字面上理解。例如，术语"ASO"代表"Asozial"（反社会），用于描述各种不同类型的人，包括失业或无家可归的个人、福利领取者、辛提人和罗姆人。如果根据纳粹种族主义和反犹太主义意识形态，囚犯则被视为犹太人，在转录任务过程中，诸如上述的情况也被要求加以注意。

3. 标引分类任务

该众包项目要求志愿者对档案信息进行分类和标记，在基本信息栏中给每个档案标引上元数据和文件编号。标引任务要求志愿者使用描述数字信息资源属性的元数据，添加标签和评论来评估和跟踪资源，并支持高效的数据检索。大多数标引任务不需要志愿者具备广泛的知识，标引分类也不需要花费很多时间。

（三）数字技术特征

1. 数据采集技术

因为文本的识别和转录主要依靠图片识别，所以在数据采集上，众包项目提供了一些利于采集的方法。可以放大或反转图像，提高图像的对比度和像素，利用缩放和反转颜色工具可以加强数据收集与阅读的便利性（见图4—4①）。如果遇到无法阅读的文档，可以利用刷新键来获取新的页面和文档并进行数据采集。

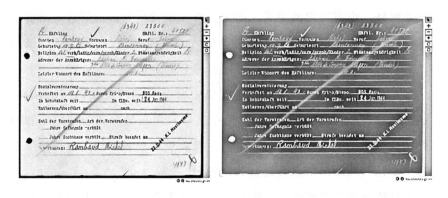

图4—4 反转图片颜色

2. 数据识别技术

第一，OCR识别技术。阿罗尔森档案馆的众包项目十分庞大，因此用于文本识别和分类的技术非常重要。OCR（光学字符识别）是成功

---

① Zooniverse，"Every Name Counts"，November 24，2022，https://www.zooniverse.org/projects/arolsen-archives/every-name-counts/talk/subjects/54739679.

识别文本的关键之一。从狭义上讲，OCR 可以识别字符，但极易出错。从广义上讲，OCR 是将图形信息转换为文本信息（即元数据）。但 OCR 只是工作流程的一个方面，阿罗尔森档案馆众包项目中的大多数档案都非常多样化，OCR 只能在标准化程度很高的文档上产生良好效果。

第二，文档聚类技术。阿罗尔森档案馆对于需要进行识别的文档集合使用 OCR 的"特殊类型"。从根本上说，成功识别文本需要材料分析、方法的选择和定义、表单识别（聚类或分类）、图像准备、光学字符识别、数据检查传输等多种不同方法的组合。光学字符识别只是整个过程中的一部分。阿罗尔森档案馆众包项目收集的一个特殊方面是利用文档聚类技术将不同类型的文件统一归档。聚类技术是将不同类型的表单分类为组，过滤掉特定的文档类型，包括了与囚犯有关的各种类型的索引卡、问卷和表格。档案工作人员使用纯文本识别来确定如何读取材料，以确保在 OCR 期间正确识别信息元素。文档聚类是布局和表单类型的一种 OCR（见图 4－5[①]）。对于大约 50% 的馆藏，OCR 和聚类都发挥了作用。众包项目已经使用 OCR 处理和数字化了约 50 万份文档，并且已经对超过 800 万份的文档进行了聚类。

3. 数据分析技术

在转录时，对于不同信息，"everynamecounts"项目采用不同的数据分析策略供志愿者使用。

在日期方面，如果文档包含多个或已更正的数据，需要志愿者分析并假定正确的日期同时在字段中进行更正。在出生地的转录上的要求有所不同，志愿者需要在字段中输入与文档完全相同的地址，且不能进行任何更正。对于不同信息的真实性要求采取不同的数据分析策略，能保证转录分析任务的原始真实性。

当遇到需要进行讨论或者输入错误的情况时，项目也提供了相应的数

---

① Arolsen Archives, "Ohrdruf Workflow", November 24, 2022, https://collaboration. arolsen-archives. org/en/workflows/ohrdruf-part1.

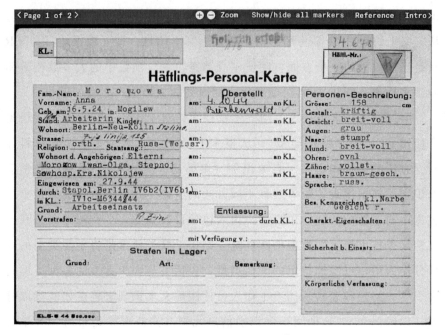

图 4-5 OCR 识别与文档聚类

据分析技术。每张登记卡的数据可以输入三次，如果三次输入的结果不同，项目工作人员会检查输入并进行更正。输入完成后，志愿者可以使用线上"Talk"功能向阿罗尔森档案馆发送特定文档的信息或问题。志愿者还可以使用讨论板留下对项目的评论和想法，与其他志愿者进行讨论。

4. 数据呈现技术

在数据呈现技术上，该众包项目将每份档案进行模块化区分，不同信息在图片上用不同区域进行标注，列出该份文档的名称、规格与档号进行存档。同时附有每份文档的详细介绍，有利于志愿者进行转录（见图 4-6[①]）。

每份档案都提供数据库条目，有其特定的编号 ID 以供查询，在数

---

① Arolsen Archives，"Ohrdruf Workflow"，November 24，2022，https://collaboration. arolsen-archives. org/en/workflows/ohrdruf-part1.

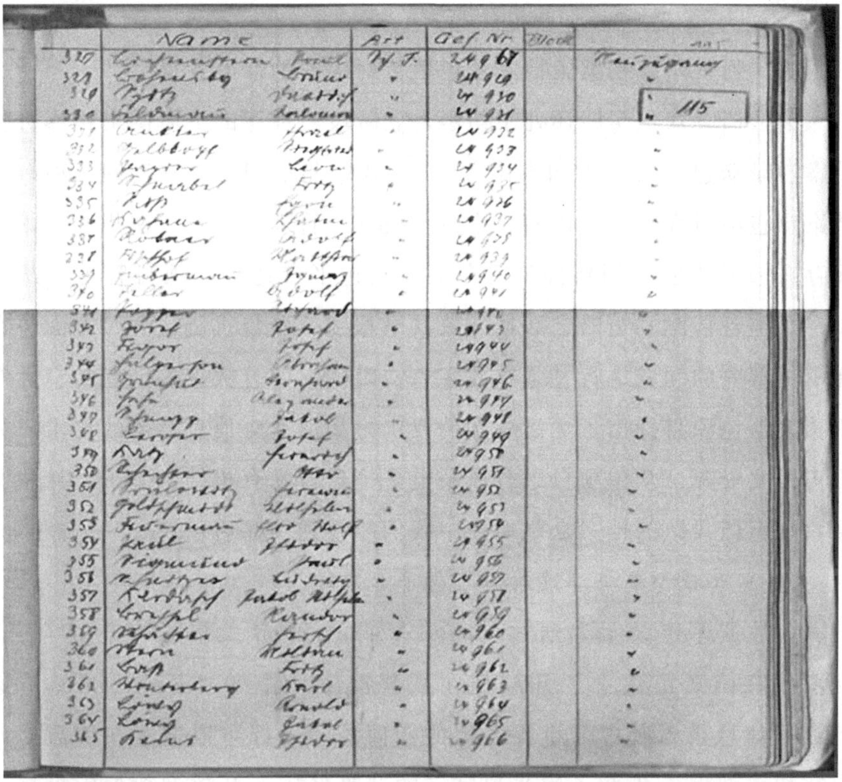

图 4—6　数据模块化转录

据库中编号分配采用单次分配制，具有唯一性和专指性。利用字段呈现
文档的元数据，包括收藏者的名称和文档 ID。

　　在对纳粹受害者的信息转录中，文件的每一页都包含有关 30—40
名迫害者的信息。为了便于志愿者工作，项目进行前端控制，将每个页
面分为几个部分。每个志愿者仅转录文档中未被蓝色和灰色阴影覆盖的
名称。同时阴影区域中的名称可见，以便志愿者可以看到所有相关信
息，每个志愿者被分配到页面的不同部分，这样便不会丢失任何名称或
信息。

四 阿罗尔森档案馆档案众包项目对中国的借鉴意义

中国档案众包实践还处于初步发展阶段。现存的上海图书馆盛宣怀档案抄录众包项目和中国人民大学："我的北京记忆"互动网站项目等档案众包项目在选题与内容、平台与设计、管理与合作、法规和技术方面存在一定特色和创新性。但在诸如众包平台选择、项目管理系统建设、媒体宣传激励策略、数据开放共享程度、监督机制建立等方面还存在亟待解决的问题。特别是在数字人文时代，信息数据的广泛共享性对于档案众包项目提出了更高层次的要求，如何适应信息社会的要求，将历史档案资源、众包项目平台以及电子信息技术有机结合起来，从德国阿罗尔森档案馆的档案众包实践中我们能得到一些启示。

（一）开放型数据库建设与众包平台选择

在数据库建设上，通过与 Yad Vashem 世界大屠杀纪念馆合作，阿罗尔森档案馆建立了开放型在线数据库，并将"everynamecounts"的数据信息录入其中，世界各地的任何访问者都可以通过在线数据库研究相关档案，借此了解受迫害者的苦难经历。开放型数据库提高了数据的可访问性，也提高了信息文件的透明度。对比来看，中国上海图书馆盛宣怀档案抄录众包项目平台仅开放全部盛宣怀档案的约0.3%，档案开放程度严重不足，信息文件不易于访问和利用，众包项目的效率因此得不到很好的提高。效仿德国阿罗尔森档案馆的众包项目，中国的档案众包实践也应积极促进馆际互联，在项目前期建立开放型数据库，项目中期充分利用数据库处理信息数据，项目后期也要利用数据库保留众包成果。数字人文参与档案众包，开放型数据库的建设是基础和保障。

在众包平台选择上，阿罗尔森档案馆选择"Zooniverse"第三方众包平台发布任务和收集数据，没有选择利用自建平台，这是因为任务中需要处理的档案数据类别丰富、数据间相似性高。利用数字人文科学数据的众包平台可以分为三大类①：一是自建平台；二是非营利平台；三是商业性平台。就中国目前的档案众包实践而言，应该根据所要处理的档案数据类型合理选择众包平台，当众包项目对数据的专业性和完整性有特殊要求时，可以开发自建平台，借此保证数据的完整性和安全性；而在大多数情况下，数据要求不那么严格或者众包数据量很大，就可以选择第三方数据众包平台开展合作，合理分配资源来开展项目。

（二）智慧化的档案众包管理机制

中国现存的档案众包项目较少，没有建立完善智慧的档案众包管理机制，更多的是依托助捐平台或高校开展，存在管理不完善、技术不健全、任务层次性不明显和与公众联系不紧密等问题。德国阿罗尔森档案馆的众包项目依托平台建立了一个智慧的档案众包管理机制，这得益于档案机构、在线平台和公众用户三个关键因素的共同参与。

同时，档案众包项目的实施是一个完整的过程，从档案馆作为发起者开始到平台项目运行再到最终档案项目的验收。在未来中国的档案众包实践中，可以借鉴阿罗尔森档案馆众包项目，确保发包方在全过程中进行有效管理，其中的关键是建立一个智慧管理机制，完善项目运行、质量控制、公众激励、风险排查等管理机制。全过程的智慧化控制，既能监控众包项目的实施进度，又能及时保留众包成果，将成果以数字化形式保留下来。

（三）传播矩阵构建与项目宣传

阿罗尔森档案馆的众包项目利用社交媒体建立传播矩阵，对中国档案众包项目的宣传也有着借鉴意义。新的媒体时代、新的信息革命，给档案工作者的思维、业务和管理方式以及档案信息的传输方式带来了新的变化。社交媒体不仅可以为档案机构提供数量庞大、年龄结构合理、平台使用率高的潜在用户资源，还能够凭借其自身的交互性、分享性、

---

① 赵宇翔、练靖雯：《数字人文视域下文化遗产众包研究综述》，《数据分析与知识发现》2021年第1期。

参与性实现档案知识的快速广泛传递，又能让公众在获取档案知识的同时参与档案管理。数字人文视域下，中国的众包项目宣传应该变革传播观念，打破片面的思维壁垒，要将受众置于传播的主要地位。利用去中心化的传播格局，使广大公众成为信息接收者的同时也成为信息传播者，适应受众群体的个体化、特色化、差异化、分众化发展。

（四）身份认同与参与激励

阿罗尔森档案馆的工作人员说："这不是工作，而是使命。我们的工作与人类历史上最黑暗的时刻之一有关。"这是一种强大的社会激励与公众呼吁——利用身份认同与民族意识参与档案众包活动。中国的众多历史档案资源，有些是个人家族史，有些是历史变迁记录，但归结起来，都是中华民族的集体记忆，其受众面是广大人民。与此同时，众包项目也充分强调"个人性"与"公众性"结合，它首先是一项基于个人参与的公众合作活动，因此有必要将个人的身份认同、公众的民族意识与众包项目有机结合起来，焕发公众内心的共鸣，利用认同来唤起公众参与的积极性，因为这不仅是个人的参与行为，也是发挥个人力量创建民族记忆的过程，这是广大参与者最基本的共性因素。同时，数字人文众包项目也需要灵活地在不同阶段提供不同的激励措施，如初期的问卷调查、中期的自由讨论与后期的研究出版。这些措施能够帮助参与者更好地认识到任务的效益性和目的性，并激励更多的用户参与到数据众包项目中。在项目设计方面，也需要提高项目的参与趣味性，加强数据可用性和易用性，由此增强公众参与意识。

总之，档案作为承载记忆的载体，可以见证个人的生平经历和家族的兴衰存亡，也能反映国家的发展史和民族的抗争史。在数字人文视域下，德国阿罗尔森档案馆的档案众包实践发展成熟，中国应该充分借鉴其成功经验，积极与众包平台合作，构建智慧众包管理机制，同时利用媒体矩阵进行宣传，加强身份认同和民族意识，呼唤更广泛的公众参与，以数字人文参与档案众包，以档案众包适应数字人文，为现阶段和未来的档案众包提供新的发展路径。

第八节　荷兰阿姆斯特丹档案馆"众在参与"（VeleHanden）项目

本节对荷兰阿姆斯特丹档案馆"众在参与"（VeleHanden）项目进行研究，分别从档案机构、众包网站设计、众包项目参与者等多个角度总结归纳出项目特点，寻找其项目开展及顺利运行传播的因素，并根据项目研究及中国档案众包的现实情况提出更具针对性的启示。

一　"众在参与"（VeleHanden）项目的开展背景及内容

（一）项目开展背景

阿姆斯特丹市档案馆成立于 1848 年，馆藏的各类档案材料如果连在一起超过 55 千米，真实地反映了阿姆斯特丹市的发展历史。阿姆斯特丹市的档案数字化工作开始时间早，数字化程度高。档案馆自 20 世纪 90 年代推出网络查档系统，2005 年为公众提供按需扫描服务，截至 2020 年，已经有 3000 万次的扫描。从 2023 年 4 月起，档案馆开始提供下载服务，利用者可以根据需求以多种格式下载档案。

"VeleHanden"的概念由阿姆斯特丹市档案馆首次提出，期望能够创建一个可持续的众包平台，档案馆对平台的不同部分应该以什么样的方式开展工作提出构想，由 Picturae 公司的软件工程师去具体完成。在项目准备期招募志愿者组建测试小组，提前参与档案众包的项目并提出反馈意见[1]，这也为之后吸引公众参与、维持"众在参与"（VeleHanden）项目的持续良好运行奠定了基础。

---

[1]　Nelleke van Zeeland and Signe Trolle Gronemann, "Participatory Transcription in Amsterdam and Copenhagen", in Edward Benoit Ⅲ and Alexandra Eveleigh, eds. *Participatory Archives*: *Theory and Practice*, London: Facet Publishing, 2019, pp. 103－113.

（二）平台简介

"众在参与"（VeleHanden）众包平台（见图 4－7）归 Picturae 公司所有，负责网站创建、日常维护和进一步开发以及参与者论坛的管理，并将档案馆提供的档案材料进行数字化后上传网站供众包参与者选择和开展任务。除阿姆斯特丹市档案馆之外，"VeleHanden"众包平台也欢迎其他档案机构参与进来，只需要支付一笔服务费[①]。档案机构是某个具体众包项目的所有者，提供馆藏物品负责具体项目的创建、管理和整体实施[②]。

图 4－7　"众在参与"（VeleHanden）平台首页

"众在参与"（VeleHanden）的网站平台页面简洁，内容清晰明了，

---

① Ellen Fleurbaay and Alexandra Eveleigh，"Crowdsourcing：Prone to Error?"，paper delivered to International Council on Archives Conference，sponsored by International Council on Archives，Brisbane，Australia，August 20－24，2012.

② Picturae，"Gebruiksvoorwaarden VeleHanden. nl"，May 1，2023，https://velehanden. nl/Inhoud/paginas/index/id/gebruiksvoorwaarden.

主要包括"首页""项目""参与者""新闻""关于我们"和"帮助"六个模块。首页展示了项目、新闻、参与者采访的精选内容。项目模块统计了"众在参与"（VeleHanden）平台自 2011 年创建以来所有的众包项目，其中已完成（结束）项目 98 个，用户还可参与的活跃项目 19 个。每个众包项目都有项目信息介绍、参与者可获得的奖励、详细的输入和操作说明以及可视化的项目进度，并设置了交流论坛可供管理者与参与者及参与者之间的交流互动，方便公众能够更顺畅地选择和完成项目任务。新闻部分更新十分频繁，是平台发布的关于众包项目的更新预告、平台维护说明、重要节日祝福等新闻。截至 2023 年 5 月，"众在参与"（VeleHanden）平台已经有 22367 人注册参与众包项目，累计完成了 1300 余万份扫描件的众包工作。[①]

（三）众包任务分析

在"众在参与"（VeleHanden）众包平台上，参与者需要完成的主要任务包括编制索引、著录照片和添加标签、校对人工智能的工作等。

为历史档案编制索引是平台上绝大部分众包项目的主要任务，档案馆馆藏的历史档案在经过数字化扫描后上传到平台，参与者需对文件中的手写文本进行识别并按要求输入，这就需要志愿者有一定的古文字水平和必要的外文能力。为方便更多的初学者参与此类众包项目，档案馆提供了详细的输入说明和部分古代手写文字与现代字母的对比。2011年"众在参与"（VeleHanden）平台建立之初的首个众包项目"民兵登记册"（见图 4—8）是按姓名、出生日期和出生地编制民兵登记册索引，共吸引了 1397 名志愿者参与，项目历时 3 年多完成并于 2022 年12 月存档。

照片档案是历史画面的生动写照，能够让现代人身临其境地感知当时的场景，但是由于年代久远，照片背后的故事和人物信息已经随时间

---

① Picturae，"VeleHanden. nl"，May 1，2023，https：//velehanden. nl/.

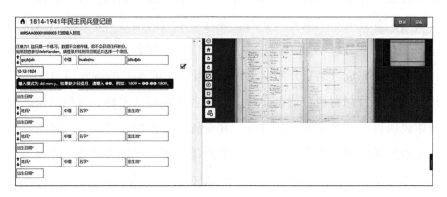

图 4—8　民兵登记册编制索引练习

消逝，为了使这些照片档案更方便地被检索到，需要众包参与者对照片信息进行著录和添加标签。例如"格罗宁根的形象：新闻摄影机构 D. van der Veen"项目，格罗宁根档案馆保留了新闻摄影机构拍摄的格罗宁根市 20 世纪六七十年代大小事件的底片，为了这些图片能够更好地被查找和使用，需要参与者对这些图片进行著录，如果参与者曾居住在格罗宁根市或者是格罗宁根足球俱乐部的体育迷，那么将会对著录这些图片有很大帮助，对照片中的信息描述得越具体越有利于照片的检索利用。

随着人工智能和文字识别技术的不断进步，计算机通过深度学习能够识别早年的手写笔迹、可以对照片中的场景进行识别和简单分类，然而计算机的转录与识别并不是十分准确，这就需要众包参与者将原历史档案与计算机生成的文本进行比对并更正错误，经过纠正，计算机能够重新获得训练提升转录的准确性。2022 年的"布鲁日奥尔德曼银行档案的证人证词"是一个更正类型的众包项目，参与者对计算机错误识别的文本进行更正并做好标记，能够帮助计算机获得广泛的文本语料库，为研究者提供 18 世纪荷兰南部日常生活的信息。"摄影记忆：训练计算机"项目首次训练人工智能应用于识别照片中的场景，但是由于电脑工作存在诸多不足，需要参与者从计算机提供的五个类别中选择出最合适的一个，人工的参与可以训练计算机更精确地识别出照片的主要主题。

二 "众在参与"（VeleHanden）项目的特点

（一）选择合适的馆藏档案

在选择哪些馆藏档案进行众包工作方面，阿姆斯特丹市档案馆既考虑到本馆工作的实际需求，也考虑到档案要有足够的吸引力，从而确保可以吸引更多参与者维持项目的正常运行。

档案馆收藏的历史档案绝大部分为手写文件，为了更好地满足利用者对档案全文检索的需求，档案馆迫切需要对这些档案进行转录和编制索引，采用众包的方式能够有效解决档案馆人手不足和外包费用昂贵的问题。所选择用来参与众包的档案包括各种与公众生活密切相关的信息登记册，参与者有机会从中找到自己祖先的相关信息，激发了公众的参与热情。平台上的众包项目除了历史、民政的类别外，还涉及法律契约、证人证词、地图标记等，能够吸引文史、政法、地理等多领域的爱好者参与进来。

（二）低门槛与便捷的进入通道

"众在参与"（VeleHanden）项目是低门槛的，欢迎荷兰内外的所有人参与众包，大部分的众包任务简单易做，公众可以很容易地参与进来。除电子邮箱地址必须是真实信息外，参与者的姓名、性别和地区等内容都可以虚构，充分尊重志愿者对个人隐私信息的公开权利。平台在设计时遵循的三个原则是确保快速、简单和尽可能的自动化，在参与者输入字段的过程中，扫描图像会自动定位到相应位置，方便用户操作，提高效率和体验感。①

平台使用 OpenID 技术，用户可以通过 Google、Facebook、Twitter

① Nelleke van Zeeland and Signe Trolle Gronemann，"Participatory Transcription in Amsterdam and Copenhagen"，in Edward Benoit Ⅲ and Alexandra Eveleigh，eds. *Participatory Archives*：*Theory and Practice*，London：Facet Publishing，2019，pp.103—113.

等世界通用的社交媒体账户直接登录平台，这也方便了世界上其他地区的用户参与众包项目。每周三下午，志愿者还可以到阿姆斯特丹市档案馆大楼的信息中心，在线下与小组成员一起参与转录和输入数据。[①]

（三）稳定的平台功能与活跃的平台氛围

开发档案众包任务依托网络平台，因此平台的稳定性和安全性至关重要。"众在参与"（VeleHanden）网站的开发商 Picturae 公司是荷兰专业的大规模文化遗产数字化服务机构，提供长期在线存储数字化藏品的服务，有成熟的软件开发技术和平台维护能力。为了在线用户良好的参与体验，平台有明文规定的个人信息和隐私保护细则，使用先进的技术维护用户在线操作时的流畅性。

交流论坛和平台发布的新闻有效地维持了网站的活跃度。平台设计者很早就意识到沟通是平台成功的关键因素，在每个项目都设了留言和讨论区域，参与者可以在讨论区发布问题并分享自己的经验和发现，还可以就其他用户的问题给出自己的解答。活跃的网站给用户积极的反馈，使用户有较高的参与感和获得感，而不是像完成任务一样孤零零地输入数据，能够有效地增加用户黏性。

（四）全过程的质量控制，保障众包项目的质量

档案馆开发众包项目的原因之一是为档案工作者分担工作量，如果不能保证众包的最终质量，反而会增加专职档案员的压力，因此做好档案众包全过程的质量控制尤为重要。阿姆斯特丹市档案馆就很注重众包项目的质量，从前期设计、中期管理到后期审核都做好了全过程的质量控制。

前期合理设计众包平台。"在没有公众的反馈下开发他们将要使用的工具是错误做法"，在"众在参与"（VeleHanden）众包平台的设计过

---

① City Archives Amsterdam，"Ontdek de Geheimen van het Archief"，May 1，2023，https://www.amsterdam.nl/stadsarchief/agenda/vrijwilligers/.

程中，阿姆斯特丹市档案馆就招募志愿者组成测试小组[①]，充分考虑参与用户的意见，开发更适合参与者操作的平台。在注册成为参与者之前，公众可以通过输入"索引示例"来判断自己能否胜任这份工作，平台也能筛选出更适合的参与者。

中期规范参与者的输入操作。平台上发布的每个具体的众包项目都有详细的具体操作说明，项目介绍能够让参与者快速了解项目从而选择自己感兴趣的部分，示例视频和 PDF 输入说明帮助参与者学习如何输入数据。在用户第一次操作时，在数据输入框下还会有自动的步骤引导。网站的自动检查程序能够对格式错误的输入提出警告，参与者如果发现异常情况可以通过沟通按钮直接向项目协调员发送邮件。[②]

后期的检查审核。"众在参与"（VeleHanden）平台使用复式系统，将同一份扫描文件派发给两个不同的人独立输入数据，完成后交由第三人进行审查，如果检查员不能确定结果的正误，可以提交给项目负责人进行处理。历史档案大部分为手写文字且年代久远，档案原件会出现手写错误或模糊不清的情况，这给参与者的工作造成很大困扰，两个参与者较多的输入分歧也会影响检查员的审查。为了维护档案数据的真实性，学会与原始材料的错误与缺漏共处至关重要。"民兵登记册"项目的搜索系统设计得十分巧妙，在克服原始数据本身存在的错误的情况下，能够方便用户很轻松地检索到相应的信息。[③]

---

① Nelleke van Zeeland and Signe Trolle Gronemann, "Participatory Transcription in Amsterdam and Copenhagen", in Edward Benoit Ⅲ and Alexandra Eveleigh, eds. *Participatory Archives*: *Theory and Practice*, London: Facet Publishing, 2019, pp. 103—113.

② Ellen Fleurbaay and Alexandra Eveleigh, "Crowdsourcing: Prone to Error?", paper delivered to International Council on Archives Conference, sponsored by International Council on Archives, Brisbane, Australia, August 20—24, 2012.

③ Ellen Fleurbaay and Alexandra Eveleigh, "Crowdsourcing: Prone to Error?", paper delivered to International Council on Archives Conference, sponsored by International Council on Archives, Brisbane, Australia, August 20—24, 2012.

三 "众在参与"（VeleHanden）项目对中国的借鉴意义

针对目前中国档案众包实践现状，借鉴"众在参与"（VeleHanden）项目的优秀经验，中国可以从制度规范、档案开放、公众参与、平台建设、质量控制等方面进行改进。

（一）完善相关制度规范

开展档案众包实践，要政策先行。档案众包涉及档案机构、平台开发者和公众等多方主体，流程复杂，运行管理有一定的难度，档案主管部门应当制定统一的制度规范指导档案众包实践更好地开展。在档案众包的开展过程中，需将档案资源上传到开放的网站平台上供大家浏览，存在信息安全风险；用户在众包平台上贡献内容属于个人的智慧劳动，涉及知识产权保护的问题[①]；参与者在注册时一般需要填写较多的个人信息，关系到个人隐私的获取与保护。为了充分尊重各方主体的权益，保障众包项目的良好运行，"众在参与"（VeleHanden）平台制定了专门的信息政策，严格遵守荷兰的法律规范、欧盟的信息数据管理规定，明确了各参与主体的权责。中国也应当参考现有的网络安全法、个人信息保护法等法律法规制定更适合档案众包的制度规范，保障档案众包各参与主体的合法权益。

（二）做好档案的鉴定开放

虽然中国的档案开放数量在逐年增长，但因为档案存量和增量巨大，档案开放率还处于较低的水平[②]，难以满足开发档案众包项目的需求。此外，经过鉴定达到开放标准的档案是否能上传到众包平台供公众查看和转录，也是实际工作中需要考虑的问题。2022 年 8 月开始实施

---

① 祝一、陈建：《参与共治与开放共享：新加坡国家档案馆档案众包项目实践及启示》，《北京档案》2022 年第 10 期。

② 曲春梅、刘晓雨、王溶琨：《档案开放促发展 数据共享惠民生——2022 年中国档案利用体系建设发展报告》，《中国档案》2023 年第 3 期。

的《国家档案馆档案开放办法》在档案开放主体和范围、档案开放程序和方式、开放档案利用和保护、保障和监督方面提供了新的指导。

档案馆可以根据本馆档案的利用现状，总结出用户对馆藏利用最多的内容，优先开展这类档案的鉴定开放工作。大部分公众首先对档案馆的馆藏档案感兴趣，其次才会参与基于本馆馆藏开发的档案众包项目。随着历史上行政区划的变迁，部分反映同一事件的历史档案分散保存在不同省市的档案馆，这时档案机构之间可以进行沟通交流，合作开发同一个众包项目。以长征档案为例，主体收藏在中央档案馆，另一部分存留在中国第二历史档案馆和云南、贵州、四川等省级档案馆，馆际之间的合作能够聚合更多的相关档案，达到更好的众包效果。

（三）采取多种方式提高公众参与度

用户是档案众包的核心，为了吸引更多的众包参与者，中国可以采用线上线下两种方式进行有针对性的宣传，而不仅仅依赖于线上平台。例如，可以在馆内的电子阅览室开设专门的档案众包工作区域，供来馆的参观者和查档者注册试用。再如，可在文化机构、学校等场所进行专题宣传，吸引对历史和文化感兴趣的参与者。而使用线上宣传的方式更为简单快速，传播范围广，档案机构可通过官方网站、公众号、社交媒体等途径进行线上宣传。

此外，档案众包平台可以适当添加中英双语切换的功能，吸引对中国历史档案感兴趣的外国人参与众包。简化注册登录方式，使公众能够较快地开始众包任务，提高效率。建立众包项目的互动讨论区、制定积分兑换规则、组织参与者的线下活动等用户激励方式能够有效地吸引新用户，留住已有的参与者。中国可以从这些做法中借鉴优秀经验，选择更适合中国国情和公众的激励方式。

（四）选择合适的众包平台

众包平台的持续稳定是众包项目顺利运行的重要保障。"众在参与"（VeleHanden）平台自上线以来，持续运行 12 年之久，这也说明了一个稳定长期的软件合作公司的重要性。因此，选择合适可靠的软件开发商共同开发档案众包平台应当作为档案众包项目设计的首要任务，软件开发商应当兼具专业能力与人文素养。一个成熟的众包平台还应当包括详细的规则说明，对平台开发者、发包方和参与者的权利和义务进行明确的规定。国外的数字人文众包平台对用户个人的隐私保护十分重视，其关注点集中在信息内容、信息安全和信息存储等七个主要类别[①]，尊重众包参与者的个人权利，同时也对用户的行为进行约束和规范，以保障其他用户和档案资产的信息安全。

（五）做好众包全过程质量控制

对众包结果的质量担忧阻碍了部分档案机构开发众包项目的步伐，因此需要做好充分的准备预防错误的发生。第一，在设计众包项目时，综合考虑本馆实际需要和参与者的能力，选取恰当的档案材料并按难易程度分类，便于参与者根据自身能力选择项目。同时，需要为项目编写详细的输入说明和系统使用说明，必要时录制教学视频，为参与者的正确输入做好保障。第二，在参与者录入的过程中，设计自动程序识别错误格式并发出提醒，设置讨论区供参与者交流遇到的问题与经验体会，项目管理者通过讨论平台能够了解参与情况并及时解决参与者的问题。第三，众包任务完成后的审核过程，应对有经验的众包参与者进行审核培训，审核结果由档案员进行检查，以确保档案众包成果的最终质量。

总之，荷兰"众在参与"（VeleHanden）众包项目帮助档案馆切实解决了档案在线检索利用的难题，满足了用户快速检索档案的需求。对其众包平台设计、项目选择、用户激励和质量审核等方面进行分析探讨，对中国开展档案众包实践具有重要的启发借鉴意义。对于促进中国档案信息资源开发利用模式转型升级，提高档案事业社会参与度具有重要的参考价值。

---

① 徐孝娟、赵泽瑞、贾海洋、史如菊：《国外数字人文众包个人信息保护研究及启示——以网站运营者"隐私政策"为视角》，《现代情报》2023 年第 2 期。

第五章

历史档案开发利用众包模式的过程
管理框架构建及实施策略

　　档案众包模式具有巨大的利用效益和前景，同时也伴随许多应用难点和障碍，档案机构如果想要应用众包模式，必须结合自身特点着力解决档案众包的难点和障碍，力求达到众包模式效益的最大化、风险的最小化。要达成上述目标，笔者认为应跳出"头痛医头，脚痛医脚"的思维，加强档案众包模式的顶层设计和全过程管理，认真梳理众包模式应用的全部流程和要素，建立包含全部纵向流程和全部横向要素的档案众包过程管理框架，并在此框架下探索具体实施策略，这对于规避众包风险、提升众包质量和效益是非常关键的。关于这一点国外不少学者已多次提及，如迈克尔·拉扎里德斯（Michael Lascarides）等认为，"我们在'菜单上有什么？'（What's on the Menu?）的经验也帮助我们阐明了使众包项目成功或失败的几个因素。这些因素跨越了项目的生命周期，从一开始的规划，到构建应用程序，到促进和发展社区，再到将项目与图书馆的其他系统相结合"[①]；蒂姆·考泽（Tim Causer）和梅丽莎·泰拉斯（Melissa Terras）认为，"如果没有 Transcribe-Bentham 式的工作人员支持和质量控制，结果令人满意的可能性是相当值得怀疑的""检

---

　　① Michael Lascarides and Ben Vershbow，"What's on the Menu?：Crowdsourcing at the New York Public Library"，in Mia Ridge，ed. *Crowdsourcing Our Cultural Heritage*，Surrey：Ashgate，2014，pp. 113—137.

查转录和维护网站的工作流程必须完全建立"[①]；马克·费南（Mark Finnane）等认为，"如果不投入大量的资源、人力和资本来规划、管理和确保数据收集过程，包括关注可能立即或在较长时间内产生的研究成果，就无法开展以这种方式设计的项目"，"关键的信息是，任何依赖于广泛人为因素的系统都无法忽视对数据质量的持续关注"[②]。由此可见，档案众包必须从全流程关注项目关键要素，过程管理思想至关重要。

顶层设计和过程管理的思想在笔者开展的问卷调研中也得到了较为广泛的认可。在问卷第28题中，当被问及"您觉得中国国家档案馆历史档案开发利用如果采用众包模式应做好哪些工作？（可多选）"时，有45.31％的人选择了"L.加强过程管理"选项；在第31题"开放问题：您对历史档案开发利用应用众包模式还有何其他看法？（填空题）"中，也有多人表达了加强顶层设计和过程管理的观点，代表性观点如"顶层设计很重要""加强过程管理，加强保密措施""加强顶层设计，完善细则条例，整合社会资源，推进众包模式更好服务于档案工作"。

第一节　档案众包模式过程管理框架构建

过程管理是现代组织管理学的基本概念，是一种管理方法和实践，旨在通过有效地规划、执行和控制各项业务过程，以实现组织的战略目标和持续改进。它强调对组织内部各项活动的标准化、协调和优化，以增强效率、质量和客户满意度。过程管理关注的是对组织内部各个关键过程的管理和改进，而不仅仅是关注单个任务或职能。它强调从整体视角来审视组

---

① Tim Causer and Melissa Terras, "'Many Hands Make Light Work. Many Hands Together Make Merry Work'：Transcribe Bentham and Crowdsourcing Manuscript Collections", in Mia Ridge, ed. *Crowdsourcing Our Cultural Heritage*, Surrey：Ashgate, 2014, pp. 57—88.

② Mark Finnane, Andy Kaladelfos and Alana Piper, "Sharing the Archive：Using Web Technologies for Accessing, Storing and Re-using Historical Data", *Methodological Innovations*, Vol. 11, No. 2, 2018, pp. 1—11.

织内部的活动，并将其分解为一系列的过程和子过程。这些过程在不同部门和职能之间交叉，并相互依赖，共同构成了组织的价值链。

过程管理发轫于迈克尔·哈默（Michael Hammer）提出的业务过程再造，过程管理理论充分汲取了全面质量管理的理论精髓，阿曼德·费根鲍姆（Armand Vallin Feigenbaum）、约瑟夫·朱兰（Joseph M. Juran）以及爱德华·赛里斯（Edward Sallis）均对该理论作出重要阐述和完善，如赛里斯认为，全面质量管理中的"全面"应涵盖每一件事和每一个人，应细化管理过程，强调全面质量管理是一个环环相扣的精细化管理，而且全面质量管理不单单是结果型导向的后期检查，更应注重前期与中期的检查，甚至每个时段与时点的检查[①]。

过程管理的目标是建立一个灵活、高效和持续改进的组织，能够适应市场的变化和客户需求的变化。它可以应用于各个行业和组织类型，包括制造业、服务业、政府机构等，以帮助组织提高绩效、增强竞争力并实现可持续发展。

问卷中"您觉得我国国家档案馆历史档案开发利用如果采用众包模式应做好哪些工作？（可多选）"问题的 13 个选项均有被选中（见图 5—1），而且大多选项被业界选中的概率较高。笔者认为，可以把这些选项作为基础，根据过程管理理论，对档案众包模式的全部纵向子过程和全部横向要素（每一子过程涉及的方法、手段、参与者等）进行系统梳理，这是建立档案众包模式过程管理框架的前提和基础。总的来说，档案众包模式的纵向过程并不复杂，基本可以分为前期准备、中期任务执行与管理、后期成果审核与奖励三个阶段，发布众包通知和群体提交任务两个节点可以作为三个阶段的分界点，具体见图 5—2。

在纵向过程确定好之后，接下来就需要把每一个阶段的横向要素放置到相应阶段中，然后确定横向要素的顺序，笔者结合档案众包模式的

---

① Edward Sallis, *Total Quality Management in Education* (3rd Edition), London: Routledge, 2002, p. 184.

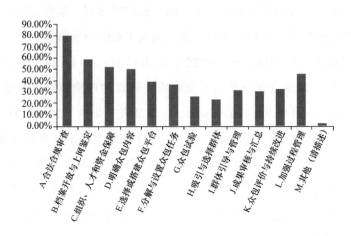

图 5—1 问卷"您觉得我国国家档案馆档案众包模式应做好哪些工作？
(可多选)"回答情况

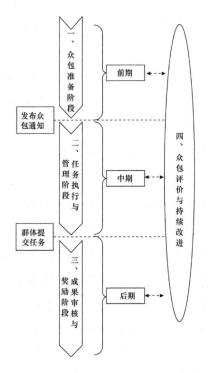

图 5—2 档案众包模式的纵向过程划分

构成要素，对图5—1中的横向要素进行梳理，尝试构建了如下档案众包模式的过程管理框架（见图5—3）。

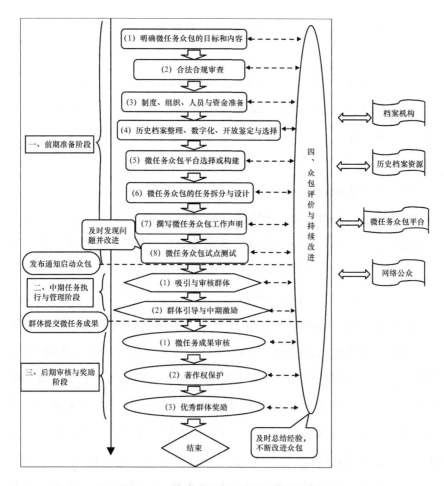

图5—3 档案众包模式的过程管理框架

图5—3中，档案众包模式过程管理框架的全部纵向过程与全部横向要素是基于质量保障而彼此嵌入、相辅相成的统一体，该框架注重对档案众包模式进行全过程质量管理和控制，各个环节既前后相继、环环相扣，保障众包项目的有序推进，同时又注重通过众包评价与持续改进

对整个过程进行总体监控，及时发现问题并做出改进，从而为中国国家档案馆开展档案众包模式提供了一条可资借鉴的路径框架。

第二节　档案众包模式过程管理实施策略

确定好过程管理框架后，档案机构就可以以这个整体框架为逻辑线索，按照总体阶段和具体环节的要求采取相应对策，按部就班地有序开展档案众包工作。

一　前期准备阶段

前期准备阶段指的是档案机构发布众包通知之前的阶段，它是开展众包的前提和基础，需要做大量的基础性工作，这些工作对于众包的成败至关重要。该阶段的具体横向要素及实施策略如下：

（一）明确众包的目标和内容

该要素在业界的问卷支持率为 50%。档案机构首先应根据自身需求和实际情况明确众包的目标和内容，这是开展后续一切工作的前提。众包的宏观目标为创新历史档案开发利用模式，提升历史档案开发利用效能，降低开发成本，提升档案机构的社会影响力，更好服务社会公众，促进档案治理体系和治理能力现代化，但除了宏观目标，还需要明确开展众包的微观目标，即明确需要社会公众为档案机构做什么工作，这就涉及了众包的具体内容。并不是所有档案工作都可以采用众包模式，档案机构应结合自身实际和需求以及众包的适用条件确定众包的内容，一个有效的方法是对现有历史档案开发利用流程进行梳理，对每个环节进行具体分析和选择，具体见图 5—4。

通过流程梳理可知，历史档案开发利用过程中较适合开展众包的环节包括征集（如数字档案上传、添加评论或故事等）、转录或校对、翻

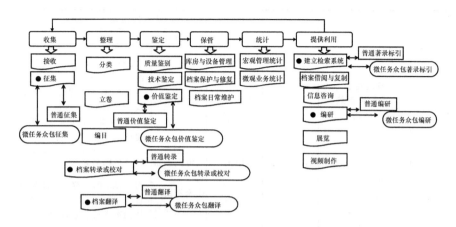

图5—4 历史档案开发利用流程梳理及众包内容选择（标•）

译、价值鉴定（如知识贡献与纠错）、著录标引（如贴标签）、编研等，这些环节在业界的问卷支持率以及在国内外档案众包实践中的代表性应用见表5—1。

表5—1　　档案众包主要环节的问卷支持率及代表性实践

序号	众包环节	问卷支持率	代表性实践		
			国家	机构	项目内容
1	征集（如数字档案上传、添加评论或故事等）	60.78%	澳大利亚	国家图书馆	"Picture Australia" 鼓励公众将自己的数字图片上传
2	转录或校对	57.84%	英国	伦敦大学图书馆	边沁手稿转录
			中国	上海图书馆	盛宣怀档案转录
			芬兰	国家图书馆	鼓励公众对数字报纸OCR识别结果进行校对
3	翻译	53.92%	澳大利亚	国家档案馆	"蒙得维的亚丸"项目鼓励公众对战俘和平民拘留者名单（日文版）进行进一步翻译识别

续表

序号	众包环节	问卷支持率	代表性实践		
			国家	机构	项目内容
4	价值鉴定（如知识贡献与纠错）	46.08%	澳大利亚	国家档案馆	"发现米尔登霍尔的堪培拉"项目鼓励公众对某个照片档案的标题、日期以及已经定位好的位置进行识别并提出纠正或更改建议
5	著录标引（如贴标签）	69.61%	中国	上海图书馆	盛宣怀档案著录
			美国	国家档案与文件管理署	与 Flickr 图片存储分享网站合作，网站用户可以对图片档案进行著录标引
6	编研	48.04%	美国	国家档案与文件管理署	公众参与馆藏档案维基百科编辑

（二）合法合规审查

该要素在业界的问卷支持率为 79.69%，排名第一，可见业界对于档案众包合法合规性的高度重视。由于目前关于档案众包的法规制度和相关标准规范缺位，这给档案机构开展档案众包带来了较大的障碍，但《关于加强和改进新形势下档案工作的意见》（2014）、《中华人民共和国档案法》（2020）、《"十四五"全国档案事业发展规划》（2021）、《中华人民共和国档案法实施条例》（2024）等均鼓励和支持社会力量参与档案事务，说明作为档案事务社会参与重要形式之一的众包模式在总体上是符合国家档案事业政策法规导向的。

笔者认为，今后档案众包模式的合法合规审查需要从两个方面着手：

一方面，国家和档案主管部门应加强顶层设计，对档案众包强化制度规范和业务指导，科学引导有条件的地区和单位先行先试，大胆创新，在总结试点经验的基础上尽快出台完善细致的政策法规和标准规范，明确档案众包参与各方的权利与责任，"必要时制定相应免责条款，解除参与各方的风险顾虑"①，提升档案众包的合法合规性，为在更大范围内推广应用提供制度保障，解除开展档案众包无明确法规依据的后顾之忧。

另一方面，有条件的档案机构可以根据现有法律法规——如《中华人民共和国网络安全法》《中华人民共和国档案法》《中华人民共和国著作权法》《中华人民共和国保守国家秘密法》等法律对众包过程中涉及的网络信息安全、国家秘密、公民隐私权、公民著作权等事项进行重点审查，制定相应知识产权、隐私权保护等方面的协议，对众包的档案资源对象、公众提交成果的范围、保密范围、所有权归属、成果使用等事项进行合理界定，如对于档案众包的知识产权成果，档案机构和公众均不得挪作商用，如用作商用，需通过商业方式购买。在确保合法合规的基础上选取一小部分特色历史档案资源进行探索性众包试点，循序渐进，稳步推进。例如，在"菜单上有什么?"（What's on the Menu?）项目中，迈克尔·拉扎里德斯（Michael Lascarides）等指出，"参与的用户可能会提出问题，他们是否对数据有任何权利。一开始就需要非常清楚，您的图书馆完全拥有新创建的数据，可以随心所欲地使用，并且参与者愿意放弃任何限制这些权利的能力。为此，NYPL（纽约公共图书馆）起草了一项关于读者生成数据的政策，其中规定图书馆对其网站上创建的任何内容都保留'非排他性、永久性、全球性、不可撤销的许可'。通过明确谁有权使用、重用和重新混合众包数据，我们能够充满信心地进入项目的后续步骤，比如一个免费的、开放的、可搜索的应用程序编程接口（API）来对数据进行编程查询，以及批量下载整个数据库。更重要的是，菜单项目的成功引发了机构最高层关于如何处理和保存用户贡献的元数据的讨论，因此我们的团队更有责任创建一个可行的数据管理模型和流程""分享劳动成果：如果内容是由公众创造的，则

① 关瑶：《我国档案资源社会化开发的实现策略研究》，《北京档案》2017年第1期。

所产生的产品应公开提供。从一开始，'菜单上有什么？'（What's on the Menu?）的目标之一就是使整个数据库可供下载，并通过 API 公开数据，以鼓励任何人为数据创建新接口，或通过自己的研究进行探索。推广人们从您的数据中得出的任何作品，并鼓励其他人也这样做"①。再如，在"艾哈迈德"项目（Ahmed Project）中，汉娜·尼布利特（Hannah Niblett）等指出，在采集口述史的过程中，"由于这些记录具有高度私人性质，并且音频文件可以随意地共享、复制或丢失，它们极易受到攻击。我们努力争取受访者完全知情的同意，另外，受访者对记录过程有一定的所有权，并被告知捐赠的全部影响，包括未来可能的用途，以及哪些访问限制和匿名可以或者不可以被保证""我们在提供和传播口述历史收藏中的材料时采取了谨慎的做法，因为其主题非常敏感（包括种族主义、非法移民、强制婚姻和反文化行为）。我们在捐赠时与受访者合作，以确保他们对我们的访问安排知情同意，并且有权定义访问和使用条款。如果对是否允许使用有任何疑问（例如，当受访者只同意'在我们的网站上'使用时，在社交媒体上分享音频片段），我们就犯了错。我们有责任照顾我们的受访者，他们相信我们会保护他们无形的记忆、看法和故事。如果要来听我们收藏的采访，研究人员必须预约，在图书馆检索室听材料。我们制作出一份摘要和索引文件，可以在我们的图书馆阅读，无须预约，并得到受访者的批准。通常我们会与被采访者合作，找出可以更广泛使用的简短摘录，比如在展览和网络上"②。

---

① Michael Lascarides and Ben Vershbow，"What's on the Menu?：Crowdsourcing at the New York Public Library"，in Mia Ridge，ed. *Crowdsourcing Our Cultural Heritage*，Surrey：Ashgate，2014，pp. 113—137.

② Hannah Niblett and Jennifer Vickers，"Community Partnerships and Collection Development in the Legacy of Ahmed Project"，in Edward Benoit Ⅲ and Alexandra Eveleigh，eds. *Participatory Archives：Theory and Practice*，London：Facet Publishing，2019，pp. 203—210.

（三）制度、组织、人员与资金准备

该要素在业界的问卷支持率为 51.56%，排名第三，可见业界对于众包所需的人力、财力、制度等保障资源的依赖还是很强的。

1. 制度方面

档案机构在合法合规的前提下应制定本单位档案众包的具体实施制度，将实施目标、实施内容、机构保障、人才、资金与技术保障、实施步骤、实施评价、参与者权益及维权途径、成果应用方式等事项予以制度化，有效保障众包的稳步开展，避免出现随意而为的无序与混乱局面。

2. 组织和人员方面

大卫·艾伦·格里尔（David Alan Grier）认为，"众包，尤其是与组织相关的众包，实际上是对组织运营方式的一种再思考"[①]。历史档案开发利用众包是一项综合性的系统工程，给档案机构的传统工作模式带来了挑战，档案机构需要全面调动部门内外多元力量和资源参与其中协同合作，这些力量涉及部门内的办公人事、档案业务、宣传教育、接收征集、保管保护、利用开发、信息技术、编辑研究、安全保卫等多个部门，也可能涉及部门外的社交媒体公司、档案社会化服务公司、互联网众包公司（如中国阿里云众包、荷兰 Picturae 公司、英国 Zooniverse 公司等）、新闻出版、图书馆等部门。因此，为了更好地开展协同合作，项目化的管理方式变得更加必要，档案开发利用部门可以作为牵头单位，联合部门内外相关部门成立档案众包项目组，抽调各部门精干人员参与，这些人员应具备较强的信息管理能力、组织协调能力、信息技术能力、沟通交流能力、宣传推广能力等，定期召开联席办公会议，协调解决重大问题，形成工作合力。

---

① ［美］大卫·艾伦·格里尔：《众包》，肖江波译，人民邮电出版社 2015 年版，第 273—274 页。

3. 资金方面

档案机构应对档案众包模式的应用提供充足的资金保障，用于人员开支、平台建设、众包宣传、群体激励等费用支出，可设立专项经费，确保专款专用。此外，档案机构也可以积极拓展筹资渠道，鼓励引入社会资本，"通过合作出资或社会方出资等手段开展档案资源建设与服务的共建共享，降低公共档案机构的资金压力"①。

（四）历史档案整理、数字化、开放鉴定与选择

该要素在业界的问卷支持率为 58.59%，排名第二，可见业界对于历史档案的开放鉴定同样给予了高度重视，这也是关系到众包模式能否推行以及应用成败的关键要素之一。

1. 历史档案整理与数字化

问卷显示（见表 3-2）目前中国国家档案馆馆藏历史档案数字化率超过 60% 的档案馆占比约为 53.57%，反映出中国国家档案馆历史档案的总体数字化率并不高，大量传统纸质历史档案的存在不仅不利于馆藏档案资源的深度开发和全文检索，对于众包模式的开展更是极为不利。因此，一方面，档案机构应加大馆藏历史档案整理和数字化力度，为后续历史档案资源的开放鉴定、深度开发以及网上开展众包奠定数字资源基础。另一方面，注意加强对社会上的原生、系统、特色档案资源的征集，在关注资源数量的同时加强资源审核，努力增强平台档案资源的质量。

2. 历史档案开放鉴定与选择

问卷显示（见表 3-3）目前中国历史档案开放率超过 60% 的档案馆占比约为 28.57%，可见目前中国国家档案馆历史档案的开放率还是比较低的，许多历史档案处于秘不示人的状态，这在很大程度上反映出许多国家档案馆存在历史档案开放鉴定滞后的情况，严重阻碍了历史档案资源的开放共享和深度开发，更是众包模式开展的重大障碍。因此，

---

① 陈建：《社会力量参与公共档案管理的风险及其控制机制研究》，《浙江档案》2020 年第 8 期。

档案机构要想开展众包，一个关键步骤就是对部门所藏所有历史档案资源进行全面开放鉴定，贯彻"以公开为常态、不公开为例外"的原则，厘清家底，除了涉及国家秘密、商业秘密、公民隐私以及其他不便向社会公开的历史档案外，其他历史档案全部都应对外开放。此外，从开放历史档案中优先选择一批较具特色、历史文化价值高、对公众吸引力大的珍贵档案进行众包试点，对于众包模式的成功应用是至关重要的。对此，苏梅娅·艾哈迈德（Sumayya Ahmed）认为，"目前，它们（参与式档案转录）给档案界带来的最大挑战可能是档案工作者如何找到能引起公众的智力好奇心和利他动机的材料"①。由此可见，众包实施过程中历史档案的选择既是挑战也是关键。

（五）众包平台选择或构建

众包模式需要通过众包平台进行控制协调和实现，杰夫·豪（Jeff Howe）在《众包——群体力量驱动商业未来》中认为，"我们必须跨越的第一道障碍是技术。我们需要设计出一个网站，让数量庞大的参与者登录并通过各种方式参与"②。可见，众包模式对于众包平台的依赖性还是比较高的，众包平台的选择直接关系到参与群体的广度和深度。档案众包模式同样也离不开网络众包平台的支撑，它对于档案众包的顺畅成功运行至关重要。

档案机构需要将自己的众包需求通过众包平台予以实现，这就要求众包平台必须做到功能完善、安全可靠、简单友好。具体来说：第一，功能完善。众包平台应包括用户准入与管理，任务上传与设置，任务领取与执行，任务宣传、沟通交流与申诉，任务审核与任务激励等多种功能，各个功能应协调配合，架构合理，共同确保众包的有序开展。第

---

① Sumayya Ahmed, "Engaging Curation: a Look at the Literature on Participatory Archival Transcription", in Edward Benoit Ⅲ and Alexandra Eveleigh, eds. *Participatory Archives: Theory and Practice*, London: Facet Publishing, 2019, pp. 73—83.

② ［美］杰夫·豪：《众包——群体力量驱动商业未来》，牛文静译，中信出版社 2011 年版，第 163 页。

二，安全可靠。安全性是众包平台的首要前提和基础，平台应采用完善的网络信息安全防御技术（如防火墙、数据加密等）应对网络信息攻击、窃取、篡改、信息丢失等可能风险，合理设置不同用户的信息使用权限，严格遵循相关法律法规，确保历史档案信息及其众包成果的绝对安全。第三，简单友好。众包平台的界面和任务设计应简单友好，不需要内容太繁杂，任务难度也不能太大，普通大众登录后应一看便知如何开展任务，任务简单易操作，对于工作内容、进度以及工作成果应一目了然。例如，在"众在参与"（VeleHanden）项目中，"平台设计遵循三个原则：确保快速、简单和尽可能自动化。……成功地使'Vele-Handen'变得有趣，甚至让人上瘾"[1]。

综合国内外历史档案开发利用实践和相关研究，档案机构档案众包平台的构建方式可以分为四种：自建模式、顶层统建模式、依托第三方众包网站模式和依托社交媒体模式，具体如下：

1. 自建模式

即档案机构依靠自身技术力量或者通过购买服务等方式依托自身官网建设专属众包平台，如盛宣怀档案抄录众包项目平台、NAA 的"蜂巢"转录众包平台、NARA 的"公民档案工作者"项目、荷兰阿姆斯特丹档案馆的"保存肖像""众人参与"项目等。自建平台的优点是：第一，所有信息数据都掌握在机构自身手中，安全性更可靠；第二，可以根据自身需求和特点设计特定众包平台，可以更好地满足自身需求，符合自身业务实际；第三，只需支付初始平台设计费用，后期维护成本相对较低。其缺点是：第一，对于机构人员信息技术知识和能力要求高；第二，需要从零开始招募和管理网络用户；第三，对于项目的许多管理细节，如规章制度、激励方式、社区规范等问题需要全面介入，投

---

① Nelleke van Zeeland and Signe Trolle Gronemann，"Participatory Transcription in Amsterdam and Copenhagen"，in Edward Benoit Ⅲ and Alexandra Eveleigh，eds. *Participatory Archives*：*Theory and Practice*，London：Facet Publishing，2019，pp. 103—113.

入的项目管理精力较大。鉴于国内外已有不少实践可循，中国档案机构可以充分借鉴国内外知名档案众包平台网站的设计思路和理念，再结合自身实际建设稳定可靠、功能强大的众包平台。值得指出的是，自建平台应遵循以用户为中心的原则，即在平台设计中积极引入用户参与，根据用户反馈及时调整改善系统功能。例如，勒内·西贝尔（Renée Sieber）等认为，"'数据救援：档案与天气'（Data Rescue：Archives and Weather）项目的应用程序设计不是线性的，而是一个相互学习的迭代过程。我们希望在开发的早期让用户参与进来，部分原因是让用户参与进来，帮助我们发现数据中的异质性。用户未发现的任何新的数据结构或类型（例如，r2 天气符号）要求我们修改 UI 和数据库。因此，UCD（以用户为中心的设计）有助于我们项目中的迭代"[1]。

2. 顶层统建模式

该平台构建模式由赵宇在《档案众包平台的构建及运行机制研究》[2] 中最早提出，主张国家级档案馆或省级档案馆牵头构建档案众包总平台，其他档案馆可借助此平台发布档案众包项目，无须自行开发，并且还主张以国家档案局建设的中国开放档案共享平台为基础，扩展升级为支持档案众包的全国档案资源共建共享平台，各地国家档案馆可在此平台上发布档案众包项目，吸引公众参与众包。该平台构建模式的优点是节省各国家档案馆人财物的投入，可以统一建设标准、统一资源投入，对于资源较为缺乏的基层国家档案馆较为有利；但缺点是各国家档案馆需求不一，发展水平不均衡，利益诉求不一致，可能难以有效协调实施。目前国内外尚未有该模式的应用先例，但鉴于众包模式对于资

---

[1]　Renée Sieber and Victoria Slonosky, "Developing a Flexible Platform for Crowdsourcing Historical Weather Records", *Historical Methods：A Journal of Quantitative and Interdisciplinary History*, Vol. 52, No. 3, 2019, pp. 164－177.

[2]　赵宇：《档案众包平台的构建及运行机制研究》，《浙江档案》2016 年第 4 期。

金、技术和人员管理能力的较高要求，该模式在未来仍有较大的可行空间。

3. 依托第三方众包网站模式

即档案机构自身不建设专门众包平台，而是依托现有成熟第三方众包平台开展历史档案开发利用的众包。代表性项目如美国波士顿公共图书馆反奴隶制手稿转录众包（Transcribe of Anti-Slavery Manuscripts）项目、NAUK 的"战地日记"（Operation War Diary）项目、美国公共广播档案馆的"滚动积分"（Roll the Credits）项目[①]，它们均依托第三方众包平台——宇宙动物园（Zooniverse）开展众包。Zooniverse 是全球最大、最受欢迎的公众科学平台，为公众科学项目的全过程（包括项目创建、审查、上线启动、运行维护和完成等各个阶段）提供全方位的技术和平台支持服务，这是自建众包平台所不具备的独特优势。此外，类似著名网站还有亚马逊土耳其机器人、CrowdFlower、Tagasauris 等，其中亚马逊土耳其机器人是世界上最大的、使用率最高的微任务众包平台。

依托第三方众包网站开展众包的优缺点与自建平台正好相反，总体优点是帮助档案机构减少众包失败的风险。具体来说：第一，众包平台可以提供专业技术支持，对档案机构自身人员的信息技术要求相对不高；第二，第三方平台拥有大量现成众包用户及召集渠道，可以充分发挥其用户优势为我所用；第三，第三方平台具备较高水平的众包管理能力，可以为档案机构提供关于众包设计、任务准备、任务投放等方面的专业指导，而且众包平台在用户激励、规章制度、社区规范、纠纷处理

---

① Casey Davis Kaufman and Karen Cariani, "Crowdsourcing Metadata for Time-based Media in the American Archive of Public Broadcasting", in Edward Benoit Ⅲ and Alexandra Eveleigh, eds. *Participatory Archives*: *Theory and Practice*, London: Facet Publishing, 2019, pp. 95 − 101.

等方面的经验较为成熟，有的平台甚至提供某些任务（如档案转录、档案翻译、贴标签或照片描述等）的一条龙式的标准化服务，包办众包所有事宜，档案机构无须关注过多管理细节，大大节省了时间和精力的投入。当然，该模式也存在一些明显的缺点，具体包括：第一，历史档案信息及其众包成果均位于第三方众包平台，信息安全和泄密风险加大；第二，只能按照第三方平台的众包运行规则和模式来开展众包，无法有效满足档案机构的某些个性化需求；第三，第三方平台所拥有的众包群体可能并非档案机构所需；第四，需要向第三方平台支付使用费用，使用成本相对较高；第五，第三方众包平台"无法解决你所在国家或者法律范围内的所有劳动纠纷"①，仍然需要档案机构加强审慎抉择和细致管理。

从中国目前实际情况来看，第三方微任务众包平台尚在成长当中，代表性的如阿里云众包仅面向商家提供数据采集、数据标注等微任务众包服务，但尚没有出现类似 Zooniverse 这样拥有庞大注册志愿者、为公众科学项目提供全过程、全方位技术和平台支持服务的公众科学平台。因此，中国目前尚未有历史档案开发利用与第三方众包平台的合作先例可循，档案机构今后是否会与类似商业化平台开展深度合作尚待进一步论证和探索。目前来看，就安全性和可行性而言，档案机构依托官网自建众包平台可能更加现实。

4. 依托社交媒体模式

"在许多情况下，你可以直接通过社交媒体进行众包"②，社交媒体（如博客、微博、微信、QQ、Flickr、Facebook、Twitter、YouTube 等）是当今社会重要的互联网信息交流和传播工具，虽然它们不是专业的众

---

① ［美］大卫·艾伦·格里尔：《众包》，肖江波译，人民邮电出版社 2015 年版，第178 页。

② ［美］大卫·艾伦·格里尔：《众包》，肖江波译，人民邮电出版社 2015 年版，第164 页。

包平台，但其仍然具备一些简单微任务众包的功能，可以通过它们召集群体参与历史档案开发利用工作，包括借助图片分享网站 Flickr 鼓励公众上传照片档案、添加标签、评论、转发；借助博客发布历史档案翻译的工作，要求公众将译文、翻译段落号码和个人信息发送到特定电子邮箱等。例如，丹麦奥尔堡城市档案馆在 2012 年 12 月启动了 ♯juleniaalborg（♯Christmasinaalborg）项目，从 Instagram 上发起了数字收藏征集，通过公众参与收集现代私人圣诞照片以弥补馆藏不足①。该模式的优点是：第一，与专业众包平台相比，社交媒体众包更加简单熟悉；第二，档案机构不需要建设专门众包平台，节省人财物的投入；第三，可以借助社交媒体用户众多、转发传播速度快、影响力大的优势迅速聚拢人气，提升众包项目的知名度；第四，与公众的交流更加自然顺畅。但其缺点也较为明显：第一，社交媒体毕竟不是专业众包平台，缺乏许多必要的管理控制工具，比如用户激励、社区交流、用户培训与引导、成果审核、报酬支付、纠纷解决等，档案机构需要投入更多精力进行项目管理和控制，因此它仅适合简单的微任务众包形式，比如上传图片、贴标签、评论和转发、档案翻译等，不适合开展较为复杂（比如需要通过工作流接力完成）的众包；第二，社交媒体总体以朋友圈的形式向外扩散，而朋友圈内的群体并不一定是历史档案开发利用所需要和适合的用户群体。因此，总的来说，与专业众包平台相比，社交媒体众包更加不易控制，历史档案信息的安全风险较大。

（六）众包的任务拆分与设计

微任务众包的典型特征就是对任务进行一分再分，杰夫·豪（Jeff

---

① Bente Jensen, Elisabeth Boogh, Kajsa Hartig and Anni Wallenius, "(Hash) Tagging with the Users: Participatory Collection of Digital Social Photography in Museums and Archives", in Edward Benoit Ⅲ and Alexandra Eveleigh, eds. *Participatory Archives: Theory and Practice*, London: Facet Publishing, 2019, pp. 59—70.

Howe) 将"保持简单，分解工作"① 作为众包的十大法则之一，认为"将劳动分解成小零件，或者单元，这是众包的特征之一"②，"当众包开始时，有一点很重要：要将任务分得尽可能小"③。大卫·艾伦·格里尔（David Alan Grier）也认为，任务应"碎片化""分散化"和"规模化"④。韩文婷等认为，"任务复杂度会影响数字人文类众包抄录平台中的任务绩效，且两者之间为负相关的关系，即任务复杂度越高，任务绩效反而越低"⑤。可见，档案众包中也应对任务进行仔细拆分，一般来说，任务应拆分得越小越好，以便尽可能降低任务的难度，比如历史档案转录的任务拆分，可以以一件历史档案的转录作为一个微任务单位（代表性项目为上海图书馆的盛宣怀档案抄录众包项目，见图5—5⑥），也可以以一件历史档案的某一页的一行或者多行作为微任务单位（代表性项目如美国波士顿公共图书馆的反奴隶制手稿转录众包项目，见图5—6⑦）。相比之下，以"行"为微任务单位显然就比以"件"为微任务单位的难度和工作量要降低许多，也更能降低公众的畏难心理，增强普通公众的参与热情，这在"菜单上有什么？"（What's on the Menu?）项目中也得到了印证，如迈克尔·拉扎里德斯（Michael Lascarides）等认为，"使任务尽可能小：这也许是我们从设计阶段学到的最重要的一

---

① ［美］杰夫·豪：《众包——群体力量驱动商业未来》，牛文静译，中信出版社2011年版，第231页。

② ［美］杰夫·豪：《众包——群体力量驱动商业未来》，牛文静译，中信出版社2011年版，第26页。

③ ［美］杰夫·豪：《众包——群体力量驱动商业未来》，牛文静译，中信出版社2011年版，第230页。

④ ［美］大卫·艾伦·格里尔：《众包》，肖江波译，人民邮电出版社2015年版，第110页。

⑤ 韩文婷、宋士杰、赵宇翔、朱庆华：《数字人文类众包抄录平台中任务绩效的影响因素研究——基于任务复杂度与领域知识视角》，《图书与情报》2019年第3期。

⑥ 上海图书馆：《盛宣怀档案转录众包项目》，http://zb.library.sh.cn/taskListView.jspx? completeType=11&projectId=126&difficultyDegree=4#，2021年9月19日。

⑦ Zooniverse，"Transcribe of Anti-Slavery Manuscripts"，September 19，2021，https://www.antislaverymanuscripts.org/classify.

课——仔细检查你要求人们做的行动，让任务尽可能分散。如果项目涉及抄写一页文本，就要求参与者抄写一个句子，或一行，甚至一个单词。有多个步骤的复杂任务有半途而废的风险""为了吸引最广泛的受众，我们努力使任务保持基础性和清晰性（仅捕获菜肴和价格）；构建尽可能简化的工具（单击菜单图像的某个区域，输入您看到的内容）；并保持低参与门槛（无须注册或登录）"①。

在任务设计方面，米娅·里奇（Mia Ridge）认为，"高质量的'用户体验'（尤其是任务设计）对于创建既富有成效又引人入胜的界面至关重要"②。微任务的执行方式既可以通过游戏化设计来增强任务执行的趣味性，又可以通过流程化设计来增强任务执行的准确性。首先，游戏化设计方面，国家档案馆可以引入网络游戏的元素，公众可以选择自己的角色和游戏任务，通过类似闯关挑战等游戏模式提升其参与趣味性和挑战性，让公众在游戏中完成众包工作。当然，这和纯粹的网络游戏的感受肯定是不一样的，它在本质上依然是在完成一项工作，只不过是加入了一些游戏的元素，如荷兰声音与视觉研究所和阿姆斯特丹自由大学开发的"Waisda?"视频游戏邀请玩家为他们看到和听到的电视视频贴标签，如果玩家的标签与对手输入的标签匹配，玩家就会获得积分③。其次，流程化设计方面，大卫·艾伦·格里尔（David Alan Grier）将微任务分为并行任务（Parallel Tasks）和串行任务（Serial Tasks）两种形式④。所谓并行任务，指的是每个微任务仅有一个工作者独立完成，所有工作者同时开展各自选取的微任务，最后将每个微任务汇总为

---

① Michael Lascarides and Ben Vershbow, "What's on the Menu?: Crowdsourcing at the New York Public Library", in Mia Ridge, ed. *Crowdsourcing Our Cultural Heritage*, Surrey: Ashgate, 2014, pp. 113—137.

② Mia Ridge, "Crowdsourcing Our Cultural Heritage: Introduction", in Mia Ridge, ed. *Crowdsourcing Our Cultural Heritage*, Surrey: Ashgate, 2014, pp. 1—13.

③ Johan Oomen, Riste Gligorov and Michiel Hildebrand, "Waisda?: Making Videos Findable through Crowdsourced Annotations", in Mia Ridge, ed. *Crowdsourcing Our Cultural Heritage*, Surrey: Ashgate, 2014, pp. 161—184.

④ ［美］大卫·艾伦·格里尔：《众包》，肖江波译，人民邮电出版社 2015 年版，第228 页。

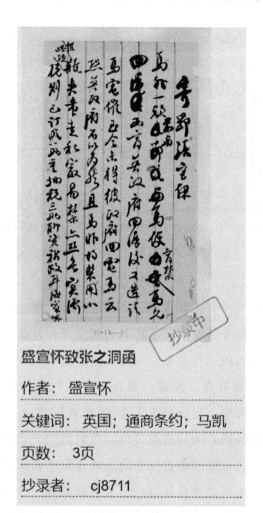

盛宣怀致张之洞函

作者：　盛宣怀

关键词：　英国；通商条约；马凯

页数：　3页

抄录者：　cj8711

图 5—5　盛宣怀档案抄录众包项目以"件"为任务单位

总任务（见图 5—7[①]）。并行任务是最简单的微任务形式，不必担心数据处理的先后顺序，但由于每个人负责一个独立任务，任务成果质量参差不齐，任务效果不佳，代表项目如盛宣怀档案抄录众包项目中注

---

①　［美］大卫·艾伦·格里尔：《众包》，肖江波译，人民邮电出版社 2015 年版，第 229 页。

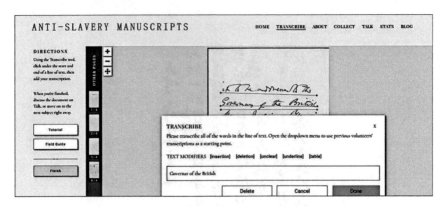

**图 5—6　美国波士顿公共图书馆的反奴隶制手稿
转录众包项目以"行"为任务单位**

册用户一旦领取某一任务，其他人将无法再次领取；所谓串行任务，指的是每一个微任务需要多名工作者共同完成，并且工作者之间是前后相继的流水线式的工作关系，后面工作者需要在审查前面工作者成果的基础上继续开展直至完成，最后将每一个微任务汇总成总任务（见图 5—8[①]）。例如，玛格南图片社[②]需要对 600000 张照片重新进行组织、辨认以及描述，为达到此目的，他们组织、设计了像一条流水线一样的众包方式，通过串行任务的方式让每一张照片流经网络注册群体中的每一个成员，并且让每一个成员都添加一些新的信息，以检查或补充其他成员的工作[③]；再如，美国波士顿公共图书馆的反奴隶制手稿转录众包项目中也采用了串行任务方式，他们称之为"协同转录"。显然，串行任务由多人完成同一份微任务，且可以在前人基础

---

①　[美]大卫·艾伦·格里尔：《众包》，肖江波译，人民邮电出版社 2015 年版，第232 页。

②　由亨利·卡蒂埃—布勒松（Henry Cartier-bresson）、罗伯特·卡帕（Robert Capa）和其他知名摄影家联手创办的摄影社，它展示了自 20 世纪以来的一些著名照片，但是大多数照片并没有描述，只有照片的名字或者编号。

③　[美]大卫·艾伦·格里尔：《众包》，肖江波译，人民邮电出版社 2015 年版，第303 页。

上进行修改完善，大大降低了任务难度，提升了任务准确度。微任务完成质量更高，速度更快，反奴隶制手稿转录众包项目组的实验也验证了这一结论①。

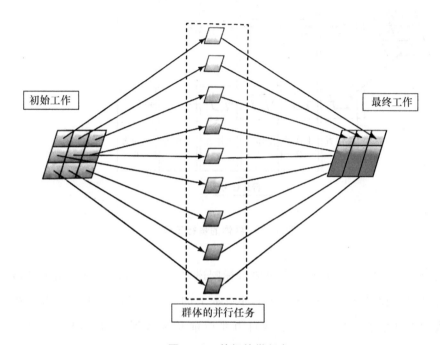

图 5—7　并行的微任务

（七）撰写众包工作声明

工作声明是对整个档案众包内容目标和参与方式的集中宣传，需要放在众包平台的显眼位置，让公众一看便知，迅速抓住公众眼球。工作声明可以是文字形式，也可以是图片或视频形式，通过生动形象的阐述吸引公众参与众包。工作声明可以包括众包的目标、内容、任务开展方式、基本要求、公众参与可以获得的好处、知识产权归属、取得的成果

---

①　Samantha Blickhan, Coleman Krawczyk, Daniel Hanson, Amy Boyer, Andrea Simenstad and Victoria van Hyning, "Individual vs. Collaborative Methods of Crowdsourced Transcription", *Journal of Data Mining and Digital Humanities*, No. 12, 2019, pp. 1—33.

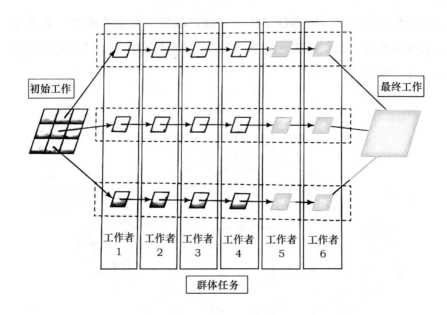

图 5-8　群体的串行工作

及应用等内容，众包工作声明的目标阐述要宏大，语言应简洁明了、富有吸引力和号召力，比如在 Zooniverse 上的 Galaxy Zoo[①] 项目（由牛津大学天文学家主持，公开了数百万张以前从未看到过的银河系数字照片，鼓励公众对其进行分类和识别）中，公众进入平台首先看到的就是一句口号——"Few have witnessed what you're about to see"（"很少有人目睹你将要看到的"），公众单击可以了解更多项目内容，包括项目背景、团队、成果、应用及常见问题。此外，在主页的项目简介中也明确指出任务目标和内容："为了了解银河系是如何形成的，我们需要你的帮助，请根据形状对它们进行分类。如果你的速度够快，你甚至可能是发现所分类银河星系的第一个人。看一下遥远银河系的望远镜图片，探索星空，你会发现什么？"如此的众包声明可以迅速抓住公众眼球，

---

① Zooniverse，"Galaxy Zoo"，September 20，2021，https://www.zooniverse.org/projects/zookeeper/galaxy-zoo/classify.

吸引公众参与其中。

（八）众包试点测试

在问卷开放问题中也有人提到了试点的重要性，如"可先试点探索，成熟应用后全面推广""要有个过程，不能急于求成！"。试点测试是档案众包前期准备阶段的最后一个环节，也是众包模式中不可或缺的重要环节。大卫·艾伦·格里尔（David Alan Grier）认为，众包的九个误区之一就是"没有提前做试验"，"在微任务中，试验是必不可少的"，"做试验等于给了自己一次不用交学费的学习机会"①。凯西·戴维斯·考夫曼（Casey Davis Kaufman）等在总结美国公共广播档案馆（AAPB）"修正它"（FIX IT）项目的经验教训时指出，"测试是至关重要的。在构建任何东西之前，先在纸上进行测试。一旦建成，如果可能的话，进行批量测试。……无论用户总数如何，系统都应正常运行"②。档案机构千万不能抱着不经测试就可以一次成功的侥幸心理。虽然档案机构至此已开展了大量准备工作，但此时仍然不可贸然大规模开展众包工作，因为前期准备工作仍然可能存在这样那样的问题，比如众包内容是否清晰明确、人员保障是否充足、历史档案选取是否合适、平台功能是否完善及运行是否流畅、微任务拆分及任务流程是否合理、工作声明是否清晰诱人，等等。为了验证这些工作，档案机构需要在小范围内对众包进行试点测试，可以发送一些任务到众包平台，让小部分参与者执行任务并关注其使用感受和反馈，及时发现上述工作存在的问题，不断改进完善众包质量，以防在项目大规模开展中出现一些无法挽回的问题和损失。关于试点测试这一点，"众在参与"（VeleHanden）项目做得比较到

---

① ［美］大卫·艾伦·格里尔：《众包》，肖江波译，人民邮电出版社2015年版，第307—308页。

② Casey Davis Kaufman and Karen Cariani, "Crowdsourcing Metadata for Time-based Media in the American Archive of Public Broadcasting", in Edward Benoit Ⅲ and Alexandra Eveleigh, eds. *Participatory Archives: Theory and Practice*, London: Facet Publishing, 2019, pp. 95 — 101.

位，值得业界学习借鉴，项目宣布后，项目组要求志愿者加入一个测试小组，两天之内项目组收到了 150 份热情的回复。软件开发商 Picturae 的两名员工和阿姆斯特丹市档案馆的三人团队在"VeleHanden"的开发过程中密切合作。他们以模块化的方式工作，先依次关注平台的不同部分（例如数据输入工具或验证工具），并决定每个部分应该做什么以及它应该是什么样子，再由软件工程师去完成。当一个特定的模块在测试版中准备就绪时，他们会邀请测试小组通过在线表格或亲自在会议上提供反馈。测试小组的反馈非常有帮助，但很快项目组就注意到测试小组不再测试了……因为他们开始工作了。仅在测试期间，志愿者就抄写了 15 万个名字。[①]

经过众包试点测试后，档案众包的前期准备阶段正式结束，接下来档案机构将发布众包通知并启动众包，正式进入中期任务执行与管理阶段。

二　中期任务执行与管理阶段

中期任务执行与管理阶段指的是档案机构发布众包通知到公众群体提交任务成果之间的阶段，这是众包的核心阶段，具体横向要素及实施策略如下：

（一）吸引与审核群体

成功的众包需要真正接触到人群，众包的一大误区是不注重宣传，不为人所知晓。亚历克斯·H. 普尔（Alex H. Poole）认为，"'建造它，他们会来的'，这个想法显然是错误的"[②]。Casey Davis Kaufman 等

---

① Nelleke van Zeeland and Signe Trolle Gronemann, "Participatory Transcription in Amsterdam and Copenhagen", in Edward Benoit Ⅲ and Alexandra Eveleigh, eds. *Participatory Archives: Theory and Practice*, London: Facet Publishing, 2019, pp. 103－113.

② Alex H. Poole, "Social Tagging and Commenting in Participatory Archives: a Critical Literature Review", in Edward Benoit Ⅲ and Alexandra Eveleigh, eds. *Participatory Archives: Theory and Practice*, London: Facet Publishing, 2019, pp. 15－31.

认为，"外联至关重要，而且是一项艰巨的工作。……与合适的受众和潜在的支持者建立联系至关重要。我们了解到，与可以帮助您将信息传播到其他网络的社区互动非常重要。……找到对一群人来说本质上有趣的东西并在那里推广。例如，我们正在让电台为其当地社区举办现场活动，以转录他们电台的收藏，而不是向所有人公开整个语料库。激励着电台去纠正他们自己的材料，他们的社区可能更关心他们社区的历史内容"[①]。可见，档案众包宣传与外联对于吸引公众参与至关重要，且应将外联重点放在信任和关系建设上。爱德华·贝努瓦三世（Edward Benoit Ⅲ）等认为，"这是一种为参与者赋权的行为"[②]。众包启动后，档案机构要做的第一步就是通过广告宣传广泛吸引网络大众的积极参与，宣传的主要内容是在众包前期准备阶段已经写好的众包工作声明，其涵盖宏大的众包目标、诱人的众包内容、给社会和公众带来的巨大回馈和利好等，宣传渠道可以通过现场、微信、微博、博客、短视频平台、官网、电视、广播、报纸、主流网站等多种方式，宣传形式可以是文字、图片或短视频等。要力争通过项目本身的魅力和广泛立体化的宣传，在短时间内聚集巨大人气，增加档案众包项目的知名度和影响力。例如，2011年3月，"战争部文件（1784—1800）"［The Papers of the War Department（1784 - 1800）］项目启动后，项目组着手通过协调一项宣传活动来吸引一批新用户参与这项工作，其中包括博客文章、推特报道和直接向早期美国主义者、美国历史教授和家谱组织的电子邮件讨论列表发送消

---

① Casey Davis Kaufman and Karen Cariani, "Crowdsourcing Metadata for Time-based Media in the American Archive of Public Broadcasting", in Edward Benoit Ⅲ and Alexandra Eveleigh, eds. *Participatory Archives*：*Theory and Practice*，London：Facet Publishing，2019，pp. 95 － 101.

② Edward Benoit Ⅲ and Alexandra Eveleigh, "Challenges, Opportunities and Future Directions of Participatory Archives", in Edward Benoit Ⅲ and Alexandra Eveleigh, eds. *Participatory Archives*：*Theory and Practice*，London：Facet Publishing，2019，pp. 211－217.

息，在这次宣传和媒体的认可下，项目进展迅速。①

公众如果对众包项目感兴趣可以不用注册立即参与任务，这样是为了最大化降低参与门槛，但更多项目为便于奖励优秀者和统计参与情况要求公众先注册后参与，注册时需同意遵守互联网法律法规和众包平台服务条款，提供个人姓名、性别、身份证号、手机、邮箱等信息，档案机构后台需要对注册用户进行审核，防止恶意大量注册。一般来说，众包崇尚能者为王，不需要过度审核公众资质，只要公众对项目感兴趣都可以参与到众包中来，但背景复杂、能力不一的参与者可能导致众包成果质量参差不齐，给后期审核带来巨大难度。因此，档案机构如果希望进一步提升档案众包的完成质量，可以对注册用户的资质提出一定要求，比如应具备历史学、档案学专业背景或工作经历，或应具备高水平的外语翻译能力，公众需要提供相关执业证书、学业证书或语言能力等级证书等；档案机构也可以在历史文化类的知名平台或媒体加强宣传，对特定人群进行精准宣传；还可以在公众通过审核后要求公众完成一项业务测试，根据测试结果判断是否胜任从事该项微任务工作，以此限定众包群体的范围，提升众包成果质量。

（二）群体引导与中期激励

亚历山德拉·伊夫利（Alexandra Eveleigh）认为档案管理员在参与性实践中的作用包括"枢纽、传教士和多元化者（hubs，missionaries，and pluralisers）"三个方面②，可见档案工作者在档案众包中的重要作用。档案众包执行过程中，宣传会在短时间内吸引聚拢大量人气，但如果想要长时间留住人气，保障众包质量，除了项目自身内容的吸引力之外，档案机

---

① Sharon M. Leon，"Build，Analyse and Generalise：Community Transcription of the Papers of the War Department and the Development of Scripto"，in Mia Ridge，ed. *Crowdsourcing Our Cultural Heritage*，Surrey：Ashgate，2014，pp. 89—111.

② Alexandra Eveleigh，Crowding out the Archivist? Implications of Online User Participation for Archival Theory and Practice，Ph. D. dissertation，UCL，2015.

构对群体的引导与激励是至关重要的。它主要包括三方面的内容：

1. 培训

内莱克·瓦恩·泽兰（Nelleke van Zeeland）等指出，"任务不一定要轻松，但必须明确。每个项目都必须提供解释具体操作的说明，以及明确的例子"①。档案机构不能假设公众都明白自身的想法，群体可能并不会按照档案机构的愿望开展工作。因此，任务培训就显得至关重要。培训即指导公众如何执行历史档案开发利用的微任务，档案机构可以在众包平台上通过视频、图片、文字等形式对每一位参与群体进行技能培训，详细介绍任务执行的步骤及注意事项，比如如何找到所需信息、如何执行任务、遇到不了解的情况如何处理、如何保证成果质量、如何提交成果及成果格式等，让公众一目了然，一学就会，群体完成培训方可领取微任务，从而为保障任务执行质量保驾护航。

2. 交流沟通

卡琳·汉森（Karin Hansson）等认为，"从城市档案馆的角度来看，与参与者进行良好的对话对于支持现有的兴趣和承诺非常重要，因此他们主要转向了对当地历史感兴趣的个人。访谈研究的参与者也强调这种对话至关重要"②。内莱克·瓦恩·泽兰（Nelleke van Zeeland）等指出，"我们很早就意识到沟通是平台成功的关键因素。参与者想就该项目提出问题并分享他们的发现。'VeleHanden'通过论坛促成了这一点：志愿者和项目负责人可以发布消息和扫描件的摘录以询问或分享信息"③。

---

① Nelleke van Zeeland and Signe Trolle Gronemann, "Participatory Transcription in Amsterdam and Copenhagen", in Edward Benoit Ⅲ and Alexandra Eveleigh, eds. *Participatory Archives*: *Theory and Practice*, London: Facet Publishing, 2019, pp. 103—113.

② Karin Hansson and Anna Näslund Dahlgren, "Crowdsourcing Historical Photographs: Autonomy and Control at the Copenhagen City Archives", *Computer Supported Cooperative Work*, Vol. 31, No. 1, 2022, pp. 1—32.

③ Nelleke van Zeeland and Signe Trolle Gronemann, "Participatory Transcription in Amsterdam and Copenhagen", in Edward Benoit Ⅲ and Alexandra Eveleigh, eds. *Participatory Archives*: *Theory and Practice*, London: Facet Publishing, 2019, pp. 103—113.

迈克尔·拉扎里德斯（Michael Lascarides）等认为，"建立一个社区：让赞助人参与到一个项目中是一个理想的机会，使有共同兴趣的人围绕你的馆藏团结起来。利用社交网络、带有评论的博客或在线论坛与您的顶级用户建立对话。倾听反馈，采纳建议，并强调他们有趣的发现"①。可见，国家档案馆需要加强与公众的沟通交流，通过微信、微博、博客、QQ群、抖音、众包平台的论坛社区等渠道及时公布项目进展和取得的成果，回答公众疑问，听取公众意见和建议，鼓励公众参与决策，解决任务执行过程中产生的知识产权等纠纷，其中，众包平台上的社区论坛既是档案机构和群体的沟通社区，也是参与群体之间相互交流的重要阵地，档案工作者在其中是一个仲裁者和引导者的角色，应及时回答群体疑问，对于群体存在分歧的观点予以判定，形成统一的规则和标准。如内莱克·瓦恩·泽兰（Nelleke van Zeeland）等指出，"档案工作人员与参与者以及参与者与参与者之间的交流是在网站论坛上进行的"，"在实践（'转录警察登记表'项目）中，这（一种积极、开放的文化）是通过相当密切地跟踪参与者之间的对话，并比以往更快地结束辩论来实现的。我们越来越意识到志愿者的活动和对话与我们的工作时间完全不同。大多数转录是在晚上和周末完成的，所以辩论论坛上的帖子在我们审核之前有时间发展。出于这个原因，我们只在一周初就传达变化或新闻，以便我们可以在接下来的几天观看辩论并参与其中"②。通过顺畅的信息沟通和交流，档案机构和群体均可以及时掌握任务动态，解决任务执行中存在的问题，从而保障众包项目的顺畅运行。

3. 基于参与动机的群体激励

群体激励对于档案众包项目的开展是必不可少的。激励手段应根据群体的参与动机来选择。米娅·里奇（Mia Ridge）认为，"建立成功的

---

① Michael Lascarides and Ben Vershbow，"What's on the Menu?：Crowdsourcing at the New York Public Library"，in Mia Ridge，ed. *Crowdsourcing Our Cultural Heritage*，Surrey：Ashgate，2014，pp. 113—137.

② Nelleke van Zeeland and Signe Trolle Gronemann，"Participatory Transcription in Amsterdam and Copenhagen"，in Edward Benoit Ⅲ and Alexandra Eveleigh，eds. *Participatory Archives：Theory and Practice*，London：Facet Publishing，2019，pp. 103—113.

众包项目需要了解初始和持续参与的动机"[1]，群体参与档案众包的动机是多种多样的，总体可以分为内部动机和外部动机两大类，内部动机包括兴趣和爱好、友谊和归属感、被认可和成就感、责任意识、获取历史档案开发利用技能、知识或经历、喜欢挑战等，外部动机包括获得奖金、奖品等物质回报。如在"战争部文件（1784—1800）"［（The Papers of the War Department（1784—1800）］项目中，用户带着六个兴趣领域和工作动机一起来到转录：A. 对美国早期历史的普遍兴趣；B. 公民责任感；C. 学术研究的特定点；D. 家谱和家族史问题；E. 各种教育任务；F. 对转录工具和过程如何工作的好奇心。[2] 再如，凯西·戴维斯·考夫曼（Casey Davis Kaufman）等认为，在"修正它"（FIX IT）项目中，"用户参与的最重要动机是为有意义的事业作出贡献，而不是积累积分"[3]。

　　值得指出的是，群体激励是贯穿于众包模式的全过程的，在前期准备阶段中，群体尚未介入，笔者没有单独把激励作为一个环节，但档案机构开展的一些准备工作已经具备了激励群体的色彩，即前期激励已融入准备阶段的许多环节中，如微任务目标的设定和内容的选择、馆藏开放特色历史档案的选择、众包平台的选取或构建、微任务的拆分与游戏化设计、众包声明等，做好这些前期准备工作本身就是对公众群体参与动机的巨大激励。需要强调的是，馆藏激励被认为是档案众包的重要激励因素，迈克尔·拉扎里德斯（Michael Lascarides）等认为，"在众包文化遗产项目的情况下，个人参与了对藏品进行的实际工作，激励因素

①　Mia Ridge，"Crowdsourcing Our Cultural Heritage：Introduction"，in Mia Ridge，ed. *Crowdsourcing Our Cultural Heritage*，Surrey：Ashgate，2014，pp. 1—13.

②　Sharon M. Leon，"Build，Analyse and Generalise：Community Transcription of the Papers of the War Department and the Development of Scripto"，in Mia Ridge，ed. *Crowdsourcing Our Cultural Heritage*，Surrey：Ashgate，2014，pp. 89—111.

③　Casey Davis Kaufman and Karen Cariani，"Crowdsourcing Metadata for Time-based Media in the American Archive of Public Broadcasting"，in Edward Benoit Ⅲ and Alexandra Eveleigh，eds. *Participatory Archives：Theory and Practice*，London：Facet Publishing，2019，pp. 95—101.

存在于材料本身以及与公共信托机构合作的主张中，这也是一种奖励"，
"馆藏的吸引力和使命的召唤是您最宝贵的资产"①。"'旧天气'（Old
Weather）表明，是收藏的力量把人们吸引了进来，并把他们留在了那
里"②；"菜单上有什么？"（What's on the Menu?）项目中，与菜单馆藏
的深度互动本身就是一种奖励，公众一直坚持这个项目，因为他们相信
项目的总体目标：建立一种新的研究工具，以更好地了解这些菜单的历
史和文化背景，并揭示它们所讲述的许多故事。"如果参与者在到达时
已经对原始材料感到兴奋，那么就更容易让他们对参与一个项目感到兴
奋。虽然纽约公共图书馆有数百种不同的馆藏，但选择菜单馆藏是因为
它对普通观众和严肃学者都具有广泛的吸引力。"③

与早期准备阶段的隐性激励不同，在中期执行与管理阶段，公众激
励变得更加明显和必要，此时档案机构应根据群体的多样参与动机对群
体开展多元化、针对性的激励活动，主要激励方式包括但不限于：

第一，通过设立项目进度表激发公众的参与热情和责任感。如"菜
单上有什么？"（What's on the Menu?）项目主页上醒目地显示了转录的
菜肴数量以及可用和完成的菜单数量的简单统计，作为项目健康状况的
指标。④ 内莱克·瓦恩·泽兰（Nelleke van Zeeland）等指出，"如果你
向参与者展示他们正在朝着什么方向努力，他们会很感激。在项目期
间，我们会发布一个工作进度索引，并且每周更新，以便参与者直接访

---

① Michael Lascarides and Ben Vershbow，"What's on the Menu?：Crowdsourcing at the New
York Public Library"，in Mia Ridge，ed. *Crowdsourcing Our Cultural Heritage*，Surrey：Ashgate，
2014，pp. 113—137.

② Lucinda Blaser，"Old Weather：Approaching Collections from a Different Angle"，in Mia
Ridge，ed. *Crowdsourcing Our Cultural Heritage*，Surrey：Ashgate，2014，pp. 45—55.

③ Michael Lascarides and Ben Vershbow，"What's on the Menu?：Crowdsourcing at the New
York Public Library"，in Mia Ridge，ed. *Crowdsourcing Our Cultural Heritage*，Surrey：Ashgate，
2014，pp. 113—137.

④ Michael Lascarides and Ben Vershbow，"What's on the Menu?：Crowdsourcing at the New
York Public Library"，in Mia Ridge，ed. *Crowdsourcing Our Cultural Heritage*，Surrey：Ashgate，
2014，pp. 113—137.

问他们自己创建的内容。如果一个研究项目是基于'VeleHanden'的数据，我们会通过论坛或会议通知志愿者"①。

第二，通过社区论坛交流沟通、现场座谈会等满足公众结交朋友、获得归属感的需求。如内莱克·瓦恩·泽兰（Nelleke van Zeeland）等认为，"转录警察登记表"（Transcribing police registration forms）项目中，"最重要的激励因素似乎是档案馆工作人员对参与者的愿望和想法做出回应，我们敢于将自己的专业精神放在首位，而不是表现得好像我们拥有知道该做什么的专利"；"我们庆祝每个项目的结束。最后的活动可以有一个严肃的组成部分，但必须是有趣的。想一想啤酒和荷兰可乐饼（荷兰肉丸，一种流行的酒吧小吃），一个小测验，一次运河游船之旅。对于项目负责人来说，这是一个亲自感谢志愿者的机会，志愿者可以在非正式的场合面对面交流"②。

第三，通过提供高级别的培训课程或丰富的历史档案资源满足公众对于历史档案开发利用技能或知识的需求。如"从历史资料中解开细节并获取知识或技能（例如古文字学）是一种激励。我们（'VeleHanden'项目）为参与者提供了丰富的素材和具有挑战性的任务，让他们不仅可以体验历史感，也可以实现个人成长"③。

第四，通过设置里程碑、随时变动的成果积分排行榜、授予勋章或等级等方式激励公众，满足其被认可的需求，提升其成就感。如内莱

① Nelleke van Zeeland and Signe Trolle Gronemann, "Participatory Transcription in Amsterdam and Copenhagen", in Edward Benoit Ⅲ and Alexandra Eveleigh, eds. *Participatory Archives*: *Theory and Practice*, London: Facet Publishing, 2019, pp. 103—113.

② Nelleke van Zeeland and Signe Trolle Gronemann, "Participatory Transcription in Amsterdam and Copenhagen", in Edward Benoit Ⅲ and Alexandra Eveleigh, eds. *Participatory Archives*: *Theory and Practice*, London: Facet Publishing, 2019, pp. 103—113.

③ Nelleke van Zeeland and Signe Trolle Gronemann, "Participatory Transcription in Amsterdam and Copenhagen", in Edward Benoit Ⅲ and Alexandra Eveleigh, eds. *Participatory Archives*: *Theory and Practice*, London: Facet Publishing, 2019, pp. 103—113.

克·瓦恩·泽兰（Nelleke van Zeeland）等指出，"在'VeleHanden'积分旁边，我们偶尔会在重要时刻赠送礼物，例如达到项目的50％或50000次扫描。这些礼物确保初学者也能得到奖励。我们试着想一些有趣的礼物，比如圆珠笔或巧克力电报"①。

第五，通过推出高难度任务、设定任务期限、设置参与者资质等方式满足部分喜欢挑战的群体需求。

第六，通过每个月向最佳贡献者颁发奖金、奖品（如珍贵档案的仿真复制件、优秀档案编研成果等）满足公众对于物质奖励的渴望。如"阿姆斯特丹市档案馆向'VeleHanden'项目的贡献者提供准货币奖励，用于以折扣价下载数字化文件"②。

第七，通过不断增加的可共享的众包成果激发公众帮助构建社会记忆的责任意识。如马克·费南（Mark Finnane）等指出，令志愿人员感到鼓舞的是，公共网站上可供搜索的记录索引越来越多，最近还增加了一个工具，使访问者能够从数据中直观地看到不同时间的统计模式，这也激发了更多的贡献。数据库程序的性质确保誊写员始终可以查阅他们个人制作的记录，同时通过项目网站上的搜索引擎证明供公众使用的资源不断增加，因此似乎为留住志愿人员提供了足够的回报。③ 再如，在"滚动积分"（Roll the Credits）项目中，2017年12月—2018年3月，933个视频中的29206张图片被1758名志愿者进行了分类和转录，这些元数据将被引入AAPB（美国公共广播档案馆）

---

① Nelleke van Zeeland and Signe Trolle Gronemann, "Participatory Transcription in Amsterdam and Copenhagen", in Edward Benoit Ⅲ and Alexandra Eveleigh, eds. *Participatory Archives: Theory and Practice*, London: Facet Publishing, 2019, pp. 103—113.

② Alexandra Eveleigh, Crowding out the Archivist? Implications of Online User Participation for Archival Theory and Practice, Ph. D. dissertation, UCL, 2015.

③ Mark Finnane, Andy Kaladelfos and Alana Piper, "Sharing the Archive: Using Web Technologies for Accessing, Storing and Re-using Historical Data", *Methodological Innovations*, Vol. 11, No. 2, 2018, pp. 1—11.

的元数据存储库并在公共网站上提供①，这对于吸引公众参与众包项目是莫大的激励。

4. 基于用户细分的差异化激励

（1）档案众包用户细分的理论基础与现实需求

第一，为何细分：档案众包的特殊性需要进行用户细分。显然，档案众包不是商业领域众包的简单移植，伴随着应用场景的变化，其概念、用户群体和目标亦发生相应变化。一是档案机构作为文化记忆机构和公共服务机构，本身具有馆藏展览、社会教育和联系公众的责任，使公众参与到档案事业中来本是其历史传统。众包可以看作是这种历史传统的线上场域和面向对象的延伸，即从现场延伸到线上，从当地受众延伸到更远的社区或公众，如纽约公共图书馆的菜单转录项目"菜单上有什么？"（What's on the Menu?），在实现数字化众包之前，多年来一直就有志愿者现场整理原始菜单收藏的传统。二是参与档案机构的历史档案资源项目需具备一定的专业技能和知识门槛，"人群筛选"效应更为强烈，参与的用户群体往往呈现社群性和不平衡性。从国内外档案众包实践项目来看，大多数成功的众包项目并不依赖于大量匿名的普通公众，而是依赖于对项目感兴趣的核心成员和专门社群。如妮可·科尔尼（Nicole Kearney）和伊莉西亚·沃利斯（Elycia Wallis）研究发现，65名在线志愿者为维多利亚博物馆的实地日记进行了大部分转录工作②。莱斯利·帕里拉（Lesley Parilla）和梅根·费利特（Meghan Ferriter）也

---

① Casey Davis Kaufman and Karen Cariani, "Crowdsourcing Metadata for Time-based Media in the American Archive of Public Broadcasting", in Edward Benoit Ⅲ and Alexandra Eveleigh, eds. *Participatory Archives*：*Theory and Practice*, London：Facet Publishing, 2019, pp. 95 － 101.

② Nicole Kearney and Elycia Wallis, "Transcribing between the Lines：Crowd-sourcing Historic Data Collection", paper delivered to The Conference of Museums and the Web in Asia (MWA2015), sponsored by Museums and the Web, Melbourne, Australia, October 5－8, 2015.

发现，尽管史密森的转录平台在 2013 年 6 月至 2016 年间有 6288 名志愿者，但其中近 68% 的志愿者进行了 20 次或更少的抄写活动（抄写、完成一页或审阅一页）[①]。

第二，为何从参与贡献维度细分：内容社区理论与实践基础。首先，"90−9−1"规则阐释了用户的参与贡献不均衡。"90−9−1"规则是内容社区的一个知名理论，其核心是用户知识贡献"参与度的极大不均衡"。2006 年，雅各布·尼尔森（Jakob Nielsen）博士第一次发表文章《1%规则》（The 1% Rule）阐述了这个现象，并且将它称为"参与不均"（Participation Inequality）[②]。这篇文章在社交媒体和在线社区中引起了广泛关注，成为了描述用户参与度分布模式的经典规则之一。根据这篇文章，在网络社群中，90% 的参与者只看内容并不参与互动，他们很少或根本不贡献，主要是消费其他用户创造的内容；9% 的用户会进一步参与讨论，会偶尔贡献内容，但更多的是观察和消费其他用户的内容；只有 1% 的用户会积极去创造和贡献内容，并且在社区中起到引领和影响的作用。因此，基于参与程度，用户可以被分为三个不同群体：超级参与者（the 1%）、潜在参与者（the 9%）和观察者（the 90%），三个群体形成一种金字塔状的参与模型。尽管"90−9−1"规则并不是严格的统计定律，而是一种经验观察，但它提供了一种有用的模型，帮助人们理解用户参与度的分布模式，如知乎、小红书等头部内容社区的表现，都在印证着这个规则的合理性，笔者亦是受益该理论用户参与贡献的不均提出用户细分。其次，基于参与贡献的用户细分是更好洞察用户价值和需求、对用户进行个性化和精细化管理的关键。一方

---

① Lesley Parilla and Meghan Ferriter, "Social Media and Crowdsourced Transcription of Historical Materials at the Smithsonian Institution: Methods for Strengthening Community Engagement and Its Tie to Transcription Output", October 10, 2022, https://repository. si. edu/bitstream/handle/10088/32112/Parilla _ Lesley-20161101-212 _ 234 _ aarc _ 79 _ 02 _ 10. pdf.

② Jakob Nielsen, "The 90-9-1 Rule for Participation Inequality in Social Media and Online Communities", October 8, 2006, https://www. nngroup. com/articles/participation-inequality/.

面，从进展顺利的档案众包项目实践来看，用户参与贡献不均衡现象普遍存在。以"边沁手稿转录"（Transcribe Bentham）项目为例，该项目由伦敦大学学院于 2010 年发起，获得巨大成功，有研究者详细调研了其用户群体贡献情况，指出自 2010 年 9 月至 2013 年 7 月 19 日，已有 2934 名用户注册了该项目，但只有 382 人（13%）转录了手稿或其中的一部分，在那些参与的人中，几乎三分之二的人只写了一份手稿。大部分工作由 17 名"超级核心抄写员"完成，甚至在某些情况下，他们的完成任务量比边沁项目的一些工作人员还要多，例如，截至 2013 年 7 月 19 日，志愿者 Jfoxe 完成了 1444 份手稿（约 722000 字），Diane Folan 完成了 1201 份（约 600500 字），Lea Stern 完成了 1044 份抄本（约 522000 字）[①]。这个案例表明，该项目没有成千上万的活跃用户来执行小任务，用户参与贡献差异巨大，高忠诚度、技能娴熟的用户参与是"边沁手稿转录"（Transcribe Bentham）项目获得成功的重要原因。再如，在"数据救援：档案与天气"（Data Rescue：Archives and Weather）项目中，自愿输入数据的人比实际输入数据的人多得多，比例约为10∶1，12 名志愿者贡献了大部分的转录，另外 6 名志愿者提供了更温和但仍然有价值的贡献，贡献的不平衡使得分配日记变得困难，因为一些志愿者完成了他们的部分，并渴望做更多，剩余日记已分配但未完成[②]。另一方面，档案机构众包项目具有多元目标诉求，不仅关注众包内容的工作量，也重视与其公共服务对象——用户的交流、服务与评价。这也是众包形成的参与式档案馆的价值和意义所在。不同类型的用户群体在参与意愿、参与动机、技能知识水平等方面具有多样性和差

---

① Tim Causer and Melissa Terras，"'Many Hands Make Light Work. Many Hands Together Make Merry Work'：Transcribe Bentham and Crowdsourcing Manuscript Collections"，in Mia Ridge，ed. *Crowdsourcing Our Cultural Heritage*，Surrey：Ashgate，2014，pp. 57—88.

② Renée Sieber and Victoria Slonosky，"Developing a Flexible Platform for Crowdsourcing Historical Weather Records"，*Historical Methods：A Journal of Quantitative and Interdisciplinary History*，Vol. 52，No. 3，2019，pp. 164—177.

异性，对档案众包目标的实现所产生的价值差异较大，本质体现了用户需求的差异性，因此基于参与贡献进行用户细分，是更好地洞察用户价值、忠诚度和差异性需求，精细化服务用户群体和构建档案机构新型社会关系的关键所在。

（2）档案众包用户群体细分与贡献特征差异

第一，参与贡献维度的用户群体细分四分图。用户细分是依据一定的规则将大量的用户划分为不同子类的过程，处于同一子类内的用户一般具有相同或相似的特征。如何提高分类效果是用户细分研究的重点之一，档案众包的核心在于获得用户贡献来完成任务目标，因此用户贡献组成了档案众包项目的基础，是档案众包项目成功与否的关键所在，有必要从参与贡献的维度对用户群体细分。经调研分析国内外实践案例，笔者选取贡献数量和贡献质量两个衡量指标，构建参与贡献维度的用户细分坐标图（见图5—9）。

如图5—9所示，横轴"贡献数量"表示用户完成一个任务单元的个数，纵轴"贡献质量"表示用户完成任务的专业度。用户群体被分为四个象限，具体来说：

A区——核心关注区，表示用户贡献质量和数量都较高。这个群体的典型代表是"社群专家"用户，他们在平台上非常活跃，积极参与社交互动并频繁参与任务，成员彼此之间社会关系较强，进而容易形成一个社群。社群是具有相同属性的群体，不仅是指传统意义上基于地理位置的社区和基于互联网的虚拟社区，而且包括所有基于血缘、背景、文化、情感、兴趣甚至是某种身份的共同体，如某个地区的历史学家、档案工作者，他们拥有共同的理念、爱好等，是彼此关联的社交圈。由于参与质量和数量较多，因此这一象限的社群中非常容易出现超级用户。

B区——优先改进区，表示用户贡献数量较少但贡献质量较高。这个群体的典型代表是"零散普通专家"用户，他们在特定领域具有专业知识和技能，没有活跃在某个集中的社群或社区之中，并非某个组织或

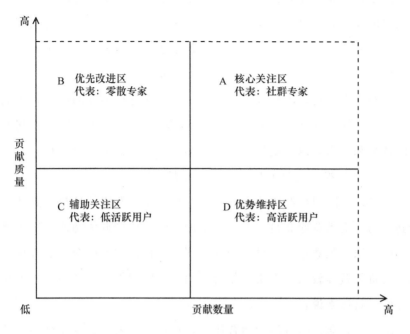

图 5—9　参与贡献维度下的档案众包用户群体四分图

兴趣小组成员，但往往具备较高的相关专业知识和能力，如未加入任何组织的某高校的教师、独立的家谱传承人。他们带来的贡献在数量上低于社群用户，但质量上远高于普通公众。一些知识密集型或高度专业化的任务往往需要有一定领域知识水平的志愿者参与和投入，譬如手稿转录和专业数据标引等。

C区——辅助关注区，表示用户贡献数量和质量都很低。这个群体是数量最多的广大"低活跃用户"，他们出于学习、个人兴趣或自我提升的目的参与众包，但参与频率和质量都不稳定，活跃度较低、相对较少进行社交互动、黏性不足，贡献量往往较少、分散、不持续或较为平均。在"90—9—1"规则中，他们是占比90%的观察者，主要是观察和消费其他群体创造的内容。

D区——优势维持区，表示用户贡献数量较多但贡献质量相对不足。这个群体属于"高活跃用户"，他们是较为积极热情且对项目有极大兴趣的爱好者，可以为项目带来数量可观的贡献，用户自身大多并不具备相关专业知识或从事相关领域，但乐于为项目积极作出贡献。由于活跃度高，这一区域的用户也有概率形成超级用户。

需要指出的是，用户群体在作为一个整体进行细分的同时，不同细分用户群体间还存在一个动态的流动转换，针对 B、C、D 区不同参与贡献特征和需求，以激励细分群体的知识贡献意愿或质量为目标，促使向 A 区流动转换，这是差异化激励的立足点所在。

第二，不同用户群体的贡献特征差异。用户群体的参与贡献特征会受到参与者贡献意愿和自身专业水平的影响，用户群体特征决定了该类群体的知识贡献数量及质量，因此不同用户群体在不同众包实践项目中的参与贡献差异较大。下文将结合国内外实践案例，具体阐释这种贡献差异性。具体来说：

①社群是众包项目的天然合作者，贡献特征表现为专业性强、持续性高。

社群是天然相信众包项目价值的群体，有的社群甚至本身就与档案机构存在密切关系，他们黏性强，忠诚度高，群内成员具有一致的群体意识与行动能力，容易持续参与。社群有时可以提出更大胆的行动要求，并期望有更高水平的参与，甚至会成为众包项目的首倡者，如哥本哈根市档案馆 2010 年开展的"转录警察登记表"（Transcribing police registration forms）项目，最初的倡议并非来自哥本哈根市档案馆，而是来自一些家谱学会，他们对当地历史感兴趣而且已经非常熟悉馆藏资源，所以他们内在参与动机比较强烈①。"我的北京记忆"项目运营前期用户活跃度较低，如今项目方已将推进"社群建设"作为重点建设内

① Nelleke van Zeeland and Signe Trolle Gronemann，"Participatory Transcription in Amsterdam and Copenhagen"，in Edward Benoit Ⅲ and Alexandra Eveleigh，eds. *Participatory Archives*：*Theory and Practice*，London：Facet Publishing，2019，pp. 103—113.

容之一，以提升资源众包效率①。

　　某些特定的群体往往是有能力为众包项目作出贡献的参与者，尤其体现在知识性较高的众包项目中，包括标签、注释或转录。尤其是转录类众包项目，通常要求转录者具有转录内容的背景知识，如国内"籍合网"招募校正古籍的志愿者时，要求志愿者实名注册，具有文史哲相关专业及背景，并有古籍整理的经验，这类转录校正任务通常消耗的时间较长。因此档案转录领域往往没有"人群"，相反，大多数计划都是由对项目感兴趣的专门核心小组进行的②。再如，"战争部文件（1784—1800）"［The Papers of the War Department（1784－1800）］项目发现最大的贡献者群体（34％）带着非常具体的历史研究议程，寻找有关特定人物、地点或事件的材料，那些明确从事家谱研究的人（29％）紧随其后③。"边沁手稿转录"（Transcribe Bentham）项目也更加注重社群的贡献，该团队特别针对受过教育的志愿者，他们相信"学术性和专业性的社会团体将最容易接受我们的项目"④。美国普林斯顿大学图书馆于2005年发起的向用户征集钱币照片的众包项目，需用户同时完成钱币相关年代、地区、货币材质等基本信息的输入，其结果显示大多数记录由普林斯顿大学的学生社群完成⑤。

----

①　中国人民大学信息资源管理学院：《数字记忆跨学科交叉平台阶段性总结暨2021年启动会顺利召开》，https://irm.ruc.edu.cn/xydt/xyxw/a1a17cf378bd4a8b95627409e107ce57.htm，2023年6月10日。

②　Sumayya Ahmed，"Engaging Curation：a Look at the Literature on Participatory Archival Transcription"，in Edward Benoit Ⅲ and Alexandra Eveleigh，eds. *Participatory Archives：Theory and Practice*，London：Facet Publishing，2019，pp.73－83.

③　The JUNTO，"Guest Post：Megan Brett on the Papers of the War Department，1784－1800"，October 14，2022，https://earlyamericanists.com/2014/11/11/guest-post-megan-brett-on-the-papers-of-the-war-department-1784-1800/.

④　Tim Causer and Valerie Wallace，"Building a Volunteer Community：Results and Findings from Transcribe Bentham"，*Digital Humanities Quarterly*，Vol.6，No.2，2012，pp.1－28.

⑤　Princeton University Library，"Princeton Numismatic Collection Database"，April 29，2020，https://library.princeton.edu/special-collections/databases/princeton-numismatic-collection-database.

②普通零散专家具有较高的专业素养，对提高内容质量和专业度意义重大。

超级用户和专家用户分别代表着贡献数量和贡献质量的两个发展方向，一个众包项目中需同时拥有这两种类型的参与者，他们对档案众包项目的成败都至关重要。B区代表的普通零散专家群体虽然活跃度较低，但他们在特定领域具有专业知识和技能，或具有丰富的经验，能够提供有价值、有深度的信息、见解和建议指导，因而贡献质量较高。例如，2014年，华南理工大学的俞宽以小批量粤海关历史档案进行试点，探讨粤海关历史档案数字化处理的众包模式，在试点中，他将粤海关历史档案的转录和翻译分割成零散子任务分配给网络大众，但某些特殊手写件的人工识别任务及核心文献翻译任务难度较大，对专业性要求较高，这些任务被交给历史学和外语领域的零散专家定向处理①，这种处理方式充分体现了对档案众包中零散专家专业知识和能力的重视，具有较强的合理性。再如，澳大利亚和新西兰国家档案馆合作的"发现澳新军团"（Discovering Anzacs）项目中，部分志愿者是一战参军军人的亲属、朋友或其他有联系的人，他们的参与行为带有很强的情感价值，属于社群专家的范畴，另外还有一部分志愿者是以该项目为课程的学生、教师和参与档案馆活动的学习者们，这部分志愿者以完成自己学习及作业为目的，属于高活跃用户，此外，还有部分用户是对一战相关历史非常有兴趣的研究者们，他们通过浏览及参与转录和评论档案材料"深入其中"，他们贡献的特征是，转录和著录成果质量较好，添加评论和地理标签的专业化水平较高，但数量不丰富，属于该项目的零散专家用户，但这些有限的贡献也极大加深了公众对该段历史的理解②。

---

① 俞宽：《基于众包理论的粤海关历史文献数字化处理模式研究》，硕士学位论文，华南理工大学，2014年。

② 郝晓雅：《用户参与数字档案资源开发利用模式及实现研究》，硕士学位论文，天津师范大学，2022年。

③低活跃用户的群体基数大、来源广泛，贡献特征呈现"长尾"态势。

C区——辅助关注区的群体主要是低活跃用户人群，有时也称为普通用户群体，在总参与人群中占比约90%，数量最多，来源广泛，身份背景多元化，适合参与档案征集型、标记分类型众包项目。补充收集型任务虽然要求他们对某方面研究具有一定的了解，但通过项目发起者的培训或者志愿者自我学习，可以较快掌握任务操作流程。而大多数标记分类型任务不需要志愿者具备专深的背景知识，他们可以注册登录，也可以匿名访问，一般标记、分类和评论不会花费他们太长的时间，单个任务的工作量也较小。如中国征集与北京记忆相关的照片、音频、文字等的"我的北京记忆"项目，以及收集家庭档案及其故事的"家庭档案网站"① 项目，均为主要面向低活跃用户进行大范围征集，依靠公众的大量上传来完成。公众的贡献零散，往往进行的是"短暂互动"，"只是四处游荡，做得相当随机"②。

低活跃用户的贡献相较于社群而言在专业性上略显不足，但有时可以与社群专家在同一项目中承担不同类别的工作，如民权项目（Civil Rights Project）中，低活跃用户与专家社群实现了共同贡献标签，只是不同用户贡献的标签类别有所不同，专家社区贡献了更多的内容和语境化标签，而公众贡献了更多主题标签③；2016年开展的家谱知识服务平台项目采取低活跃用户和专家社群相结合的方式，低活跃用户可通过纠错、提出建设意见、在线修谱、上传家谱等方式参与贡献，家谱专家社群则深度参与项目开发建设，拥有修改和审核数据的权限，并对家谱内容进

---

① 沈阳市档案局（馆）：《家庭档案网》，http：//www.jtdaw.com/，2019年5月14日。

② Alexandra Eveleigh, Crowding out the Archivist? Implications of Online User Participation for Archival Theory and Practice, Ph. D. dissertation, UCL, 2015.

③ Alex H. Poole, "Social Tagging and Commenting in Participatory Archives: a Critical Literature Review", in Edward Benoit Ⅲ and Alexandra Eveleigh, eds. *Participatory Archives: Theory and Practice*, London: Facet Publishing, 2019, pp. 15-31.

行研究[①]。

低活跃用户的贡献呈现"长尾"态势，长尾理念主张聚少成多。低活跃用户每个人作出的贡献较小，但总体数量大。例如，在"边沁手稿转录"（Transcribe Bentham）项目中，根据项目 2010 年 9 月—2013 年 7 月的统计数据，用户贡献在 0—100 份的共有 2926 人，贡献在 101—200 份的有 2 人，贡献在 201—999 份的有 3 人，贡献在 1000 份以上的有 3 人。绝大部分用户的贡献在 100 份以下，这些用户贡献量小，但数量众多，也累计形成了一定的贡献规模。

④高活跃用户贡献内容产生能力强，贡献特征呈现对项目认同感强，维持高热度。

D 区高活跃用户是在众包项目中参与积极且完成任务量较多的用户群体，他们互动分享意愿强，互动积极，贡献内容产生能力强，用户的活跃度越高，产生的数据越多，可以通过分析数据和用户画像更精准地挖掘用户需求，从而提供更优质、更个性化的服务。高活跃用户具有较强的内容生产力，可以影响项目口碑和关注度，这表明档案众包项目不仅要面向普通大众推广，更重要的是应当注重寻找与项目实际契合的高活跃用户群体，维持其持续性参与热度、多样化交互行为和较高的参与贡献数量，并要采取激励措施促使其他用户群体向"高活跃者"流动转化。大型众包平台将众多热情积极且具备一定专业知识的用户和社群聚集在一起，如荷兰的 Picturae 公司与英国的 Zooniverse 公司是专门从事众包的著名平台，通过与这些公司的合作，荷兰的"众在参与"（Velehanden）项目与英国的"战地日记"（Operation War Diary）项目取得了巨大成功。档案众包项目可以根据实际情况选择合适的众包平台，也可以根据用户监测数据建立"核心用户社区"，培育和孵化高活跃用户。

---

① 胡娟、柯平：《我国图书馆数字人文项目建设经验与启示——以上海图书馆家谱知识服务平台项目为例》，《图书馆工作与研究》2022 年第 1 期。

　　由于参与贡献量较多，在接近 A 区的部分，高活跃用户群体也会产生一定的超级用户。这也是 D 区——优势维持区独特的优势所在。马尔腾·布兰克林科（Maarten Brinkerink）观察到"Waisda?"游戏项目中的用户贡献特征，多数玩家（1051 人，45.8％）添加了 1—10 个标签，较少玩家（810 人，35.3％）添加了 10—100 个标签，少数玩家（372 人，16.2％）添加了 100—1000 个标签，极少数玩家添加了超过1000 个标签（63 人，2.7％）。[1] 在这些群体分布中，添加数量超过 100个标签者共 435 人都可称为高活跃用户群体，超过 1000 个标签者共有63 人是其中的超级用户。超级用户必然是高活跃用户者，只有当参与贡献数量和质量都较高时，高活跃者才会转变为超级用户，超级用户应当被特别关注，在完成众包任务之外，可被赋予更多的权力和责任。

　　（3）基于用户群体细分的差异化激励策略

　　从国内档案众包实践来看，项目成效距目标较远，有些项目面临失败的风险。究其原因，众包项目普遍未能实现对用户群体的有效激励，如激励措施与项目用户匹配的精准度较低、未能建立起有效的用户细分、对超级用户关注不足等。因此，需要改变以往对众包激励的粗放理解方式，促进细分群体间的流动转换，在准确理解和细分用户群体的基础上实施差异化激励。

　　第一，核心关注区：动态识别与激励超级用户。

　　核心关注区是贡献数量和质量都处于高水平的用户，他们中的超级用户是项目中最有价值的参与者，是其他参与者的榜样和引领者，对项目的推进和成功有重要贡献。识别超级用户的最好方式就是关注贡献数据。在网络环境下，用户的贡献可以被准确量化，积分排行榜的作用不仅是给予用户排名激励，还可以让项目方了解用户的贡献程度，以便从

---

　　[1]　Johan Oomen，Riste Gligorov and Michiel Hildebrand，"Waisda?：Making Videos Findable through Crowdsourced Annotations"，in Mia Ridge，ed. *Crowdsourcing Our Cultural Heritage*，Surrey：Ashgate，2014，pp. 161—184.

榜单中区分出普通用户与超级用户。例如： "边沁手稿转录"
(Transcribe Bentham) 项目通过分析积分排行榜发现了贡献卓著的 17
名超级用户；盛宣怀档案抄录众包项目通过积分排行榜发现，在全部
156 名用户中，仅有 80 名用户真正进行了转录，其余用户仅仅注册而
没有进行转录，且实际转录的用户中只有 35 名用户积分达到千位数。

　　超级用户对项目有更强的责任感和价值感，应对这一部分贡献卓著
的超级用户进行重点激励，提升其自我效能感和影响力，激发他们持续
作出更大贡献。超级用户在适用互动社区和部分线下活动的同时，权利
让渡是激励超级用户的有效措施，如哥本哈根市档案馆的 "转录警察登
记表" (Transcribing police registration forms) 项目曾提出要 "对超级用
户充满信心，并试图让他们尽可能地自我管理"①。美国国会图书馆的
"经由人民" (By the People) 众包项目针对用户群体进行差异化激励，
对高参与贡献度用户进行专访树立榜样，为参与的学生社群提供志愿贡
献证明②。档案机构应放心地赋予超级用户特殊权利，如给予审核权让
他们参与审核和校对；或者管理权，超级用户承担互动社区的主持人；
或者给予超级用户特殊的荣誉，激励他们更加热情地投入工作之中。在
这个过程中，最重要的激励因素似乎是档案馆工作人员与超级用户之间
信任的互动关系，档案专业人员必须积极对参与者的愿望和想法做出
回应。

　　然而，对超级用户的过度依赖也会产生一些风险：一是如果一个
或多个超级用户停止参与，那么转录率将急剧下降；二是容易出现贡
献内容同质化的问题。因此，必须注重从动态的角度鼓励不同区域细
分群体的流动转换。档案众包项目应当注重分析贡献数据的动态性，

---

　　① Nelleke van Zeeland and Signe Trolle Gronemann, "Participatory Transcription in Amster-
dam and Copenhagen", in Edward Benoit Ⅲ and Alexandra Eveleigh, eds. *Participatory Archives*:
Theory and Practice, London: Facet Publishing, 2019, pp. 103—113.

　　② 张素芳、张向怡虹:《图书馆数字人文类众包项目志愿者服务模式研究——以 By the
People 项目为例》,《图书馆学研究》2022 年第 4 期。

随时关注用户贡献如何随时间变化，不断从其他群体寻找和培育新的超级用户。根据 NARA "公民档案工作者"（Citizen archivists）项目提出的"适应参与周期"概念，用户的"参与级别可能会随时间而变化"，因此，项目方需要随时更新贡献数据。由于部分超级用户的贡献量往往很难超越，因此项目方在设置积分排行榜时不仅要呈现总体贡献，还应该体现近期贡献，如荷兰"众在参与"（VeleHanden）项目[①]的统计数据会显示每天和每周的前三名参与者，以此发现最新出现的潜在超级用户，或观测已有超级用户的贡献趋势。同时，项目方可以积极与现有或潜在超级用户建立特殊的信息交流渠道，可以通过邮箱、建立微信群等方式，也可以通过线下活动来进行面对面的交流，不断获得最新的用户情况，通过超级用户的反馈来动态调整激励措施，不断提高激励的精准度。

第二，优先改进区：激励零散专家向社群化升级。

优先改进区的零散专家用户参与贡献质量较高但数量不足，该类用户具备较高的专业素养，对提升项目内容专业性、准确性有重要价值。他们注册之初往往是被某些话题吸引而来，缺乏知识贡献的主动性与积极性，因此应着重激励其社交性需求，提升其参与贡献数量。

专家用户参与项目大多抱有学习目的，并希望增加参与项目的价值感和获得感，因此，应注重提供社群深度参与和相互交流学习的平台，一旦完成社群化升级，该区域的用户群体贡献量将有可观的增长。社群激励措施分为线上、线下两部分：①线上社群激励主要表现为互动社区。互动社区可以是一个对项目相关问题进行研讨的平台，同时也是一个针对项目进行交流的论坛，可以大范围地集合社群以及其中的超级用户。如 NARA 的历史中心（History Hub）在线平台，这是 2016 年 NARA 推出的在线交流社区，设置了讨论区、博客和特色社区版块，

---

①　Heritage Helpers，"VeleHanden. nl"，October 14，2022，https://velehanden. nl/.

将美国历史爱好者、研究人员等聚集在一起探讨、分享专业知识[1]，所有用户都可以在历史中心进行提问、评论和搜索，以获取感兴趣的信息。[2]线下社群激励主要体现为线下活动。虽然社交媒体工具和互联网使社群激励变得更容易，但面对面的互动仍然是获得社群吸引力的绝佳方式。线下活动可以有多种类型，有实践培训类，也有主题活动类，或者是某类宣讲，又或是定期的总结表彰。如地图编辑项目（Map Warper）[2]针对地理相关专业的社群进行了为期数周的培训。2017年初，盛宣怀档案抄录众包项目正式上线，对所有互联网用户开放，公众仅需完成简单的注册项目便可参与其中。虽然项目对参与者不限门槛，但转录成果数量并不丰硕。2018年10—12月，上海图书馆与南京大学联手开展"南大竞赛"，63名高校以史学专业背景为主的学生竞争式的参与让转录成果数量显著增长。

第三，辅助关注区：吸引新注册用户提升社会影响力。

辅助关注区的普通用户大多参与贡献质量和数量都较低，他们是数量最多的"低活跃用户"，在"90—9—1"规则中，他们是占比90％的观察者，主要是观察和消费其他群体创造的内容。虽然他们的贡献看起来微不足道，但是吸引和维持一定量的新用户注册仍然是很重要的，因为能够在多大程度上吸引新用户展现了该项目的社会影响力。更多新用户的注册和加入，也会给整个项目带来源源不断的人力、宣传、口碑、规模等资源，并加速各个细分群体间的流动转换。

需要针对普通用户找到正确的激励方式。公众参与的动机往往是出于个人兴趣，可以通过游戏化或积分奖励的方式激励最广泛的用户参与。如荷兰视听档案馆借助荷兰互联网开发公司开发了"Waisda？"游

---

① 张林华、原婧妍：《美国国家档案馆促进公众参与的策略及启示》，《浙江档案》2021年第9期。

② New York Public Library，"Map Warper"，October 11，2022，https：//www.nypl.org/digital-research/projects/map-warper.

戏化应用程序，通过游戏方式让公众对视频档案添加标签，获得了良好的激励效果，第一次试点就收集积累了超过 46000 个独特标签，标签总数超过 420000①。但由于游戏化面临高昂的成本，需要投入大量技术、时间和资金，因此若不是面向广泛的公众，游戏化可能难以获得相匹配的收益。提升归属感也有利于留存新注册用户，例如，"众在参与"（VeleHanden）项目平台实施加权积分系统，根据参与者对不同任务的参与度以及完成这些任务的准确性和速度进行排名，不仅有"所有时间"的排名，也有最近两周贡献的排名，确保新参与者也能显现出来，维持多元成员的参与度②。

项目方应基于项目类型对普通用户进行定位，避免激励措施的错位。如国内家庭档案网站建设项目的主要目标用户是普通用户，然而项目方采取的是社群较为重视的在线论坛，对于积分排行、证书奖品或者游戏化等适用于普通用户的激励措施使用不足。此外，用户最终来自普通用户还是社群，有时往往与项目最初的设想不同。如"我的北京记忆"项目最初的目标用户为普通公众，但项目进行中发现贡献较多的"记忆达人"几乎全部来自"人文北京""文化推广人"等相关社群用户。

第四，优势维持区：鼓励其持续贡献并提供继续学习的机会。

优势维持区聚集了大量高活跃用户，他们在贡献数量上表现出色，但质量有待提升。档案众包是依托互联网大众开展的社会参与活动，因此高活跃用户对档案众包的意义是明显的，可以相应提升关注度，并有利于其他社区高流量、高影响力的明星用户加入。对于这个群体，项目方应该对其参与贡献给予充分的肯定和激励，如奖励和晋升机会，以维

①　Johan Oomen，Riste Gligorov and Michiel Hildebrand，"Waisda?：Making Videos Findable through Crowdsourced Annotations"，in Mia Ridge，ed. *Crowdsourcing Our Cultural Heritage*，Surrey：Ashgate，2014，pp. 161—184.

②　Alexandra Eveleigh，"Crowding out the Archivist? Locating Crowdsourcing within the Broader Landscape of Participatory Archives"，in Mia Ridge，ed. *Crowdsourcing Our Cultural Heritage*，Surrey：Ashgate，2014，pp. 211—229.

持他们的积极性和参与度。此外，提供学习和发展的机会，如通过视频、图片、文字等形式明确任务执行的步骤及注意事项，进行详细的专业指导和培训以及个别的反馈和辅导，并定期跟进评估他们的进步，形成高质量内容评价反馈体系。如在英国的"档案志愿者"项目（Archives voluntary service projects）中，2018 年 8 月英国国家档案馆通过发布《英国国家档案馆志愿者手册》与《志愿政策》对志愿者的招募、任务安排、成果标准、全程监督与培训、志愿者奖励、志愿者退出等进行专业培训和详细指导①②。上海图书馆家谱知识服务平台项目，通过"家谱服务网站测评群"进行知识指导和培训，经过继续学习有一部分高活跃用户经过发展成为该项目的专家用户③。

综上，基于国内外众包实践，不难发现，正确理解和细分用户群体是实现有效激励的前提，我们需重建对档案众包激励对象和目标的认识。一方面，中国档案众包应重建对激励对象的认识。过去档案机构将用户视为被动的接收方，而在档案众包模式下，用户转变为积极的贡献者。用户角色发生了根本性的转变，档案机构应重新理解机构和用户的关系，将用户的参与贡献视为对专业知识的补充。中国档案众包应积极构建紧密团结在档案机构附近的活跃用户群，致力于"挖掘身份和目的，同时为人们的生活提供意义——不仅是剥削人们，而是为他们提供一种相互联系的方式，并为公共利益做出有意义的贡献"④。另一方面，中国档案众包应重建对激励目标的认识。档案众包激励的本质并非吸引更多的参与，而是获得更多的贡献，需要明确贡献增长点。以往很多学

---

① NAUK, "Volunteering Policy", May 25, 2023, https://cdn. nationalarchives. gov. uk/ documents/volunteering-policy. pdf.

② NAUK, "Volunteering at the National Archives Handbook for Volunteers", May 25, 2023, http: //www. national archives. gov. uk/documents/volunteering-handbook-2018. pdf.

③ 胡娟、柯平：《我国图书馆数字人文项目建设经验与启示——以上海图书馆家谱知识服务平台项目为例》，《图书馆工作与研究》2022 年第 1 期。

④ Trevor Owens, "Making Crowdsourcing Compatible with the Missions and Values of Cultural Heritage Organisations", in Mia Ridge, ed. *Crowdsourcing Our Cultural Heritage*, Surrey：Ashgate，2014，pp. 269－280.

者把激励定义为"吸引更多人群"和扩大参与的途径，这一规律或许适用于众包概念诞生的商业领域，但特雷弗·欧文斯（Trevor Owens）曾指出"众包是一个在商业世界被发明和定义的概念，当我们把这个词代入文化遗产领域的时候，我们必须重新考虑一些改变"①。米娅·里奇（Mia Ridge）也认为以往众包参与者群体的广泛性、匿名性和模糊性在文化遗产众包情境下并不常见②。现有大量实践经验逐渐表明，档案领域众包的成功往往并不来源于"人群"。与激励"尽可能多的人"相比，激励措施真正的目标应当是激励"正确的人和社群"，从而带来"尽可能多的贡献"。基于用户细分去讨论激励，档案机构需要改变档案众包传统的激励观念，将激励从粗放的"人海战略"向更精准的"细分战略"推进，如利用数据挖掘方法分析用户行为数据，确定各类用户群体的占比并对用户数据进行群体画像，进而根据真实数据展开激励策略。

网络群体通过审核后，在档案机构的培训、沟通和激励下，有序执行历史档案开发利用各项微任务，并按照要求提交任务成果，档案众包的中期任务执行与管理阶段到此结束。

三　后期审核与奖励阶段

后期成果审核与奖励阶段指的是群体提交微任务成果后的阶段，该阶段是众包的收尾阶段，当然该阶段并非与中期任务执行与管理阶段完全前后相继，很多时候档案机构是一边引导公众执行任务一边审核任务并奖励群体，两个阶段交叉进行，具体横向要素及实施策略如下：

---

① Trevor Owens，"Making Crowdsourcing Compatible with the Missions and Values of Cultural Heritage Organisations"，in Mia Ridge，ed. *Crowdsourcing Our Cultural Heritage*，Surrey：Ashgate，2014，pp. 269－280.

② Mia Ridge，"Crowdsourcing Our Cultural Heritage：Introduction"，in Mia Ridge，ed. *Crowdsourcing Our Cultural Heritage*，Surrey：Ashgate，2014，pp. 1－13.

（一）成果审核

从现有国内外案例的经验来看，对档案众包项目进行蓄意破坏的例子较为罕见[1][2]，但鉴于众包参与群体的多样化和广泛化，众包成果的质量却很难得到有效保证，因此成果审核就成为保障众包质量的必要环节。档案机构在档案众包中应加强结果审核，建立专门的审核团队，团队成员可以包括档案工作者、历史学专家、群体成员中表现优秀者等。这种专家团队审核方式适合应用于成果审核工作量不大的情况，但如果审核的工作量过大，这对审核团队的时间和精力就提出了巨大挑战，因此，如果条件允许，档案机构可以将成果审核进行前移，即在前期众包准备阶段和中期任务执行和管理阶段就开始介入，将完全由专家团队审核转化为公众的自我审核或公众自我审核与专家团队审核相结合，如阿姆斯特丹市档案馆"众在参与"（VeleHanden）项目的审核验证工作由志愿者进行，"除了转录之外，超级用户还有其他几项任务：他们纠正错误和校对，标准化数据以改进搜索，并帮助论坛上的其他参与者。我们对超级用户非常有信心，并试图让他们尽可能地自我管理"[3]。迈克尔·拉扎里德斯（Michael Lascarides）等认为，"虽然维基百科的批评者声称任何人都可以输入错误或破坏性的信息，但令人振奋的是反过来也是如此：任何人都可以纠正和修复不良信息。通过允许其他用户校对和纠正之前输入的信息，您可以让参与者感到自豪，这是他们的'社

① Michael Lascarides and Ben Vershbow, "What's on the Menu?: Crowdsourcing at the New York Public Library", in Mia Ridge, ed. Crowdsourcing Our Cultural Heritage, Surrey: Ashgate, 2014, pp. 113－137.

② Yves Raimond, Tristan Ferne, Michael Smethurst and Gareth Adams, "The BBC World Service Archive Prototype", Web Semantics: Science, Services and Agents on the World Wide Web, Vol. 27－28, No. 8－10, 2014, pp. 2－9.

③ Nelleke van Zeeland and Signe Trolle Gronemann, "Participatory Transcription in Amsterdam and Copenhagen", in Edward Benoit Ⅲ and Alexandra Eveleigh, eds. Participatory Archives: Theory and Practice, London: Facet Publishing, 2019, pp. 103－113.

区',应该得到照顾"①。公众的自我审核方式又可以分为很多形式：

第一，可以考虑采取前文提到的串行任务方式，即让每一个公众自主检查和修正前人的工作成果，以此提升成果准确率，减少专家团队的审核工作量，代表性项目如美国波士顿公共图书馆的反奴隶制手稿转录众包项目。

第二，可以采取"复制并行任务"②的方式，即微任务平台让三个人开展同一项微任务，如果三个人的工作结果完全一样，众包平台就自动判定结果正确并通过审核，如果三个人的工作结果有两个人一样，系统就会自动从两个一致结果中选一个，如果三个人结果完全不一样，系统就会自动将任务重新分配给三个人，以此循环，直到符合成果判定要求，这样也可以大大提升成果审核效率和质量。如在荷兰"众在参与"（VeleHanden）项目中，也采用了类似的成果审核方法，"我们内置了控制机制。每幅数字图像都会呈现给两名志愿者，他们独立输入数据，然后将其输入显示给第三人，即验证者。条目之间的差异会突出显示，第三人可以添加或更正数据。因此，误差百分比保持较低。在验证工具中，还有向项目负责人'举报'志愿者的方法。我们从来没有处理过误用问题，但我们确实遇到过而且现在仍然遇到过犯错误或误读说明书的新手。项目负责人可以通过电子邮件联系志愿者，并解释项目的特点"③。

第三，可以采取更复杂但也更可靠的审核形式，即"并行任务和串

① Michael Lascarides and Ben Vershbow, "What's on the Menu？：Crowdsourcing at the New York Public Library", in Mia Ridge, ed. *Crowdsourcing Our Cultural Heritage*, Surrey：Ashgate, 2014, pp. 113—137.

② ［美］大卫·艾伦·格里尔：《众包》，肖江波译，人民邮电出版社 2015 年版，第 234 页。

③ Nelleke van Zeeland and Signe Trolle Gronemann, "Participatory Transcription in Amsterdam and Copenhagen", in Edward Benoit Ⅲ and Alexandra Eveleigh, eds. *Participatory Archives：Theory and Practice*, London：Facet Publishing, 2019, pp. 103—113.

行任务相结合"①，即一份微任务同时通过并行任务和串行任务两种方式来完成，然后比较任务结果，如果一致就审核通过，如果不一致就重新交给新的群体再次同时执行并行任务和串行任务，直至取得一致成果才能审核通过，由于不同工作者很难犯同样的错误，因此这种方式的可靠性是较高的（见图5—10②）。

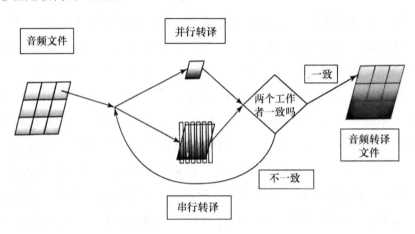

图5—10　并行任务与串行任务相结合的成果审核方式

（二）著作权保护

档案众包模式依托档案众包平台，利用大众力量实现档案数据的整合与共享，注重数据开放和利用，众包过程中公众贡献了大量档案众包数据。随着数据资产化理念的不断发展，数据逐渐被视为一种有价值的资产，经过再加工、再利用，会衍生出新的价值③，然而，在加工组织和开放利用数据的过程中，不可避免地存在著作权问题。开放的众包模

① ［美］大卫·艾伦·格里尔：《众包》，肖江波译，人民邮电出版社2015年版，第237页。

② ［美］大卫·艾伦·格里尔：《众包》，肖江波译，人民邮电出版社2015年版，第237页。

③ 欧阳剑：《数字人文应用服务中的数据版权风险及防范策略》，《中国图书馆学报》2023年第1期。

式下档案众包数据的生产和使用主体多元，档案众包数据的传播范围广泛且难以预测，利用过程中易出现各主体著作权权属不清、著作权利益冲突和利益分配不均衡等更为复杂的著作权利益关系。这种利益关系加大了著作权保护的难度，处理不当易导致各主体参与积极性受损，为档案众包项目的可持续发展埋下隐患。因此，从梳理和维护各方主体的利益关系入手探索解决著作权问题的路径，能够调动各参与主体的积极性，更好地实现档案众包的社会效益。

目前，国内学界对档案众包项目的著作权问题的探讨集中在著作权的上位概念"知识产权"，围绕档案众包成果的知识产权这一研究主题，学界将其作为档案众包项目的风险[1]、影响档案信息安全与信息传播的因素[2]进行介绍。同时借鉴国外案例的先进经验，建议完善平台知识产权规定[3]和国家法律法规[4]。

国外学界则直接聚焦于档案众包成果（数据）的著作权（版权）问题，明确了知识产权的权利类型和保护客体，认为众包积累数据的拥有权和版权限制会影响数据的重新利用[5]和积极的用户参与[6]，版权法法律框架的严密性与自由获取知识和创意文化作品之间存在紧张关系[7]。

① 夏佳静、陈建：《探索与蜕变：中国档案众包实践探析》，《山西档案》2022年第2期。
② 董雨、周耀林：《"互联网＋"环境下档案信息资源建设众包模式研究》，《北京档案》2019年第2期。
③ 邓成雯：《荷兰阿姆斯特丹档案馆"VeleHanden"众包项目机制研究及启示》，《档案管理》2021年第6期。
④ 陈建：《澳大利亚国家档案馆档案众包项目实践探析》，《档案学通讯》2019年第6期。
⑤ Melissa Terras, "Crowdsourcing in the Digital Humanities", in Susan Schreibman, Ray Siemens and John Unsworth, eds. *A New Companion to Digital Humanities*, New Jersey: Wiley Blackwell, 2015, pp. 420－438.
⑥ Deirdre K. Mulligan and Jason M. Schultz, "Neglecting the National Memory: How Copyright Term Extensions Compromise the Development of Digital Archives", *J. App. Prac. & Process*, Vol. 4, No. 2, 2002, pp. 451－473.
⑦ Cornelia Sollfrank, "The Surplus of Copying: How Shadow Libraries and Pirate Archives Contribute to the Creation of Cultural Memory and the Commons", in Michael Kargl and Franz Thalmair, eds. *Originalcopy: Post-digital Strategies of Appropriation*, Berlin: De Gruyter, 2019, pp. 338－345.

可见，在档案众包数据价值持续凸显的背景下，国内外学者逐渐认识到处理好档案众包数据知识产权（著作权）问题对实现众包档案资源传播利用的重要性。然而，学界尚未对档案众包项目的知识产权保护模式进行系统研究，尤其欠缺对数据知识产权问题的核心矛盾——数据开放利用与著作权限制之间的紧张关系进行深入探讨。同时，国内对国外先进经验的搜集与借鉴也不够系统。鉴于此，引入利益相关者理论（Stakeholder Theory）进行问题解决具有重要意义。利益相关者理论是管理学中的一个重要概念，强调企业应关注所有与其相关的利益相关者的需求和利益。通过应用利益相关者理论并结合国内外项目实践，识别档案众包数据著作权的利益相关主体及其利益关系网络，明确各方的核心利益并提出维护策略，能够有效平衡开放利用与权利保护的关系，确保各方在著作权分配和使用中获得公平合理的待遇，助力实现档案众包数据更大范围的共建共享和档案众包项目的社会效益。

1. 档案众包数据的属性及其著作权风险分析

目前学界尚未对数据的著作权形成统一定义。2023 年，浙江杭州发布的地方标准《数据知识产权交易指南》对数据的知识产权进行了定义：数据知识产权是权利人对经过一定算法加工、具有实用价值和智力成果属性的数据，依法享有的专有权利[①]。从上述定义中，可以提炼出"算法""实用价值"和"智力成果"三个关键词。著作权是知识产权的一部分，结合以上地方标准和著作权的含义，可以对数据的著作权作如下定义：数据的著作权是指权利人对其原创形成的、具有实用价值并体现智力成果属性的数据所依法享有的专有权利，包括复制、分发、展示、改编等。2021 年，中共中央、国务院印发《知识产权强国建设纲要（2021—2035 年）》，提出在新技术、新产业、新业态、新模式以及

---

① 杭州市市场监督管理局：《数据知识产权交易指南》，https://dbba.sacinfo.org.cn/stdDetail/77d1ca6a5f328682daa15edfc60e68c80891b5740cf0a9798806ebbaef65d4a6，2024 年 6 月 9 日。

互联网领域中构建数据知识产权保护规则[①]。2022 年,《中共中央 国务院关于构建数据基础制度更好发挥数据要素作用的意见》向社会公布,提出要探索建立数据产权制度,结合数据要素特性强化高质量数据要素供给[②]。众包是公众参与档案数据治理的重要模式,档案众包数据是数据生产要素的重要部分,需要从档案众包数据的属性出发,深入分析档案众包数据的著作权侵权风险,以制定有效的保护措施,保障数据的合法使用和著作权人的权益。

(1) 档案众包数据的属性界定

传统意义上的著作权旨在维护著作权人的专有权利,涵盖了著作权人对其作品享有的财产权利和人身权利。著作财产权利,又称经济权利,是指作者通过控制其作品的利用和传播来获取经济利益的权利,保证其自身的经济回报;著作人身权利,又称精神权利,则旨在保护作品的归属、发表和完整性,以满足作者的精神需求[③]。然而,档案众包数据的特有属性对传统著作权保护提出了挑战,需要重新寻求著作权保护的侧重点。

此处所探讨的档案众包数据是指在档案众包平台这一开放基础设施的支持下,由公众参与者贡献、整理和共享的可计算化的数字形式编码,主要包括格式化数据、文本、图像、音频和视频等[④]。从经济学角度来看,随着数据资产化理念的不断发展,利用排他性的财产权保护数据已被视为重要的数据保护方案。但与著作权的传统保护对象"作品"相比,开放性档案众包平台中的档案众包数据以数字编码的形式存在,

① 中共中央、国务院:《中共中央 国务院印发〈知识产权强国建设纲要 (2021—2035年)〉》,https://www.gov.cn/zhengce/202203/content_3635510.htm,2024 年 6 月 9 日。

② 中共中央、国务院:《中共中央 国务院关于构建数据基础制度更好发挥数据要素作用的意见》,https://www.gov.cn/gongbao/content/2023/content_5736707.htm,2024 年 6 月 9 日。

③ 刘春田主编:《知识产权法》,中国人民大学出版社 2014 年第 5 版,第 69—85 页。

④ 欧阳剑:《数字人文应用服务中的数据版权风险及防范策略》,《中国图书馆学报》2023 年第 1 期。

具有更直接的非排他性和非竞争性的公共属性①。一方面，非排他性意味着个人占有档案众包数据不会影响其他参与者对该数据的使用；另一方面，非竞争性则指公众对档案众包数据的使用不会影响档案众包数据本身的效用，档案众包数据的价值能够实现共享。因此，尽管在数据资产化的背景下，数据的财产性权益不断增强，档案众包数据仍具有较强的公共属性，应扩大其开放与共享。然而，著作权赋予权利人的人身权利体现了档案众包数据的私有属性，著作权人对数据的归属、发表等操作具有排他性的专属权利。由此可知，档案众包数据的公共属性并不意味着其不需要法律保护，而应当在保障著作权人专属权利的基础上，促进数据共享和使用。

（2）档案众包数据的著作权风险分析

利益是权利的实际内核，是权利制度设计需要锁定的目标，是人们主张和行使权利的根本动机②。在著作权范畴中同样如此，侵权行为往往源于侵权者对权利行使所带来利益的追求。档案众包数据的著作权侵权风险则涉及在档案众包数据构建和档案众包平台服务过程中，存在的一切对所产生档案众包数据的使用、复制、改编等侵犯著作权人权利行为的不确定性或可能性因素的总和③。由于档案众包平台的开放性和其参与主体的多元性，在档案众包数据的存储、传递、使用等阶段都存在着侵犯不同主体权益的潜在风险。数据存储阶段，存在未经授权上传他人数据或上传数据时侵害数据完整性的风险；在数据传递阶段则存在未经授权传播数据、侵害原著作权人署名权或篡改数据的风险；而在数据使用阶段，存在未经授权使用、侵犯原著作权人改编权等使用权利的风险。相关主体在侵害著作权人权益的同时，也为其非法行为承担了法律

---

① ［美］保罗·萨缪尔森、威廉·诺德豪斯：《经济学》，萧琛主译，商务印书馆 2013 年第 19 版，第 321 页。

② 费安玲：《著作权的权利体系研究——以原始性利益人为主线的理论探讨》，博士学位论文，中国政法大学，2004 年。

③ 曾永梅、张文德：《网络信息资源著作权风险分析》，《现代情报》2016 年第 7 期。

责任，双方的利益在这一过程中都会受到损害。因此，为了全面理解众包项目中侵权风险的根源并合理解决，需要识别在档案众包数据中的利益相关者网络，明确并维护各方的核心利益动机。

综上，档案众包平台中的档案众包数据兼具公共属性和私有属性，传统著作权对作品的保护方式难以应对这种新型资源形式，需要在强化著作权人私有权益保障的基础上促进数据的共享和使用。而档案众包数据的侵权风险贯穿于数据存储、传递和使用的各个阶段，必须全面识别和防范可能的著作权侵权风险和侵权动机，保障各参与主体的权益并提升其参与的积极性。可见，识别和分析档案众包数据的著作权利益相关者及其利益需求，是构建合理的著作权保护机制、有效防范侵权风险的关键。

2. 档案众包数据著作权的利益相关者界定

利益相关者理论（Stakeholder Theory）的起源可以追溯到 20 世纪中期，其发展经历了从零散到系统、单学科应用到多领域扩展的过程。斯坦福研究院在 1963 年首次将利益相关者定义为"对公司成败有影响的群体"①，学界逐步明确利益相关者的概念并开始系统化研究；特·爱德华·弗里曼（R. Edward Freeman）在 1984 年系统阐述了利益相关者理论，将利益相关者定义为"任何能够影响或受到组织目标实现影响的群体或个人"②。自此，系统化的利益相关者理论得到了实际应用和扩展，广泛应用到环境管理、社会责任等多个领域，也逐步应用在分析著作权利益相关者博弈中，以寻求利益平衡，减少侵权事件的发生③，其中对著作权的探讨涉及网络信息资源④、视频类

---

① R. Edward Freeman, *Strategic Management：a Stakeholder Approach*, London：Cambridge University Press, 2010, pp. 24—25, 46.

② R. Edward Freeman, *Strategic Management：a Stakeholder Approach*, London：Cambridge University Press, 2010, pp. 24—25, 46.

③ 陈娜：《网络著作权利益相关者的博弈研究》，《江苏理工学院学报》2015 年第 1 期。

④ 张文德、刘念：《利益相关者视角下网络信息资源著作权风险沟通机制研究》，《数字图书馆论坛》2017 年第 1 期。

知识付费内容①、科学数据②等数字资源。

相对于目前学界探讨的数字资源，开放的档案众包平台环境中档案众包数据的利益相关者存在着更为复杂的关系和冲突。不仅体现在档案众包平台利益相关者的多样性及其互动的复杂性上，还受到数据开放与权利保护之间的矛盾、法律法规和管理制度的适用性不足等问题的共同影响。笔者基于罗纳德·K. 米切尔（Ronald K. Mitchell）等提出的利益相关者打分法③，通过权力、合法性和紧迫性三个维度评估利益相关者对档案众包数据著作权的影响力。据此，识别出档案众包数据著作权的利益相关者，包括公众贡献者（著作权人）、档案众包数据管理者、研究学者（使用者）、一般公众（使用者）、政府机构等。以特·爱德华·弗里曼（R. Edward Freeman）系统化的利益相关者理论为指导，根据其从所有权、经济依赖性、社会利益三个角度划分企业利益相关者的指导思想④，对档案众包平台中档案众包数据的核心利益相关者进行类别划分。

（1）所有权利益相关者：著作权人

在众包过程中，公众贡献者通过对平台原始档案数据进行复原和重构，产生了档案众包数据，是项目贡献档案众包数据的主要力量，满足了对档案数据整合的迫切需求，对项目的运行具有极大的控制力和影响力。在贡献数据的同时，公众贡献者成为档案众包数据的著作权人，具有对数据排他性的发表权、署名权、修改权、复制权以及传播权等权

---

① 李婵、陶丽、张文德：《视频类知识付费内容著作权侵权风险评价指标体系构建》，《情报理论与实践》2021 年第 3 期。

② 陈媛媛、王苑颖：《科研数据开放共享的利益相关者互动关系》，《图书馆论坛》2020 年第 5 期。

③ Ronald K. Mitchell, Bradley R. Agle and Donna J. Wood, "Toward a Theory of Stakeholder Identification and Salience: Defining the Principle of Who and What Really Counts", *Academy of Management Review*, Vol. 22, No. 4, 1997, pp. 853—886.

④ R. Edward Freeman, *Strategic Management: a Stakeholder Approach*, London: Cambridge University Press, 2010, pp. 24—25, 46.

利。因此，公众贡献者不仅是数据的所有人，也是数据著作权的所有人，并且期待能够从平台或档案机构处获取回报。

乔治·J.施蒂格勒（George J. Stigler）的信息经济学理论（Information Economics），将信息看作一种特殊的经济资源，其价值取决于信息的稀缺性和能够提供的效用①。在档案众包项目中，公众贡献的档案众包数据包含了大量有价值的信息资源。因此，各大档案众包平台建立了明确的著作权保护机制，以有效防止数据的非法使用和侵权行为，保障数据的社会和经济效用，同时维护公众贡献者的合法权益，激励公众贡献者持续性的数据贡献和创造。

（2）效益依赖性利益相关者：档案众包数据管理者

档案众包平台是档案众包数据的管理者，负责数据质量审核、著作权保护和利益分配，能够进一步推动档案众包数据价值的实现，其存在满足了档案众包数据提供利用的迫切需求，对项目影响力的发挥具有极大的控制力。同时，数据管理者提供服务的出发点在于满足自身的利益，通过收集用户贡献的档案众包数据来丰富其数据库，提高平台的吸引力和用户黏性。因此，档案数据管理者被视为效益依赖性利益相关者，其存在和发展与项目效益密切相关。

档案众包平台是档案众包数据著作权人的代理人，迈克尔·詹森（Michael C. Jensen）和威廉·麦克林（William H. Meckling）曾提出委托代理理论（Principal-Agent Theory）②，与利益相关者理论一致，这一理论同样关注信息和利益冲突，提出代理人可以设计各种激励机制，解决与委托人之间由于信息不对称和利益不一致所引起的问题。因此，为了确保公众贡献者和平台自身的利益都能够得到

---

① George J. Stigler, "The Economics of Information", *Journal of Political Economy*, Vol. 69, No. 3, 1961, pp. 213—225.

② Michael C. Jensen and William H. Meckling, "Theory of the Firm: Managerial Behavior, Agency Costs and Ownership Structure", *Journal of Financial Economics*, Vol. 3, No. 4, 1976, pp. 305—360.

有效保护和合理分配，平台也需要建立明确的利益分配制度以应对利益冲突，以利益激励提升公众参与者的积极性，促进平台的长期发展和可持续运营。

（3）社会性利益相关者：档案众包数据使用者

数据的使用者既是直接使用数据的个体或群体，也在使用的同时间接传播数据，属于利益分享者和数据的最终受益者，是不直接参与数据贡献但能够享受其效益的社会性的利益相关者。档案众包数据的使用者可以分为两类，包括数据的内部使用者（著作权人、档案众包数据管理者和其他公众贡献者）和外部使用者（游客用户或数据接收者，比如研究学者、一般公众用户和商业用户等）。使用者的利益在于通过使用经过整合的、规范的和丰富的档案众包数据，满足自身的研究需求或文化需求。

档案众包平台中的数据使用者，一方面能够在数据使用过程中实现与其他使用者的数据传递和共享，从而推动档案众包数据社会价值或经济价值的实现，使得档案众包数据在社会资产的流动中增值[①]；另一方面使用者在使用过程中的上传、复制、修改、署名等行为未经著作权人许可或损害其利益，即使用者在违反档案众包数据管理的规范或损害著作权人利益的情况下满足自身的预期利益。因此，需要从法律层面和平台规范层面对使用者行为做出明确定性，在满足使用者利益的同时给著作权人和数据管理者带来积极影响。

3. 档案众包数据的著作权利益关系网络识别

传统的著作权保护主要调节著作权人和社会使用者之间的利益，仅涉及两个利益相关者。而在档案众包项目中，增加了"档案众包平台"这一具有管理功能且兼具利益需求的主体，需要重新对三者的关系进行

---

① Tunay I. Tunca and Qiong Wu. Meckling，"Fighting Fire with Fire：Commercial Piracy and the Role of File Sharing on Copyright Protection Policy for Digital Goods"，*Information Systems Research*，Vol. 24，No. 2，2013，pp. 436—453.

识别。笔者在平衡不同国家、法系和档案众包平台类型的基础上，以项目成果显著和网站可访问为选择标准，具体选取了英国、美国等英美法系国家，德国、荷兰等大陆法系国家，以及中国等中华法系国家，共计7个国家16个社会影响力较大的档案众包项目，以确保研究样本的代表性和多样性。对16个众包项目的著作权的规定"版权声明"或"使用许可"进行网络调研，以著作权双向利益者利益关系为参考，识别出目前档案众包项目中档案众包数据的著作权利益关系网络，涵盖著作权人、档案众包平台和社会使用者三个主要利益相关主体，为利益关系网络进一步完善提供参考。

（1）著作权人与档案众包数据管理者关系网络

从表面上看，档案众包数据的著作权人和档案众包数据管理者是基于版权声明和许可协议的许可关系。但从利益相关者视角切入，档案众包数据的著作权人和档案众包数据的管理者各自追求自身利益，并在档案平台上通过合作实现其目标，是一种双向索取、互利共赢的委托代理关系。

第一，著作权人的利益需求与权利委托。从传统著作权的视角出发，著作权人对其贡献档案众包数据的行为有着回馈期待。除了对数据著作权人身权利的需求，公众也期待其劳动行为能够获得相应的经济收益。而对于公众贡献的档案众包数据，其社会价值和经济价值的发挥是在数据利用和共享中实现的。然而，在平台严格的共享和使用程序下，著作权人很难独立进行著作权授权和使用权分配，于是将其全部利益需求寄托于档案众包数据管理者的权利规定上，成为权利的委托人，与档案众包平台形成委托协议。

第二，档案众包数据管理者的利益维护与权利回应。档案众包数据管理者作为数据运营秩序的维护者，通过版权声明和许可协议维护自身利益。在调研的16个档案众包项目中，有8个项目对公众贡献数据的合法性做出了规定，并声明不对公众贡献的数据负责。同时，档案众包数据管理者也作为代理人回应著作权人的人身权利和财产权利的双重利益需求，以提升其参与意愿。

在人身权利方面，现有众包项目将档案众包数据的著作权归属分为三种类型：一是通过声明直接认可或默认公众保留对其贡献内容的著作权，英国"战地日记"（Operation War Diary）项目[①]、美国 Flickr 社交媒体平台项目[②]、新加坡"新加坡记忆"（Singapore Memories）项目[③]等13 个项目采取这种归属方式。二是未认可公众拥有其贡献内容的著作权，荷兰阿姆斯特丹市档案馆规定，参与者赋予 Vtec Memorx（平台服务提供商）及其项目所有者无限的权利，可以使用参与者在项目中发布的所有信息，不受限制，平台也没有义务引用作者的姓名[④]；英国"档案转录"（Transcribe archives）项目规定贡献者将在 ScotlandsPlaces 网站上制作的所有作品的版权和版权性质的权利转让给苏格兰国家档案馆[⑤]。三是由公众贡献者和平台共同享有公众贡献内容的著作权，上海图书馆盛宣怀档案抄录项目，规定上海图书馆网站的文字、图片、音频、视频等版权均归上海图书馆网站享有或上海图书馆网站与作者共同享有[⑥]。以上三种情况，平台都获取了档案众包数据的使用权，包括但不限于使用、复制、修改、改编、出版、翻译、创建衍生作品、分发和在世界各地的任何媒体上展示档案内容，以实现档案众包数据的社会价值。

在财产权益方面，少数项目会给予著作权人经济补偿。上海图书馆

---

① Zooniverse, "Operation War Diary", June 14, 2024, https://www.operationwardiary.org/.

② NARA, "The U.S. National Archives", June 14, 2024, https://www.flickr.com/photos/35740357@N03/.

③ NAS, "Singapore Memories", June 14, 2024, https://www.singaporememories.gov.sg/.

④ NAS, "Singapore Memories", June 14, 2024, https://www.singaporememories.gov.sg/.

⑤ National Records of Scotland, "Scotlandsplaces", June 10, 2024, https://scotlandsplaces.gov.uk/.

⑥ 上海图书馆：《上海图书馆众包系统》，https://zb.library.sh.cn/index.jhtml，2024 年6 月14 日。

规定其在使用公众贡献数据前会通知作者，并按同行业的标准支付稿酬，通过合理的付费机制分享平台收益，满足了公众贡献者的经济利益需求①。

此外，调研发现，目前档案众包平台缺少对不同著作权人之间的关系调节和利益分配机制。多个贡献者可能会对相似内容进行贡献，导致贡献数据出现原创性和独创性的争议，平台如何分配著作权和收益仍是一个亟待解决的问题。

（2）档案众包数据管理者与使用者关系网络

结合档案众包平台设计的初衷，档案众包数据管理者的利益之一在于通过丰富的数据库内容满足档案众包数据使用者使用需求。然而，数据管理者对著作权人利益的保护规定在一定程度上限制了使用者的使用权限。因此，档案众包数据管理者与使用者的关系呈现出表层利益契合、实际利益冲突的特征。

第一，利益契合。数据管理者与使用者利益契合体现在两个方面。一是数据开放与使用需求的契合，数据管理者希望通过提供丰富的档案众包数据资源，吸引更多使用者进行访问和利用，充分发挥数据的使用价值。使用者希望能够便捷地获取档案众包数据，用于学术研究、创意项目、教育资源开发等多方面。二是社会效益与知识共享的实现。平台和使用者共同致力于推动档案众包数据的社会效益最大化，通过开放和利用档案众包数据，实现档案知识的共享和传播，可以促进文化传播和教育发展，实现档案众包数据的社会价值。

第二，利益冲突。数据管理者与使用者的利益冲突体现在数据管理者为了保护档案众包数据著作权人的合法权益，维护平台的形象，为数据设置了使用限制，在限制的基础上开放档案众包数据。

在调研的 16 个项目中，除去未对这部分做出明确规定的项目，对

---

① 上海图书馆：《上海图书馆众包系统》，https://zb.library.sh.cn/index.jhtml，2024 年 6 月 14 日。

用户的使用限制分为三类：一是对用户的使用用途做出规定，即只能将数据用于内部业务用途，不得再许可、出借、出售、租赁、转让或以其他方式处置数据，不得修改、更改、反编译、逆向工程或反汇编数据，英国"档案转录"（Transcribe archives）① 等 5 个项目采取这种方式。二是根据国内或国际知识产权通用许可条款对档案众包数据进行开放使用，NAA 根据澳大利亚知识共享署名 3.0 许可向公众提供内容②，美国国家档案馆制作的美国政府作品可根据知识共享 CC0 1.0 通用许可的条款在全球范围内使用和重复使用③。三是规定使用时标识数据来源，澳大利亚"蒙得维的亚丸：船上的战俘和被拘留平民名单"（Montevideo Maru：List of Prisoners of War and Civilian）项目④、"我的北京记忆"项目⑤以及上海图书馆盛宣怀档案抄录项目⑥均规定使用时必须将网站或者主要档案机构确认为来源并进行标识。

这三类规范措施都旨在保护数据的著作权，防止数据滥用和侵权行为。而使用用途限制和知识产权许可通过明确的使用规则和许可条款来限制不当行为，直接且严格地约束数据使用行为，有效防止非法复制和传播。数据来源标识则侧重于数据传播和使用过程中的透明度，确保数据使用者明确数据的来源，更多依赖于用户的自觉遵守和第三方监督，其约束力相对较弱，而在提升数据使用透明度和数据提供者的知名度方

---

① National Records of Scotland, "Scotlandsplaces", June 10, 2024, https://scotlandsplaces. gov. uk/.

② NAA, "Destination：Austraila—Sharing Our Post-war Migrant Stories", June 15, 2024, https://web. archive. org/web/20220410224137/https://www. destinationaustralia. gov. au/.

③ NARA, "Privacy and Use Policies", June 15, 2024, https://www. archives. gov/global-pages/privacy. html.

④ NAA, "Montevideo Maru：List of Prisoners of War and Civilian Internees on Board", May 29, 2024, https://montevideomaru. naa. gov. au/.

⑤ 中国人民大学：《我的北京记忆》，http://www. mypekingmemory. cn/5a dae6b0efc52b460864221，2024 年 5 月 29 日。

⑥ 上海图书馆：《上海图书馆众包系统》，https://zb. library. sh. cn/index. jhtml，2024 年 6 月 14 日。

面具有积极作用。三类规范措施在平衡数据开放与著作权保护方面虽各有优势，但最终目标都导向有效维护数据的合法使用环境，促进档案众包数据的合理利用和广泛传播。

（3）著作权人与数据使用者关系网络

与传统著作权人和其作品使用者的关系基本一致，档案众包数据的著作权人与其使用者之间也存在两种主要关系：一是著作权人授权使用许可，使用者进行合法共享与二次利用，实现利益共赢；二是使用者未经著作权人授权许可，直接进行非法侵权使用，破坏利益平衡。

第一，授权许可与合法使用。在档案众包项目中，著作权人对使用者的授权通过档案众包平台明确的授权许可实现，允许使用者在特定条件下使用其贡献的档案众包数据。这些授权通常在用户注册界面以"用户条例"的方式呈现。例如，英国在 Zooniverse 专业众包平台开展的战地日记（Operation War Diary）项目，明确规定该项目的主要目标是将分析的数据提供给研究人员使用、修改和重新分发，以便进一步进行科学研究。如果公众贡献者为 Zooniverse 做出数据贡献，即表示其允许使用者使用贡献[1]。多个平台提出，如果用户不同意使用条款的使用规定，可以选择不参与项目或联系平台进行数据删除；如果参与，则需被动接受平台的既定条款。上海图书馆即规定凡公众贡献者上传和邮寄的家谱均视为公众无偿捐赠给上海图书馆，上海图书馆将处理后通过网络免费向读者开放[2]。如公众贡献者存在其他考量，也可以选择局部开放，为著作权人授权提供了选择余地。可见，在授权和数据使用过程中，著作权人处于相对弱势的被动地位，虽然能够实现著作权授权以满足用户的使用需求，但也存在降低公众贡献者参与动力的风险。

---

[1]　Zooniverse，"Operation War Diary"，June 14，2024，https://www.operationwardiary.org/.
[2]　上海图书馆：《上海图书馆众包系统》，https://zb.library.sh.cn/index.jhtml，2024 年6 月 14 日。

第二，非授权与侵权使用。在档案众包平台这一开放环境下，档案众包数据本身和档案众包数据的使用主体均具有特殊性。与传统的著作权保护对象相比，档案众包数据具有新的特征：它们是非物质性的、数字化的，可以在计算机和网络环境中自由传输和复制。这种特性使得档案众包数据的使用方式更加多元化，可以在数字环境中直接被分析、再加工、集成到新的数据集或应用中，极大增加了档案众包数据著作权的侵权风险。使用主体的信息素养也是影响侵权事件发生的重要因素，部分使用者受到信息素养的限制会忽略获取、利用所需信息行为的合法性，违反平台的规定进行数据的非法采集、分析、改编、加工等，以直接获取使用的经济或社会利益。当前，缺乏完善的数据著作权保护的制度和健全的法律法规，需要平台提供更加细化和明确的使用协议，采取措施提高使用者的信息素养，从而实现著作权人和使用者之间的利益平衡。

根据以上分析，可以明确档案众包项目中著作权人、档案众包数据管理者与使用者之间的利益关系网络（见图 5－11），并归纳出三者的核心利益契合点——实现档案众包数据著作权保护与合法开放利用、有效传播的二元平衡。

4. 完善档案众包数据著作权利益关系网络的建议

完善档案众包数据著作权利益关系网络能够确保数据使用的合法性和规范性，提升数据贡献者的积极性，进而促进数据的广泛共享和高效利用，从而最大化档案众包数据的社会效益和经济价值。因此，要从根本上实现档案众包数据著作权三个主要利益相关者之间著作权利益的平衡，把握住核心利益点，界定好著作权的所属、使用，化解利益矛盾和冲突。下面笔者将综合各档案众包项目在处理著作权问题上的现实措施，结合数字环境和数据特性，从政策法规、平台管理、经济利益三个视角提出完善中国档案众包数据著作权利益关系网络的建议。

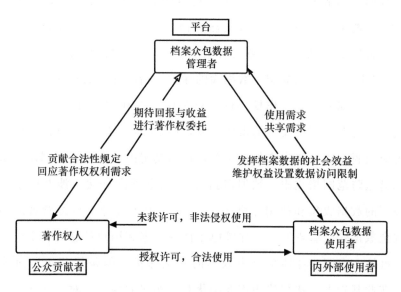

图 5—11 档案众包数据的著作权利益关系网络

第一，统筹规划，从法律法规视角构建档案众包数据著作权利益关系网络。

法律法规是由国家立法机关和行政机关制定的具有法律效力的规范性文件①。完善档案众包数据著作权利益关系网络的出发点在于平衡各方利益，因此，有关著作权的法律法规要与时俱进，紧密结合数据的价值特征与公众的价值需求，既要保护著作权人的合法权益，又要合理进行数据开放，实现各方主体利益的平衡。

目前中国尚未建立统一的数据知识产权保护框架和规则，各零碎的法律考虑到了数据的重要价值与数字环境下数据安全风险提升的特征，对数据保护做出了规定。《中华人民共和国民法典》第 127 条指出"法

---

① 中国政府网：《中华人民共和国立法法》，https://www.gov.cn/xinwen/2015-03/18/content_2835648.htm，2024 年 5 月 29 日。

律对数据、网络虚拟财产的保护有规定的，依照其规定"[①]，确立了数据的财产地位，为后续立法和司法解释提供了基础。《著作权法》是为了平衡著作权人的垄断利益与社会公共利益而做出的制度设计[②]，在《著作权法》第 15 条规定了数据库的保护，指出编制数据或材料的汇编作品，其汇编者享有著作权，重视对著作权人利益的维护[③]。《网络安全法》作为保证网络安全的重要法律，第 21 条至第 25 条规定了网络运营者应当履行的网络安全保护义务，包括制定内部安全管理制度、采取技术措施防范网络攻击、数据泄露等[④]。《电子商务法》涉及电子商务环境下的数据收集和使用，第 25 条规定，电子商务平台经营者应当建立健全数据安全管理制度，保障电子商务数据和用户信息的安全[⑤]。

可见，中国法律体系重视数据的安全保护，但是规范措辞过于宏观。在此基础上，法律法规需要细化对著作权的规范，对开放数字环境下更容易被侵犯的复制权、改编权、传播权做出细粒度规定，维护著作权人的合法权益。同时也要看到互联网时代复制、传播等行为已成为知识普及和文化传播的重要途径，需要对著作权人的"绝对排他权"设定界限或加以适度节缩[⑥]，以构建起著作权保护与传播利用相对平衡的数据著作权利益关系网络。

第二，细化管控，从平台管理视角完善档案众包数据著作权利益关

① 全国人大常委会办公厅：《中华人民共和国民法典》，中国民主法制出版社 2021 年版，第 21 页。

② 陈伟斌、张文德：《基于利益平衡的网络信息资源著作权补偿原理研究》，《图书馆学研究》2013 年第 19 期。

③ 全国人大常委会办公厅：《中华人民共和国著作权法（最新修正本）》，中国民主法制出版社 2020 年版，第 25 页。

④ 全国人大常委会办公厅：《中华人民共和国网络安全法》，中国民主法制出版社 2016 年版，第 6—8 页。

⑤ 全国人大常委会办公厅：《中华人民共和国电子商务法》，中国民主法制出版社 2018 年版，第 7 页。

⑥ 李婵、徐龙顺、张文德：《网络信息资源著作权利益关系网络识别研究》，《现代情报》2017 年第 4 期。

系网络。

在法律法规等顶层设计的宏观指导下，档案众包平台是档案众包数据著作权的直接管理者，能够通过版权声明、使用条款等规定和协议方式对平台中数据著作权问题进行管控，发挥协调作用，维护档案众包数据著作权利益关系网络的平衡。

通过版权声明、使用条款等现有模式强化著作权人和使用者的权利感知与维权参与，减少信息不对称。一方面，通过多种传达方式传达并明确著作权人和使用者的权利和义务。在传达方式上，可以增加呈现次数、使用醒目呈现位置与名称等实现版权声明的有效传达；在传达内容上，要提升版权声明的明确性和权威性，尤其要明确对于同一份档案不同转录人贡献的相似数据的著作权分配方案，以防止侵权事件的发生。另一方面，可以建立用户参与维权机制，允许著作权人对其贡献数据的使用进行监督和反馈。对于侵权行为，平台应提供便捷的投诉和处理渠道，确保用户的合法权益得到保护。例如，美国国家档案馆"公民档案工作者"（Citizen archivists）项目规定①，如果版权所有者认为网站没有正确地归属版权或未经许可使用，可以进行投诉反馈，这在一定程度上提高了著作权人的主动权。

此外，探索平衡著作权保护与开放使用的新型管理模式，借鉴国家数字版权研究基地颁布的著作权自主协议（Self-service Copyright Agreement，SCA），赋予著作权人主动权。SCA 是互联网时代应运而出的版权利益平衡模式，包括五种模式：仅保留署名权、许可信息网络传播权—放弃获酬权、许可信息网络传播权—保留获酬权、许可信息网络传播权—许可演绎权—要求相同方式许可—放弃获酬权、许可信息网络传

---

① NARA，"Privacy and Use Policies"，June 15，2024，https://www. archives. gov/global-pages/privacy. html.

播权—许可演绎权—保留获酬权①。在平台协议中，可以规定用户可以自主选择赋权和利用方式，通过平台权威的介入降低创作者和使用者之间的交易成本②。

第三，动态调整，从经济利益视角稳定档案众包数据著作权利益关系网络。

从经济视角来看，档案众包数据兼具公有属性和私有属性，档案众包数据能否开放的问题涉及了私人利益和公共利益的平衡问题，是经济学的重要研究课题。在档案众包数据的著作权保护和利益分配中，兼顾私人利益的同时应充分考虑公共利益。为实现这一平衡，要从公共利益和私人利益两个方面进行具体处理。

在公共利益方面，应确保档案众包数据的开放性，避免过度保护导致的数据垄断和使用障碍，以促进知识共享。数据分级分类是一种行之有效的方法，数据分类是根据数据的共同特征，例如数据的敏感性水平和风险以及保护它们的合规规则，将数据分离和组织到相关组或类的过程③。平台可以根据数据的敏感性和著作权人的意愿对档案众包数据进行公共数据和私人数据的界定，确保私人档案众包数据在不侵犯私人利益的前提下最大限度地对公众开放，分阶段、分层次地开放档案众包数据。

在私人利益方面，应对数据贡献者进行适当的经济补偿，确保贡献者在数据开放过程中能够获得合理的回报，降低因数据开放导致的个人获得感降低。以荷兰"众在参与"（VeleHanden）项目为例，其通过建立众包项目的互动讨论区、制定积分兑换规则等激励方式满足公众贡献

① 牛巍：《网络环境下信息共享与著作权保护的利益平衡机制研究》，博士学位论文，中国科学技术大学，2013年。

② 赵双阁、胜奕铭：《利益平衡原则导向下区块链技术对版权集体管理保护机制的反思与重构》，《河北师范大学学报》（哲学社会科学版）2023年第5期。

③ 盛小平、郭道胜：《科学数据开放共享中的数据安全治理研究》，《图书情报工作》2020年第22期。

者的回报期待，提升参与意愿①。这种激励机制不仅能够保障数据贡献者的权益，还可以激励更多公众参与档案众包项目，从而丰富档案众包数据资源，提高数据质量。

综上，数据是数字经济时代的重要资源，数据的知识产权保护也成为重要课题。在档案众包项目中，具体体现为档案众包数据的著作权问题。档案众包项目涉及众多利益主体，档案众包数据也兼具公有属性和私有属性，一味强调著作权人著作权的私有属性保护而忽视档案众包数据社会效益的发挥明显不合时宜。因此，笔者采用利益相关者理论构建档案众包数据利益关系网络，在识别各方利益主体自身的利益诉求和行为倾向的基础上，找出核心利益契合点，并从关系网络构建的宏观指导、关系网络完善的细粒度管控、关系网络稳定的经济视角三个方面维护著作权利益相关者关系的协调，探索实现著作权保护与档案众包数据开发利用的平衡。

当前中国档案众包的案例逐渐增多，对档案众包数据著作权的系统性研究也启发我们思考档案众包平台的管理模式。档案众包平台旨在通过平衡各方利益，促进数据资源的充分利用和社会效益的最大化，引入利益相关者理论进行著作权利益平衡的维护是实现档案众包平台数据广泛利用的可行措施。随着数字技术的进步和数据要素价值的持续挖掘，单纯依靠定性方法分析难免会存在理解不当之处，从数据视角分析事实和趋势，在当今时代拥有更大的可能性和必要性②。后续研究中，协同应用定性方法和定量方法对数据的著作权利益相关者问题进行研究，利用利益平衡的"帕累托最优""卡尔多—希克斯补偿"等经济原理完善著作权利益相关者分析框架，或许可以提供新的思路与方向，为档案众包项目的可持续发展提供坚实保障，实现档案众包数据社会效益的有效

---

① Heritage Helpers，"VeleHanden. nl"，October 14，2022，https://velehanden. nl/.
② 冯惠玲、周文泓、文利君、祁天娇：《政策计量方法在档案政策法规研究中的价值与应用》，《档案学通讯》2024 年第 1 期。

发挥。

（三）优秀群体奖励

成果审核完成后，档案机构将最终结果进行汇总，档案众包开始走向尾声。但此时档案机构不要忘记对表现优秀的群体进行最终奖励，这是对其工作成果数量和质量的充分认可和感谢。奖励形式既可以是物质的，也可以是精神的，物质奖励可以是奖金、奖品等，奖品既可以是实用性物品，也可以是档案机构的珍贵档案仿真件或档案编研成果等，精神奖励可以为授予杰出参加者证书奖牌、获取档案资源免费访问权限、公开参与者个人信息或会见优秀参与者等，这既是对优秀群体贡献的充分肯定，也可以提升档案机构的形象，扩大社会影响力。

四 众包评价与持续改进

群体奖励结束后，档案众包的后期审核与奖励阶段宣告结束。但档案机构其实还需要开展一项重要工作，那就是对众包进行评价和改进，虽然笔者在最后探讨这项工作，但这项工作最好不要放到众包结束后开展，因为此时即使发现问题但项目已经结束，一切为时已晚。因此，根据美国学者沃尔特·书瓦特（Walter Shewhart）的持续改进循环理论，应将项目视作"计划—执行—检查"（Plan-Do-See，PDS）的不断循环①，不能等到所有工作都结束了再来反思、评价和改进项目，档案机构需要将众包评价与持续改进贯穿在众包的全过程当中，在项目执行初期到结束的整个过程中随时发现、总结和反思问题，比如工作声明是否清晰准确、微任务拆分是否合理、激励是否到位、格式要求是否明确、平台运行是否顺畅、知识产权有无争议、任务流程是否科学、参与群体是否丰富等，档案机构需要时刻对项目进展和出现的问题保持关注，然后针对问题及时采取必要改进措施，持续改进循环可以随时搜集有用信

---

① W. A. Shewhart, "Economic Quality Control of Manufactured Product", *Bell System Technical Journal*, Vol. 9, No. 2, 1930, pp. 364—389.

息，以应对项目进行中的突发问题，从而优化众包过程，提升众包效率，保障众包的顺畅运行以达到最优结果，也为后续开展类似项目积累成熟经验。如内莱克·瓦恩·泽兰（Nelleke van Zeeland）指出，"在警察登记表的转录过程中，我们选择了一种便利的方式来管理该项目。在此过程中，与参与者就项目的方向、需要解决的任务以及如何解决这些问题提出了想法和要求。因此，该项目的目标在此过程中发生了变化"，"当我们进行埋葬记录的转录时，从一开始就设定了目的、形式和方向。其目的是制定一条比以前更坚定的路线，但是，尽管与最初的意图相反，我们必须承认，大大小小的决定可以而且应该在这个过程中做出。因此，不固定的立场成为参与性项目的先决条件，因为在实践中涉及巨大的历史和人类复杂性，原则上的决定实现起来很困难。作为一个组织，在与参与者打交道时，我们必须保持敏捷并准备好应对变化。我们适应这一点的一种方式是组成从事参与性项目的工作人员团队。这个团队相对自我管理，拥有广泛的决策权，并拥有技术和沟通技能、历史专业知识，以及预算和采取行政行动的权力，从而能够更快速地行动"[1]，这些体现的正是一种持续改进的理念，不僵化，以积极姿态迎接变化，不断改进完善项目。爱德华·贝努瓦三世（Edward Benoit Ⅲ）和亚历山德拉·伊夫利（Alexandra Eveleigh）在总结参与式档案馆的挑战、机遇和未来方向时也指出，"若干案例研究表明，档案工作者在参与参与式项目时需要保持灵活性并适应不断变化的情况。……例如，允许项目根据档案工作者和参与者的经验转变方向或改变范围。还需要有一定的灵活性去接受失败，评估问题所在，并从中吸取教训。保持灵活性和流动性的能力与参与性项目的可持续性直接相关。……然而，还必须认识到，并非所有收藏都是好的参与式项目。本书中描述的许多成功项目不

①　Nelleke van Zeeland and Signe Trolle Gronemann, "Participatory Transcription in Amsterdam and Copenhagen", in Edward Benoit Ⅲ and Alexandra Eveleigh, eds. *Participatory Archives: Theory and Practice*, London: Facet Publishing, 2019, pp. 103—113.

是单个实例，而是一系列相互借鉴、从以往经验中学习并适应新技术和参与者的小型项目"①。

　　总之，中国档案机构肩负开发利用历史档案、传承复兴中华文化的历史使命，面对互联网技术革新和公众力量的崛起，各级档案机构不能故步自封，应走出历史档案传统开发利用模式的舒适区，积极探索尝试以众包模式为代表的互联网开发新模式，立足中国实际，对接世界潮流，为构建人类档案命运共同体贡献中国智慧，提供中国道路。

---

　　① Edward Benoit Ⅲ and Alexandra Eveleigh, "Challenges, Opportunities and Future Directions of Participatory Archives", in Edward Benoit Ⅲ and Alexandra Eveleigh, eds. *Participatory Archives: Theory and Practice*, London: Facet Publishing, 2019, pp. 211−217.

第六章

历史档案开发利用众包模式
的其他类型研究

众包模式现在已经成为一种重要的互联网商业模式。美国学者大卫·艾伦·格里尔（David Alan Grier）根据分工方式的不同将众包分为五种模式，分别是微任务、众赛、众筹、宏任务和自组织众包[①]，具体分工方式和内容详见表6—1[②]。可见，众包模式的内涵和分类是非常丰富的，其本质是一种"互联网＋"的创新模式，具体到档案领域，目前国内对于档案众包已经开展了大量的研究，但这些研究的一个共性前提是基于档案众包的"微任务"模式，即鼓励公众在众包平台上开展档案的贴标签、著录、转录、上传等细分的工作。笔者认为，中国档案学界和业界不能仅仅将档案众包模式的关注视野局限在微任务众包这一种众包类型上，还应对其他众包类型予以充分关注，事实上，除自组织众包外，国内外学界和业界已有少数研究和实践涉及众赛、众筹、宏任务众包领域，因此，本章将对历史档案开发利用众赛、众筹、宏任务众包三种模式予以探讨，主要探讨各众包类型的内涵、适用性、现实问题、过程管理框架构建及实施策略等。由于自组织众包模式过于前卫且在档案

---

① ［美］大卫·艾伦·格里尔：《众包》，肖江波译，人民邮电出版社2015年版，第14—15页。

② ［美］大卫·艾伦·格里尔：《众包》，肖江波译，人民邮电出版社2015年版，第13页。

开发利用实践中未见应用，故本章暂不做探讨。

表 6—1 众包的五种模式（大卫·艾伦·格里尔）

序号	模式	分工方式	具体内容
1	微任务	将工作一分再分	把工作不断细分，让更多的群体快速完成工作，需要给每一位工作者报酬
2	众赛	个人承担工作	让每位成员都独立完成同一份工作，然后从众多参赛作品中选出最满意的，并奖励获胜者
3	众筹	利用众包筹集资金	主要目的不是完成工作任务，而是筹集资金。主要有两种形式：一是慈善型众筹，让人捐赠财物；二是交易型众筹，如为公司捐钱，报酬是得到一部分股份
4	宏任务	多人协作完成工作	将一份工作分成几大部分，根据每一部分工作所需的技能招聘可以胜任的群体，你只需负责管理工作和提供报酬
5	自组织众包	让群体自由分配工作	不需要自己分配工作，只需把工作交给群体。先把工作放到众包平台上，告诉群体你将奖励工作最出色的成员，并给工作设定一个截止日期，然后让他们自由发挥。截止日期一到，验收成果并给予报酬

第一节 历史档案开发利用众赛模式研究

众赛（Crowd contests）是众包的一种模式，由于分工方式比较简单，众赛可以说是所有众包模式中最简单的一种。学界对众赛的含义有较多阐述，如董坤祥等认为，众赛指的是发包方把任务通过互联网发布到众包平台，所有感兴趣且符合条件者均能参加竞争，由提供最佳解决方案者获得奖金[①]；大卫·艾伦·格里尔（David Alan Grier）认为，众

---

① 董坤祥、侯文华、周常宝、李康宏：《众包竞赛中解答者创新绩效影响因素研究——感知风险的调节效应》，《科学学与科学技术管理》2016 年第 2 期。

赛是"让每位成员都独立完成同一份工作，然后从众多参赛作品中选出最满意的，并奖励获胜者"①或"许多人通过竞争获得奖励的众包模式"②；黄国华、王强认为，众赛就是"通过向企业外部'悬赏'获得解决方案"③。总之，简单来说，众赛就是一种基于互联网开展的鼓励公众广泛参与竞争并奖励获胜者的比赛。按此界定，近年来，中国档案机构在互联网时代也积极发动公众等社会力量开展了丰富多彩、形式多样的在线比赛，笔者认为这些比赛在本质上也属于众赛的范畴。

一　研究综述与目标

中国知网文献数据库"档案学、档案事业"学科领域以"众赛"或"众包竞赛"为篇名检索（检索时间：2023年12月16日）得到结果为0，可知档案众赛尚未引起档案学界的关注；以"比赛"或"竞赛"为篇名进行检索，得到文献370条，现简要分析如下：

第一，时间和数量分布方面，由图6-1可知，中国档案系统中开展比赛或竞赛活动由来已久且较为常见，并非新鲜事物。最早探讨档案竞赛的文献是杨邦治于1958年发表在《档案工作》杂志上的《在档案资料工作上开展评比竞赛》④，改革开放至今几乎每年都有不少介绍或分析档案系统比赛或竞赛的文献。

第二，档案比赛内容和形式方面（见表6-2），目前学界绝大部分文献是关于开展档案比赛的介绍和总结，这些比赛内容和形式较为多样，既有档案工作竞赛，也有档案技能和知识竞赛，还有丰富多彩的业余活动竞赛；比赛形式既有实地展示型的，也有成果提交型的，实地展

---

① ［美］大卫·艾伦·格里尔：《众包》，肖江波译，人民邮电出版社2015年版，第14页。

② ［美］大卫·艾伦·格里尔：《众包》，肖江波译，人民邮电出版社2015年版，第170页。

③ 黄国华、王强编著：《众包与威客》，中国人民大学出版社2015年版，第33页。

④ 杨邦治：《在档案资料工作上开展评比竞赛》，《档案工作》1958年第11期。

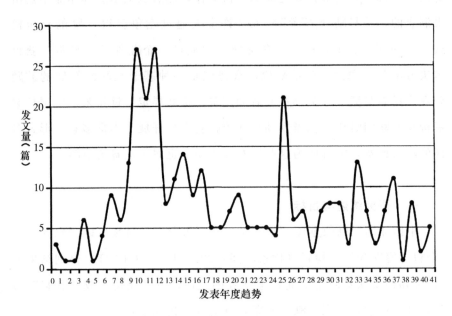

图 6－1　学界"档案比赛/竞赛"研究文献的时间和数量分布图

示型的比赛又可以分为现场展示和电视展示两类。

表 6－2　　　　　文献中有关"档案比赛/竞赛"的内容和形式

序号	比赛内容	比赛形式
1	红歌/歌咏比赛	实地展示
2	公文写作竞赛	成果提交
3	学科竞赛（大学生课外科技竞赛）	成果提交＋实地展示
4	演讲比赛	实地展示
5	档案职业技能竞赛	实地展示
6	知识竞赛	实地展示
7	"兰台宝藏，解读档案"电视分享比赛	实地展示
8	象棋比赛	实地展示
9	书法、篆刻、绘画、摄影比赛	成果提交
10	征文比赛	成果提交
11	档案工作竞赛	实地展示

第三，档案比赛的探讨或反思方面，学界对档案比赛活动的意义和方法也进行了阐述，认为"开展竞赛活动是我党群众路线工作方法的具体运用"①，竞赛机制是促进现代企业档案管理"上水平"的重要举措②，是促进机关档案工作"上等级"的好办法③，有利于"了解整个地区的文书、档案工作；及时总结、交流经验"，有利于"广泛宣传和加强机关对档案工作领导"④，应坚持"五个结合"（即全国性与区域性的竞赛相结合，全面赛与单项赛相结合，运用检查评比与运用电视、档案工作刊物等相结合，限额与达标即予认可相结合，内外结合），注重"三个环节"（制定竞赛条件、检查评比、表彰奖励）⑤；"评比内容应虚实并重，评比指标不一定要很具体，评比方法可多种多样（一是巡回参观，现场鉴定，最后民主评定；二是在一地召开现场会议，集中汇报，最后评定）"⑥。

目前学界涉及档案比赛的研究不足在于：第一，大多档案比赛局限于机关或系统内部，缺少社会公众的广泛参与。第二，关注的档案比赛的参与形式均为线下方式，并非严格意义的互联网众赛模式，缺乏对当下档案机构基于互联网开展的档案众赛尤其是历史档案开发利用众赛的关注。

基于以上研究不足，本章将以国内外众包和众赛的相关理论和先进经验为指导，以国内省级档案机构的众赛实践为研究样本，探讨中国现阶段历史档案开发利用众赛的发展现状和问题，并探索基于过程管理理念的历史档案开发利用众赛模式的构建策略，以期为学界和业界提供有益参考。

---

①　刘王贵：《浅谈档案战线的竞赛活动》，《山西档案》1988 年第 1 期。

②　王福静、赵莉：《竞赛机制是促进现代企业档案管理上水平的重要举措》，《兰台内外》1998 年第 6 期。

③　张鸿升、陈建军、陈昊：《开展竞赛，是促进机关档案工作"上等级"的好办法》，《档案管理》1991 年第 2 期。

④　杨邦治：《在档案资料工作上开展评比竞赛》，《档案工作》1958 年第 11 期。

⑤　刘王贵：《浅谈档案战线的竞赛活动》，《山西档案》1988 年第 1 期。

⑥　杨邦治：《在档案资料工作上开展评比竞赛》，《档案工作》1958 年第 11 期。

二 历史档案开发利用众赛模式概述

（一）众赛模式的优缺点及其在历史档案开发利用中的适用性

大卫·艾伦·格里尔（David Alan Grier）认为，众赛模式有诸多优点：第一，简单易操作，众赛主办方不需要花费精力管理参赛者和维系关系；第二，成本低、成果多样且质量高、产出成果速度快；第三，主办方可以通过众赛接触到更多人才；第四，众赛能够产生新想法。当然众赛也存在一些缺点：一是缺乏与参赛者的长期联系，比赛一结束，这种沟通交流基本就结束了；二是不适用于耗时较长的工作，如果某些工作需要花费大量时间和资本，主办方必须提供更加丰厚的奖励才能吸引高质量的工作群体①。

基于众赛模式的这些优缺点，该模式是否适合历史档案的开发利用呢？笔者认为该问题不能一概而论，需要具体分析。长期以来，作为珍贵文化遗产，大量历史档案因海量、繁杂、开发利用难度大而被束之高阁，历史档案的开发利用工作包括历史档案的收集、整理、鉴定、保管、统计、利用服务（如编研、展览、视频制作）等大量工作，档案机构应根据众赛模式的适用范围并结合自身需求和历史档案开发利用工作的特点对这些工作进行具体分析，探索应用众赛模式的具体工作。大卫·艾伦·格里尔（David Alan Grier）认为，"众赛通常适用于需要极强创造力的工作，也可以用于搜集某些新想法"②。由此可见，众赛模式主要适用于创新型工作，适用的工作类型主要有两种，一种是需要公众贡献创造性成果的工作，另一种是需要搜集公众创新性想法的工作。因此，笔者认为，审视历史档案开发利用的诸多环节，诸如历史档案的

---

① ［美］大卫·艾伦·格里尔：《众包》，肖江波译，人民邮电出版社 2015 年版，第15 页。

② ［美］大卫·艾伦·格里尔：《众包》，肖江波译，人民邮电出版社 2015 年版，第54 页。

整理、鉴定、保管、统计等基础性工作由于管理制度较为严格且业务操作性较强，较难发挥公众的创造性和主动性，而历史档案的征集以及利用服务中的部分工作（如编研、展览、视频制作等）是需要大量创新想法、作品或实践支撑的工作，较为适合通过众赛模式吸引互联网大众或小范围群体参与其中，引入公众的创新想法、成果或实践，推动历史档案开发利用模式的创新性发展，推进历史档案开发利用的成果创新和提质增效。

（二）历史档案开发利用众赛模式的含义及构成

笔者认为，历史档案开发利用众赛模式指的是，文化遗产等机构（主要是档案机构）依托所藏开放历史档案资源，面向系统内部或者社会大众，通过互联网平台开展的以历史档案资源开发利用为主题的形式多样的竞赛，以吸纳或采集更多创新想法和成果并奖励优胜者的活动。历史档案开发利用众赛模式主要涉及众赛主办方、社会参与方、历史档案资源和互联网众赛平台四个构成要素，四要素的相互关系见图 6－2：

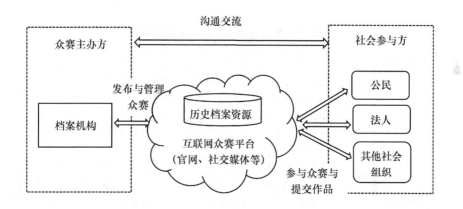

图 6－2　历史档案开发利用众赛模式的构成要素及相互关系

由图 6－2 可知，历史档案开发利用的众赛模式的要素关系较为简单，档案机构作为社会主办方通过官网、社交媒体等互联网平台发布历史档案开发利用的众赛通知，公民、法人或其他社会组织等社会大众作为社会参与方以互联网平台上的开放历史档案资源为依托参与众赛，充分发挥主观能动性并利用各自技能制作并提交作品，档案机构审核评价作品并确定优胜者颁发奖励，其间档案机构和参赛者可能需要经常沟通比赛细节，但参赛者之间由于存在竞争关系则沟通较少。

（三）历史档案开发利用众赛模式的种类

大卫·艾伦·格里尔（David Alan Grier）将众赛分为四种类型，分别是个体需求性众赛、一般调查型众赛、针对学生的众赛和针对专业技术人员的众赛[①]。笔者认为这种分类标准不统一，在逻辑上存在一定的重叠。对于档案机构来说，历史档案开发利用众赛模式的分类需要做出一定的调整，可以根据众赛参赛对象分为针对专业技术人员的众赛、针对学生等特定群体的众赛、针对社会大众的众赛，也可以根据众赛目的分为业务需求型众赛和信息调查型众赛，还可以根据历史档案资源来源分为封闭索取型众赛和开放共享型众赛。具体分类依据、类别及内容介绍见表6-3：

表6-3　　　　　　　　历史档案开发利用众赛模式的类别

分类依据	类别	简介
（一） 参赛对象	1. 针对专业技术人员的众赛	考虑到历史档案信息的安全性，把众赛对象控制在专业技术范围内，以降低规避项目风险并节约成本
	2. 针对学生等特定群体的众赛	具有传授知识或开发技能的教育目的或其他特定目的
	3. 针对社会大众的众赛	不对众赛范围进行控制，鼓励广泛参与
（二） 众赛目的	1. 业务需求型众赛	解决历史档案开发利用的业务问题，最常见
	2. 信息调查型众赛	了解历史档案开发利用的业务需求或公众想法
（三） 档案来源	1. 封闭索取型众赛	不对外提供档案资源，参赛作品源自参赛者
	2. 开放共享型众赛	对外开放共享档案资源，参赛作品基于馆藏

① [美]大卫·艾伦·格里尔：《众包》，肖江波译，人民邮电出版社2015年版，第56—57页。

三　国内历史档案开发利用众赛模式应用现状调查与评价

（一）调查设计

为了对国内历史档案开发利用众赛模式的应用现状有一个全面客观的把握，笔者特选取国内 31 个省级（港、澳、台除外）综合档案馆的官方网站作为调研样本，样本选择原因有二：一是综合档案馆的官方网站是综合档案馆面向社会发布信息和开展各类业务活动的最全面、权威的网络门户，一般的众赛活动基本都会在其官网首先发布；二是省级综合档案馆数量不大，可以开展全样本分析，开展的各类众赛活动层次较高且具有示范带动性，可以较好地反映中国历史档案开发利用众赛的总体状况。

笔者以样本近 12 年（2011 年 8 月—2023 年 8 月）的档案众赛为调研时间段，重点关注其"通知公告"栏目中关于众赛的信息，对省级综合档案馆（档案局）举办的档案众赛活动（转发国家档案局举办的众赛活动不在统计范围内）进行全面系统的检索、浏览和梳理[①]，并重点关注调查以下四个问题：第一，众赛的总体数量、具体领域和省份数量分布；第二，历史档案开发利用众赛的领域和数量分布；第三，历史档案开发利用众赛的举办方和参与群体；第四，历史档案开发利用众赛的开展目的和沟通交流方式。

（二）调查结果统计与分析

1. 众赛的总体数量、开展领域和省份分布

第一，中国省级综合档案馆众赛总体数量丰富、领域多样。近年来，中国省级综合档案馆充分利用互联网举办了数量丰富、形式多样的众赛活动（具体领域、数量及占比见表 6—4），据不完全统计，近 12

[①]　由于部分省级综合档案馆网站无法打开、部分网站无通知公告栏目以及栏目内容部分缺失等情况，本节统计数据为不完全统计，统计结果仅依据现有网站内容检索得出，因此与实际数量可能有出入，统计结果仅供参考。

年来中国省级综合档案馆共举办各类众赛活动 207 次，这说明中国档案机构已经意识到了互联网大众的力量以及众赛的优势并积极引入社会大众参与机构工作，而且有的众赛活动还较有创新性，如档案网站建设大赛、视频制作大赛等。10 种众赛领域中占比最大的两大领域是征文比赛（45.89%）和档案科研评优（26.09%），两大领域共举办了 149 次，占到所有比赛的 71.98%，而其他 8 个领域仅占 28.02%，诸如起名与设计大赛、档案网站建设大赛等典型众赛形式较为罕见，可见档案众赛的开展领域分布是不均衡的。

表 6-4 　　　　　　　中国省级综合档案馆众赛开展领域和数量

序号	众赛领域	数量	占比
1	征文比赛	95	45.89%
2	档案科研评优	54	26.09%
3	档案开发利用优秀案例评选	15	7.25%
4	档案征集大赛	12	5.80%
5	视频制作大赛	9	4.35%
6	档案编研成果评奖	8	3.86%
7	在线档案知识竞赛	7	3.38%
8	起名与设计大赛	5	2.42%
9	在线演讲比赛	1	0.48%
10	档案网站建设大赛	1	0.48%
	合计	207	100%

第二，中国综合档案馆开展众赛的地区分布不均衡。由表 6-5 可知，有的省份举办众赛活动较为活跃，排名前五的有山东省、安徽省、四川省、重庆市、浙江省，众赛数量均超过 15 次，尤其是山东省高达 27 次；而也有多达 9 个省份综合档案馆众赛数量为 0 次。由此可见，中国省级综合档案馆举办众赛的数量分布极不平衡。

表6—5　　　　　　　**中国省级综合档案馆众赛数量分布表**

序号	省份	数量	序号	省份	数量
1	山东省	27	18	上海市	3
2	安徽省	20	19	云南省	2
3	四川省	17	20	青海省	1
4	重庆市	17	21	海南省	1
5	浙江省	15	22	陕西省	1
6	黑龙江省	14	23	吉林省	0
7	北京市	14	24	河南省	0
8	江苏省	13	25	湖北省	0
9	天津市	12	26	广东省	0
10	湖南省	10	27	福建省	0
11	贵州省	10	28	河北省	0
12	辽宁省	8	29	西藏自治区	0
13	甘肃省	6	30	新疆维吾尔自治区	0
14	内蒙古自治区	5	31	宁夏回族自治区	0
15	广西壮族自治区	5			
16	江西省	3			
17	山西省	3			

2. 历史档案开发利用众赛的现状分析

上述统计是中国省级综合档案馆所有众赛的统计，不难看出，其中许多众赛明显与历史档案开发利用众赛距离较远，因此，笔者通过进一步筛选，将其中与历史档案开发利用无关的众赛剔除，得出中国省级综合档案馆历史档案开发利用众赛20项，现将目前中国省级综合档案馆历史档案开发利用众赛的成绩和问题分析如下：

第一，历史档案开发利用众赛领域多样，但总体数量偏少。笔者将中国省级综合档案馆众赛和历史档案开发利用众赛的开展领域和数量进行对比（见表6—6）后发现，总体来看，中国省级综合档案馆历史档案开发利用众赛的开展领域较为多样，主要领域有6个（分别是征文比赛、档案开发利用优秀案例评选、档案征集大赛、视频制作大赛、档案编研成果评奖、起名与设计大赛）。这六大领域共开展众赛数量只有20

个，占所有众赛的比率仅为 9.7%，可见省级综合档案馆历史档案开发利用众赛偏少，在所有众赛中的占比较低。

表 6—6　　中国省级综合档案馆众赛和历史档案开发利用众赛的
开展领域和数量对比

序号	众赛			历史档案开发利用众赛			
	开展领域	数量	总体占比	开展领域	数量	同领域占比	总体占比
1	征文比赛	95	45.89%	征文比赛	5	5%	25%
2	档案科研评优	54	26.09%	/	/	/	/
3	档案开发利用优秀案例评选	15	7.25%	档案开发利用优秀案例评选	2	13%	10%
4	档案征集大赛	12	5.80%	档案征集大赛	3	25%	15%
5	视频制作大赛	9	4.35%	视频制作大赛	1	11%	5%
6	档案编研成果评奖	8	3.86%	档案编研成果评奖	8	100%	40%
7	在线档案知识竞赛	7	3.38%	/	/	/	/
8	起名与设计大赛	5	2.42%	起名与设计大赛	1	20%	5%
9	在线演讲比赛	1	0.48%	/	/	/	/
10	档案网站建设大赛	1	0.48%	/	/	/	/
	合计	207	100%	合计	20	9.7%	100%

第二，历史档案开发利用众赛领域结构不均衡且深度不足。首先，众赛领域呈现出不均衡的局面，具体来说，现有历史档案开发利用众赛开展较高的领域有 3 个（见表 6—6），分别为档案编研成果评奖（占比40%）、征文比赛（占比 25%）和档案征集大赛（占比 15%），三大领域合计占比 80%，其余领域（档案开发利用优秀案例评选、视频制作大赛、起名与设计大赛）仅占比 20%，大多为 1—2 项的零星状态，较为罕见。其次，历史档案开发利用众赛深度不足。所谓众赛深度不足，

指的是档案机构现在举办历史档案开发利用众赛基本为封闭索取型众赛，即自身不对外开放共享档案资源，参赛作品源自参赛者，仅对系统内部开发利用成果进行评选或系统外部档案资源、想法或研究成果进行征集。这属于浅层次的众赛，真正深层次的历史档案开发利用众赛应为开放共享型众赛，即档案机构将馆藏历史档案资源通过互联网进行开放共享，鼓励社会大众基于历史档案资源提交参赛作品并评选优胜者。如澳大利亚国家档案馆（NAA）开发了"发现澳新军团"（Discovering Anzacs）网站，将几十万份参加第一次世界大战的澳大利亚和新西兰士兵的兵役记录上传到网站供公众下载浏览，公众可以在"学习"栏目基于这些档案创建自己的展览并参加在线展览评选大赛，大赛分为高中组和小学组两个类别，获奖学校和作品被放在网站上公开展示（见图 6—3①），这就是典型的深度的历史档案开发利用开放共享型众赛。

图 6—3 "发现澳新军团"网站举办的历史档案展览众赛获奖学校和成果展示

---

① NAA，"Discovering Anzacs"，June 25，2023，https://discoveringanzacs. naa. gov. au/learn/school-entries/.

第三，历史档案开发利用众赛主办方以综合档案馆为主，参赛群体较为广泛，但以系统内部参与为主，社会大众参与不足。统计可知，中国省级综合档案馆历史档案开发利用众赛的主办方大多为档案局、档案馆和档案学会，只有极个别的众赛是由综合档案馆与其他机构联合主办。参赛群体较为广泛，主要有三种类型：第一种是面向档案系统内部组织和档案专业技术人员，这种最常见（15个，占比75％）；第二种是面向社会大众（3个，占比15％）；第三种是面向特定群体，如科研群体、某个地域人群等（2个，占比10％）。总的来说，中国省级综合档案馆众赛对参与群体进行了较多的控制，主要是在系统内部范围内开展众赛，这样做的好处较为明显，可以提高众赛效率，提高成果质量等，但同时将参赛群体限定在系统内部也存在许多不利影响，比如无法扩大档案影响力，不利于提升社会档案意识，无法与社会力量和其他系统进行更好的交流和合作等。

第四，历史档案开发利用众赛以满足业务需求为主要目的，以线上交流为主。统计可知，现有历史档案开发利用众赛的开展目的均为业务需求型，即通过历史档案开发利用众赛满足综合档案馆丰富馆藏、加强宣传、深化研究、解决业务难题等业务需求，目前尚无信息调查型众赛。综合档案馆首先通过官网或社交媒体发布众赛通知，之后与参赛者的沟通交流方式大多为电话和电子邮件，个别众赛要求通过邮寄方式提交作品。

综上可知，历史档案开发利用众赛在中国档案机构中不是一个新鲜事物，中国不少综合档案馆为满足自身业务需求已经在历史档案开发利用的多个领域探索和应用众赛模式，吸引了档案系统内外部大量机构和人士的广泛参与，但同时也存在一些较为突出的问题，如历史档案开发利用的众赛数量偏少、众赛领域不均衡、众赛深度不够以及社会大众参与不足等。

四　历史档案开发利用众赛模式的过程管理框架构建及实施策略

找出中国历史档案开发利用众赛现存问题后，接下来的工作便是对症下药，从众赛数量、领域结构、深度以及群体参与等方面入手采取有效措施提升众赛质量和水平，笔者认为档案机构不能孤立地来看待和解决这些问题，应通过系统性思维和顶层设计将这些问题及其解决对策纳入众赛的全过程管理框架中。因此，加强历史档案开发利用众赛的顶层和系统设计管理，建立基于过程管理理念的历史档案开发利用众赛模式框架来指导众赛实践，将有助于推动档案机构举办更多数量和更高质量的众赛。下面笔者将基于过程管理理念并结合中国实际和典型案例尝试构建一个档案机构历史档案开发利用众赛的模式框架，并基于该框架探索众赛实施策略，以期为学界和业界提供参考。

（一）历史档案开发利用众赛模式的过程管理框架构建

1. 历史档案开发利用众赛模式的纵向过程划分

从本质上来看，历史档案开发利用众赛的过程其实并不复杂，档案机构在网络平台发布众赛通知，通过各种方式吸引公众参与，参赛者根据通知要求提交作品，档案机构审核作品并奖励获胜者。这里有两个重要节点，一个是主办方发布众赛通知，另一个是参赛者提交作品，因此可以把这两个节点作为分割界限，将历史档案开发利用众赛的纵向过程分成前期准备、中期管理和后期审核与奖励三个阶段（见图6-4）。

2. 历史档案开发利用众赛模式的横向要素构成

历史档案开发利用众赛的大致纵向过程确定以后，接下来就需要确定和关注每个子过程涉及的横向要素，这些要素对于众赛的成败至关重要。具体如下：

第一，前期准备阶段。在档案机构发布众赛通知之前为众赛的前期准备阶段，它是开展众赛的前提和基础，需要做大量的准备、设计和测试工作，也是关系到后续众赛质量和效果的关键阶段，该阶段涉及的横

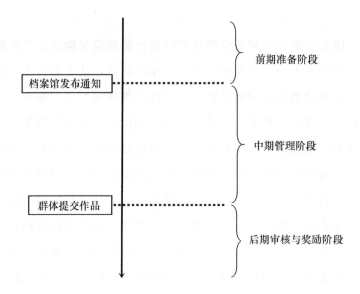

图 6－4　历史档案开发利用众赛的纵向过程划分

向要素包括众赛内容和目标，组织、人员和制度准备，众赛通知撰写，众赛平台选择，众赛试点测试等。

第二，中期管理阶段。从档案机构发布众赛通知到参赛者提交作品，这是历史档案开发利用众赛的中期管理阶段，这一阶段的任务相对简单，主要是吸引和管理参赛群体。这一阶段涉及的横向要素包括群体参与的吸引和鼓励，参赛群体引导、协调与管理等。

第三，后期审核与奖励阶段。参赛者提交作品后，历史档案开发利用众赛进入后期审核与奖励阶段。这一阶段应遵循公平、公正和公开的原则，涉及的横向要素包括参赛作品审核评价、众赛结果公布、优胜者奖励等。

将上述历史档案开发利用众赛模式的全部纵向过程和全部横向要素进行结合，同时将众赛模式的四个构成要素（众赛主办方、社会参与者、历史档案资源和互联网众赛平台）融入其中，笔者尝试构建了一个基于过程管理的历史档案开发利用众赛模式框架（见图 6－5）。

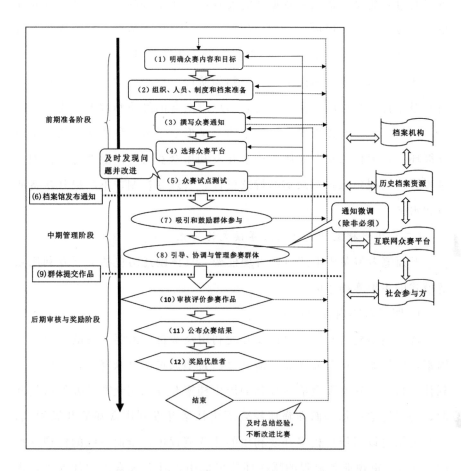

图 6-5 基于过程管理的历史档案开发利用众赛模式框架

　　基于过程管理的历史档案开发利用众赛模式框架以档案机构为管理主体，基于馆藏特色数字历史档案资源，借助互联网众赛平台对参赛群体的参赛活动进行流程化设计、协调、管理和控制。该框架突出表现为其管理过程的流程性，从比赛前期到最后结束一共经过前后相继的 12 个步骤，并且整个框架遵循了一种持续改进循环的管理理念。首先，在关系众赛质量高低的关键环节——前期准备阶段，其中的 5 个步骤可以组成多个闭环结构，即当进行到第 5 步——众赛试点测试时，档案机构可以通过收集试点信息和意见及时发现前面 4 个步骤中的问题并及时作出设计改进，从而形成一个微型的持续改进循环，最大限度地优化众赛设计。其次，如果从全部 12 个步骤来看，虚线箭头在历史档案开发利用众赛结束后又重新指向了众赛的初始阶段，代表档案机构在众赛结束后甚至进行过程中就应注意及时总结反思众赛的经验和教训，为举办好下一次众赛提供有益借鉴。这从整体上又形成了另一种意义上的持续改进循环。档案机构在开展历史档案开发利用众赛时可以参考这个框架从过程管理的视角加强对众赛的持续设计、管理和控制，不断提升众赛质量和水平。

（二）历史档案开发利用众赛模式的实施策略

下面笔者将基于上述过程管理框架，具体阐述历史档案开发利用众赛模式的主要实施策略：

1. 明确众赛内容和目标

这是档案机构开展历史档案开发利用众赛首先需要考虑的一个重要因素，即档案机构首先需要想清楚自己希望通过举办众赛干什么以及达到什么目的。这又涉及前面提到的历史档案开发利用众赛举办领域的问题，为了能够更加全面准确地找到历史档案开发利用众赛的开展领域，档案机构可以对历史档案开发利用的业务流程进行全面系统的梳理（见图 6—6），审视业务流程的哪些环节可以引入社会大众来增加人力、提高工作效率和质量，从而迅速找到众赛的开展环节。从图 6—6 中不难看出，较适合开展众赛的领域包括历史档案收集环节的征集工作（征集大赛）以及历史档案提供利用环节的编研（如征文比赛、公众编研大赛、系统内编研成果和优秀案例评奖等）、展览（起名大赛、展览设计大赛等）以及视频制作（视频制作大赛等）等工作，这与中国档案机构现在开展的历史档案开发利用众赛领域也是基本吻合的，但档案机构举办历史档案开发利用众赛时应注意平衡众赛的开展领域，在历史档案征集、展览、编研和视频制作等领域都要积极尝试，不可偏废，而且应注重提升众赛深度，加大馆藏特色数字历史档案资源的上网鉴定和开放共享力度，鼓励公众充分利用在线数字历史档案资源创作作品参与众赛，增强历史档案开发利用众赛的效果和影响力。

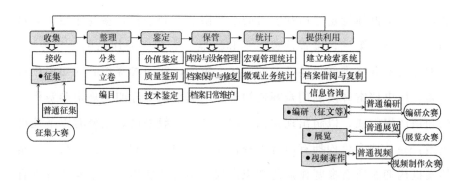

图 6—6　历史档案开发利用的业务流程及众赛的开展领域（标·）

2. 组织、人员和制度准备

档案机构举办历史档案开发利用众赛应得到机构领导的支持并成立一个专门的工作小组，机构应对小组开展众赛予以制度规范、人力、财力、物力、技术等方面全方位的支持和保障。工作小组成员应分工明确，具备众赛组织、沟通协调和管理控制的经验、技能和水平。

3. 撰写众赛通知

众赛通知对于众赛的效果至关重要，它是吸引群体参与众赛的重要手段，也是参赛者参加众赛的行动指南。众赛通知的撰写应简洁明了，要素完整，结构合理，准确无误，发出后一般不予改动，众赛通知包含的要素较多：第一，陈述众赛目标和内容。众赛通知的第一段一般为陈述众赛的目标和内容，这既需要阐明档案机构的意向和需求，也要激发群体参与众赛的积极性，因此好的众赛目标陈述需要做到比赛目标、成果用途、成果要求等具体明确，语言阐述简洁有号召力。第二，确定参赛群体。一般来说，历史档案开发利用众赛对于参赛者没有严格限制，无须过多审核参赛者资格，只要对历史档案开发利用感兴趣的群体都可以参与进来，各显神通。但在众赛的具体实施过程中，鉴于某些历史档案开发利用的专业性，档案机构有时也应根据自身需求和工作实际对参赛群体进行一定范围的限制和选择，如限定为中小学生或历史学研究者，对参赛群体特定经历和能力的必要限制有利于提升参赛作品的质量和众赛效果。第三，设置选拔原则和标准。应对优秀作品的选拔原则、标准和技术规格进行简要准确的阐述。第四，阐明参赛作品的知识产权归属。历史档案开发利用众赛通知中应根据活动实际明文规定参赛作品的知识产权归属，以防出现知识产权争端。一般来说，主要有以下几种类型：一是档案机构拥有所有参赛作品的知识产权和公益使用权；二是档案机构拥有所有参赛作品的知识产权但不公开使用；三是参赛者拥有自己作品的知识产权，但不公开使用与档案机构有关的那部分作品；四是参赛者拥有自己作品的知识产权及其使用权。第五，明确作品的提交格式和渠道。档案机构一般要求通过电子邮箱或者邮寄方式提交参赛作品，作品的格式要清晰明确。第六，设置作品提交截止日期。截止日期设置应合理，既不能太匆忙也不能太遥远。第七，明确奖励内容。档案机构应在通知中明确奖励内容和级别，高额度或高级别的奖励有利于提升群体的参赛热情和兴趣。常见的奖励包括颁发荣誉证书、奖金、奖品等。

4. 选择众赛平台

档案机构一般通过自己的官网、社交媒体官方账号（如新浪微博、微信公众号、抖音号等）发布众赛通知，召集参赛群体，开展众赛活动，官网的登录群体以档案系统内部人员为主，而新浪微博、微信公众号、抖音号等社交媒体平台的群体则更加广泛，可以迅速吸引召集大批参赛群体，信息转发和交流也更加顺畅。目前还没有机构选择专业众赛网站（诸如国外的 99designs 和 CrowdSPRING 等专业众赛平台）来开展比赛。

5. 众赛试点测试

为了减少众赛风险，档案机构在发出历史档案开发利用众赛的通知之前，最好在自己熟悉信任的小范围人群中进行试点测试，鼓励群体对众赛提出意见和建议，重点测试众赛通知是否清晰准确、众赛规则设计是否清晰合理、众赛奖励是否恰当、众赛工作小组成员的管理能力是否到位等，从而通过全方位检查及时发现众赛设计和管理中的细节性问题，避免后续比赛过程中出现麻烦。

6. 吸引和鼓励群体参与

档案机构发出历史档案开发利用的众赛通知后，应通过官网、社交媒体（如微博、微信公众号、微信群聊、QQ 群聊、抖音号等）、主流视频网站（如腾讯视频等）、报纸、电视、广播、线下广告等多种渠道对众赛活动进行全方位、立体化的广泛宣传，提升活动的曝光度和知名度，宣传载体既可以是传统的文本形式，也可以是公众喜闻乐见的短视频形式，短视频要振奋人心、生动清晰、言简意赅、制作精良，重点宣传众赛对于公众的价值和意义（如帮助他人、社会和国家，展现个人价值和能量）、众赛的内容以及优胜者可以获得的奖励和回报（如收获奖金、满足公众归属感、提高档案开发技能、丰富档案管理经验），提升公众或特定群体参与众赛的兴趣，大力吸引和鼓励公众或特定群体参与众赛。

7. 引导、协调与管理参赛群体

档案机构可以通过官网、电子邮件、博客、微博或由参赛者组成的微信群聊或 QQ 群等方式对参赛者予以指导和管理，审核参赛者资格，加强与参赛者的沟通互动，积极采纳参赛者的有益意见和建议，解答参赛者的疑问和不满，定期更新众赛信息和进展，上传参赛培训音视频或比赛中公众可能用到的一些技巧指南或技术工具包，简要评论已收到的参赛作品，激发群体工作积极性，提升群体递交作品的效率和质量。

8. 审核评价参赛作品

档案机构应建立评委会对符合条件的参赛作品进行审核和评价，剔除不符合条件的参赛者或作品，也可以通过初评、专家评选、网络投票等方式进行综合评选，选出优胜者并评定获奖等级。

9. 公布众赛结果

档案机构在评出获奖作品后不应急着进行奖励，应首先对众赛评审情况和结果进行公示，公开获胜者及作品名录甚至作品本身，既可以提升自身和获奖者的声誉，同时也可以接受公众监督，及时发现违规作品。

10. 奖励优胜者

档案机构应根据参赛者的获奖等级为其颁发相应级别的荣誉证书、奖金或奖品，对其参赛作品予以充分认可。

综上所述，长期以来，中国档案机构大量借助互联网平台开展了丰富多样的众赛活动，其本质上属于借助互联网和社会大众的力量开发利用馆藏档案资源的众包模式。今后中国档案机构应正视历史档案开发利用众赛的现存问题和不足，通过科学管理和理念创新进一步加大众赛模式的应用步伐和深度，助推档案治理体系和治理能力现代化。

第二节　历史档案开发利用众筹模式研究

进入 21 世纪后，一种新型互联网资金筹集方式开始广泛流行，那就是众筹（Crowdfunding），众筹本质上属于众包（Crowdsourcing）的一种类型。《连线》杂志的撰稿人杰夫·豪（Jeff Howe）首次提出"众包"概念，并且把众包分成了群体智能/大众智慧、大众创造、大众投票和大众集资四种模式①；大卫·艾伦·格里尔（David Alan Grier）根

---

① ［美］杰夫·豪：《众包——群体力量驱动商业未来》，牛文静译，中信出版社 2011 年版，第 227 页。

据不同分工方式将众包模式分为众赛、宏任务、微任务、自组织众包、众筹五大类型[①]。由此可见，众包涵盖的内容还是比较丰富的，但无论如何划分，众筹都属于一种典型的众包模式。"众筹"一词最早于2006年8月由美国学者迈克尔·萨利文（Michael Sullivan）提出，他将众筹定义为：众筹是群体性的合作，人们通过互联网汇集资金，以支持由他人或组织发起的项目[②]。国内学者对于众筹进行了多样化定义，例如：陆承兆认为，"众筹是指创意者等项目发起人（筹资人）通过互联网发布筹款项目并募集资金"[③]；黄国彬等认为，"众筹特指通过互联网向大众筹集项目资金的模式"[④]；陈贡认为，"众筹指的是一种投资融资行为，投资主体是普通个人，融资主体是普通个人或小型机构、组织，该行为一般通过互联网平台进行，投资金额一般较小但整体数量较大，融资者必须给予投资者相应的实物回报"[⑤]。众筹形式主要可以分为两大类：一类是慈善型众筹，如鼓励人们为慈善事业或个人愿望免费捐赠财物，较为普遍；另一类是交易型众筹，又可分为股权众筹（Equity Crowdfunding，通过向企业捐钱获得企业股份）、债权众筹（Lending-based Crowdfunding，投资者获取企业一定比例债券，未来获得利息并收回本金）和现金预付众筹（Cash Advance Crowdfunding，企业让群体预付现金，公司为群体提供物质或服务作为回报）三大类。此外，根据众筹平台的规则，众筹还可以分为到期有款型KIA（keep-it-all）和到期无款型AON（all-or-nothing）两种类型。所谓到期无款型，指的是如果在截止日期内没有达到筹款目标，则将已筹资金全部退回捐赠者；所谓

---

① ［美］大卫·艾伦·格里尔：《众包》，肖江波译，人民邮电出版社2015年版，第13页。

② Wikipedia, "Crowdfunding", November 10, 2021, http：//en. wikipedia. org/wiki/Crowdfunding.

③ 陆承兆：《图书馆应用众筹模式的案例与分析》，《图书与情报》2014年第3期。

④ 黄国彬、邸弘阳、王凤暄：《众筹在图书馆的应用研究》，《图书情报工作》2015年第7期。

⑤ 陈贡：《众筹平台中的个性化推荐算法研究》，硕士学位论文，南京大学，2016年。

到期有款型，指的是如果截止日期内没有达到筹款目标，筹资者依然可以获得已筹款项并开始工作。目前，众筹模式在国内外的科技、公益、出版、文化娱乐等众多领域迅猛发展，在图书馆档案馆领域也不例外，甚至在杰夫·豪（Jeff Howe）2006 年《连线》杂志发表文章描述众包现象之前，图书馆员就通过 CrowdRise、Kickstarter 和 Indiegogo 等平台探索了网络外联、在线众筹和数字营销活动的可能性[①]，国外学者乔安·欧门（Johan Oomen）和洛拉·阿罗约（Lora Aroyo）在 2011 年将文化遗产众包项目分为六种：更正和转录任务、语境化、补充馆藏、分类、共同策展和众筹[②]，该分类已经将众筹列入 LAM 机构众包的一种类型，但该模式尚未引起中国档案学界和业界的足够重视，值得进一步深入探讨和实践。

一 历史档案开发利用众筹模式的适用性及学术史回顾

（一）历史档案开发利用众筹模式的适用性分析

所谓历史档案开发利用众筹模式，指的是档案馆、图书馆、企业、公益组织、大学等机构或个人通过互联网在线筹集大众小额资金用于历史档案的征集、整理、保管、保护等资源建设以及展览、编研出版等开发利用工作并给予投资者一定回报的活动。历史档案开发利用众筹模式主要由筹资方、投资方、众筹平台、众筹项目四大要素构成，其相互关系见图 6—7。一般来说，历史档案开发利用众筹主要属于慈善型众筹类型，其主要目标在于通过筹集资金来抢救、保护和开发珍贵历史档案遗产，传承珍贵社群和集体记忆。当然，近年来，一些商业性众筹网站也通过众筹开发历史档案文化创意产品，较为典型的如摩点众筹，该网

---

① Melanie Bump, Crowdfunding in Museums, MA. dissertation, Seton Hall University, 2014.

② Johan Oomen and Lora Aroyo, "Crowdsourcing in the Cultural Heritage Domain: Opportunities and Challenges", in Jesper Kjeldskov and Jeni Paay, eds. *Proceedings of the 5th International Conference on Communities and Technologies*, New York: ACM, 2011, pp. 138—149.

站案例将在第七章详细介绍。

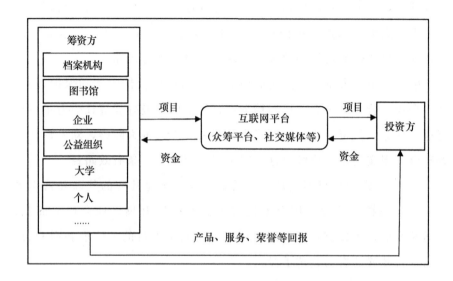

图 6-7 历史档案开发利用众筹模式的构成要素及关系

那么，历史档案开发利用众筹模式能否在中国开展呢？笔者认为无论从必要性方面还是从可行性方面，该模式在历史档案开发利用领域都是适用的。

1. 必要性

第一，在国外，文化遗产机构越来越多地将在线平台视为其整体筹款战略的替代或补充组成部分，或将资金用于特定的档案数字化项目或其他类型的项目，如英国的档案馆主要依赖"三脚架"的资助模式，即机构支持、私人捐赠和外部筹款①。虽然中国各级综合档案馆、公共图书馆等机构都是国家财政或集体资助，但仍然时常面临资金不足的困境，在许多基层、乡村或中西部贫困地区的档案馆（室）、图书馆等机

---

① Heather L. Barnes, "Kickstarting Archives: Crowdfunding and Outreach in the Digital Age", in Edward Benoit Ⅲ and Alexandra Eveleigh, eds. *Participatory Archives: Theory and Practice*, London: Facet Publishing, 2019, pp. 117-129.

构中经费短缺的问题更加突出，历史档案资源建设与开发利用工作难以有效开展，许多珍贵历史档案静静沉睡在库房中，一些珍贵乡村档案记忆消失于无形，因此，中国档案机构接受社会资金捐赠的需求非常旺盛，众筹模式恰好可以为解决这一困境提供辅助性出路。

第二，中国大量散存民间的历史档案亟待抢救性收集和保护开发，许多企业、公益基金会、民间档案馆、档案收藏爱好者等社会力量肩负起这一任务，但资金不足问题成为其开展工作的最大障碍，众筹模式正好契合其现实需求，为解决这一突出问题提供了一条有效路径。

第三，"众筹项目不仅是筹款活动，也是构建社区的外联和营销工具"[①]。历史档案开发利用众筹模式依托互联网开展，社会辐射面宽，传播速度快，可以有效扩大历史档案开发利用项目的关注度和影响力，成为项目开展的有力宣传手段。

2. 可行性

第一，政策法规逐渐明朗。档案众筹在本质上属于社会力量参与档案事务的行为。近年来，中国对于社会资金参与档案事务的政策法规逐渐明朗：2014 年，中共中央办公厅、国务院办公厅印发《关于加强和改进新形势下档案工作的意见》，在"一、完善档案工作体制机制"一节的"（五）规范并支持社会力量参与档案事务"中明确指出"支持企业、社会组织和个人依法设立档案事业发展基金"，这反映了国家对社会资本参与档案事务的鼓励和支持；2020 年最新修订的《中华人民共和国档案法》第七条明确指出"国家鼓励社会力量参与和支持档案事业的发展。对在档案收集、整理、保护、利用等方面做出突出贡献的单位和个人，按照国家有关规定给予表彰、奖励"，这为中国社会力量参与档案事业提供了明确法律依据，而且国家对在参与档案事业中贡献突出的社会力量给予奖励，虽然该法条没有提及社会资金的参与，但相信社

---

① Debra A. Riley-Huff, Kevin Herrera, Susan Ivey and Tina Harry, "Crowdfunding in Libraries, Archives and Museums", *The Bottom Line*, Vol. 29, No. 2, 2016, pp. 67—85.

会力量的贡献当然包括资金的支持和贡献；2021 年中共中央办公厅、国务院办公厅印发《"十四五"全国档案事业发展规划》在"三、主要任务"中提出，"加强部门协同、区域协同、行业协同，鼓励、引导、规范社会力量参与档案事务"，在"（二）加强经费保障"中提出，"鼓励社会力量参与和支持档案事业发展，引导社会资金投入档案科研创新领域"；2021 年 10 月新修订的《上海市档案条例》对于社会资助给予了明确规定——第八条指出，"鼓励社会力量通过捐赠、资助、志愿服务等方式，参与和支持档案事业的发展"。可见，中国档案政策和法规已经开始鼓励社会力量设立档案基金会、引导社会资金投入科研创新、鼓励社会捐赠和资助，而档案众筹模式仅仅是社会资助的一种线上形式，从根本上是符合中国档案政策法规精神的。

第二，模式可行。众筹模式具有便捷性、透明性、交互性等特点①，比传统筹集资金的方式成功率更高，有利于提升公众为历史档案开发利用捐赠资金的积极性，公众在手机上动动手指即可对感兴趣的历史档案开发利用众筹项目完成小额捐赠，且可以追踪项目开展进程，并获得以精神奖励为主的回报，获得精神文化上的满足感，为普通大众参与档案文化遗产保护与开发的公益活动提供了机会。

第三，机构和资源可行。首先，中国各级各类国家档案馆为公共档案馆，属于公益一类事业单位，其公共性和公益性决定了其为社会、为公众服务是其开展工作的根本宗旨，基于公益性质的机构特质使其具有良好信誉，更容易赢得公众信任和获得社会资助，从而特别适合开展众筹活动。其次，历史档案主要指 1949 年新中国成立以前的档案，中国历史档案资源丰富多样，价值珍贵，是中国宝贵的历史记录和文化财富，是建构集体记忆的有效载体。档案众筹的成败有许多影响因素，但关键因素就是众筹项目的内容和吸引力，历史档案开发利用众筹的根本宗旨便是抢救、保护

---

①　黄国彬、邸弘阳、王凤暄：《众筹在图书馆的应用研究》，《图书情报工作》2015 年第 7 期。

和开发利用珍贵历史档案资源，传承中国珍贵档案集体记忆，因此，围绕丰富珍贵的历史档案资源开发利用开展的众筹项目是真正的公益性众筹，对于公众更具吸引力和号召力，项目更可能取得成功。

第四，平台可行。众筹模式主要通过互联网众筹平台实现，国外知名综合性众筹网站有 Kickstarter、Crowdfunder、Indiegogo 等，存在大量与历史档案开发利用有关的众筹项目，发起人包括大学、图书馆、民间组织、个人等。中国众筹平台亦较为丰富多样，国内首个众筹平台是成立于 2011 年 7 月的 "点名时间"，之后追梦网（2012）、众筹网（2013）、淘宝众筹（2013）、京东众筹（2014）、摩点众筹（2014）等平台陆续产生。主流公益众筹平台是推介历史档案开发利用众筹项目的最佳渠道，目前中国公益众筹平台较少，代表性平台如水滴筹、轻松筹、腾讯乐捐等，其中适合档案开发利用众筹的主流公益众筹平台为腾讯乐捐，它成立于 2013 年 3 月，是腾讯基金会推出的公益项目自主发布平台，目前平台已经成功开展了大量与历史档案开发利用相关的众筹项目，社会反响良好，这为各类机构、组织和个人发起历史档案开发利用众筹提供了平台保障。

（二）学术史回顾

1. 国内研究述评

在中国知网、维普、万方数据库以及读秀学术搜索中以主题检索 "档案＋众筹" 得到 55 条结果，筛选得到有效文献 6 篇。通过文献梳理，中国档案众筹研究内容如下：

第一，档案众筹泛化研究。即并非专门探讨资金众筹，而是将众筹的概念进行了泛化，认为众筹包含了资金、资源、智慧、技术等的大众筹集，代表性文章有陈忠海和常大伟的《众筹模式在档案馆档案信息资源开发中的应用研究》[1] 以及王烨的《"互联网＋"背景下档案馆服务

---

[1] 陈忠海、常大伟：《众筹模式在档案馆档案信息资源开发中的应用研究》，《档案学通讯》2014 年第 6 期。

能力建设研究》①。笔者认为，这种观点模糊了众筹与其他众包模式的界限，与众筹的核心要义相悖。

第二，国外众筹案例介绍。学界有零星的文章介绍国外的档案众筹案例，比如孔冠男介绍了英国一家公司发起的"去月球存档"的众筹案例，公众缴纳 300 美元就可以拥有一个保存在月球的自己档案的"数字记忆盒"②；楚艳娜和谭必勇探究了美国国家档案馆基金会筹集资金和运用资金策略，但其资金筹集措施为直接捐赠性质，并非围绕某个特定项目进行资金筹集，所以不是严格意义上的众筹③。

第三，档案众筹应用设想。王协舟、王露露建议以档案机构为主体构建"双众"循环开发圈，"双众"模式即"众筹＋众包"模式，针对资金投入问题，他们认为众筹模式可以为档案机构的内容开发、项目研发、实现和推广等工作提供资金支持，档案机构需要重视众筹项目的宣传和回馈④，但对众筹可行性分析不足。学界对于档案众筹应用领域的探讨主要有二：一是开放获取档案出版的众筹，如潘姬熙和张宇介绍了西方开放获取档案出版的众筹模式，即出版商设定了一个融资的目标额度，在这个额度达到后，出版物将以开放获取的方式发布，认为中国可以通过市场化的投票众筹合理地筛选出值得社会化推广的档案文献进行开放获取⑤；二是档案文化产品开发的众筹，如赵亚婷和蔡文从知识产权运营的视角提出档案馆档案文化产品开发要应用众筹、协同合作，可以破解资金短缺困境及档案文化产品同质化的"迷局"，并对众筹的引

---

① 王烨：《"互联网＋"背景下档案馆服务能力建设研究》，硕士学位论文，郑州大学，2017 年。

② 孔冠男：《英国：在月球存档》，《中国档案》2016 年第 2 期。

③ 楚艳娜、谭必勇：《档案基金会资金筹集与运用策略探析——以美国国家档案馆基金会为例》，《档案学研究》2017 年第 1 期。

④ 王协舟、王露露：《"互联网＋"时代档案工作改革的几点思考》，《档案学通讯》2016 年第 5 期。

⑤ 潘姬熙、张宇：《数字化转型中的科研创新：西方开放获取档案出版的商业运作》，《档案管理》2021 年第 2 期。

入时机、众筹流程以及基本要素（项目主题、众筹渠道和众筹回报）进行了具体分析①。

综上分析，目前国内学界对于档案众筹的研究较为薄弱，尚未有专门系统深入地探讨真正档案众筹的文章。

2. 国外研究述评

笔者在 ProQuest、Springer Link、Web of Science、Elsevier Science-Direct 和 Emerald 外文数据库中以 "Crowdfunding＋Archives/Record" 为主题词进行检索得到结果为 122 条，剔除无关文献后得到有效文献 12 篇。通过阅读文献得出国外对于档案众筹的研究内容如下：

（1）各类机构档案开发利用众筹的案例介绍

第一，图书馆领域，众筹内容涉及开放获取、手稿编目资金众筹等方面。例如，安德烈·J. 拉瑟曼彻（Andrée J. Rathemacher）以 Reveal Digital 公司依靠图书馆为特定数字化项目提供众筹资金的实践为例，认为图书馆可以通过众筹来支付通过开放获取提供馆藏数字档案资源的成本②；马特·埃尼斯（Matt Enis）介绍了 T160k 公司发起的 "为廷巴克图图书馆编目" 的众筹活动，旨在帮助培训西非马里的当地工作人员，并帮助廷巴克图的 Mamma Haidara 纪念图书馆的图书管理员编目和保存 40 多万份古老、脆弱的手稿③。第二，档案馆领域，如 2021 年 5 月，AAP General News Wire 报道称，澳大利亚国家档案馆未能说服联邦政府提供更多资金，被迫转向众筹来对数千份处于老化威胁中的原始和重要档案进行数字化工作，这些档案包括 "二战" 时期总理约翰·柯丁（John Curtin）的演讲、被偷的一代皇家委员会听证会的录音和土著语

---

① 赵亚婷、蔡文：《基于 IP 运营视角的档案文化产品开发策略研究》，《浙江档案》2020年第 7 期。

② Andrée J. Rathemacher, "Crowdfunding Access to Archives", *Library Journal*, Vol. 140，No. 2，2015，p. 43.

③ Matt Enis, "Industry：T160k to Help Catalog Timbuktu Manuscripts", *Library Journal*, Vol. 140，No. 3，2015，p. 19.

言的录音等。在短短一周的时间里，大约有 250 人签约成为档案馆的付费成员，同时还捐赠了大约 3 万美元[①]。第三，高校发起的遗产归档众筹案例。例如，韩国国民大学技术设计研究院的李秀妍（Lee Seo Yeon）和金敏（Kim Min）探讨了通过重新解释韩国文化遗产来设计文化产品的可能性，他们以韩国第一批邮票为例对遗产归档、文化产品设计以及众筹进行了全过程的细致分析，并采用众筹平台"Tumblbug"进行商业化可行性的评估，众筹过程持续 20 天，获得 169 家赞助商支持，达到目标金额的 805%[②]。再如，从 2016 年 11 月到 2017 年 1 月，斯特林大学档案馆以 Crowdfunder UK 为众筹平台筹集了 8100 英镑，以支持 Peter Mackay 档案的编目和数字化，该项目的成功经验包括仔细规划和自始至终的持续参与，项目获得了 2017 年先驱高等教育奖的特别嘉奖[③]。第四，社会组织领域，如作家组织英国笔会（English PEN）在 GoFundMe 众筹平台发起的众筹活动筹集了 2 万英镑，帮助布里斯托尔大学获得了非常重要的劳伦斯博士《查特利夫人的情人》注释副本[④]。

（2）GLAM（画廊、图书馆、档案馆和博物馆）机构众筹经验的调研分析

代表性研究为密西西比大学黛布拉·A. 莱利·赫夫（Debra A. Riley-Huff）等对 200 余家图书馆、档案馆与博物馆对众筹的认知程

---

①　Tiffanie Turnbull，"Archives Crowdfunds to Save Vital Records"，August 12，2024，https://www. thesenior. com. au/story/7264665/archives-crowdfunds-to-save-vital-records/.

②　Lee Seo Yeon and Kim Min，"A Study on Designing Cultural Products through Heritage Archiving—Focused on the Case of Korea's First Stamps Crowdfunding"，*Journal of Basic Design & Art*，Vol. 21，No. 5，2020，pp. 429－440.

③　Karl Magee，"Thinking Outside the Box：Crowdfunding the Peter Mackay Archive"，in Edward Benoit Ⅲ and Alexandra Eveleigh，eds. *Participatory Archives：Theory and Practice*，London：Facet Publishing，2019，pp. 149－155.

④　English PEN，"English PEN's GoFundMe Campaign Helps University of Bristol Acquire 'Significantly Important' Copy of Lady Chatterley's Lover"，August 12，2024，https://www. englishpen. org/posts/campaigns/pens-gofundme-campaign-helps-university-of-bristol-acquire-significantly-important-copy-of-lady-chatterleyaos-lover/.

度与实践应用进行的调查研究①，他们发现一些 GLAM 组织正在尝试众筹项目并取得了不同程度的成功，而其他组织仍然不确定是否尝试，但对该模式充满好奇，在参与调查的 10 个档案馆中有 30％尝试了众筹，受访者调查显示档案馆和历史遗址/建筑比画廊、图书馆或博物馆更有可能尝试众筹，最后笔者探讨了挖掘适当利益相关群体的重要性，以及给出制定合理目标、围绕有归属感的项目发展社区、良好规划、大力宣传推广项目以及与社区持续沟通的务实建议。

综上，国外学界关于档案众筹的研究主要表现为丰富案例的介绍以及模式应用情况调研与反思等方面，与国内研究相比，国外档案众筹模式研究更为丰富和深入，但不足在于没有从过程管理的视角对历史档案开发利用众筹模式进行细化分析。下面笔者将以众筹理论为指导，在对国内历史档案开发利用众筹实践进行系统调研的基础上，分析档案众筹的难点与困境，建立历史档案开发利用众筹的过程管理框架并探讨具体管理策略。

二 中国历史档案开发利用众筹模式应用现状调查

(一) 调查设计与执行

目前中国综合档案馆的官网和官方社交媒体等平台尚未开展众筹活动，开展众筹的最佳渠道是专业众筹平台，目前国外知名众筹平台有 Kickstarter、Idea. me、Indiegogo 等，2011 年 7 月，国内首个众筹平台——点名时间成立，中国众筹融资模式逐渐兴起，最多时曾经达到 400 多家，代表性的主流众筹网站如点名时间、众筹网（目前已无法访问）、JUE. SO、京东众筹、乐童音乐、追梦网（现为追梦筹 APP）、腾讯乐捐、水滴筹等，每个众筹网站都有自己的主打定位和特色，如乐童

---

① Debra A. Riley-Huff, Kevin Herrera, Susan Ivey and Tina Harry, "Crowdfunding in Libraries, Archives and Museums", *The Bottom Line*, Vol. 29, No. 2, 2016, pp. 67－85.

音乐主打音乐众筹、尝鲜众筹主打农业众筹、淘梦网主打影视众筹，而众筹网、京东众筹、淘宝众筹（现名造点新货）等偏重综合性众筹。2017 年，受政策规范不明、法律不完善、经营管理不到位等多种因素影响，众筹平台数目持续缩减，行业发展逐步放缓，2017 年众筹平台仅有 200 余家，截至 2019 年 10 月，全国正常运营的众筹平台总计 72 家，比上年同期减少了 136 家，公益众筹平台数也从 13 家降至 4 家①，"虽然国内众筹网站的数量在减少，但是整个众筹行业正朝着精细化和成熟化方向发展"②。

历史档案开发利用众筹主要为公益性众筹，通过检索发现，目前腾讯乐捐已成为国内历史档案开发利用众筹的主流网站之一。腾讯乐捐成立于 2013 年 3 月，是腾讯基金会推出的公益项目自主发布平台，项目回报基本是精神上的或低于出资金额的实物回报，项目支持人基本属于无偿捐赠，平台采取 KIA（keep-it-all）模式运营③。因此，笔者集中对腾讯乐捐网站中有关历史档案开发利用主题的众筹项目进行调研，由于历史档案开发利用主题的众筹活动涵盖的范围较广，为了尽可能地将相关项目囊括其中，笔者在腾讯乐捐官网以"档案""记录""文件""记忆"等 14 个检索词对已结束的众筹项目进行检索，具体检索数据如下（见表 6-7）：

对检索结果进行筛选，剔除不相关项目，最终得到 18 个与历史档案开发利用相关的众筹项目（见表 6-8）：

---

① 袁小舒：《精准扶贫背景下的图书馆众筹研究》，硕士学位论文，山西财经大学，2020 年。

② 尹志勇：《基于众筹模式的我国公共图书馆阅读推广研究》，硕士学位论文，福建师范大学，2020 年。

③ 袁小舒：《精准扶贫背景下的图书馆众筹研究》，硕士学位论文，山西财经大学，2020 年。

表 6－7　　　　　　　　　　　腾讯乐捐众筹项目检索数据

检索词	检索结果	检索词	检索结果
记忆	47	家谱/族谱	472
档案	11	历史	28
记录	59	口述	33
文件	161	影像	146
时光	105	纪录片	68
展览	355	村史	125
录音	78	照片	78
老兵	432	抗战	70

表 6－8　　　　　　　　　　腾讯乐捐历史档案开发利用众筹项目

序号	名称	时间	内容
1	抢救性保护家谱计划	2017 年 8 月	收集、整理、修复和扫描老家谱
2	一起写村史	2016 年 8 月	选取南京周边余村、窦村等 5 个古村落撰写村史，给古村建立标准化的文字影像档案
3	为百位老兵出书立传	2015 年 9 月	以文字和图片方式为福建 100 位老兵出一本彩色画册和一套明信片
4	抢救广州湾口述史	2014 年 8 月	"广州湾"老街调研——口述历史采集、建筑调查和街区分析、展览和编辑出版
5	抢救性口述抗战历史	2017 年 5 月	10 名抗战老兵的口述历史
6	筹建三晋抗战纪念展	2015 年 8 月	筹建三晋抗战纪念展
7	抢救抗战历史	2015 年 12 月	22 名抗战老兵口述历史采集
8	用影像记录老兵故事	2016 年 4 月	为南京抗战老兵拍摄纪录片
9	让记忆发声	2016 年 8 月	采集首钢口述史
10	口述重庆	2016 年 8 月	口述重庆——通过口述方式，以影像为主，辅以照片、文字，记录下重庆那些即将消失的老街老巷
11	老重庆记忆路书	2016 年 8 月	招募青年志愿者编辑《老重庆记忆路书》，整理出 30 条历史文化路线，理清路线涉及的文物点、旅游资源和口述故事等
12	助老兵纪录片完成	2015 年 5 月	跟拍采访抗战老兵，制作系列纪录片

续表

序号	名称	时间	内容
13	不该忘却的记忆	2015 年 7 月	走访、记录、宣传 100 位"二战"老兵
14	为农村老兵留住记忆	2016 年 8 月	为 41 位老兵编制画册,记录老兵军旅故事和真实生活
15	为平江老兵录制家书	2016 年 1 月	为健在的 53 位平江籍抗战老兵拍摄纪录短片和著书立传
16	圆梦留存重庆记忆	2015 年 4 月	帮助彭世良抢救、保存、梳理关于重庆的底片记忆
17	古村普查十年之约	2016 年 7 月	古村普查:通过口述记录、摄影、填写普查记录表等方式记录古村文化,撰写村史和民族志
18	以画册致敬关爱老兵	2015 年 8 月	出品《未曾遗忘——重庆抗战老兵身影集》(一、二)

（二）调查统计与分析

通过对采集到的数据进行汇总统计和分析,笔者得到中国历史档案开发利用众筹模式的应用现状如下:

1. 项目领域分析

对 18 个档案众筹项目进行归纳分析可以看出,中国已经出现了历史档案开发利用的众筹项目,众筹项目领域具有以下特点:第一,项目主题丰富多样,涵盖了家谱、古村、老兵、城市老街、企业口述五个方面,以留存档案记忆为主线,既包括城市记忆也包括乡村记忆,既有企业记忆也有个人记忆和集体记忆。第二,抗战记忆尤其是老兵记忆成为档案众筹项目的主体。在 18 个项目中有 10 个项目与抗战记忆相关,包括编辑出版画册、采集口述历史、拍摄纪录片、筹备展览等内容。第三,项目任务较为多样,包括收集建档、整理保护、编研出版、展览展示、视频拍摄等方方面面,其中建档是几乎所有项目均涉及的重点领域,编研也是项目的第二大重点。

总的来说,目前档案众筹项目领域较为丰富,但仍没有涉及档案馆基础设施和数字档案资源建设等领域。

2. 项目发起人结构分析

腾讯乐捐历史档案开发利用众筹项目的发起人同时包括项目发起方、项目执行方和公募支持方三类主体，通过归纳总结，众筹项目发起人结构具有以下特点：

第一，项目发起方同时也是项目的执行方；第二，项目发起方类型较为多样，包括个人（8个）、公募基金会（1个——上海仁德基金会）、非公募基金会（1个——山西省信林公益基金会）、民办非企业单位（7个——深圳市古村之友古村落保护与发展促进中心等）、社会团体（1个——徐州市谱牒文化研究会）等；第三，除上海仁德基金会作为项目发起方具备公募资格不需要公募支持方外，其他发起方均需要公募支持方，参与公募支持项目较多的有无锡灵山慈善基金会（6个）、中国扶贫基金会（4个）、中华社会救助基金会（3个）等（见表6-9）。

表6-9　　　　　　　　　　众筹项目发起方一览表

序号	项目发起方类型	项目发起方名单	数量
1	个人	腾讯大闽网王龙志、吴子祺、赖恩典（2）、蒋能杰，深圳市金大象文化发展有限公司董事长谭贻国，付雪梅、王纯	8
2	公募基金会	上海仁德基金会	1
3	非公募基金会	山西省信林公益基金会	1
4	民办非企业单位（社会服务机构）	北京市石景山区中正社会工作事务所 重庆市南岸区巴渝公益发展中心（2） 哈尔滨市道里区嘉仁公益服务发展中心 重庆市渝中区华扬公益事业发展中心 深圳市古村之友古村落保护与发展促进中心 通化同心志愿者协会	7
5	社会团体（非营利法人）	徐州市谱牒文化研究会	1

由表 6—9 可知，目前中国历史档案开发利用众筹项目的发起主力局限于民间与社会力量，主要包括社会团体、社会服务机构、基金会、公众等。中国各级档案机构还没有发起众筹活动，档案机构如何应用众筹辅助自身开展工作值得探索实践。

3. 资金筹集情况分析

腾讯乐捐历史档案开发利用众筹项目的资金筹集情况主要从目标金额、已筹金额、筹款进度、筹款时限、支持人数及人均金额等方面进行分析（见表 6—10）。

第一，目标金额方面，18 个项目设定的目标金额从 1.8 万元到 74 万元不等，总体来看目标金额设置较高，目标金额在 10 万元以上的项目为 13 个，占比 72%；第二，实际已筹金额方面，数据显示，实际筹款额度超过 10000 元的项目还是比较多的，达到了 13 项，占比 72%；第三，筹款进度方面，实际筹款达到目标金额 100% 的项目仅有 2 项，占比 11%，实际筹款超过目标金额 50% 的项目有 6 项，占比 33%，可见大部分项目并未达到目标筹款额度，如前所述，由于平台采用了到期有款型模式，发起方仍然可以获得现有捐款执行项目，所以这不能定义为众筹失败；第四，筹款时限方面，从 18 天到 9 个月不等，其中筹款时限为 2—4 个月的项目为 14 项，占比 77%；第五，支持人数及人均金额方面，支持人数从 1 人到 6368 人不等，支持人数在 500 人以上的项目为 10 个，占比 55%，可见众筹项目的公众参与度还是比较高的，人均捐助金额从 0.02 元到 127.1 元不等，其中人均捐赠 5—50 元的项目为 14 项，占比 77%，可见历史档案开发利用众筹项目中，公众的人均捐赠额度并不大，这也符合众筹的一般特点。

表6—10　　　　　　　　　　众筹项目资金筹集情况一览表

序号	名称	目标金额	已筹金额	筹款进度	筹款时限	支持人数及人均金额
1	抢救性保护家谱计划	299500元	0.02元	0%	3个月	1人/0元
2	一起写村史	101700元	2141.05元	2%	3个月	87人/24.6元
3	为百位老兵出书立传	210700元	70767.59元	33%	4个月	6368人/11.1元
4	抢救广州湾口述史	18000元	18007.98元	100%	1个月	2821人/6.4元
5	抢救性口述抗战历史	117045元	60958.34元	52%	3个月	1353人/45.1元
6	筹建三晋抗战纪念展	500000元	2560.20元	0.50%	3个月	64人/40.0元
7	抢救抗战历史	108552元	50772.27元	46%	3个月	2785人/18.2元
8	用影像记录老兵故事	344274元	62477.55元	18%	9个月	943人/66.3元
9	让记忆发声	106568元	12010.96元	11%	3个月	276人/43.5元
10	口述重庆	225000元	37610.75元	16%	3个月	2210人/17.0元
11	老重庆记忆路书	215000元	125639.91元	58%	18天	5906人/21.3元
12	助老兵纪录片完成	58000元	58057.87元	100%	2个月	4432人/13.1元
13	不该忘却的记忆	25000元	14861.76元	59%	2.5个月	311人/47.8元
14	为农村老兵留住记忆	28316元	2438.70元	8%	3个月	142人/17.2元
15	为平江老兵录制家书	530000元	30121.30元	5%	3个月	237人/127.1元
16	圆梦留存重庆记忆	65000元	10259.69元	15%	3个月	519人/19.7元
17	古村普查十年之约	745986元	3362.77元	0%	4个月	325人/10.3元
18	以画册致敬关爱老兵	120000元	90035.53元	75%	1个月	1117人/80.6元

4. 项目激励分析

腾讯乐捐历史档案开发利用众筹的项目激励可以从执行计划和项目预算、回报方式、进展更新、票据提供等方面来体现（见表6—11）。

第一，执行计划和项目预算方面，18个项目均有详细执行计划和预算，这是发起众筹项目并保障顺利推进的必需；第二，回报方式方面，8个项目对于公众没有任何回报，10个项目对公众有回报，回报方式较为多样，主要包括感谢信、印刷品、纪念章、加入协会、摄影作品、明信片、海报、视频、参与影片拍摄、参与活动等，大多项目回报还根据捐赠数额大小进行了回报分级；第三，进展更新次数方面，进展更新超过1次的项目为14个，占比77%，进展更新超过5次的项目有

10 个，占比 55％，频繁地更新进展有利于让公众及时了解项目动态和成果，激发更多公众的参与热情；第四，票据提供方面，18 个项目均提供捐款发票，但其中 15 个项目只有在捐款额度超过 100 元、200 元或 500 元时才提供发票。

表 6－11　　　　　　众筹项目公众激励情况一览表

序号	名称	执行计划和预算	回报方式	进展更新次数	票据提供
1	抢救性保护家谱计划	有	邮寄感谢信	0	是
2	一起写村史	有	古村电子版印刷品，电子纪念勋章，收录电子版感恩名录，加入所在地古村之友（如有）	7	是（100 元以上）
3	为百位老兵出书立传	有	无	1	是（100 元以上）
4	抢救广州湾口述史	有	20 元：湛江风景摄影作品电子版；50 元：湛江风景摄影作品电子版；原创明信片一张并附吧主及作者签名；100 元：湛江风景摄影作品电子版；口述史读本一本	0	是（100 元以上）
5	抢救性口述抗战历史	有	无	4	是
6	筹建三晋抗战纪念展	有	无	1	是
7	抢救抗战历史	有	无	15	是
8	用影像记录老兵故事	有	无	7	是（100 元以上）
9	让记忆发声	有	200 元以上，寄送项目图书或图册随机一本；500 元以上，寄送项目图书和图册各一本	0	是（100 元以上）

序号	名称	执行计划和预算	回报方式	进展更新次数	票据提供
10	口述重庆	有	根据捐赠金额，从如下回报选择：1.高清全片第一时间在线观看；2.寄电子感谢信；3.片尾字幕感谢；4.邀请参加至少3次影片拍摄；5.影片精美海报、剧照电子文档；6."口述历史——百态重庆"拍摄地的精美明信片100套；7.本片DVD精美光盘；8.重庆老街相关书籍至少三本；9.免费参加重庆市巴渝公益发展中心举行的"扫街"活动1年；10.本片预计拍摄成片完成后半年内举办一场看片会，寄送三张邀请函	4	是（500元以上）
11	老重庆记忆路书	有	根据捐赠金额，从如下回报选择：☆给您微信推送至少2条电子版的主题路线；☆感谢信：留下邮箱，我们将为您寄出电子感谢信；☆邀请您参加5次路线寻踪探访，您的身影会出现在我们的路书里；☆留下您的地址，我们会第一时间寄给您16套精装版的"路书"；☆我们会邀请您和您的2位家人或朋友参加2期拓展项目；☆鸣谢单位：在"路书"最后的感谢名单里出现您的名字	7	是（500元以上）
12	助老兵纪录片完成	有	无	12	是（100元以上）
13	不该忘却的记忆	有	无	13	是（200元以上）
14	为农村老兵留住记忆	有	捐款超过100元的捐赠者赠画册一本	0	是（100元以上）
15	为平江老兵录制家书	有	捐款超过1000元，作品片尾列入赞助名单，赠送刻录光盘或成品视频数字文件。捐款超过10000元，可指定特定老兵为拍摄对象，并注明"独家赞助"字样，赠送刻录光盘或成品视频数字文件	25	是（200元以上）

序号	名称	执行计划和预算	回报方式	进展更新次数	票据提供
16	圆梦留存重庆记忆	有	无	7	是 （100元以上）
17	古村普查十年之约	有	捐款 2 元以上，都可随普查队一起普查游学（费用自理），加入古村普查游学探秘学社群	6	是
18	以画册致敬关爱老兵	有	捐款满 100 元，赠送"致敬画册"1 本（第一、二集随机发货）；捐款 200 元，赠送"致敬画册"一套（第一、二集）	10	是 （100元以上）

综上所述，从腾讯乐捐的 18 个历史档案开发利用众筹项目的统计分析中可以得出以下结论：第一，中国历史档案众筹项目总体数量不多，基本处于零星分散状态，整体处于萌芽起步阶段；第二，众筹项目内容以留存民间档案记忆为主，没有涉及档案机构基础设施及数字档案资源建设的内容；第三，众筹项目的发起主力局限于民间与社会力量，各级档案机构还没有发起众筹活动；第四，资金筹集目标达成率不高，但实际筹资数额较大，人均捐赠资金额度不大；第五，众筹项目的公众回报方式较为多元，众筹激励手段多样。

三 中国历史档案开发利用众筹模式应用现状的原因分析

通过前述调研可知，目前历史档案开发利用众筹模式在中国尚处于起步阶段，众筹模式主要应用于民间历史档案的开发利用领域，总体处于分散无序、零星发展的状态，众筹模式在中国档案业界还没引起足够重视，笔者尝试将原因分析如下：

（一）综合档案馆众筹存在现实障碍

中国综合档案馆开展历史档案开发利用众筹存在多个现实障碍：

第一，综合档案馆是政府全额拨款的参照公务员法管理的事业单位，现有经费基本能够满足业务运行基本需求，大部分没有向社会募集资金的动力和需求，类似情况国外也较为常见，比如在英国，文化遗产仍然依赖于公共资金，相对不愿意探索利用其资产的新方式①。

第二，综合档案馆作为文化事业机构，以提供公益性档案信息服务为基本任务，而众筹模式充满了浓厚的商业金钱气息，让人很难将两者结合起来，在综合档案馆和公众双方看来，开展众筹容易影响公共机构形象，降低公众信任度，美国学者黛布拉·A. 莱利·赫夫（Debra A. Riley-Huff）等面向图书馆、档案馆和博物馆机构开展的一项众筹模式应用调研发现，虽然许多人对 GLAM 组织开展众筹充满了兴趣，但更多人对其表达了一种"夹杂着怀疑的阴谋"（a sense of intrigue mixed with leeriness）的感觉②。

第三，目前没有综合档案馆众筹方面的法规政策出台，综合档案馆众筹缺乏法律法规等方面的制度保障，使其对该模式失去信任和兴趣。

第四，众筹模式属于互联网新生事物，本身就存在一些模式风险（这将在下一点详述），而且其成功应用和运行需要高超的项目管理能力和全方位的条件保障，稍有不慎就会导致众筹失败，甚至产生恶劣的社会影响，这对于综合档案馆来说是一个巨大挑战。

总之，以上因素叠加均导致综合档案馆众筹意愿不足，成为综合档案馆开展众筹的现实障碍。

（二）众筹模式自身存在风险

众筹模式虽然已出现多年，但其与一般意义上的融资不同，作为一种互联网新模式，充满了许多不确定性风险，有学者将众筹模式的风险

---

① Javier Stanziola, "Some More Unequal Than Others: Alternative Financing for Museums, Libraries and Archives in England", *Cultural Trends*, Vol. 20, No. 2, 2016, pp. 113—140.

② Debra A. Riley-Huff, Kevin Herrera, Susan Ivey and Tina Harry, "Crowdfunding in Libraries, Archives and Museums", *The Bottom Line*, Vol. 29, No. 2, 2016, pp. 67—85.

总结为法律风险、技术风险、信用风险和管理风险四个方面[①]，可见众筹模式的风险还是非常多的，笔者认为在历史档案开发利用领域应用众筹模式主要存在以下风险：

第一，法律风险。2014年底，中国证券业协会发布《私募股权众筹融资管理办法（试行）》，在起草说明中提出，"由于缺乏必要的管理规范，众筹融资活动在快速发展过程中也积累了一些不容忽视的问题和风险：一是法律地位不明确，参与各方的合法权益得不到有效保障；二是业务边界模糊，容易演化为非法集资等违法犯罪活动；三是众筹平台良莠不齐，潜在的资金欺诈等风险不容忽视"[②]，可见众筹作为一种融资活动，由于相关法律法规和规章制度不够完善，存在巨大的法律风险，稍有不慎就会走向违法犯罪。韩蕾认为，中国目前对于图书馆这种慈善型众筹缺少相应的法律保护[③]，历史档案开发利用众筹总体也属于慈善型众筹，同样存在法律风险，比如项目内容违法的风险、沦为非法集资的风险、众筹平台手续费、保证金的经济法风险等。

第二，信用风险。无论是综合档案馆还是民间社会力量，开展历史档案开发利用众筹活动均存在信用受损的风险，即如果在众筹过程中出现问题，比如项目没有通过平台审核，或者时限内没有完成目标金额，或发起者没有全部兑现项目初始计划，均可能导致众筹参与公众乃至社会对项目产生怀疑，从而对发起者自身信用产生损害。

第三，管理风险。伊丽莎白·格伯（Elizabeth Gerber）和朱莉·蕙（Julie Hui）认为，"开展众筹活动所需的时间和资源数量是阻碍采用这

[①]　王阿娜：《众筹融资运营模式及风险分析》，《财经理论研究》2014年第3期。

[②]　中国证券业协会：《关于就〈私募股权众筹融资管理办法（试行）（征求意见稿）〉公开征求意见的通知》，https://www.sac.net.cn/tzgg/201412/t20141218_113326.html，2022年7月21日。

[③]　韩蕾：《我国图书馆众筹发展策略研究》，硕士学位论文，辽宁师范大学，2016年。

种筹资方式的主要因素之一"[①]；希瑟·L.巴恩斯（Heather L. Barnes）也认为，"数字活动很复杂，属于资源密集型，将缺乏数字营销培训的档案馆工作人员推出了他们的舒适区。花在策划活动、开展外联和培训工作人员上的时间增加了资源投入，可能会让投入活动人员较少的小型机构感到不快"[②]。由此可见，对于历史档案开发利用众筹的管理需要大量时间和资源投入，众筹模式需要发起方具备充足的人才支持、高超的众筹流程管理和业务组织能力，项目规划设计能力，并且需要投入大量管理时间和精力，如果这些管理能力和条件不够就存在众筹失败的风险。

第四，"支持者疲劳"的风险。所谓"支持者疲劳"指的是当众筹支持者初次看到众筹项目时，可能会有较大兴趣和资金支持动力，但当公众频繁接触类似众筹项目后，其资金支持欲望和兴趣就会大大降低，从而产生捐资疲劳现象，因此，从某种程度上说，历史档案开发利用众筹模式需要合理确定两次众筹的间隔时间，不宜频繁使用和过度依赖。

四 历史档案开发利用众筹模式的过程管理框架构建及实施策略

众筹模式虽然存在许多风险和难点，但该模式对于文化遗产保护机构还是非常有现实应用价值的。卡尔·马吉（Karl Magee）认为，众筹模式可以"为收藏的保存、编目和数字化提供宝贵的额外支持"[③]；黄国彬、邸弘阳认为，"基于众筹模式的项目与基于政府财政拨款的项目

---

① Elizabeth Gerber and Julie Hui, "Crowdfunding: Motivations and Deterrents for Participation", *ACM Transactions on Computer-Human Interaction*, Vol. 20, No. 6, 2013, p. 34.

② Heather L. Barnes, "Kickstarting Archives: Crowdfunding and Outreach in the Digital Age", in Edward Benoit Ⅲ and Alexandra Eveleigh, eds. *Participatory Archives: Theory and Practice*, London: Facet Publishing, 2019, pp. 117-129.

③ Karl Magee, "Thinking Outside the Box: Crowdfunding the Peter Mackay Archive", in Edward Benoit Ⅲ and Alexandra Eveleigh, eds. *Participatory Archives: Theory and Practice*, London: Facet Publishing, 2019, pp. 149-155.

如何相得益彰等，既是实践开展中图书馆需要考虑的问题，也是图书馆理论界需要进一步研究的问题"[1]。由此可见，公共图书馆领域也在探索众筹模式的应用。具体到中国历史档案开发利用领域，无论是民间社会力量还是综合档案馆，均存在应用众筹模式的现实需求，笔者认为在模式应用中应注重解决前文提到的一些难点和风险，有必要基于过程管理理念构建历史档案开发利用众筹模式框架，将历史档案开发利用众筹模式的风险点和难点纳入过程管理框架中予以考量和控制，并基于该框架探索众筹实施策略，这对于提升中国历史档案开发利用众筹模式的应用质量和水平非常必要。

（一）历史档案开发利用众筹模式过程管理框架构建

众筹的风险无处不在，众筹模式的应用需要从全过程管理的视角加强风险管理和质量控制，为达到此目的，应将众筹模式的全部纵向过程以及全部横向要素纳入管理和控制视野，对整个模式进行全部流程和全部要素的细化监管，确保万无一失，下面笔者将对历史档案开发利用众筹模式的全部纵向过程和全部横向要素进行梳理，并据此构建起历史档案开发利用众筹的过程管理框架。

1. 历史档案开发利用众筹的纵向过程划分

黛布拉·A. 莱利·赫夫（Debra A. Riley-Huff）等认为，众筹活动分为三个不同的阶段，包括规划阶段（planning phase）、活跃阶段（the active phase）和收尾阶段（the post project phase）[2]。笔者认为，从众筹组织者视角来看，历史档案开发利用众筹基本也可以分为上述三个阶段，三个阶段的分界点分别为发布众筹通知和筹款日期截止，具体来说：第一，众筹规划阶段。该阶段中，众筹组织者为开展众筹进行各项

---

① 黄国彬、邸弘阳：《图书馆应用众筹的特点与策略》，《图书情报工作》2016 年第 20 期。

② Debra A. Riley-Huff, Kevin Herrera, Susan Ivey and Tina Harry, "Crowdfunding in Libraries, Archives and Museums", *The Bottom Line*, Vol. 29, No. 2, 2016, pp. 67－85.

准备工作，准备完成后，组织者通过互联网在线发布众筹通知，众筹正式开始。第二，众筹活跃阶段。该阶段中，众筹正式开始，组织者对众筹进行适时监控和管理，截止日期一到，筹款完毕。第三，众筹收尾阶段。筹款完毕后，组织者需要运用所筹款项执行项目并回馈捐赠者。此外，笔者认为在众筹实施过程中应对上述三个阶段进行持续关注和评估，及时发现问题并持续改进众筹项目，但这不能作为众筹的第四个阶段，因为它是和众筹的前三个阶段并行推进的。历史档案开发利用众筹模式的具体纵向过程划分见图 6－8。

2. 历史档案开发利用众筹的横向要素构成

大卫·艾伦·格里尔（David Alan Grier）认为，众包的九大误区之一是认为"众包是一件简单的事"，"如果你认为众包很容易，不需要关注细节，那么你的过分自信很有可能让你坠入失败的深渊"①。作为众包模式之一的众筹，上述纵向过程只是一个概要性的阶段划分，这三个阶段看上去非常简单，但实际上每一个阶段都有许多重要细节或要素需要认真关注和筹划，如果不认真对待和重视这些横向要素，众筹就会面临失败的风险。黛布拉·A. 莱利·赫夫（Debra A. Riley-Huff）等认为，"成功的（众筹）运动是围绕着合理的目标、让目标社区感兴趣的有价值的项目、良好的规划、强有力的外展努力和与社区的持续沟通而建立起来的"②，笔者认为众筹需要关注的横向要素不止这些，具体包括以下方面：

第一，在众筹规划阶段，需要关注众筹发起者、项目领域、合法合规审查、众筹项目设计、众筹平台选择、众筹试点测试等问题；

第二，在众筹活跃阶段，需要关注众筹宣传、公众引导（如说明书、公众沟通、社区运营）等问题；

---

①　［美］大卫·艾伦·格里尔：《众包》，肖江波译，人民邮电出版社 2015 年版，第 304 页。

②　Debra A. Riley-Huff, Kevin Herrera, Susan Ivey and Tina Harry, "Crowdfunding in Libraries, Archives and Museums", *The Bottom Line*, Vol. 29, No. 2, 2016, pp. 67－85.

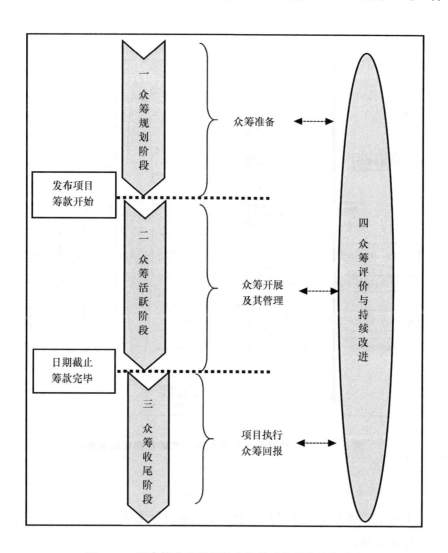

图 6—8　历史档案开发利用众筹模式的具体纵向过程

第三，在众筹收尾阶段，需要关注项目执行和公众回报等问题；

第四，在众筹的每一个阶段，组织者都需要及时发现各个要素的问题并持续改进，实现众筹质量的全过程管控。

基于历史档案开发利用众筹的全部纵向过程与横向要素，笔者尝试构建了历史档案开发利用众筹的过程管理框架如下（见图 6—9）：

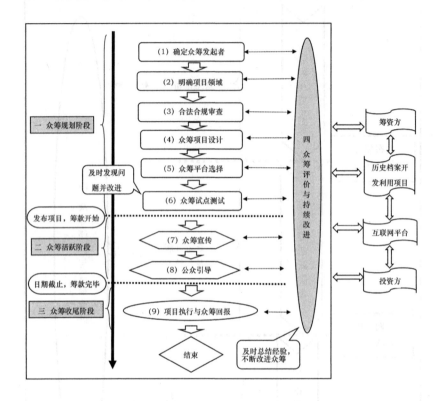

图 6—9 历史档案开发利用众筹模式的过程管理框架

（二）历史档案开发利用众筹模式的实施策略

下面笔者将基于上述过程管理框架，重点探索历史档案开发利用众筹的具体策略：

1. 确定众筹发起者

历史档案开发利用众筹的发起者较为多元，他们既可以是综合档案馆，也可以是个人、公募与非公募基金会、民办非企业单位、社会团体、企业、事业单位等，但从前述调研来看，目前中国历史档案开发利用众筹的发起者还没有档案机构，这是较大的缺憾。大卫·艾伦·格里尔（David Alan Grier）认为，"众筹需要组织者具有强大的群体号召力"①，从这一点来说，综合档案馆、档案学会、基金会等具有官方或公益背景的机构号召力相对高于民营企业、个人等社会力量，其发起众筹更容易取得成功。因此，中国档案机构应打破固有观念局限，提高认识站位，勇于尝试财政拨款、社会捐赠与网络众筹模式相结合的可能性，在合法合规的前提下积极探索历史档案开发利用项目资金众筹模式的应用路径。鉴于目前中国综合档案馆的特殊身份以及现有法规制度框架下众筹模式的实施障碍，笔者认为，在具体实施路径上，可以以2014 年印发的《关于加强和改进新形势下档案工作的意见》中"支持企业、社会组织和个人依法设立档案事业发展基金"为依据，在中国综合档案馆和社会资本之间建立档案事业发展基金会这样一个中间桥梁，借鉴美国国家档案馆基金会协助国家档案馆发展档案事业的经验，将档案事业发展基金会作为历史档案开发利用众筹模式的发起方，然后依托综合档案馆历史档案开发利用项目通过互联网平台开展众筹，从而推进历史档案开发利用众筹模式的顺畅运作和有效推广。

此外，历史档案开发利用众筹项目的发起人同时也是众筹管理者，应具备良好的项目设计管理、平台构建、技术应用、沟通合作和宣传推广等复合能力，路易丝·雷（Louise Ray）等强调，"众筹活动的成功在很大程度上取决于保留和培训发展专家（或增加现有员工的技能），因为数字营销活动需要技术和营销专业知识。研究表明，根据他们的调查，英国目前约 9% 的档案资金来自个人，但在线筹款策略的使用总体上缺乏专业知识、培训和支持，仍然是总体资金的一个相对较小的组成部分"②。可见，众筹发起人应加强众筹知识的培训学习，努力掌握与众筹相关的数字化管理能力和技术素养，熟练运用和管理众筹模式。

---

① ［美］大卫·艾伦·格里尔：《众包》，肖江波译，人民邮电出版社 2015 年版，第 68 页。

② Louise Ray, Elizabeth Shepherd, Andrew Flinn, Erica Ander and Marie Laperdrix, "Funding Archive Services in England and Wales: Institutional Realities and Professional Perceptions", *Archives and Records*, Vol. 34, No. 2, 2013, pp. 175—199.

2. 明确项目领域

历史档案开发利用众筹的主要目的是筹集项目资金，由前述调研可知，目前中国历史档案开发利用众筹的项目领域较为丰富，主要涵盖了历史档案收集、整理、保护、编研出版、展览展示、视频拍摄等方面。为了全面总结和把握历史档案开发利用众筹项目的领域，笔者认为有必要从综合档案馆历史档案开发利用流程入手进行全面梳理，通过审视流程找出适合开展众筹的环节。

通过流程梳理发现（见图6—10），众筹模式在历史档案开发利用中的主要应用领域较为广泛，几乎所有环节都可以通过众筹来筹集资金予以支持，主要包括收集环节的征集、建档，整理环节的分类、立卷、编目、转录或校对、翻译、信息化等，鉴定环节的技术鉴定、价值鉴定，保管环节的档案保护与修复、档案日常维护、基础设施建设，提供利用环节的建立检索系统、编研、展览、视频制作、文化创意产品开发等。综合档案馆等众筹发起方在选择众筹项目时可以根据自身需求和具体实际，选择最适于应用众筹的环节发起众筹。国内外实践中也不乏众筹成功的典型案例，例如：前述腾讯乐捐调研中有关历史档案开发利用

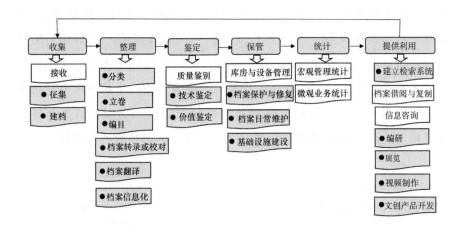

图6—10　历史档案开发利用众筹的主要应用领域（标注•）

众筹的 18 个项目；2014 年，中国金融博物馆在"众筹网"为《革命金融展》主题展览成功筹集 322800 元，共 189 人支持，达到预定目标的 108%[①]；在"Rockland County Journal Digital：The Edward Hopper Years"项目中，奈阿克图书馆应用众筹对其馆藏报纸资源数字化，涉及馆藏资源的数字化加工、组织与管理等[②]；联邦走马调查局文化创意团队在摩点众筹平台发起"谁杀了肯尼迪？！'美国第一悬案'档案推理盒"（见图 6—11[③]），该众筹依托美国第一悬案解密档案进行桌游文化创意产品开发，较具吸引力。

3. 合法合规审查

无论是综合档案馆、档案事业发展基金会、非档案基金会，还是公民个人、企业等力量发起历史档案开发利用众筹，均需要开展合法合规审查，确保众筹活动及众筹平台符合国家相关法律法规和政策要求，比如《中华人民共和国慈善法》《中华人民共和国档案法》《中华人民共和国著作权法》《中华人民共和国电子商务法》《中华人民共和国档案法实施条例》《国务院关于积极推进"互联网＋"行动的指导意见》《关于加快构建大众创业万众创新支撑平台的指导意见》《关于加强和改进新形势下档案工作的意见》《"十四五"全国档案事业发展规划》等，坚决不得碰触刑事、行政法律以及相关政策法规底线，同时在具体模式应用过程中要严格履行相关法律程序，制定具体规章制度，细化模式流程，做到有法可依，有章可循。此外，中国档案主管部门也应进一步制定更为明确的历史档案开发利用众筹相关的规章制度和标准规范，加大政策倾斜，鼓励更多社会资本通过众筹进入档案领域，支持档案事业发展。

---

① 王艺颖：《众筹理念在博物馆展陈中的应用》，《大众文艺》2017 年第 4 期。

② 黄国彬、邸弘阳：《图书馆应用众筹的特点与策略》，《图书情报工作》2016 年第 20 期。

③ 摩点众筹：《谁杀了肯尼迪？！"美国第一悬案"档案推理盒》，https://zhongchou.modian.com/item/96236.html，2022 年 7 月 31 日。

图 6—11　历史档案文化创意产品众筹

4. 众筹项目设计

黛布拉·A. 莱利·赫夫（Debra A. Riley-Huff）等认为，"好的计划、推广和营销显然是成功的必要条件，但好的项目选择也是导致活动成功的关键因素之一。一个好的项目决策将仔细考虑项目在多大程度上符合组织的使命、管理项目的可用资源、项目的时间、可能的捐赠者兴趣和合理的筹款目标"①，可见项目设计的重要性。前述众筹项目领域只是众筹的一个大概内容方向，但具体有关档案内容选择与项目主题，

---

① Debra A. Riley-Huff, Kevin Herrera, Susan Ivey and Tina Harry, "Crowdfunding in Libraries, Archives and Museums", *The Bottom Line*, Vol. 29, No. 2, 2016, pp. 67—85.

项目成果，目标金额、项目预算、众筹时限与执行计划，众筹回报，项目声明等项目细节需要周密合理的设计。

第一，档案内容选择与项目主题方面，大卫·艾伦·格里尔（David Alan Grier）认为，"众筹最大的缺点就是你必须想尽办法让群体对你的项目感兴趣。这需要你付出一些努力，让群体关注你的众筹网页并捐款"[①]；卡尔·马吉（Karl Magee）认为，"选择合适的收藏和项目是众筹成功的关键"[②]。公众积极向项目捐钱主要出于对该历史档案以及项目主题的浓厚兴趣，有数据显示，"表现最好的众筹项目往往是那些专注于创造性、参与性或消费性努力的项目，如游戏、技术、电影、视频、艺术和设计"[③]。因此，众筹发起者应选择新颖、有吸引力和号召力的历史档案和项目主题，可以"通过公众调查、大数据分析等了解公众的需求和喜好，结合本馆特点，将档案所蕴藏的文化价值与公众需求联系起来，有针对性地发起新颖的、有特色的项目主题及项目设计，最大程度地吸引公众参与"[④]。例如，英国斯特林大学档案馆发起的彼得·麦凯档案众筹（Crowdfunding the Peter Mackay Archive）项目的成功之处在于它"提供了新内容、国际吸引力和有趣背景故事的完美结合"。彼得·麦凯（Peter Mackay，1926—2013）是南罗得西亚（津巴布韦）和尼亚萨兰（马拉维）独立运动的关键人物，彼得·麦凯档案提供了麦凯参与南部非洲国家独立运动的精彩记录，它是一个具有国际重要性的集合，已经吸引了来自世界各地的学者和研究人员的兴趣。项目

①　［美］大卫·艾伦·格里尔：《众包》，肖江波译，人民邮电出版社 2015 年版，第18 页。

②　Karl Magee, "Thinking Outside the Box: Crowdfunding the Peter Mackay Archive", in Edward Benoit Ⅲ and Alexandra Eveleigh, eds. *Participatory Archives: Theory and Practice*, London: Facet Publishing, 2019, pp. 149－155.

③　Debra A. Riley-Huff, Kevin Herrera, Susan Ivey and Tina Harry, "Crowdfunding in Libraries, Archives and Museums", *The Bottom Line*, Vol. 29, No. 2, 2016, pp. 67－85.

④　陈忠海、常大伟：《众筹模式在档案馆档案信息资源开发中的应用研究》，《档案学通讯》2014 年第 6 期。

旨在通过编目和保护开放藏品使材料可在档案阅览室使用，并通过数字化为世界各地研究人员提供在线访问藏品中独特资源的途径，其中彼得·麦凯档案筹款的核心是数字化，项目选择了麦凯广泛的摄影收藏以及他在 20 世纪 50 年代和 60 年代编辑的一系列政治期刊和杂志这两部分亮点内容作为数字化的重点，也是众筹项目的范围①。

第二，项目成果方面，除了历史档案的内容和项目主题外，公众捐款还有个重要的影响因素，那就是项目的最终成果，历史档案开发利用众筹项目的最终成果一定要吸引人，主要表现有二：一是众筹成果应较为落地和具体，且最好是实实在在的有形成果。黛布拉·A. 莱利·赫夫（Debra A. Riley-Huff）等认为，"按照 Kickstarter 最初实施的模式，GLAM 组织进行的众筹项目几乎总是为有形的'事物'，如电影、展览、书籍收藏、音乐表演或翻新项目……适合众筹的项目应该易于理解，并产生切实的新'产品'、服务或以其他方式吸引捐助者"②。从前述腾讯乐捐的调研来看，目前的历史档案开发利用众筹项目成果确实比较具体和有形，比如整理家谱、建立文字影像档案、制作画册和明信片、录制视频、展览和出版书籍等。二是众筹任务或成果应尽可能简单，如果众筹项目任务过于复杂或者成果形式过于烦琐，就会降低公众的捐款兴趣，正如杰夫·豪（Jeff Howe）所言，"有一点很重要：要保证任务的本质够单纯。……试着将你的需要说得简单明了，就会极大增加人们想要参与的概率"③。

第三，目标金额、项目预算、众筹时限与执行计划方面，目标金额

---

① Karl Magee, "Thinking Outside the Box: Crowdfunding the Peter Mackay Archive", in Edward Benoit Ⅲ and Alexandra Eveleigh, eds. *Participatory Archives: Theory and Practice*, London: Facet Publishing, 2019, pp. 149—155.

② Debra A. Riley-Huff, Kevin Herrera, Susan Ivey and Tina Harry, "Crowdfunding in Libraries, Archives and Museums", *The Bottom Line*, Vol. 29, No. 2, 2016, pp. 67—85.

③ ［美］杰夫·豪：《众包——群体力量驱动商业未来》，牛文静译，中信出版社 2011 年版，第 231 页。

设置应高低适度，目标金额不能过高，过高容易给人不切实际的感觉，当然也不能过低，过低则无法满足项目执行的资金需求；项目预算应详细合理，切合实际，以口述采访为例，应详细列明采访所需的交通费、食宿费、拜访费、器材费、助理费用等的具体数额；筹款时限设置应长短适度，太短无法达成筹款目标，太长则容易引起公众的等待焦虑，容易导致其对项目失去耐心。根据腾讯乐捐的调研，慈善型众筹项目筹款时限一般为 2—4 个月；执行计划即历史档案开发利用的行动计划，计划应详细可行，应详细介绍项目的执行内容、步骤、时间安排等内容，让公众切实感受到该项目的可行性。

第四，众筹回报方面，众筹回报对于公众参与众筹项目具有较大激励作用，回报设置应根据公众捐赠的金额划分不同的等级，这也是激励公众捐赠更多资金的有效方式，具体众筹回报注意事项将在后文的"众筹回报与项目执行"中详述。

第五，项目声明方面，大卫·艾伦·格里尔（David Alan Grier）认为，"无论你使用何种众包模式，工作声明写得越好，众包的效果也就越好"[①]，众筹项目声明的主要目的是告诉公众"你打算做什么，以及他们该如何参与"，声明"要解释任务的目标，目标要具有号召公众的力量"[②]，"众筹的成功在很大程度上取决于一个机构讲述与捐赠者有关的伟大故事的能力"[③]。众筹项目声明需要重点阐述项目任务内容、资金需求、资金分配计划等，尤其需要突出项目对于社会的价值以及对于捐资者的收益，捐资者收益可以是分层次的，比如达到不同的捐赠数额

① ［美］大卫·艾伦·格里尔：《众包》，肖江波译，人民邮电出版社 2015 年版，第158 页。

② ［美］大卫·艾伦·格里尔：《众包》，肖江波译，人民邮电出版社 2015 年版，第155 页。

③ Heather L. Barnes, "Kickstarting Archives: Crowdfunding and Outreach in the Digital Age", in Edward Benoit Ⅲ and Alexandra Eveleigh, eds. *Participatory Archives: Theory and Practice*, London: Facet Publishing, 2019, pp. 117—129.

会有不同等级的回报。项目声明应思路逻辑清晰，语言简洁精练，数据真实翔实，思想深刻吸引人，最好是图文视频并茂，将公众带入项目语境中，以理服人，以情动人，切莫夸大其词。

5. 众筹平台选择

一般来说，众包平台包括自建平台、第三方平台和社交媒体平台等，具体到历史档案开发利用众筹平台来说，同样可以分为上述三种类型。

第一，众筹项目发起者自建众筹平台。黛布拉·A. 莱利·赫夫（Debra A. Riley-Huff）等的调研发现，国外的一些图书馆、档案馆和博物馆使用了他们自己的众筹平台①。目前来看，受各种因素影响，中国还没有出现该类平台。笔者认为，一些影响力大、实力雄厚的综合档案馆可以考虑充分利用丰富社会资源和公众号召力自建众筹平台。韩蔷在其硕士学位论文中提出了"建设属于图书馆众筹项目自己的平台"②的设想，对于中国历史档案开发利用众筹平台建设具有启示意义，比如可以某一综合档案馆或国家档案事业发展基金会牵头建立历史档案开发利用专门的众筹平台，这对于鼓励社会资本支持档案事业意义重大，值得进一步探索。

第二，社交媒体众筹平台，即通过社交媒体开展众筹，国外有些项目用 Facebook 筹集资金③，典型代表为 FundRazr，它是一个加拿大众筹网站，在 2009 年首次发布 Facebook 应用，FundRazr 允许用户在其 Facebook 页面上设置众筹页面和/或嵌入筹款应用程序，以筹集用于医疗、追悼会和动物救援事业的资金④。中国微博、微信等社交媒

---

① Debra A. Riley-Huff, Kevin Herrera, Susan Ivey and Tina Harry, "Crowdfunding in Libraries, Archives and Museums", *The Bottom Line*, Vol. 29, No. 2, 2016, pp. 67－85.

② 韩蔷：《我国图书馆众筹发展策略研究》，硕士学位论文，辽宁师范大学，2016 年。

③ ［美］大卫·艾伦·格里尔：《众包》，肖江波译，人民邮电出版社 2015 年版，第 168 页。

④ 世界纳：《国外五大众筹网站》，http：//www.kguowai.com/news/613.html，2022 年 8 月 2 日。

体也设置了公众打赏平台，但目前尚未发现此类历史档案开发利用众筹项目。

第三，第三方专业性众筹平台。目前绝大部分众筹项目都是在第三方专业性众筹平台上开展的。希瑟·L. 巴恩斯（Heather L. Barnes）认为，"虽然在线档案推广在各种各样的社交网络和其他基于网络的平台上蓬勃发展，但众筹活动通常使用专用的商业筹款平台，如Kickstarter、Fundly、CrowdRise 和其他商业网站"[①]。黛布拉·A. 莱利·赫夫（Debra A. Riley-Huff）等的调研发现，目前国外图书馆、档案馆、博物馆等机构使用的专业性众筹平台有 GoFundMe、Indiegogo、Kickstarter、ScaleFunder、Crowdrise、Razoo、Tilt 等（见图 6−12[②]）。

Platform	#	(%)
GoFundMe	2	6
Indiegogo	4	13
Kickstarter	8	26
ScaleFunder	4	13
Other	17	55
Note: $n = 34$		

图 6−12　国外图书馆、档案馆、博物馆机构众筹项目平台调研统计

国内历史档案开发利用众筹项目常使用的平台有腾讯乐捐和摩点众筹等，比如故宫出版社和奥秘之家合作，依托清宫文物和档案开发文化创意产品，在摩点众筹推出互动解谜游戏书《谜宫》系列众筹，目前已陆续推出三个项目，分别是《谜宫·如意琳琅图籍》（2018）、《谜宫·

----

① Heather L. Barnes, "Kickstarting Archives: Crowdfunding and Outreach in the Digital Age", in Edward Benoit Ⅲ and Alexandra Eveleigh, eds. *Participatory Archives*: *Theory and Practice*, London: Facet Publishing, 2019, pp. 117−129.

② Debra A. Riley-Huff, Kevin Herrera, Susan Ivey and Tina Harry, "Crowdfunding in Libraries, Archives and Museums", *The Bottom Line*, Vol. 29, No. 2, 2016, pp. 67−85.

金榜题名》（2020）和《谜宫·永乐疑阵》（2022），目前《谜宫·永乐疑阵》正在众筹过程中，目标金额是10万元，截至2022年8月2日，项目已筹金额高达340余万元①。由此可见，专业性众筹平台的效益和优势还是非常明显的。

一是专业性众筹平台的项目管理较为成熟完备，项目管理工具和技术较为完善易用，众筹发起者可以快速启动众筹项目，且众筹平台还可以协助发起者对众筹进行精准记账；二是专业性众筹平台对于项目涉及的知识产权归属纠纷、群体资金纠纷解决等问题拥有成熟的规则和协调团队，比如腾讯乐捐平台的《腾讯公益平台用户服务协议》对于用户信息保护、用户进行捐赠的相关规范、信息内容、知识产权等内容进行了详细规范，而摩点众筹平台则详细制定了《用户注册协议》《发起者协议》《支持者协议》《结算及退款流程》等完备规范，全力保障众筹各方的合法权利不受侵害；三是专业性众筹平台上拥有大量现成的潜在捐资群体，大大节省了项目宣传推广的成本；四是许多平台有后台专业人士提供众筹指导，且项目发起者之间也可以相互学习交流、模仿和借鉴，从而大大降低了众筹失败的风险。

6. 众筹试点测试

众筹发起者设计好项目并选定众筹平台后，众筹规划准备阶段进入尾声，但此时不能马上发布项目开始筹款，还应"未雨绸缪"地对众筹项目进行试点测试，测试项目运作的各种细节是否合适顺畅，这既体现了众筹发起者的一步一个脚印的项目推进逻辑，同时也是降低众筹风险的必要环节。大卫·艾伦·格里尔（David Alan Grier）认为，"做试验等于给了自己一次不用交学费的学习机会"②，"千万要杜绝不经测试就

---

① 故宫出版社：《〈谜宫·永乐疑阵〉——故宫互动解谜游戏书第三作》，https://zhongchou. modian. com/item/120620. html，2022年8月2日。

② ［美］大卫·艾伦·格里尔：《众包》，肖江波译，人民邮电出版社2015年版，第308页。

可以一次成功的侥幸心理"①。项目发起方可以邀请一小部分人参与并体验众筹项目，先募集一部分资金，通过试点测试征求参与者的意见，鼓励参与者提出项目的各种不足，比如项目主题、最终成果、目标金额、项目预算、执行计划、众筹回报等设计是否合理，文本撰写是否清晰明了，项目平台是否顺畅等，及时发现问题并加以针对性改进，防止贸然发布项目后出现不足再撤回修改等问题的出现，避免后期出现麻烦或纠纷。

7. 众筹宣传

众筹试点测试结束后，众筹规划准备阶段完毕，众筹发起者发布项目，筹款正式开始，历史档案开发利用众筹进入活跃阶段，该阶段的主要任务是众筹项目宣传以及公众引导。

众筹宣传是吸引公众参与众筹的重要环节。历史档案开发利用众筹项目宣传应关注项目受众、宣传方式、宣传内容等因素。

第一，项目受众方面，大卫·艾伦·格里尔（David Alan Grier）认为，"群体是你最好的口碑传播渠道"②；萨拉·布松（Sara Bushong）等认为，"众筹的成功在一定程度上取决于拥有强大的影响者网络，他们可以帮助推动活动的社交媒体部分"，"组织必须研究其核心支持者和利益相关者"③。由此可见，项目受众是历史档案开发利用众筹项目宣传中必须关注的重点内容，应注重识别众筹项目的"核心支持者""利益相关者"或"核心捐款人"，他们对于参与众筹项目具有巨大热情，是众筹项目宣传的理想受众群体。黛布拉·A. 莱利·赫

---

① ［美］大卫·艾伦·格里尔：《众包》，肖江波译，人民邮电出版社 2015 年版，第 276 页。

② ［美］大卫·艾伦·格里尔：《众包》，肖江波译，人民邮电出版社 2015 年版，第 147 页。

③ Sara Bushong, Susannah Cleveland and Christopher Cox, "Crowdfunding for Academic Libraries: Indiana Jones Meets Polka", *The Journal of Academic Librarianship*, Vol. 44, No. 2, 2018, pp. 313－318.

夫（Debra A. Riley-Huff）等对国外图书馆、档案馆和博物馆众筹的调研发现，"数量最多的捐赠者来自众筹团队的核心圈子：该组织的员工、已知的支持者基础群、用户和访问者，这支持了目前的众筹研究，即大多数支持者来自一个子公司的内部社交圈子"（见图6—13)[①]。同理，以综合档案馆发起历史档案开发利用众筹为例，其潜在捐资者基本来自档案实践工作者、档案学会会员、历史或档案学界学者及师生、历史档案爱好者、档案馆用户或受众以及其他档案意识较强的社会公众等。

Donor type	#
Affiliated departments	3
Alumni	9
Corporate sponsors	5
Institution employees	13
Organized supporter base (clubs, friends, members, societies, etc.)	13
Users/visitors	14
Note: $n = 23$	

图6—13　国外图书馆、档案馆、博物馆众筹项目捐赠者类型统计

　　第二，宣传方式方面，历史档案开发利用众筹项目宣传的目的在于尽可能提高项目的公众关注度，因此，众筹发起者应具备较强的网络营销技能，除在专业众筹平台发布项目进行宣传外，还需要辅助以多种方式进行宣传，如线下聚会、报纸、电视、广播等传统方式以及微博、微信、抖音、博客等社交媒体、电子邮件、发起者官网、项目专用网站、论坛、线上会议等现代方式，其中社交媒体是宣传众筹项目的绝佳手段，其巨大优势在于鼓励公众参与筹款的同时公众也通过转发评论等方式加速了项目的宣传，从而短时间内提升项目曝光度和公众知晓度，吸

---

①　Debra A. Riley-Huff, Kevin Herrera, Susan Ivey and Tina Harry, "Crowdfunding in Libraries, Archives and Museums", *The Bottom Line*, Vol. 29, No. 2, 2016, pp. 67—85.

引更多公众参与众筹。黛布拉·A. 莱利·赫夫（Debra A. Riley-Huff）等针对国外图书馆、档案馆、博物馆众筹项目的调研发现，在对这个问题的 28 个回复中，电子邮件是最受欢迎的推广工具，脸书紧随其后，选择"其他"的受访者将邮寄信件、YouTube、电视和 Instagram 作为推广渠道（见图 6－14）[①]。例如，英国斯特林大学档案馆发起的彼得·麦凯档案众筹项目页面于 2016 年 11 月 29 日的"捐赠星期二"启动，这是一项年度活动，被宣传为支持慈善和筹款的"全球捐赠运动"。该项目设定了 8000 英镑的捐款目标，截止日期为 2017 年 1 月 24 日。随着众筹活动的启动，其活动的重点转移到了宣传推广上，他们广泛使用社交媒体帮助他们与世界各地的潜在支持者建立联系，大学档案馆使用推特账户上的标签♯MackayArchive 来宣传这项活动，♯AfricanHistory 和♯马拉维等其他关键话题标签的额外使用确保了他们的信息送达其重要的国际受众，他们的活动推特被许多重要的非洲历史报道转载。在他们的宣传推广工作中，话题标签的力量是一个有价值的工具，他们的在线社区转播了大量的募捐信息。除了社交媒体提供的广泛影响之外，在一些地方和全国性报纸上发表的有关该项目的文章也是更传统的宣传方式[②]。

第三，宣传内容方面，众筹项目可以通过文字、图片、视频等多样化方式对项目内容予以展示，宣传内容应简洁清晰，画质优良，重点展示项目的巨大意义以及项目对于捐资人的回报，最大限度地调动公众参与捐资的热情。比如彼得·麦凯档案众筹期间制作了几段视频，其中包括对与该项目有关的档案工作者和学者的采访，这些信息被添加到众筹

---

①　Debra A. Riley-Huff, Kevin Herrera, Susan Ivey and Tina Harry, "Crowdfunding in Libraries, Archives and Museums", *The Bottom Line*, Vol. 29, No. 2, 2016, pp. 67－85.

②　Karl Magee, "Thinking Outside the Box: Crowdfunding the Peter Mackay Archive", in Edward Benoit Ⅲ and Alexandra Eveleigh, eds. *Participatory Archives: Theory and Practice*, London: Facet Publishing, 2019, pp. 149－155.

Type of promotion	#	(%)
Facebook	26	93
Twitter	21	75
E-mail	27	96
Newspaper	8	29
Radio	1	4
Institution's website	23	82
Dedicated project website	16	57
Other	6	21

Note: $n = 28$

图 6—14　国外图书馆、档案馆、博物馆众筹项目宣传渠道统计

的活动页面，以提供有关该项目的更多信息①。

8. 公众引导

在众筹活跃阶段，除了加强众筹宣传外，还需要通过沟通交流加强对公众的引导，促进项目众筹朝着健康顺利的方向发展。这种沟通交流是多向的，既包括众筹发起方与公众的交流，也包括公众之间的交流。

第一，众筹发起方与公众加强交流。众筹发起方应通过各种途径与公众加强沟通交流，这对于获取公众信任、拉近与公众距离、提升项目成功率至关重要。主要交流方式包括：一是发起方主动公布联系方式，欢迎公众随时咨询交流，比如，腾讯乐捐上的历史档案开发利用众筹项目"抢救广州湾口述史"在项目声明中专门加上了"如何联系我们"，联系方式包括邮箱、新浪微博、微信公众号、APP 以及项目办公地址，方便公众随时联系。二是设置常见问题解答，公众对于众筹项目可能会有许多疑问，发起方可以总结归纳公众咨询比较多的问题进行统一解答，比如，腾讯乐捐在每个项目中均建立了"腾讯公益平台常见问答"的链接，回答网友常见问题且网友可以留言互动，摩点众筹中每个项目

_____

① Karl Magee, "Thinking Outside the Box: Crowdfunding the Peter Mackay Archive", in Edward Benoit Ⅲ and Alexandra Eveleigh, eds. *Participatory Archives: Theory and Practice*, London: Facet Publishing, 2019, pp. 149—155.

也有常见问题版块。三是众筹发起方及时更新筹资和项目最新进展，让捐资者了解项目最新动态，这在一定程度上也会激励更多公众关注和捐赠资金，比如，2022 年 5 月故宫互动解谜游戏书第三作《谜宫·永乐疑阵》上线摩点众筹平台，至今已完成 8 次项目进展更新，包括 "《谜宫·永乐疑阵》的疑问解答～""打样定版中！今天来盘点下紫禁城里有哪些明代遗存建筑""正式定档开售时间！2022 年 7 月 6 日 12 时不见不散～""神秘解锁公布！♯永乐宝座龙首胸针""众筹起航，感谢有你！♯王津老师寄语""话题讨论抽奖来啦～ ♯如果穿越回明朝""解锁金额调整！♯新实物赠品设计展示""制作进度同步！♯开箱视频来袭"，且每次更新均引来网友几十条点赞和上百条评论及讨论，极大提升了项目热度和公众参与捐资的热情；再如，腾讯乐捐平台中，历史档案开发利用众筹项目也均设置了项目进展栏目，通过文字图片等形式定期公布项目的最新进展，让公众了解最新项目信息。

第二，建立社区，促进公众之间的互动交流。大卫·艾伦·格里尔（David Alan Grier）认为，"众筹是一种社区活动"，"与其他众包模式不同的是，众筹更需要营造一种社区感。虽然这个社区存在的时间较短，但是他们可以支持你的筹款活动"①，"捐款主力军一般是社区里对你的项目感兴趣的人"②。黛布拉·A. 莱利·赫夫（Debra A. Riley-Huff）等认为，"通过社区联系发展的社会资本有助于将关键利益相关者带到谈判桌上，从而'组织的社会资本因此被实现为财务资本：倡议网络中最接近的人和组织成为项目的早期支持者'"③，可见建立众筹社区的重要价值和意义。对于项目感兴趣的公众之间具有互动交流的共同目标和利益基础，通过在社区中进行相互交流可以获得无限乐趣，同时相互之

---

① ［美］大卫·艾伦·格里尔：《众包》，肖江波译，人民邮电出版社 2015 年版，第 69 页。

② ［美］大卫·艾伦·格里尔：《众包》，肖江波译，人民邮电出版社 2015 年版，第 68 页。

③ Debra A. Riley-Huff, Kevin Herrera, Susan Ivey and Tina Harry, "Crowdfunding in Libraries, Archives and Museums", *The Bottom Line*, Vol. 29, No. 2, 2016, pp. 67－85.

间也可以解答疑问，碰撞出创新性火花，对于项目发起者具有重要启发意义。因此，历史档案开发利用众筹项目也应积极建立社区，鼓励公众之间进行交流，比如摩点众筹平台每个众筹项目均有评论版块，《谜宫·永乐疑阵》项目下方有2500多条评论，且网友之间可以相互评论，实际上成为了众筹项目的一个公众论坛或社区，对于提升公众对于项目的关注度和参与度都发挥了重要作用。

9. 项目执行与众筹回报

众筹日期截止后，筹款正式结束，此时进入历史档案开发利用众筹的收尾阶段，主要工作包括项目执行和捐资回报。

第一，项目执行方面，众筹发起者应根据所筹款项，按照最初的项目声明、项目预算和执行计划严格落实执行项目，不得弄虚作假、投机取巧，以达成项目预期目标，完成项目预期成果。同时在执行过程中应保留预算执行的凭证，并在项目结束后撰写结项报告并及时公开。比如腾讯乐捐中的历史档案开发利用众筹项目结束后专门设置"结项报告"一栏，向公众及时公开项目执行过程、执行成果、善款使用情况以及善款执行发票，让公众全面了解善款的去向和项目成果，这体现了一种公开公正透明的众筹项目理念，体现了对捐资者的尊重以及众筹发起者的责任担当意识和廉洁公正品质。

第二，捐资回报方面，众筹回报是吸引公众捐资的重要因素。筹款结束后应根据公众捐资情况兑现捐资者相应的回报，这也是对其参与众筹的感谢和认可。众筹发起者需要合理设置项目回报，众筹回报应根据公众参与众筹的动机进行设置，公众参与众筹的动机各种各样，比如与志同道合的人互动、社区责任感、满足心理或情感需求、个人荣誉、出名、项目兴趣、物质或服务追求等。根据这些不同的众筹参与动机，众筹回报既可以是精神回报也可以是物质或服务回报，精神回报如感谢信、筹资者网络简介、纪念章、勋章等，物质或服务回报如加入协会、信息分享、档案信息服务、摄影作品、印刷品（书签、明信片、海报、贴纸等）、视频、马克杯、帆布包、棒球帽、文化衫、参与活动（如影片拍摄）、手工制作的纪念品、文化创意产品等，参与动机与众筹回报的对应关系见表6—12。

表6—12　　历史档案开发利用众筹参与动机与众筹回报的对应关系

序号	参与动机	众筹回报
1	与志同道合的人互动	加入协会、参与活动（如影片拍摄）等
2	社区责任感	无
3	满足心理或情感需求	纪念章等
4	个人荣誉	感谢信、勋章等
5	出名	筹资者网络简介等
6	项目兴趣	无
7	物质或服务追求	印刷品（书签、明信片、海报、贴纸等）、马克杯、帆布包、棒球帽、文化衫、手工制作的纪念品、文化创意产品、摄影作品、视频、信息分享、档案信息服务等

此外，黛布拉·A.莱利·赫夫（Debra A. Riley-Huff）等认为，"组织应该谨慎地使用切实的奖励，因为它们可以很容易地消耗时间和资金。通过众筹项目提供奖励的组织应该确保有形奖励加起来只占相关捐赠的一小部分"[①]。由此可见，历史档案开发利用众筹回报应适可而止，应将大部分资金用于项目执行，小部分资金用于捐资者回报。而且有些捐资者纯粹是出于责任感或兴趣而参与众筹，并不寻求项目回报，正如大卫·艾伦·格里尔（David Alan Grier）所言，"更多时候，捐赠者不求回报，而是出于某种奉献精神。他们愿意成为你的项目见证者"[②]。比如，腾讯乐捐前述18个历史档案开发利用众筹项目中有8个

---

① Debra A. Riley-Huff, Kevin Herrera, Susan Ivey and Tina Harry, "Crowdfunding in Libraries, Archives and Museums", *The Bottom Line*, Vol. 29, No. 2, 2016, pp. 67—85.

② ［美］大卫·艾伦·格里尔：《众包》，肖江波译，人民邮电出版社2015年版，第69页。

没有设置任何回报，但依然筹集大量资金，"助老兵纪录片完成"项目更是100％实现了58000元的众筹目标，共计4432人参与众筹，这些人均属于无私捐赠，不求回报（见表6－13）。再如，摩点众筹平台上包括故宫互动解谜游戏书《谜宫·永乐疑阵》在内的项目均专门添加了"无偿支持"按钮，并备注"不需要回报，我只是支持有梦想的人"，公众单击此按钮可以根据意愿支付捐赠金额，目前该项目公众已支持98份。

表6－13　　　腾讯乐捐历史档案开发利用众筹无回报项目一栏表

序号	名称	目标金额	已筹金额	筹款进度	支持人数及人均金额	有无回报
1	为百位老兵出书立传	210700 元	70767.59 元	33％	6368 人/11.1 元	无
2	抢救性口述抗战历史	117045 元	60958.34 元	52％	1353 人/45.1 元	无
3	筹建三晋抗战纪念展	500000 元	2560.2 元	0.50％	64 人/40 元	无
4	抢救抗战历史	108552 元	50772.27 元	46％	2785 人/18.2 元	无
5	用影像记录老兵故事	344274 元	62477.55 元	18％	943 人/66.3 元	无
6	助老兵纪录片完成	58000 元	58057.87 元	100％	4432 人/13.1 元	无
7	不该忘却的记忆	25000 元	14861.76 元	59％	311 人/47.8 元	无
8	圆梦留存重庆记忆	65000 元	10259.69 元	15％	519 人/19.7 元	无

10. 众筹评价与持续改进

持续改进理念遵循了美国电信电话公司工程师沃尔特·书瓦特（Walter Shewhart）提出的"设计项目—执行项目—搜集并分析项目数据—设计项目—执行项目……"的持续改进循环，这是一种重要的项目管理技术，该理念强调"以系统的方式处理问题"[①]。书瓦特认为，"持续改进循环模式可以帮助你搜集有用的信息，并且能够让你处理生产过程中的任何突发事故"，"使用持续改进循环模式可以不断提高工作效率，优化生产过程"[②]。基于此理念，众筹评价与持续改进并不是众筹的最后一个阶段，而是伴随众筹规划、活跃和收尾三大阶段过程的始终，随时收集众筹各环节的数据并进行评估，比如项目声明是否到位、众筹时限是否合理、公众参与是否积极、参与群体有何特征等，实时处理问题，及时总结经验和教训，持续改进本次众筹的质量和效果，也为开展下一次众筹积累经验。

综上，历史档案开发利用众筹正在中国萌芽并逐渐在公益和文化创意领域开花结果，但真正在档案业界发挥其巨大能量尚需时日。众筹是"互联网＋"时代大潮的新兴事物，在历史档案开发利用领域有着广阔的应用前景和巨大的发展机遇，同时也暗藏许多风险和挑战，中国档案学界和业界应以足够的勇气和智慧研究和驾驭该模式，加强全过程管理和全要素控制，为档案事业发展谋福利，助推档案文献遗产的保护与开发。

第三节　历史档案开发利用宏任务众包模式研究

如前所述，杰夫·豪（Jeff Howe）和大卫·艾伦·格里尔（David

---

① ［美］大卫·艾伦·格里尔：《众包》，肖江波译，人民邮电出版社 2015 年版，第214 页。

② ［美］大卫·艾伦·格里尔：《众包》，肖江波译，人民邮电出版社 2015 年版，第213 页。

Alan Grier）均对众包模式进行了类型划分[①②]，经对比发现，其实两者的划分大同小异，杰夫·豪（Jeff Howe）所说的大众创造（如电视广告的拍摄制作、翻译、重新设计视听系统等）与格里尔所说的宏任务（如寻求编辑帮助、开一个新博客等）和微任务（如搜集通信信息、翻译医疗记录、整理收藏品等）模式类似。大卫·艾伦·格里尔（David Alan Grier）认为，宏任务众包指的是"众包组织者把工作放在众包市场中，寻找一个人或者一个团队来完成这项工作"[③]。简单来说，宏任务众包即"一个工作者处理所有工作的任务"[④]，它是众包中最灵活的一种方式，是自由职业者的翻版，可以让众包组织者在短时间内将专业技能带入组织中。其优点是：第一，可以给组织者提供最广泛的技术帮助；第二，可以使组织者与工作者维持长期的伙伴关系，雇用一名宏任务工作者和公司雇用一名员工没有什么区别。其缺点是：第一，有时组织者很难确认其需要寻找的是哪种技能；第二，有时组织者很难与不同地域、拥有不同文化背景的宏任务工作者交流。管理宏任务工作者所花费的精力其实和日常管理员工差不多[⑤]。

宏任务众包模式肇始于美国，1998 年 11 月，贝鲁德·谢斯（Beerud Sheth）和斯里尼·阿努莫鲁（Srini Anumolu）创建了 Elance 网站，总部设在新泽西，这是至今可追溯到的国外建立最早的宏任务众包模式网站[⑥]。在中国，有一个词与宏任务众包的含义类似，那就是威客

① ［美］杰夫·豪：《众包——群体力量驱动商业未来》，牛文静译，中信出版社 2011 年版，第 226—227 页。

② ［美］大卫·艾伦·格里尔：《众包》，肖江波译，人民邮电出版社 2015 年版，第 13 页。

③ ［美］大卫·艾伦·格里尔：《众包》，肖江波译，人民邮电出版社 2015 年版，第 39 页。

④ ［美］大卫·艾伦·格里尔：《众包》，肖江波译，人民邮电出版社 2015 年版，第 291 页。

⑤ ［美］大卫·艾伦·格里尔：《众包》，肖江波译，人民邮电出版社 2015 年版，第 15 页。

⑥ 李燕：《基于国内威客网知识流程外包模式研究》，《图书情报工作》2011 年第 6 期。

（Witkey）。这一称谓是 2005 年由中国科学院研究生院 MBA 在读的刘锋最先提出的，他认为威客指的是人的知识、智慧、经验、技能通过互联网转换成实际收益，从而达到各取所需的互联网新模式。主要应用于解决包括科学、技术、工作、生活、学习等领域的问题，体现了互联网按劳取酬和以人为中心的新理念①。威客起源于电子公告牌功能分离现象，智力互动问答类网站是威客网站的最初形式，在中国，威客这种基于网络的知识共享市场正在迅速地发展，它构成了众包的一种形式②。2006 年 9 月中旬，中央电视台新闻栏目对威客进行了报道，这一新鲜事物逐渐为公众所知晓，数百家网站进入这个领域。代表性网站有猪八戒网、一品威客网、任务中国网、时间财富网等，其中猪八戒网凭借其开拓者身份和雄厚行业实力成为无可争议的行业领袖。

　　根据参与方式的不同，威客可以分为 A 型威客、B 型威客、C 型威客、M 型威客。A 型威客即知道型威客（askwitkey），代表性网站如百度知道、新浪爱问等；B 型威客即悬赏型威客（bidwitkey），指的是威客通过对某个项目进行投标并争取中标，代表性网站如一品威客网、时间财富网等；C 型威客即点对点威客（c2cwitkey），指的是威客通过对自身能力进行展示、证明以及良好经营，与需求者建立 C2C 的买卖关系，代表性网站如时间财富网；M 型威客即威客地图（witkey map），指的是通过互联网将人的地理位置、专业特长或兴趣、联系方式、威客空间这四个最重要的属性聚合在一起从而形成的关于人的搜索引擎③。

　　以目前国内最大的威客网站猪八戒网为例，其威客模式包括悬赏任务模式、招标任务模式和威客地图模式三种。悬赏任务模式属于 B 型威客模式的一种，其流程包括提出问题、托管"赏金"、咨询客户征集答案、选择解答、网站公示、付款、评价七大环节；招标任务模式也属于

---

　　①　刘锋：《威客（witkey）的商业模式分析》，硕士学位论文，中国科学院研究生院，2006 年。

　　②　张媛：《大众参与众包的行为影响因素研究》，硕士学位论文，东北财经大学，2011 年。

　　③　黄国华、王强编著：《众包与威客》，中国人民大学出版社 2015 年版，第 90 页。

B型威客模式的一种，其流程包括提出问题、择优雇用、托管"赏金"、验收、支付"赏金"、评价六大环节；威客地图模式（或自定任务外包模式）为M型威客，猪八戒网为注册威客提供个性空间服务，咨询客户可根据威客空间中的经验、技能、信用等描述进行搜索并直接雇用合适的威客来解决问题[①]。悬赏任务模式由多人出主意想办法，适合创意征集、文案写作类工作；而招标任务模式由指定的某个接包商负责，适合周期长的开发类、技术类、设计类工作；威客地图模式（或自定任务外包模式）是买方和被邀请者的直接交易，并非公开招标，只有买方和被邀请的供应商可见，威客网站一般不参与过程[②]。

目前国内威客网的任务主要包括创意设计、网站和系统建设、翻译、文案策划等方面，有学者做过统计，威客网建设初期的发包方以中小企业和个人为主，任务要求较简单，悬赏金额也不高[③]。

本节将集中探讨宏任务众包模式在历史档案开发利用中的应用可能与前景。

一　历史档案开发利用宏任务众包模式的概念、要素及研究综述

依据宏任务众包和威客模式的概念，笔者认为，所谓历史档案开发利用宏任务众包指的是，历史档案所有者（主要是档案机构）依托互联网宏任务众包（威客）平台，将所藏历史档案的部分开发利用任务交由拥有特殊专业技能、知识、智慧或创意的某一企业或个人全部承担并支付相应报酬的模式。其模式构成要素包括发包方（历史档案所有者）、宏任务众包平台、历史档案资源、接包方（企业、个人等）。其中，发包方负责发布与管理历史档案开发利用相关宏任务，接包方负责执行宏任务与提交成果，宏任务众包平台帮助发包方管理与接包方的关系、处理报酬问题、提交任何政府所需的文件、监督宏任务接包方并且核实工

---

① 尚珊、蔚彦伟：《虚拟咨询企业与图书馆虚拟咨询模式比较——以猪八戒威客网和联合知识导航网为例》，《情报理论与实践》2010年第10期。

② 李燕：《基于国内威客网知识流程外包模式研究》，《图书情报工作》2011年第6期。

③ 李燕：《基于国内威客网知识流程外包模式研究》，《图书情报工作》2011年第6期。

作成果①，模式具体要素框架见图 6-15。

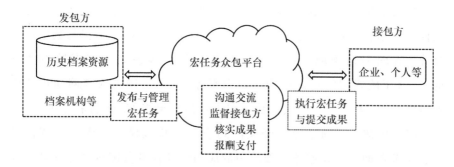

图 6-15 历史档案开发利用宏任务众包模式具体要素框架

目前，学界对于宏任务众包的探讨较少，仅有 2 篇文章，刘小琴探讨了高校图书馆阅读推广的众赛、微任务、宏任务、自组织众包四种众包模式②，认为在阅读推广某个项目进行时，若遇到技术或设计要求较高，而本馆人力资源有限的情况，使用宏任务众包便能解决难题，如视频制作、文字撰稿、图像设计、网页设计等工作。一些高校图书馆已开始采用数字化的阅读推广方式，这就需要有较为专业的团队或个人为高校图书馆开发相关软件。文章还列举了英国的哈德斯菲尔德大学的Lemontree 项目，它是由英国 RITH 公司负责开发的一款游戏，该图书馆借助这款游戏来提高图书馆资源的利用率③。秦海燕等提出了一种社会网络下分配众包宏任务的真实机制（TMC-SN），在社会网络下的众包宏任务分配问题被模拟成一个拍卖，其中任务请求者是买家，工人是

① ［美］大卫·艾伦·格里尔：《众包》，肖江波译，人民邮电出版社 2015 年版，第86 页。

② 刘小琴：《基于众包模式的高校图书馆阅读推广研究》，《四川图书馆学报》2019 年第6 期。

③ Andrew Walsh, "The Potential for Using Gamification in Academic Libraries in Order to Increase Student Engagement and Achievement", *Nordic Journal of Information Literacy in Higher Education*, Vol. 6, No. 1, 2014, pp. 39-51.

卖家，众包平台充当拍卖者。为了找出最合适的团队，TMC-SN从边际贡献和团队凝聚力两个方面来衡量工人对团队的适应性[①]。学界关于威客的探讨成果较为丰富，探讨较多的领域包括企业与信息经济、计算机软件与应用、职业教育、新闻传播、互联网技术、图书情报与数字图书馆等，在图书馆领域的讨论主要围绕基于威客模式的图书馆参考咨询[②]、基于威客网的知识市场和知识服务[③]、基于国内威客网知识流程外包模式[④]、基于威客模式的数字图书馆信息组织[⑤]等问题来展开。

综上可知，目前学界已经关注到宏任务众包模式在图书馆阅读推广、参考咨询、知识服务等领域中的应用以及任务分配机制等问题，但不足在于还没有学者专门探讨宏任务众包模式在历史档案开发利用领域的应用可能和前景。因此，本节将以国内外宏任务众包模式相关理论为指导，结合实践调研探讨宏任务众包模式在历史档案开发利用领域的适用性、应用难点及管理策略，以期为学界和业界在该领域的进一步研究和探索提供启发和借鉴。

二 历史档案开发利用宏任务众包模式的适用性

由于历史档案开发利用的宏任务众包模式在学界和业界尚属新鲜事物，因此有必要结合实际情况探讨一下该模式在中国的适用性，笔者将从必要性和可行性两个方面进行探讨。

（一）必要性

宏任务众包模式应用于历史档案开发利用的必要性主要体现在三个

---

① 秦海燕、章永龙、李斌：《社会网络下分配众包任务的真实机制》，《计算机应用》2020年第10期。

② 刘幸昕：《威客模式：网络时代的互动式参考咨询》，《国家图书馆学刊》2007年第3期。

③ 李静、沈阳：《基于威客网的知识市场研究》，《情报杂志》2007年第9期；方玉玲、王伟军、谭春辉：《盈利型威客知识服务优化研究》，《情报科学》2011年第10期。

④ 李燕：《基于国内威客网知识流程外包模式研究》，《图书情报工作》2011年第6期。

⑤ 李曦：《基于威客模式的数字图书馆信息组织研究》，《图书馆学研究》2016年第23期。

方面：

第一，宏任务众包模式自身存在巨大优势和好处。大卫·艾伦·格里尔（David Alan Grier）认为，宏任务众包的好处在于，"你能得到你想要的技术，让你物有所值，让全球英才为你所用，无论你是谁，都可以从中获益"①。由此可见，宏任务众包模式具有降低发包方成本、机动灵活、在线广泛搜罗人才和技术等优势，在历史档案开发利用领域，宏任务众包的发包方既可以是综合档案馆等文化事业机构，也可以是高校、企业、个人等，均可以在线发布宏任务开展众包。

第二，企业或个人所藏历史档案开发利用存在宏任务众包需求。企业尤其是中小企业或个人所藏历史档案具有数量不大、开发利用任务量小等特点，但其也存在对历史档案进行整理、保管保护、信息化、编研、展览、视频制作等现实需求，借助互联网平台通过宏任务众包的形式可以帮助其快速找到合适的接包方。

第三，目前综合档案馆、高校等公共文化事业机构历史档案开发利用通过购买获取服务的方式存在缺陷和弊端。按照《中华人民共和国政府采购法》《中华人民共和国政府采购法实施条例》《政府购买服务管理办法》等现行法律法规和规章，目前中国大多综合档案馆等机构的历史档案开发利用宏任务并非通过宏任务众包平台来完成，而是通过档案馆官网或政府采购网发布通知，通过招标等方式开展政府购买服务。2022年8月，笔者对全国34个省级综合档案馆官网近5年（2017年8月—2022年8月）发布的招标采购公告进行了网络调研，据不完全统计（有些档案馆官网不发布招投标信息或信息不全），5年来全国省级综合档案馆共发布招标公告（包括公示）约633个，其中涉及历史档案开发利用宏任务的招标公告（包括公示）约164个，宏任务类型及代表性宏任务见表6—14。

---

① ［美］大卫·艾伦·格里尔：《众包》，肖江波译，人民邮电出版社2015年版，第88页。

表 6-14　　　　　省级综合档案馆宏任务类型及代表性宏任务

序号	宏任务类型	代表性宏任务
1	档案收集	"老党员讲党史"口述档案采集（北京） 代表性人物档案征集项目（云南） 合肥金镜头文化传播有限公司新华社老照片采购（安徽）
2	档案整理	新中国成立前档案整理编目（贵州、陕西、海南、山西、云南） 民国档案文件级目录著录与全检（陕西、山东、北京、贵州） 档案数字化副本与目录核对（北京） "日军侵华系列画报及资料编目保护"日文翻译（安徽）
3	档案开放鉴定	馆藏档案开放鉴定服务（贵州、海南）
4	档案信息化	RFID 智慧管理系统软件（河北） 数字档案馆建设（河北） 档案数字化与 OCR 识别（贵州、北京、安徽、江西、海南、四川） 全省区域性数字档案集成管理与共享利用平台 V2.0 软件（江西） 档案敏感词数据库开发（四川）
5	档案保管保护	重点档案修复（河北、吉林、贵州、陕西） 馆藏档案于右任等字画修裱修复仿真（贵州） 徽州历史档案文献抢救保护（安徽） 档案特藏库建设（海南）
6	档案编研出版	《河北省档案馆藏抗战档案选编（1943）》（河北） 《历史回响——档案里的中福公司》图书出版（河南） 《岭南大学历史档案文献选编（1937—1945）》（广东） 《贵州清水江文书》丛书三穗卷（第六、七辑）（贵州） 《云南省档案馆馆藏近代金融票券》出版图书（云南）
7	档案视频	《"冀"住乡愁》档案文化微视频（河北） "广府侨批"微纪录片（广东） "跟着档案去旅行"专题栏目（浙江） 《云南记忆》系列微视频（云南）
8	档案展览	《清代川滇边务大臣衙门档案展》设计布展（四川） 《红旗漫卷江西——江西红色档案文献展》（江西） 《播火——李大钊革命活动档案史料展》（北京） 《纪念中国共青团成立 100 周年陕西档案资料图片展》（陕西）
9	档案文化创意产品	档案文化创意产品设计制作（广东、陕西）

通过表 6-14 可知，目前中国综合档案馆存在大量的历史档案开发

利用宏任务需求，宏任务涵盖了历史档案收集、开放鉴定、保管保护、信息化、编研出版、展览、视频、文化创意产品开发等几乎所有环节，这些工作全都以传统政府购买服务的方式进行外包采购招标，该方式符合国家相关法律政策，实践证明也是有效可行的，大量的外包采购有效提升了综合档案馆历史档案开发利用的效率和质量，但这种方式本质上还是一种传统的线下购买服务方式，其缺点表现在以下两方面：

第一，投标竞争不充分，流标现象时有发生。根据《中华人民共和国政府采购法》第三十六条，在招标采购中，符合专业条件的供应商或者对招标文件作实质响应的供应商不足三家的，应予废标。第三十七条规定，废标后，除采购任务取消情形外，应当重新组织招标。在综合档案馆历史档案开发利用招标采购中，经常出现因响应供应商不足三家而废标并第二次招标采购的现象，如湖北省省级政府采购项目竞争性磋商结果公告——湖北省档案馆馆藏手迹展览（第二次）、湖北省档案馆手迹陈列展竞争性磋商采购公告（第二次）、江西省档案馆第十二期数字化加工第三方质检项目（第二次）竞争性谈判文件、江西省档案馆第十期数字化项目公开招标文件（第二次）、江西省机电设备招标有限公司关于江西省档案馆第七期数字化加工项目（第二次）、海南省档案局（馆）关于向社会购买"海南历史发展概述片制作"服务项目的公告（第二次）、海南省档案局关于编制工程建设项目档案管理规范购买服务的询价函（第二次）、海南省档案馆 2022 年度馆藏档案开放鉴定项目采购需求（第二次）等。废标反映的是响应供应商的不足，也就是市场竞争的不足，如此即使第二次采购成功，也很难保证找到理想的供应商。

第二，政府购买服务除了在综合档案馆官网发布采购通知外，大部分流程均是线下完成，往来时间、人力等采购成本较高，采购效率受损，且许多工作没有留痕，监管难度大，采购价格的透明度、采购流程的规范性、标准化以及公平性受到威胁。

在"互联网＋"的大背景下，政府采购与信息产业的融合已是大势所趋，因此，有必要通过建立互联网宏任务众包平台为政府购买服务提供保障，变线下购买为平台购买，如此将有效提升综合档案馆等机构宏任务采购响应供应商的数量和质量，通过互联网宏任务众包平台的全程留痕管理，提升宏任务采购的公开、公正和公平性，从而全面提升购买质量和效率。

（二）可行性

通过调研，笔者认为，历史档案开发利用宏任务众包模式在中国具有可行性，具体表现为以下三个方面：

第一，众包平台可行。宏任务众包在国内外的众多成功平台证明了该模式的可行性，比如国外较为著名的宏任务众包网站 Elance、oDesk、Freelancer.com、99designs 等，其众包业务成熟，访问量和注册会员数量庞大，始终处于技术领先水平[①]；国内知名宏任务众包平台如猪八戒网、一品威客网等，其中猪八戒网成立于 2006 年，是中国领先的综合型数字化企业服务平台，目前平台注册用户超过 3100 万。这些宏任务众包平台为企业尤其是中小企业或个人开展所藏历史档案开发利用宏任务众包提供了成熟平台，比如在猪八戒网的企业服务商城输入"历史档案"进行服务检索，可以找到大量提供历史档案开发利用服务的企业或个人，服务类型涵盖了展会展厅、应用动画、影视拍摄、游戏开发、营销视频、行业软件开发、公众平台开发、小程序开发、行业解决方案、宣传品设计、LOG、数据采集等众多领域，如果某个企业或个人想要开展历史档案的展览设计、视频拍摄、软件开发、小程序开发、档案数字化等任务可以通过该网站获取大量优质服务。如果是国家综合档案馆或高校想要通过招标采购获取历史档案开发利用服务则不适合在猪八戒网等威客网站来开展，因为这些网站的主要服务对象为企业或个人。为更好地满足政府、国企或高校等事业单位的公共服务采购需求，猪八戒

---

① 黄国华、王强编著：《众包与威客》，中国人民大学出版社 2015 年版，第 85 页。

网推出了全国首家"互联网＋政企公共服务采购"平台——八戒公采，打造了全国首个面向政府、国企及高校的公共服务采购平台，这为综合档案馆、高校档案馆等机构的历史档案开发利用宏任务众包提供了平台可能，比如在八戒公采以"档案"进行服务检索，共得到 459 个服务，服务类目涵盖了音视频服务、影视动漫服务、印刷服务、宣传设计服务、专业技术服务、定制产品服务、一般性公共服务、信息技术服务、文案策划、IT 服务、翻译服务、技术性服务等，服务位置分布于 31 个省级行政区，服务价格从 52 万（预算管理一体化总预算电子会计档案系统 V1.0—系统集成服务）、49.85 万（智能档案室建设安装）到 0.3 元（档案扫描每页价格）不等。总之，目前中国已经存在提供宏任务众包的众多商业平台，这为历史档案开发利用宏任务众包模式的应用推广提供了切实可行的平台。

第二，政策规章可行。2019 年 7 月，财政部发布《财政部关于促进政府采购公平竞争优化营商环境的通知》（财库〔2019〕38 号），在"四、加快推进电子化政府采购"中明确要求，"加快实施'互联网＋政府采购'行动，积极推进电子化政府采购平台和电子卖场建设，建立健全统一的技术标准和数据规范，逐步实现全国范围内的互联互通，推动与公共资源交易平台数据共享，提升供应商参与政府采购活动的便利程度"。由此可见，各级档案机构通过八戒公采等宏任务众包平台开展历史档案开发利用任务的采购符合"互联网＋政府采购"的政策要求，有利于提高供应商参与政府采购的便利，是对政府服务采购方式的创新，对于提高服务采购效率和质量，塑造公开、公平、公正、诚信的政府采购环境意义重大。2022 年 6 月，国务院发布《国务院关于加强数字政府建设的指导意见》（国发〔2022〕14 号），提出"以信息化平台固化行政权力事项运行流程，推动行政审批、行政执法、公共资源交易等全流程数字化运行、管理和监督，促进行政权力规范透明运行"。这为各级综合档案馆通过宏任务众包平台采购档案相关服务事项提供了政策依据。

第三，群体可行。笔者认为，宏任务众包的本质是外包的互联网化，中国存在大量的历史档案开发利用宏任务服务供应商和个人，"企查查"全国企业信用查询系统数据显示，截至 2022 年 4 月 28 日，中国档案服务外包官方备案企业已达 19101 家（2022 年已新增备案登记企业 2527 家）[①]，大量企业或个体希望借助互联网平台实现自身技能、技术或产品在全国范围内的更快应用和效益转化，因此，历史档案开发利用宏任务众包模式的推行有着巨大的群体和市场需求。

三　历史档案开发利用宏任务众包模式现状调研——以八戒公采为例

为更好地了解目前中国历史档案开发利用宏任务众包模式的应用现状，探讨模式应用经验和存在的问题，2022 年 8 月，笔者对国内首家"互联网＋政企公共服务采购"平台——八戒公采进行了系统网络调研。

（一）八戒公采简介

猪八戒政府公共服务平台化采购业务——"八戒公采"[②]（见图 6—16）于 2018 年 11 月上线试运行，平台集网上交易、网上监管、网上服务于一体，为政府采购提供了基于互联网的一站式平台＋运营的解决方案，在各种条条框框的约束下，该平台的价值在于：促进政府采购阳光透明，公平公正公开，数据留痕，方便监管与审计；强化内控管理，节约财政资金；采购方式灵活，助力采购工作快捷高效；打造营商环境，扶持中小微企业发展等。平台通过全流程线上采购方式、400＋全类目的服务提供、标准化的服务能力、规范的采购流程，使政府服务采购全面实现"在线化"，平台采购流程便捷，采购机制全面透明，市场竞争

---

① 徐拥军、王兴广：《治理视域下档案服务外包安全监管研究》，《档案学研究》2022 年第 4 期。

② 八戒公采：《官网》，https://cg.zbj.com/，2022 年 8 月 26 日。

充分，结合大数据和算法提升供需匹配效率，让服务采购更加阳光、高效、节约。猪八戒网构建了专业的运营团队、资深的行业专家、供应链管理体系、创新的采购方式、标准化的管理能力，为政府采购提供了安全、稳定、有保障的一站式平台＋运营的专业服务。

目前，重庆市、西安市长安区、潍坊市滨海区、北海市、新疆生产建设兵团、郑州市高新区、江苏省扬州市、西藏自治区昌都市、云南省玉溪市、西南大学、黑龙江省、山东省滨州市、克拉玛依市财政局、重庆大学、国家电网等政府及企事业单位陆续开通平台[①]。此外，平台已入驻供应商3.75万家，覆盖商务服务、城市服务、环境服务等384个三级类目，其中97％为中小微企业，入驻采购单位11918家，平台总交易量突破100亿，全年事故率控制在99.99％以下，交易纠纷不足0.1％。八戒公采平台荣获财政部"2018年中国政府采购年度创新奖"，全国公共采购协会"2019年度先进电子化平台"，中国国际服务贸易交易会"2021年发展潜力服务示范案例"等多项荣誉[②]。

（二）八戒公采历史档案开发利用宏任务众包模式开展情况调研

2022年8月，笔者在八戒公采"采购公告"栏目输入"档案"进行检索，共检出649个需求，笔者对其进行筛选，得到与历史档案开发利用有关的需求13个，具体内容详见表6—15。

（三）八戒公采历史档案开发利用宏任务众包模式开展现状分析

根据调研结果，笔者将八戒公采历史档案开发利用宏任务众包模式开展现状总结如下：

第一，总体数量不多。首先，从全国来看，历史档案开发利用宏任务众包项目开展较少，这主要归因于类似八戒公采这种公共服务采购平台少之又少。其次，从八戒公采网站来看，在全部649个档案宏任务众

---

① 八戒公采：《平台介绍》，https://cg. zbj. com/about? tabIndex＝0，2022年8月27日。
② 黄维正：《"八戒公采"交易破100亿大关 重庆"服务超市"平台初显成效》，http://www. cq. chinanews. cn/news/2022/0113/39－30745. html，2022年8月26日。

图 6—16　八戒公采官网截图

包中，历史档案开发利用宏任务众包仅有 13 个，占比 2%。这一方面由于历史档案本身在各级档案馆馆藏中占比较小，另一方面也在一定程度上反映了档案机构对于历史档案宏任务众包的谨慎态度。

第二，发起单位以综合档案馆为主体。从宏任务众包发起单位（采购单位）来看，13 个项目全部位于重庆地区，且绝大部分为区县档案馆，当然也有两家非档案机构，如中共重庆市璧山区委党史研究室和重庆图书馆。

第三，历史档案多样。八戒公采宏任务众包项目涉及的历史档案资源较为多样，包括清代县志、美国国家档案馆的璧山抗战镜像、陪都时期档案文献、民国文书档案、民国司法档案、抗战时期璧山军事科档案等。

第四，宏任务类型丰富。历史档案开发利用宏任务类型包括影印、点校、档案整理、数字化、数据库建设、开放鉴定、档案修复保护、档案编研、印刷出版等，基本上涵盖了历史档案开发利用的全部环节。

第五，采购方式绝大部分为询比采购。13 个项目中仅有 1 项为谈判采购。八戒公采对两者的界定如下：询比采购是综合了比选采购和询

表 6-15   八戒公采历史档案开发利用宏任务众包项目一览表

序号	采购项目名称	采购单位	宏任务类型	采购方式（询比、谈判）	预算金额	成交价格
1	清光绪《永川县志》整理	重庆市永川区档案馆	影印、点校	询比	47 万	469500 元
2	《永川县志（乾隆版）》影印、点校	重庆市永川区档案馆	影印、点校	询比	42 万	415000 元
3	《永川县志（道光版）》整理	重庆市永川区档案馆	影印、点校	询比	45 万	435000 元
4	《璧山抗战镜像——来自美国国家档案馆》出版印刷服务（第 2 次）	中共重庆市璧山区委党史研究室	出版	询比	20 万	196500 元
5	大足区档案馆国家重点档案抢救保护服务	重庆市大足区档案馆	案卷整理、数字化、开放鉴定、裱糊	询比	28.6 万	278000 元
6	陪都时期档案文献数字资源	重庆图书馆	数据库建设	询比	18 万	168000 元
7	江津区档案馆民国司法档案抢救项目	重庆市江津区档案馆	档案保护	询比	17.5 万	175000 元
8	江津区档案馆民国司法档案开放鉴定项目	重庆市江津区档案馆	档案开放鉴定	询比	13.5 万	135000 元
9	重庆市江津区档案馆 2022 年馆藏民国档案开放审核项目	重庆市江津区档案馆	档案开放审核	询比	13 万	91000 元
10	重庆市江津区档案馆 2022 年馆藏民国档案抢救保护项目	重庆市江津区档案馆	档案保护	询比	12 万	99325 元
11	重庆市璧山区档案馆抗战时期璧山军事科档案资料整理出版	重庆市璧山区档案馆	档案整理出版	谈判	10 万	99900 元
12	《綦江百年大事记》编修服务	重庆市綦江区档案馆	档案编研出版	询比	3.5 万	35000 元
13	《綦江百年大事记》印刷服务	重庆市綦江区档案馆	档案印刷	询比	3.2 万	31500 元

价采购两种采购方式而成的，它是两家以上供应商一次性提出响应文件，采购人通过综合评分或最低价方式从中选出成交供应商的采购方式，全流程可在线完成。谈判采购是指采购人线上发需求，线下与两家以上供应商进行谈判确定成交供应商的采购方式。供应商需线下二次报价，并对变动部分做出承诺。谈判采购的程序类似于政府采购的竞争性谈判和竞争性磋商采购方式。适用于需要线下谈判的复杂采购需求①。

第六，预算金额与成交金额相当，整体金额差异大。成交金额从 3 万多元的印刷服务到 40 多万元的县志整理不等。

总之，从八戒公采的调研来看，目前中国历史档案开发利用宏任务众包模式总体处于起步和探索阶段，已经有不少成功的案例，并积累了宝贵的实践管理经验，笔者认为有必要结合八戒公采的成功经验，以过程管理理论为指导构建历史档案开发利用宏任务众包模式的管理框架，并基于该框架探讨宏任务众包模式的实施策略，以期为该模式在全国范围的推广提供思路和借鉴。

四 历史档案开发利用宏任务众包模式的过程管理框架构建及实施策略

大卫·艾伦·格里尔（David Alan Grier）认为，众包的 9 个误区之一是认为众包是一件简单的事，虽然众包的力量很强大，但是仍然需要关注细节，需要考虑如何分配任务和采用何种众包形式，选择一个合适的平台以及一种检验工作质量的方法②。历史档案开发利用宏任务众包同样需要关注细节，并且将细节放置于顶层设计和宏观框架中予以关注和解决。过程管理理论将纵向的全部管理过程和横向的全部管理要素结

①　八戒公采：《八戒公采·服务超市采购模式》，https://cg.zbj.com/helpCenter? topId=128&id=1002399&columnId=1000132，2022 年 9 月 6 日。

②　［美］大卫·艾伦·格里尔：《众包》，肖江波译，人民邮电出版社 2015 年版，第 304—305 页。

合起来进行管理，为历史档案开发利用宏任务众包模式的开展提供了良好的管理思路。

（一）历史档案开发利用宏任务众包模式的过程管理框架

历史档案开发利用宏任务众包模式需要加强过程管理，以引导宏任务众包模式顺利开展，笔者根据宏任务众包模式的特点，尝试将历史档案开发利用宏任务众包的具体纵向过程和横向要素划分如下：

1. 历史档案开发利用宏任务众包的纵向过程划分

从宏任务众包的发起方（或组织者）视角来看，历史档案开发利用宏任务众包的纵向过程可分为四个阶段，四个阶段的分界点分别为发包方发布需求、发包方选择接包方和接包方提交成果，具体来说，第一，准备阶段。该阶段中，发包方为开展宏任务众包进行各项准备工作，准备完成后，发包方通过宏任务众包平台在线发布宏任务需求，开始宏任务招投标。第二，招投标与选标阶段。该阶段中，宏任务招投标正式开始，发包方对潜在接包方进行答疑，潜在接包方投标，发包方选标。第三，实施阶段。选标结束后，发包方与接包方签订工作合同，接包方开始工作，发包方对接包方进行监管。第四，审核收尾阶段。接包方提交成果后，发包方对成果进行审核、付款与评价，宏任务众包收尾结束。此外，笔者认为，在宏任务众包实施过程中应对上述四个阶段进行持续关注和评估，及时发现问题并持续改进宏任务众包项目，但这不能作为宏任务众包的第五个阶段，因为它是和宏任务众包的前几个阶段并行推进的。历史档案开发利用宏任务众包模式的具体纵向过程划分见图6—17。

2. 历史档案开发利用宏任务众包的横向要素构成

上述历史档案开发利用宏任务众包的纵向过程只是一个概要性的阶段划分，笔者认为宏任务众包需要关注的横向要素具体包括以下方面：

第一，在准备阶段，需要关注宏任务目标与需求、宏任务平台选择、撰写工作声明等问题；

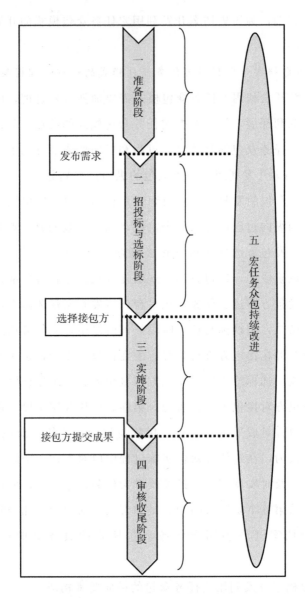

图 6—17 历史档案开发利用宏任务众包模式的纵向过程

第二，在招投标及选标阶段，需要关注沟通答疑、潜在接包方提交响应文件及报价、接包方选择等问题；

第三，在实施阶段，需要关注接包方监管的问题；

第四，在审核收尾阶段，需要关注发包方成果审核、付款及评价等问题；

第五，在宏任务众包的每一个阶段，组织者都需要及时发现各个横向要素的问题并持续改进，实现宏任务众包模式质量的全过程管控。

基于历史档案开发利用宏任务众包的全部纵向过程与横向要素，笔者尝试构建了历史档案开发利用宏任务众包模式的过程管理框架（见图6－18）。

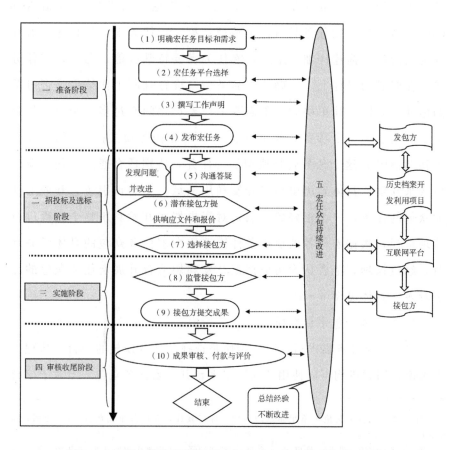

图6－18　历史档案开发利用宏任务众包模式的过程管理框架

（二）历史档案开发利用宏任务众包模式的实施策略

下面笔者将基于上述过程管理框架，具体阐述历史档案开发利用宏任务众包的主要实施策略：

1. 明确宏任务目标和需求

大卫·艾伦·格里尔（David Alan Grier）认为，如果你花费过多的时间关注众包，而不是目标本身，你也很难成功①。可见，我们需要明确宏任务众包的目标以及自身的需求，即需要接包方为我们做什么工作，也就是历史档案开发利用宏任务的识别问题。要想识别宏任务，需要把握宏任务的基本特征，大卫·艾伦·格里尔（David Alan Grier）认为独立宏任务具有以下特征：第一，任务很容易描述。宏任务定义清晰，描述详细。第二，宏任务需要特殊技能。第三，宏任务建立在明显的目标上。应确认产品类型，设置判断工作结果是否过关的标准。第四，简单协调。不需要工作人员之间有过多的交流。如果至少满足上面一个特征，就可以尝试采用宏任务模式。②比如开发一个移动 APP，这个任务就是典型的宏任务，特别适合通过宏任务众包模式来开发。具体到历史档案开发利用领域，要想识别适合开展宏任务众包的任务，一个很好的方法是对历史档案开发利用整个流程进行梳理审视，根据宏任务的适用条件挑选适合宏任务众包的具体任务环节，经过梳理，笔者认为历史档案开发利用适合开展宏任务众包的环节较多，具体见图 6—19。

2. 宏任务众包平台选择

明确了宏任务需求后，下一步便是选择宏任务众包的平台。从理论上来说，档案机构可以使用任何网络平台开展宏任务众包，但对于综合

① ［美］大卫·艾伦·格里尔：《众包》，肖江波译，人民邮电出版社 2015 年版，第309 页。
② ［美］大卫·艾伦·格里尔：《众包》，肖江波译，人民邮电出版社 2015 年版，第90—91 页。

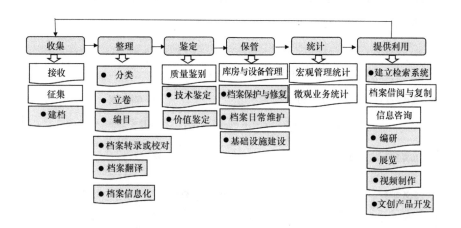

图 6—19　历史档案开发利用宏任务众包的主要应用环节（标注•）

档案馆等机构来说，限于国家的政府购买公共服务政策，应将历史档案开发利用宏任务投放到具有政府购买公共服务资质的专业宏任务众包网站，如八戒公采，因为类似网站首先符合国家相关政府采购的法律规范，而且网站上潜在接包方众多，接包方工作经历信息丰富可查阅、报酬结算有保障、纠纷解决规则制度完善、沟通顺畅、服务良好、诚信公正等。

3. 撰写宏任务工作声明

选定宏任务众包平台后，下一步便是撰写宏任务工作声明。为了确保接包方对历史档案开发利用宏任务的要求和计划清晰明了，发包方需要撰写清晰明确的宏任务工作声明，声明需要简要准确地描述工作任务，尤其需要重点描述宏任务的资金预算、接包方资格条件、成果上交时间、结果要求、特殊技能等事项，如在结果要求方面应包括对最后产品的要求以及判断工作是否合格的标准。工作声明应语言简洁，表述清晰准确，必要时候可以图文并茂。以八戒公采为例，其要求发包方上传详细需求文件（供应商将根据需求文件提交响应文件），并且发包方需要细化工作需求，包括预算金额、服务周期、报名开始时间，评选方式、联系人、联系电话等（见图 6—20[①]）。

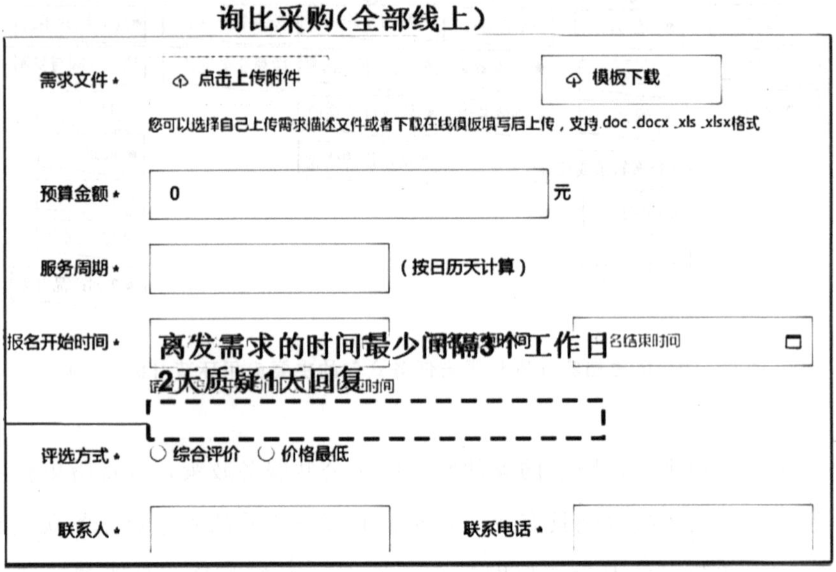

图 6—20　八戒公采宏任务工作声明的细化

4. 沟通答疑

历史档案开发利用宏任务众包需求发布后，发包方不能立刻坐等招投标，而是需要为潜在接包方提供反馈意见和咨询的渠道，与接包方保持联系，在接包方报名之前应积极回答接包方提出的疑问。如八戒公采规定，潜在接包方报名开始时间与需求发布时间应最少间隔三个工作日，也就是有两天留给供应商质疑，一天采购人答疑（见图 6—20），而且在开始投标之前，采购人（发包方）可以根据与供应商的沟通更改

①　八戒公采：《八戒公采·服务超市采购流程》，https://cg.zbj.com/helpCenter? topId=1000128&columnId=1000132&id=1002400，2023 年 6 月 22 日。

或取消宏任务需求（见图6－21[①]）。

图6－21 八戒公采宏任务需求的更改或取消

5. 潜在接包方提供响应文件和报价

潜在接包方应针对宏任务需求提供关于工作计划的议案书等响应文件，里面应涵盖自身的资格条件、工作对象、工作时间和投入、工作成本等内容。此外，为提升宏任务接包方选择的成功率，发包方在这个环节可以加入具有测试试点的内容，可以让他们提交一份小任务以检验其工作能力，比如档案机构如果想制作一个视频，可以让接包方先提供一个视频脚本，以此来判断其工作能力和水平，审查其工作细节是否存在问题。

6. 选择接包方

历史档案开发利用宏任务众包发包方应认真查看评估潜在接包方的响应文件，综合评判分析其声誉、资质、以往成果等条件，剔除不合格的接包方，通过综合评分或最低价评选等方法确定最终接包方，并依法签订详细规范的工作合同，明确双方权利义务，尤其需要明确历史档案

① 八戒公采：《八戒公采·服务超市采购流程》，https://cg.zbj.com/helpCenter? topId=1000128&columnId=1000132&id=1002400，2023年6月22日。

开发利用成果的信息安全、知识产权等问题，保障双方的合法权益。比如八戒公采采用综合评分法和最低价评选法两种方法对询比采购供应商进行选择（见图6－22①）。

图6－22 八戒公采对供应商的选标方法（询比采购）

7. 监管接包方

宏任务开始执行时，发包方应加强对接包方的监督管理，应经常与接包方保持联系沟通，及时处理解决工作中的突发问题和情况，维护历史档案开发利用宏任务开展过程中的实体安全和信息安全。

8. 成果审核、付款与评价

接包方提交任务成果后，发包方应根据合同协议和相关标准对历史档案开发利用宏任务结果进行审核，审核合格后，应按照合同支付接包方报酬，并在宏任务众包平台中对接包方作出客观公众的评价。如八戒

① 八戒公采：《八戒公采·服务超市采购流程》，https://cg.zbj.com/helpCenter? topId＝1000128&columnId＝1000132&id＝1002400，2023年6月22日。

公采暂不支持线上付款，采购方在验收供应商服务后，根据合同约定线下付款；供应商收款之后，由供应商上传收款凭证证明，交易完成；供应商上传收款凭证后，采购人可从响应速度、服务质量等方面对供应商进行评价（见图6—23①）。

图6—23　八戒公采的付款及评价截面

9. 宏任务众包持续改进

档案机构在开展历史档案开发利用宏任务众包的过程中应遵循持续改进的理念，该理念最早于19世纪20年代由美国电信电话公司的工程师沃尔特·书瓦特（Walter Shewhart）提出，他将项目管理分为三步：项目设计—项目执行—项目分析，并且三者是一个循环，其特点是管理的变化，它以系统的方式处理问题。管理者不需要立即对问题作出回应，不用急于解决问题。相反，管理者需要搜集数据，确定哪些东西需要调整，并且在正确的时间解决好问题。他认为持续改进循环模式可以帮助管理者搜集有用的信息，并且能够让管理者处理生产过程中的任何突发事故，该模式可以不断提高工作效率，优化生产过程。

历史档案开发利用的宏任务众包模式十分有必要采用持续改进循环

---

① 八戒公采：《八戒公采·服务超市采购流程》，https://cg.zbj.com/helpCenter? topId＝1000128&columnId＝1000132&id＝1002400，2023年6月22日。

进行管理，且应贯穿于模式的始终。该循环启示发包方采用全新方式思考宏任务众包过程中的潜在问题，包括任务是否适合宏任务众包、工作声明撰写不清晰、预算金额过低、历史档案开发利用宏任务过于复杂、宏任务众包平台选择错误、与接包方沟通不畅等，如针对工作声明撰写不清晰的问题，发包方在针对潜在接包方的答疑中就会发现这一问题，发包方可以对工作声明予以及时更正和完善，再如截止日期、结果格式要求、知识产权限制等问题都需要在众包开展过程中保持关注，即使宏任务众包最后失败了，发包方也应将本次众包当成一次学习机会，不断总结教训，同时处理好退款工作，为下次众包的成果积累经验。

综上所述，历史档案开发利用宏任务众包模式属于档案界的新鲜事物，其本质属于一种"互联网＋外包"，从这一角度来看，档案众包和档案外包并非完全迥异，而是在互联网领域存在着交叉融合的趋势。中国档案机构目前对于该模式的认知和应用尚处于萌芽阶段，该模式在历史档案开发利用领域的应用可能和前景尚待观察，但中国部分地区的先行实践和探索已经走在学界前面，也从实践层面证实了该模式的可行性与应用前景，期待学界和业界能够对这一模式给予更多关注，勇于进行理论和实践探索，不断总结经验，助推档案治理体系与治理能力现代化。

第七章

历史档案开发利用众包模式的案例应用

前面章节分别探讨了历史档案开发利用的微任务众包、众赛、众筹、宏任务众包模式及其过程管理策略，本章将聚焦历史档案开发利用众包模式的实际应用，重点探讨三个具体案例——基于微任务众包模式的济南记忆档案收集与利用、基于众赛模式的档案文化创意产品开发、基于众筹模式的档案文化创意产品开发（关于历史档案开发利用宏任务众包模式案例，因在第六章中已对八戒公采进行了详细案例分析，因此本章不再对该模式进行案例介绍），旨在从具体案例层面推进各类众包模式的试点、验证和效果评估，及时发现实际案例中的问题，并探讨改善各类众包模式的可能性路径，以期从多维度综合判断历史档案开发利用众包模式的价值并不断优化。

第一节　微任务众包模式：济南记忆档案
收集与利用

随着我国城市化建设的不断推进，以济南为代表的许多城市面貌发生了翻天覆地的变化，一些城市记忆变得越来越模糊，甚至逐渐消逝。城市记忆在记载一座城市历史的同时，也记载着其文化内涵与地方特色，在城市的个性化发展与建设中发挥着不可替代的作用。在这种背景下，通过档案来记录城市记忆就显得十分必要。《"十四五"全国档案事业发展规划》提出建立"新时代新成就国家记忆工程"①，促使档案的记忆属性进一步被档案界所挖掘。然而，目前档案在城市记忆保存中所发挥的作用并不明显，城市记忆档案的收集、保存方式较为单一，且大多仅依赖有关部门进行，未能发挥公众的主体作用。因此，如何通过模式创新鼓励公众广泛积极参与城市记忆档案收集利用成为实践部门的迫切需求，而基于短视频平台的微任务众包模式正是对这一需求的有效回应。目前学界对城市记忆档案以及档案与社交媒体的探讨较多，但对于社交媒体平台档案微任务众包模式的研究较为欠缺，也没有文章探究基于社交媒体平台的城市记忆档案微任务众包模式。因此，本节以抖音短视频平台济南记忆档案收集利用行为为例，探讨城市记忆档案微任务众包模式，以期为促进各方积极参与城市记忆档案资源整合与开发利用提供理论参考和实践借鉴。

一 短视频平台城市记忆档案微任务众包模式的概念与架构

城市记忆档案是对城市记忆（如城市传统民俗、历史文化、建筑、人物事件等）的记录与保存，载体形式包括城市的文件、照片、音频、视频、实物等。保存城市记忆档案也是在保护城市物质和非物质文化遗产，传承城市历史文脉。短视频平台城市记忆档案微任务众包模式是指借助抖音、快手等短视频平台，多元社会主体共同参与城市记忆档案收集与利用的行为方式。以抖音短视频平台为例，该平台用户基数庞大，遍布各个城市，覆盖各个年龄段，发布的短视频数量巨大，内容丰富，是进行城市记忆档案收集利用微任务众包活动的理想场所。由于社会属性、利益需求和价值追求的不同，多元主体在抖音等短视频平台城市记忆档案收集利用微任务众包模式中扮演着不同的角色，形成了众包共同

---

① 中华人民共和国国家档案局：《中办国办印发＜"十四五"全国档案事业发展规划＞》，https://www. saac. gov. cn/daj/toutiao/202106/ecca2de5bce44a0eb55c890762868683. shtml，2021 年 6 月 9 日。

体，具体模式架构见图 7-1，具体来说：

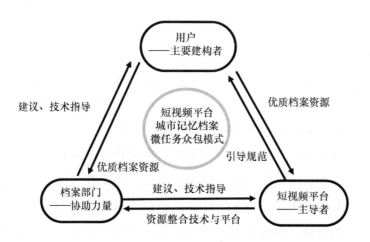

图 7-1　短视频平台城市记忆档案微任务众包模式架构图

第一，制作分享城市记忆档案短视频的用户以及对城市记忆档案短视频内容进行解码并发表评论的用户是城市记忆的主要建构者，也是短视频平台城市记忆档案微任务众包模式的主要参与者。创作者出于记录美好生活、表现自我个性、扩大交际圈层、彰显社会地位、获得社会认同、获取物质财富等目的，参与到城市记忆档案的分享与交流中，而这种分享与交流行为所产生的短视频以及网络用户对此进行的点赞、评论、交流等，也成为城市记忆档案的一部分，他们有意或无意地参与到了城市记忆档案收集利用的微任务众包模式中，为城市记忆提供了更多档案资源。

第二，抖音等短视频平台是城市记忆档案微任务众包模式的主导者。追求商业利益是短视频平台的本质属性，为了实现更大收益，平台需要吸引更多用户，让他们停留更长时间，并在平台上进行打赏或购物消费。为此，通过城市记忆档案微任务众包模式，短视频平台能够汇聚更多的优质档案资源，为浏览一个视频后想要深入了解相关档案的用户提供了平台，使其能够了解到一系列城市记忆档案短视频，从而增加用户停留时间。因此，短视频平台具有助力并引导城市记忆档案微任务众包模式开展的意愿与动力。

第三，档案部门是短视频平台城市记忆档案微任务众包模式的协助力量。通过档案部门本身的力量，难以收集到完整、全面的城市记忆档案，而通过抖音等短视频平台，借助公众的力量，档案部门能够获得大量城市记忆档案资源，从而大大减少了时间、人力和财力成本。由于短视频平台并不是专业开展档案微任务众包模式的机构，存在着经验不足、专业性缺乏等问题，因此，档案部门可以对抖音等短视频平台上的城市记忆档案微任务众包模式进行协助与指导，在档案收集、分类整理、真伪鉴别、开发利用等问题上提供更加专业的建议和技术指导。

综上，短视频平台城市记忆档案微任务众包模式中，多元主体的力量相互渗透、彼此勾连、分工合作，共同助力城市记忆档案的建设开发与利用传播。

二 短视频平台济南记忆档案微任务众包模式调研与问题

(一) 调研方法

笔者在抖音短视频平台以"济南记忆"为关键词进行话题搜索，发现样本数量大，跨越时间长，因此，本研究仅收集从 2023 年 4 月至 2024 年 4 月的视频样本。通过非参与式观察法，从旁观者视角观察抖音短视频平台中济南记忆档案短视频的内容、创作者直播情况、分享者粉丝群内互动情况、粉丝评论区讨论情况（见表 7—1）。接着运用案例分析法与文本分析法，从样本中筛选出最具代表性的济南记忆档案短视频作为案例进行详细深入分析，总结短视频平台济南记忆档案微任务众包模式的成果与问题。

表7—1　　抖音短视频平台济南记忆档案微任务众包模式概况表

视频类型	视频个数	商业化程度	评论区评论数量（条）及相应视频个数		粉丝群互动情况	直播情况
济南历史	67	中	0—99	15	频繁	中
			100—999	41		
			1000以上	11		
济南街头	45	强	0—99	3	频繁	多
			100—999	22		
			1000以上	20		
济南老照片	53	弱	0—99	14	频繁	少
			100—999	31		
			1000以上	8		
济南老字号美食	44	强	0—99	3	频繁	多
			100—999	24		
			1000以上	17		
济南公交	15	弱	0—99	2	较少	少
			100—999	5		
			1000以上	8		

（二）抖音短视频平台济南记忆档案微任务众包模式成果分析

1. 分享视频种类较多

平台围绕"济南记忆"这一主线产生了很多具体分支，包括济南历史、济南街头、济南老照片、济南老字号美食、济南公交等，而每个分支下面又有着更加细化的内容，比如，"济南街头"的用户们分别从街头趣事、街头照片与视频、街头采访等角度进行分享，丰富了济南记忆档案的种类，极大弥补了档案部门在收集济南记忆档案时所未发现的角度和内容。

2. 存在收集分享济南记忆档案的专门用户

有19个用户以"济南记忆""泉城记忆"等为用户名专门进行有关济南记忆档案视频的分享并拥有了一定粉丝量。以抖音号为

"JNJY001"的用户为例，其从创号开始就只分享有关济南记忆档案的内容，共发布 632 个作品，拥有 8.1 万个粉丝，最热视频"济南女交警"获得 3.2 万点赞量、2017 条评论、1171 个收藏及 829 个转发，产生了较大影响力。这些用户相较于其他偶尔分享济南记忆档案的用户而言，发布的视频更具专业性，质量更高，更容易吸引公众的关注，是抖音短视频平台济南记忆档案微任务众包模式的中坚力量。

3. 评论区和粉丝群讨论热度较高

大部分关于济南记忆档案的短视频热度都比较高，评论数量在几十到几百之间，部分视频的评论数量甚至多达上千，粉丝群的粉丝数量大且较为活跃。用户们在评论区和粉丝群积极发表自己的看法、见解，对短视频内容进行拓展与补充，增加了济南记忆档案短视频的资源厚度。如用户"济南记忆"于 2023 年 9 月 10 日分享的"1949 年末济南历山路旧貌"的短视频获得了 2470 条评论，包括用户分享儿时回忆、晒前后对比图、补充历史细节等，极大丰富了短视频内容，让这份济南记忆档案更具收集与利用价值。

（三）抖音短视频平台济南记忆档案微任务众包模式的问题分析

调研发现，抖音短视频平台济南记忆档案微任务众包模式也存在一些不足，主要体现在用户、短视频平台和档案机构三个层面。

1. 用户层面

第一，记忆浅层化。大多数短视频创作者是围绕城市物质生活进行济南记忆创作，包括衣食住行、奇闻异事、矛盾冲突或是城市工作等，这导致大部分济南记忆档案短视频同质化严重，缺乏特色。当然，也有少数短视频关注到了特色城市文化资源，比如城市古建筑、风俗演变、非物质文化遗产等，但由于缺乏深入解读，使得原本能够出现在人们视野中的城市历史文化只能被物质载体所掩盖。例如，"1949 年末济南历山路旧貌"是关于济南老照片的短视频，但它仅仅展示了老照片，并没有对其拍摄背景、拍摄人等进行深入细致介绍，导致大部分人还是不能通过这个短视频了解到老照片背后的故事。

第二，价值失序化。许多济南记忆档案短视频对济南记忆进行了狭隘解读或选择性呈现，遮盖了城市历史文化的深厚积淀，塑造的城市形象不完整。在这种情况下，每个人再基于自己的理解构建出自己眼中的济南进行作品创作，导致在平台上流通的许多城市记忆档案短视频偏离了它的原本面貌，走向价值失序化。比如，在关于"济南老字号"的视频中，绝大多数人把"老字号"等同于至今仍然具有热度的餐饮店面，而忽略了一些默默无闻的餐饮店面、传统手工艺人的店面等等，导致"济南老字号"这一词条的窄化，从而造成所收集到的济南记忆档案不准确、不完整。

2.短视频平台层面

第一，缺乏对济南记忆档案的整合。济南记忆档案的内容涵盖多个方面，进行分享交流的用户众多，因此，要想更好地利用济南记忆档案微任务众包成果，就需要不断对抖音短视频平台上的济南记忆档案进行系统性整合。但就目前情况而言，济南记忆档案在抖音上较为分散，在很多话题下都有一些零星档案，并没有人对其进行系统整理和归档，导致用户需要花费较长时间进行检索与汇总，才能较为系统或完整地了解平台上的济南记忆档案。

第二，公众参与度不足，成果利用不充分。济南记忆档案微任务众包模式的实现需要用户的广泛参与，从而吸纳尽可能多的相关信息。但目前抖音短视频平台并没有对济南记忆这一主题下的若干话题进行大规模宣传（如主页推荐或登上热榜等），导致这些话题的热度不高，大部分公众不太了解相关话题，更不用说参与其中了。参与人数不足限制了城市记忆档案补充完善济南记忆的重要作用，且抖音短视频平台也尚未充分引导已经参与的用户将记忆信息向知识延伸，导致收集到的档案众包成果只停留在浅层次的交流分享层面，无法开展进一步的挖掘利用。

3. 档案部门层面

在传统档案微任务众包模式实践过程中，实践主导者一般是档案部门，档案微任务众包平台一般由档案部门所搭建，公众在档案部门指导下参与其中，产出成果也主要展示于档案部门所搭建的平台中，这种传统档案微任务众包模式缺乏主动与短视频平台开展深入合作的共建共享意识，导致档案部门在济南记忆档案微任务众包工作上孤木难支，在技术支撑、公众激励、资源整合等方面力不从心，难以形成资源合力，众包效果有限。

三　短视频平台济南记忆档案微任务众包模式改进策略

为更好应对抖音短视频平台济南记忆档案微任务众包模式存在的问题，需要在原有机制策略上做出一定改进，从而使抖音短视频平台更好地推进济南记忆档案的建设开发与利用传播。

（一）对于用户而言——优化内容创作

内容创作是抖音短视频平台济南记忆档案微任务众包模式的重要环节，发布有深度的优质短视频能够在吸引更多用户、提高关注度的同时摆脱同质化现象，推动档案众包质量迈上新台阶。因此，济南记忆档案短视频用户要注重内容优化。

1. 创作多元化的内容

创作多元化内容可以塑造更加全方位的城市形象，收集到更完整的城市记忆档案。例如，大多数创作者在对济南美食这一话题进行视频制作时，主要聚焦于美食照片的分享以及品尝美食的过程、服务体验等，鲜少挖掘与创作蕴含在美食背后的历史故事或美食制作流程这些内容，而补充这部分的创作会使济南记忆档案的内容更加多元化。

2. 创作有深度与厚度的内容

创作有深度的内容可以提高档案文化传播的价值、质量和效果①。

---

① 王唯贤：《全媒体时代档案文化传播力提升的实践路径探析》，《兰台内外》2023 年第 28 期。

视频创作的每个步骤都可以提高视频内容创作的质量，如文案的撰写要更加精细，道具的准备要更加充分，拍摄过程中要设计一些具有巧思的细节，视频剪辑过程中要剪掉一些不必要的片段等。此外，还可以提高视频的互动性，设置一些能够与用户产生沟通、增加用户参与度、容易引起人们情感共鸣的环节，如通过讲故事的方式介绍济南记忆、进行知识提问等。

（二）对于短视频平台而言——改进众包机制

1. 扩展城市记忆档案收集范围，实现城市记忆档案共享

济南记忆包括物质记忆与精神记忆两个方面，物质记忆是人们能用肉眼看到的、用手触摸到的，而精神记忆则需要透过历史事件、人物故事来洞察隐藏在深处的文化内涵与价值传承。因此，济南记忆档案的收集要遵循城市发展的实际，涵盖城市环境、人文精神、风俗习惯、名胜古迹、市政建设、城市规划等内容，[①] 要根据实际情况，扩展济南记忆档案的收集范围，从不同角度、不同领域入手，收集更多济南记忆档案，避免具有较高价值的济南记忆档案被遗漏的情况。比如，很多济南记忆正随着参与人员的离世而消亡，因此，可以制作一些采访这些人员的视频，从而留存住这段记忆。再如，济南的一些风俗习惯、民间饮食、非物质文化遗产随着现代化的发展逐渐被时代潮流所吞噬，为此，可以制作一些采访风俗习惯了解者、传统美食制作者、非物质文化遗产传承人的视频，或者制作参与体验风俗、品尝特色美食、制作非物质文化遗产的过程视频。此外，要注重济南记忆档案的共享。济南的发展与其他城市存在着一定联系，这些城市的记忆也有相互交融的部分。为了确保济南记忆档案的延续性与完整性，在收集的时候也要注重对与之相关联的那个城市有关济南记忆档案的收集，在整合这些资源之后再对其进行深入挖掘与研究。

---

① 张敏、舒怡娴：《认知—情感系统理论视域下档案社交媒体社会记忆建构机制研究——以"金山记忆"为例》，《档案学研究》2023 年第 5 期。

2. 注重用户体验和参与度，设置相应激励机制

抖音短视频平台的用户越来越注重个性化和互动体验。而注重档案社交媒体的交互功能设计，优化用户认知体验，激发用户情感共鸣，是档案社交媒体中社会记忆建构的工作重心。[①] 因此，在吸引用户参与济南记忆档案微任务众包模式时需要注重用户体验的提升。如通过设计更加抓人眼球的界面、提供更加便捷的操作方式等，让受众能够更好参与其中。平台可以在短视频具有评论区的功能下增加跳转链接，将同类型济南记忆档案的短视频进行交互推荐，增强用户生成认知和延展认知的体验。平台也可引导建立一些真正进行济南记忆档案交流的交流群，为对济南记忆档案感兴趣的用户搭建交流平台并设置管理员进行监管，方便他们进行深层次讨论。同时，平台可以设置合理的激励机制，包括物质激励和精神激励。一方面，可以以用户的发布量、点赞量、转发量、评论数以及发布作品的质量为依据，按照统一标准支付"奖金"。这些"奖金"可以是一些小商品（雨伞、水杯、文创产品等）的兑换券，也可以是抖音短视频平台上的购物优惠券。发放标准必须公平公正、透明公开，并由专人进行"奖金"核实与发放。另一方面，平台可以设置贡献排行榜，按照贡献量对每周参与城市记忆档案分享交流积极度前十的用户进行排名并公开表扬。平台也可给予对众包做出杰出贡献的用户相应荣誉称号并显示在个人主页中。

3. 加强城市记忆档案微任务众包活动宣传，进行精准推送

抖音短视频平台应加大对济南记忆档案微任务众包活动的宣传与推广力度。可以在主页组织相关打卡活动，邀请网红与明星进行带头示范，吸引用户以打卡美食、景点等方式参与济南记忆档案分享。工作人员还可结合城市发展实际和大众需要，邀请入驻抖音的济南知名品牌和旅游企业进行活动宣传，寻求商业化和内容优质化之间的平

---

① 张敏、舒怡娴：《认知—情感系统理论视域下档案社交媒体社会记忆建构机制研究——以"金山记忆"为例》，《档案学研究》2023年第5期。

衡，打造有品牌、有经济价值的济南记忆。此外，抖音短视频平台也可以用公众喜闻乐见、通俗易懂的方式开展各种宣传教育活动，让公众身临其境感受济南记忆档案的魅力，了解城市文化与蕴含其中的精神内涵，提高公众对济南记忆档案的了解与重视，增强济南记忆档案带来的自豪感和荣誉感，让济南记忆在每一位公众心中觉醒，从而激发用户的参与热情。

与此同时，抖音短视频平台要注重数据分析和精准推送。每个用户的需求与兴趣都有所差异，例如，有的对济南传统美食感兴趣，有的对济南旅游景点感兴趣。因此，可以通过用户以往浏览记录进行数据详细分析，从而了解用户的群体特征和需求偏好，构建用户画像，进而实现内容的精准推送[1]。推送用户可能感兴趣的内容更有可能提升他们交流与分享的欲望，吸引他们参与到济南记忆档案微任务众包模式中，提高用户满意度和黏性，从而提高传播效果和影响力。

（三）对于档案部门而言——加强与短视频平台的合作

抖音等社交媒体将档案工作者从业务导向的、附着于权力群体的管理者角色中脱离出来，放置于社会角色多元化的交互系统中。[2] 档案部门应该以更加积极的姿态参与到抖音短视频平台的济南记忆档案微任务众包模式中，充分发掘档案的文化价值、历史价值，让这些档案能够真正造福公众。档案部门可以与抖音短视频平台进行交流协商并签订互利共赢的合作协议。一方面，双方合力将分散的济南记忆档案整合起来。在征得短视频发布者同意后，短视频平台负责对无版权纠纷的济南记忆档案微任务众包成果进行收集与汇总，然后将这些成果打包发送给档案部门。档案部门对其进行整理，按照不同类别进行归类并制定出规范、

---

① 王唯贤：《全媒体时代档案文化传播力提升的实践路径探析》，《兰台内外》2023年第28期。

② 张敏、舒怡娴：《认知—情感系统理论视域下档案社交媒体社会记忆建构机制研究——以"金山记忆"为例》，《档案学研究》2023年第5期。

严谨且符合济南实际情况的档案目录，将其进行归档保存以方便公众查阅和使用。另一方面，档案部门和短视频平台可以共同挖掘济南记忆档案背后所蕴含的内涵与变化，从而得出一些规律性结论，为之后的城市建设与发展提供参考。档案部门再将这些成果反馈给抖音短视频平台，平台设计专门的栏目将这些众包成果展示其中，吸引用户进行浏览。此外，档案部门可以组织专家对收集到的济南记忆档案微任务众包成果进行审查，验证其年份是否正确、材料是否伪造等，以此保证济南记忆档案的真实性、可靠性和全面性。

总之，城市记忆的建构作为集体记忆数字化工程的一部分，离不开公众的积极参与。公众在抖音等短视频平台上参与济南记忆档案微任务众包，有助于在实现公众参与权的同时推进档案资源的合理利用与有效共享，加强公众之间的交流，传播济南的城市文化。相信在短视频平台、档案部门和公众的共同努力下，将会有越来越多的公众加入到城市记忆档案的收集、分享与利用中来，期待城市记忆档案得到进一步地整合开发和利用传播，为传承城市记忆做出更大贡献。

第二节　众赛模式：档案文化创意产品开发

《"十四五"全国档案事业发展规划》明确提出，应"加强档案文化创意产品开发，探索产业化路径"①。档案文化创意产品是指将档案中的历史文化信息提取、转化并升华为档案文化元素，通过一定的物质载体表现的精神消费类文化产品。近年来，国内档案机构顺应文化创意产业发展趋势，积极推出档案文化创意产品。档案文化创意产品开发工作不仅限于各级档案馆内部，外部机构、社会组织乃至公众均可参与到产

---

① 中华人民共和国国家档案局：《中办国办印发〈"十四五"全国档案事业发展规划〉》，https://www.saac.gov.cn/daj/toutiao/202106/ecca2de5bce44a0eb55c890762868683.shtml，2021年6月9日。

品设计、产品宣发等各个环节中来。其中，众赛模式便是鼓励社会公众参与档案文化创意产品开发的重要路径创新。

众赛，又称竞赛式众包，是发包方利用互联网第三方众包平台发布任务，以竞赛的形式向社会寻求任务最佳方案的模式，其本质是众包模式的附属分支。众赛的独特优势主要表现在两方面：一是众赛可以帮助发包方获取更多优质的解决方案，保证质量与多样化；二是众赛能够减少发包方成本和时间投入。作为"互联网＋"时代的产物，众赛面向全网，广泛征集，为档案文化创意产品开发提供了更加高效优质的解决方案。

自 2016 年首次聚焦档案文化创意产品开发以来，学界以档案文化创意产品为研究对象，结合多元视角与理论，对档案文化创意产品的开发[1]与营销推广[2]展开策略研究。第一，档案文化创意产品开发层面，多数文献仍以档案机构作为单一开发主体，社会力量融入档案文化创意产品开发策略研究有限。虽然部分研究中提及与社会力量合作开发档案文化创意产品这一思路，并充分肯定其重要意义，但对"社会力量"的思考仍然停留在外包企业、社会团体等传统主体层面[3]，在如何广泛利用公众等新兴多元社会主体力量方面仍有较大的研究与创新空间。第二，档案文化创意产品与公众参与层面，相关文献较为注重公众对档案文化创意产品成果的反馈机制[4]，而对公众参与从后置的"消费"延伸至前端环节、直接融入档案文化创意产品开发的方式关注度有限，现有相关研究主要为通过社交媒体收集公众意见的路径探索[5]，尚未产出将

---

① 朱莉：《档案文化创意产品开发阻碍因素及策略分析》，《档案与建设》2016 年第 9 期。

② 李宗富、周晴：《4V 营销理论视域下的档案文化创意产品营销策略分析》，《档案与建设》2019 年第 12 期。

③ 逄晓玲：《跨界合作视域下档案文化产品开发研究》，硕士学位论文，山东大学，2018 年。

④ 聂云霞、吴一诺：《公众视域下档案文创产品开发策略研究》，《档案与建设》2019 年第 5 期。

⑤ 罗宝勇、吴一诺：《社交媒体视域下档案文创产品开发策略研究》，《档案与建设》2019 年第 11 期。

众赛用于档案文化创意产品开发的相关成果。

综上，基于学界研究现状与众赛模式的广阔发展前景，本节引入众赛相关理论，在调研分析中国档案文化创意产品开发存在的问题与难点的基础上，探讨众赛模式应用于档案文化创意产品开发的适用性以及难点和障碍，并结合实际提出基于众赛模式的档案文化创意产品开发策略。

一 当前中国档案文化创意产品开发存在的问题与难点

随着档案文化创意产品探索的不断深入，档案文化创意产品开发中的部分问题逐渐成为影响其进一步发展的显著因素。通过现状调研与相关文献分析发现，当前中国档案文化创意产品开发存在的问题与难点主要表现为以下方面。

（一）同质特征突出，创意开发不足

档案文化创意产品的同质化，即档案文化创意产品在内容、形式方面存在高度相似性的趋向①。由于开发能力受限、创意不足及潜在的"惰性生产"心理，开发过程中部分主体更倾向于选择较为传统保守或已取得一定成果的形式。这虽然能够降低生产难度，但也容易加剧受众的疲倦心理。在档案文化创意产品领域，由于档案文化创意产品开发仍处于发展初期，档案机构往往会倾向于选择相对简单、节约投入的开发形式，造成产品趋同。当前档案文化创意产品开发形式仍然以"文化内容＋生活用品"为主②，形式上的同质化，无疑阻碍了公众了解档案文化创意产品的兴趣。

（二）趣味属性有限，公众视角缺失

文化创意产品的趣味性是指产品具有能够吸引受众的情趣和充满人

---

① 楚一泽：《文创产品同质化下档案文创产品的困境与"突围"策略》，《浙江档案》2022年第5期。

② 楚一泽：《文创产品同质化下档案文创产品的困境与"突围"策略》，《浙江档案》2022年第5期。

情味的特质，缺乏趣味性会使产品缺乏吸引力，与消费者脱节，难以进一步融入人们的日常生活①。由于知识背景和兴趣取向的不同，档案机构与公众在档案文化创意产品审美方面存在天然差异。例如，档案机构将档案文化创意产品背后的文化主题视作开发原点，公众则常常因为档案文化创意产品的美观性、生动性产生深入了解的意愿。当前，诸多档案文化创意产品仍然由档案机构作为单一开发主体，缺乏公众视角的参与，无疑加剧了档案文化创意产品与公众偏好错位的可能。

（三）受众范围狭窄，宣传效果有限

当前的档案文化创意产品成果，在发行和宣传方面呈现出内部化特征。发行方面，在已有档案文化创意产品的 17 个省级档案馆中，仅有天津市档案馆的方言文化词典、上海市档案馆的部分档案衍生品曾面向公众发售，其余均用作档案馆间的互赠交流或是以宣传目的赠送给有限受众②。宣传方面，以国家档案局、各省市级档案馆官网、搜索引擎门户为渠道的网络信息检索显示，多数档案馆对于所推出的档案文化创意产品，较少进行详细介绍或专门宣传，在新闻报道中流于进行"档案文化创意产品开发"工作、在活动中"曾赠送档案文化创意产品"等模糊抽象的表述。外界无从了解到每个档案文化创意产品的外形、设计理念与文化内涵，相关信息仅知悉于档案系统内部，这种信息差在一定程度上影响了档案文化创意产品的推广效果。

二　档案文化创意产品开发众赛的模式架构与适用性

（一）档案文化创意产品开发众赛的模式架构

档案文化创意产品开发众赛，是采用众赛形式，以特定的档案资源或档案文化为主题，向社会征集档案文化创意产品设计方案的开发模

---

① 张苇、黄畅畅：《文创产品的趣味性设计》，《包装工程》2021 年第 14 期。
② 郭若涵、王玉珏：《我国档案馆文化创意服务的问题与对策分析》，《兰台世界》2020年第 5 期。

式。在档案文化创意产品开发众赛的整个过程中，从赛前、赛中、赛后需经历以下阶段（见图 7－2）。

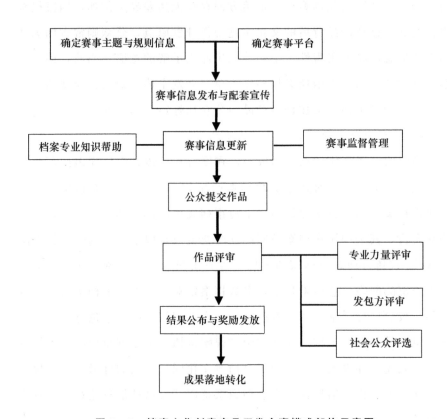

图 7－2　档案文化创意产品开发众赛模式架构示意图

在赛事正式面向社会开展前，需对档案文化创意产品开发众赛进行准备工作。发包方或委托的办赛方需预先确定档案文化创意产品开发众赛的众赛主题、作品需求、众赛规则等信息，以及众赛所依托的具体平台。

完成上述工作后，进入赛事开展阶段，办赛方需将确定的赛事信息与任何可能的更新内容发布于平台，并加以宣传以吸引参赛者。在此期间，面对参赛者的行为与诉求，众赛办赛方应提供档案专业知识的咨询指导帮助，并监管可能的违规行为。

众赛作品征集阶段结束后，除发包方及相关档案专业力量外，社会力量视具体赛事性质的不同，在部分赛事中也可参与到作品评审环节中。通过评审环节评选出优胜作品，发放优胜奖励。对于优秀作品，可根据情况组织后续合作与成果转化。

（二）众赛模式应用于档案文化创意产品开发的必要性分析

1. 提升档案文化创意产品趣味性与大众性

作为与受众需求相适配的产物，档案文化创意产品设计者应具备公众视角与公众眼光，体察大众兴趣所在。然而，在诸多档案文化创意产品开发主体单一的背景下，社会力量参与有限，出现了档案文化创意产品开发者视角与受众视角的偏差。随着"互联网＋"的发展，将网络与档案文化创意产品开发相结合，引入档案文化创意产品开发众赛模式，则能够使来自公众、了解市场的设计者为档案文化创意产品开发提出思路。在由档案机构把关的前提下实现档案文化创意产品档案文化属性与大众属性的统一。

2. 扩大档案文化创意产品开发公众参与

相较于归档、保管等由档案机构集中负责的专业性档案工作内容，档案文化创意产品设计具有相对较低的参与门槛和参与风险。公众得以将个人或团体创意凝结为档案文化创意产品设计，以众赛方式融入档案事业社会参与。除却所提供方案本身的参考价值，众赛同时能够将档案文化创意产品的开发流程在一定程度上转化为面向社会的档案活动。公众既可以是档案文化创意产品的享受者，也可以是档案文化创意产品的设计创作者或评选投票者。

3. 提升档案文化创意产品关注度与知名度

在传统档案文化创意产品开发模式中，公众对档案文化创意产品的关注主要源于其问世后的趣味性与吸引力。众赛模式中，档案机构将档案文化创意产品的开发交由公众，以竞赛征集的方式发布相关信息、推进众赛并加以宣传，积累直接或间接的推广成果。参与竞赛本身是提升受众黏性的手段，较初次接触的产品而言，竞赛参与者或关注者能够对众赛产物施以更强烈的关注与情感联结。随着开发过程的推进，将众赛参与者或关注者转化为潜在的受众。众赛开发使档案文化创意产品的宣传延伸至前端环节，为提升档案文化创意产品知名度开辟了新思路。

4. 降低档案文化创意产品开发成本

当前各类文化创意产品开发通常由开发机构自行组织开发队伍或寻求外包力量帮助。区别于文化创意行业将设计方案与市场价格紧密绑定、设计者以经济因素为主要驱动力的方式，众赛接包方拥有更为多元的动机，包含内在动机、外在动机与复合动机①。内在动机中，接包方重视通过众赛实现自我价值、获取心理满足、享受过程乐趣。外在动机则主要涉及财务激励。研究显示，内在动机与外在动机均为激励接包方参与竞赛的重要因素②。众赛可以通过竞技乐趣与心理认同实现多元参与激励，而不以资金投入作为唯一动力，有助于降低开发成本。并且，众赛模式同时征集多个方案、择优选取，有效减少了因同时征集不同方案或征集方案质量不佳带来的额外投入。

(三) 档案文化创意产品开发众赛的可行性分析

1. 平台可行

较传统外包、雇佣等引入外部力量帮助解决特定问题的方式，众赛模式对于发包方具有相对较低的联络门槛。众赛的诞生得益于互联网，发包方仅需提供比赛目标、比赛规则、比赛平台网站和优胜奖励，就能够通过平台获得多个方案。从国内外众赛实施情况来看，众赛平台的运营主要选取两种模式：一为搭建专门的众赛平台；二为依托发包方现有

---

① 刘晓伟、赵明、刘忠志：《竞赛型众包中接包方参与行为研究综述》，《商业观察》2022 年第 17 期。

② 刘晓伟、赵明、刘忠志：《竞赛型众包中接包方参与行为研究综述》，《商业观察》2022 年第 17 期。

相关平台，开展参赛作品征集。两种模式的运作逻辑均为在具备竞赛功能的网络平台尽可能汇聚流量资源，进而吸引更多投递方案。

聚焦互联网时代，档案文化创意产品开发众赛已具备一定平台基础，2019 年调研显示中国共有副省级市以上档案网站 49 个[①]。与此同时，在新媒体环境下，档案相关公众号、短视频账号等也对档案文化创意产品开发众赛具有流量支持作用。2022 年"世界记忆·中国文献遗产创意竞赛"依托世界记忆项目北京学术中心官网与官方社媒"档案那些事儿"公众号双平台，开展信息发布与推广工作[②]，体现了相关新媒体平台在档案文化创意产品开发众赛中的协同效用。

2. 资源可行

档案文化创意产品开发众赛以一定档案资源为主题，开展特定题目的作品征集。而中国在长期的历史发展和档案工作进程中，积累了大量具有重要文化价值的珍贵档案资源。从 2000 年开始，国家档案局建立了中国档案文献遗产名录并组织申报评选工作。截至目前，共组织 5 批申报和评选，共有 198 件（组）珍贵档案文献入选中国档案文献遗产名录[③]。这些丰富的档案资源对于档案文化创意产品开发众赛的多样化、持续性开展具有重要支撑作用。此外，近年来，各级档案馆专题档案整理、档案数字化等工作进展显著，对于汇集现有档案资源、形成众赛适用的档案文化主题均有重要促进意义。

3. 模式可行

伴随着互联网的发展与普及，自众包概念提出以来，众赛至今已有

---

① 中华人民共和国国家档案局：《2019 年度我国副省级市以上档案网站建设评估报告》，https://www.saac.gov.cn/daj/daxxh/202007/2f9af1ad0e594dba9d4d82cc9c325028.shtml，2020 年 7 月 13 日。

② 中华人民共和国国家档案局：《"世界记忆·中国文献遗产创意竞赛"活动启动》，https://www.saac.gov.cn/daj/c100166/202210/404403a8097345808207f9891255be69.shtml，2022 年 10 月 13 日。

③ 中华人民共和国国家档案局：《第五批中国档案文献遗产名录出炉》，https://www.saac.gov.cn/daj/yaow/202301/87201eba75f94156ac9bdb6c1bdaca3b.shtml，2023 年 1 月 19 日。

数十年的发展历史。近年来，众赛形式广泛应用于技术开发、数据处理、创意设计等领域。在全国最大的在线服务交易平台猪八戒网，雇主可根据需求在网站"比稿大厅"举办面向网站注册人才的众赛，在多个提交方案中选取满意作品①。由清华大学计算机系孵化的数据竞赛社区Biendata推出"云上竞赛"，发包方可通过平台申请办赛，接包方则根据任务要求提交技术方案、代码等成果。截至目前，Biendata已经累计举办 100⁺ 场专业算法赛事，累计 10 万⁺ 位选手参赛②。可见，众赛模式在利用社会力量解决特定问题、收集创意方案等方面具有独特优势。针对公众对档案文化创意产品开发众赛的接纳问题，笔者面向全国不同地域公众发放问卷，调查受访者对于"面向社会大众征集创意设计方案，优胜者将获得一定数额的奖金"的档案文化创意产品相关竞赛的态度。调查显示，如举办档案文化创意产品开发众赛，76%的受访者表示愿意参加。可见，公众对档案文化创意产品开发众赛的认可度较高。

三　众赛模式应用于档案文化创意产品开发的难点和障碍

当前国内档案文化创意产品开发众赛仍处于初步探索阶段。根据"世界记忆·中国文献遗产创意竞赛"及国内外档案文化创意产品开发众赛的实际调研，档案文化创意产品开发众赛的进一步发展仍面临以下难点：

（一）推广难点

档案文化创意产品开发众赛以平台为基础。然而，不同级别平台影响力的梯度差异在一定程度上影响了档案文化创意产品开发众赛的推广效果。拥有较高关注度的档案机构或平台更容易在众赛中得到接包方的参与，发挥众赛模式优势。当平台影响力无法得到保证时，则将要面临

---

① 郝琳娜、侯文华、郑海超：《基于众包竞赛的虚拟社区内知识共享行为》，《系统工程》2016 年第 6 期。

② 王聪彬：《BienData：众包竞赛平台将普惠人工智能推向全球》，http://cio. zhiding. cn/cio/2021/0818/3135840. shtml，2021 年 8 月 20 日。

额外的宣传推广成本，增加了档案文化创意产品开发的不确定性。当前，国内档案文化创意产品开发众赛主要基于受众稳定且可观的平台开展，如针对学生利用校园宣传途径吸引参赛者。面向社会，在既有成果的基础上，实现众赛模式下沉并保证成效则相对缺乏实践经验。

（二）质量难点

众赛模式面向社会广泛征集方案，不可避免地会面对收集方案的不可控性。在保证一定参赛方案数量的前提下，如何最大限度地保证方案质量，始终是众赛需要面对的问题。当收集方案质量不佳时，则难以达成通过众赛实现档案文化创意产品开发的预期目标，甚至会造成额外的资源浪费。因此，在众赛过程及成果评估中引入适用的质量评判体系，控制方案质量，是确保众赛发挥积极效益的必要工作。当前档案文化创意产品开发众赛的质量评估环节以专家评审为主，而此评估方式对于众赛模式的推广具有专业人才需求，需要在办赛过程中加强不同单位间的人才合作。

（三）激励难点

不同的接包方群体，会对众赛投以不同的期待与需求。众赛满足个人内外需求的可能性越大，越能够激励接包方参与到众赛当中。面对类型复杂多样的参赛者心理，如何进行有效激励是较为复杂的工作。如部分参赛者在激烈的竞争面前容易萌生退缩心理，或对众赛平台的规范性与正规性、众赛反馈机制等存在关切。种种需求的存在，要求档案文化创意产品开发众赛在制度设计上充分考虑激励方式的影响，不仅在奖励内容和奖励范围方面展开考量，并且将不同激励方式贯穿于众赛的各个环节之中。基于档案文化创意产品开发众赛实践案例较少的现状，当前对档案文化创意产品开发众赛参赛者心理诉求的认知经验有限，激励方式单一，在一定程度上影响了档案文化创意产品开发众赛的进一步发展。

四 基于众赛模式的档案文化创意产品开发策略

如前所述，档案文化创意产品开发众赛的开展，自赛前、赛中至赛后，主要可划分为规则与主题制定、平台建设、赛事信息发布与宣传、专业知识咨询指导、赛事监管、作品评审等环节。根据各环节落实要求的不同，开发策略的制定亦可围绕平台支持、人才建设、参与激励和评审优化四个方面展开。

（一）平台支持：选取、搭建及引流

众赛平台是众赛赖以开展的基础，承担着信息发布、作品收集、评选公布等一系列功能。众赛平台的影响力与功能完善性，对于众赛的顺利开展与接包方参赛意愿都将产生影响。众赛平台的构建问题，主要来源于三个方面——众赛平台选取、搭建与配套引流措施。

平台选取，即搭建独立档案文化创意产品开发众赛平台与借助其他现有平台开展众赛之间的选择，表现出不同的适用性。从短期来看，档案文化创意产品开发众赛尚处于发展的起步阶段，亟须获取公众信任并加强赛事关注度，依托现有平台如各级档案馆官网、微信公众号等，对于实现上述目标、降低起步成本有积极意义。而在长期视角下，当公众通过数次参与，形成了对档案文化创意产品开发众赛相对稳定的关注习惯与参与热情，此时可考虑建立独立的档案文化创意产品开发众赛平台。发包方直接通过独立众赛平台发布任务，接包方较快响应，省去因各级档案馆分散发布众赛信息造成的信息滞后或不对称现象。两种众赛平台可根据不同情况加以选择。

众赛平台搭建，即选取众赛平台类型后建立实施的具体方式。区别于传统的作品征集，众赛从信息发布到作品评比的一系列过程均发生于网络平台。因此，为保证众赛连贯性，减少原平台其他信息对赛事正常开展造成的干扰，依托现有平台开展的众赛，应在原平台开辟专题众赛版块。对于搭建独立平台用于众赛的情况，在独立平台之外也可通过链接等形式加强与其他具备影响力的平台的联系。

无论选取何种模式，都需要对众赛平台进行引流宣传工作。相较于各级档案馆网站本身，新媒体在大众日常生活中有更广的影响范围，表现出良好的宣传效益。众赛活动宣传应积极融入新媒体宣传，帮助档案文化创意产品开发众赛"破圈"拓展受众。如"世界记忆·中国文献遗产创意竞赛"联合中国人民大学"档案那些事儿"微信公众号、《中国档案报》等媒体宣传赛事信息①。通过整合宣传资源，实现单一平台信息的多渠道流转，以及多渠道受众向众赛主平台的回流。

（二）人才队伍：赛事管理与指导咨询

档案文化创意产品开发众赛的开展，自赛事发布至评审公布的一系列环节都涉及组委会人员的支持，因此需组建众赛人才队伍。按职责划分，可分为赛事管理人才和专业指导人才两类。

从赛事管理来看，由于作品来源众多，对参赛作品进行监督审核具有必要性。首先，在奖励的驱动下，可能出现涉及知识产权侵权的作品，赛事管理队伍应根据监督检查结果和举报情况及时处理，遏制可能出现的不正当竞争行为，避免违规作品优胜，影响众赛目的的达成。其次，对于可能出现的导向不良的作品也应加以及时处理，规范正常赛事秩序。最后，在赛事结束后，对于侵害知识产权的组织或个人进行追责。通过赛事管理，将合法合规的作品交由评审，维护赛事作品权益。

从档案文化来看，相较于社会力量在提供创意方面的优势，档案相关领域专业人士对档案文化的内容、演进、意义等具有更加深入的理解，具有参与制定众赛任务、提供指导咨询和专业视角评审的优势。档案文化创意产品开发众赛仍需保证专业人士的参与，以弥补社会力量的不足。例如，"世界记忆·中国文献遗产创意竞赛"由世界

---

① 中华人民共和国国家档案局：《"世界记忆·中国文献遗产创意竞赛"活动启动》，https://www.saac.gov.cn/daj/c100166/202210/404403a8097345808207f9891255be69.shtml，2022年10月13日。

记忆项目北京学术中心主办，国家档案局参与指导，联合世界记忆项目澳门学术中心、中国第一历史档案馆等合作机构①，邀请13位专家开展线上宣讲②。在众赛筹备阶段，专业人才应选取适用于众赛开发的档案资源，制定任务要求。组织围绕众赛主题的档案文化知识培训，使参赛者短期内实现对创作材料的了解。在众赛作品开始征集后，针对参赛者关于档案专业知识的疑问，以咨询解答等形式提供专业指导。进入评审阶段后，专业人才参与作品评审。

（三）参与激励：多层次、多类型

根据针对范围的不同，激励措施相应地分为优胜作品激励与参与者激励。

优胜作品激励通常围绕物质奖励与非物质奖励展开。档案文化创意产品本身具备文化属性，并且经常与一定的档案文化、档案机构相联系，为公众参与档案文化创意产品开发众赛赋予了传承档案文化的价值，有利于实现参与者的自我认同。对于优胜众赛作品，应积极推动成果落地转化，在众赛结束或产品问世后加以宣传与表彰，充分体现众赛参与者在档案文化创意产品设计中做出的贡献。

参与者激励是针对所有众赛参与者的激励措施，较优胜者奖励而言，鼓励广泛参与的意义更强。尽管并非所有参加者均能获得优胜，但众赛主办方依然可以优化赛事，表达认可，予以参赛者精神激励。

在众赛筹办阶段，研究指出，正式规范的众赛流程对参赛者有着更强的激励作用与吸引力③。档案机构、学术研究机构等作为公众认知中较为专业权威的主体，应充分发挥其主导作用，推动档案文化创意产品

① 中华人民共和国国家档案局：《"世界记忆·中国文献遗产创意竞赛"活动启动》，https://www.saac.gov.cn/daj/c100166/202210/404403a8097345808207f9891255be69.shtml，2022年10月13日。
② 中国档案资讯网：《"世界记忆·中国文献遗产创意竞赛"圆满落幕》，http://www.zgdazxw.com.cn/news/2023-06/01/content_340834.htm，2023年6月1日。
③ 刘晓伟、赵明、刘忠志：《竞赛型众包中接包方参与行为研究综述》，《商业观察》2022年第17期。

开发众赛专业化、规范化。应制定公开透明合理的赛事章程，使参赛者能够事先了解众赛的目的、主题、要求、规则、流程、标准等信息。该阶段的激励主要通过提升公众对档案文化创意产品开发众赛的信心与接纳度，达成效果。

进入结果公布阶段，在众赛参赛者众多而优胜名额有限的前提下，激励同时需要彰显普通参赛者的行为价值，防止未优胜结果造成参赛者的"沉没成本"顾虑，抑制其后续众赛参与意愿。参与众赛是参赛者个人努力与创意的象征，可采取虚拟奖章、电子证书、在线参赛证明等形式对参赛者的参赛经历进行认证，通过多种形式表达对所有参赛者的认可。

（四）评选模式：发包方需求与社会参与统一

档案文化创意产品是兼具档案文化意义与社会意义的产品，档案文化创意产品开发众赛评选标准也应彰显其复合属性。档案机构等发包方基于该主体的档案文化创意产品设计需求，拟定众赛主题、标准、设计对象等，对档案文化创意产品开发众赛优胜评选拥有主导权。在发包方评选中，由于专业人士的作用主要体现在该评选阶段，因此应突出对参赛作品与档案文化主题关联性的把握，避免作品流于设计形式而偏离档案领域个性。

由于档案文化创意产品的社会性质，除却评定作品本身是否符合要求外，发包方之外的其他社会主体仍然有机会在前端或后端环节参与到评审过程中。众赛参赛作品在发布后可首先进入公众投票环节，发包方可将投票结果纳入考量范围，评选优胜作品，这是社会偏好的前端参与。众赛参赛作品经由发包方初审合格后，由公众以投票形式选择公众更为喜爱的档案文化创意产品设计，这是社会偏好的后端参与。具体采取的方式可根据众赛的性质和情况决定。

总之，随着"互联网＋"业态与档案事业社会参与的深入发展，档案文化创意产品开发众赛也将获得愈加成熟的实施条件。作为新兴开发路径，在档案文化创意产品开发众赛的落地过程中，既需要关注短期内阻力较小、成本较低的实施方案，也应考虑到促进众赛长期发展的建设模式。同时在初步探索过程中，应注重总结档案文化创意产品开发众赛的办赛经验与受众反馈意见，汲取用户激励、绩效设置、平台模式等方面的最新成果，实现档案文化创意产品开发众赛的专业性发展与接轨前沿的统一，不断完善档案文化创意产品开发众赛模式。

第三节　众筹模式：档案文化创意产品开发

中共中央办公厅、国务院办公厅印发的《"十四五"全国档案事业发展规划》提出，要"加强档案文化创意产品开发，探索产业化路径"①。在文化创意产业不断发展的今天，开发档案文化创意产品逐渐成为实现档案价值的重要途径之一。但一方面，档案机构主导的文化创意产品开发路线较为传统，即便有可以进行文化创意开发的档案，却由于开发人员缺乏创新，产品吸引力低而鲜为人知。另一方面，中国档案机构的文化创意产品开发往往是自负盈亏，且主要作为开展档案活动的赠品，很少对外发售，此举不仅导致档案文化创意产品难以走进大众视野，更无法回收进行文化创意开发的成本，不利于档案文化创意产品的进一步发展。因此，如何更好地创新档案文化创意产品开发方式、降低开发成本、扩展受众市场成为档案文化创意产品开发的关键问题。

众筹是一种互联网融资方式，项目方在互联网上通过众筹平台发起筹资项目，吸引感兴趣的投资者为项目投资，规定时间内总筹资额达到筹资目标，则项目成功，项目方根据项目约定为投资者提供回报。众筹降低了创意变现的门槛以及项目方承担的风险，可以作为一种档案文化

---

① 中华人民共和国国家档案局：《"十四五"全国档案事业发展规划》，https://www.saac.gov.cn/daj/toutiao/202106/ecca2de5bce44a0eb55c890762868683.shtml，2021 年 6 月 9 日。

创意产品开发路径。目前，国内对于档案文化创意产品开发的研究大多是对已有的较为主流的开发路径的拓展与补充，缺乏对众筹这一新模式的研究与探索。作为国内著名的文化创意众筹网站，摩点众筹网站（以下简称摩点网）专注于原创兴趣互动与消费，以及创意、创业者和创新品牌的内容流量孵化，覆盖游戏、动漫、影视、桌游、潮玩等多种品类[①]，众筹模式被应用到摩点网的文化创意产品开发已有多年历史，其在档案文化创意产品开发上亦有尝试，但是少有研究者注意到其与档案文化创意产品开发的联系。因此，本节尝试以摩点网为调研样本，对基于众筹模式的档案文化创意产品开发路径进行探究，以期对学界和业界有所启发。

一 基于众筹模式的档案文化创意产品开发的意义与架构

档案文化创意产品开发众筹属于奖励型众筹的一种，它指的是档案文化创意产品开发项目方在产品设计、制作和生产阶段通过众筹平台发起众筹进行产品宣传，向公众募集资金后进行生产，最后将文化创意产品交付到投资者手中的开发模式。

（一）开发意义

第一，降低档案文化创意产品开发门槛。众筹本身具有的低门槛特性，能够有效降低社会力量进行档案文化创意产品开发的成本，一方面使得中小型文化企业可以进行更大规模的开发，另一方面允许一些社会组织或个人参与到开发过程中，进而调动社会力量参与档案文化创意产品开发的积极性。

第二，提高档案文化创意产品开发规模。低门槛能够有效增加参与到档案文化创意产品开发中的主体数量，而多主体的参与则会使得档案文化创意产品的数量不断增加，更多的参与主体与产品数量将会提高档

---

① 摩点网：《品牌历程》，https://zhongchou.modian.com/about/index/1/8.html?_mpos=h_foot_aboutus，2023 年 6 月 21 日。

案文化创意产品开发的规模。

第三，丰富档案文化创意产品开发渠道。档案文化创意产品开发应当是多主体、多渠道的，不能仅仅依靠档案机构公益性的开发与少数有足够资金支撑的社会力量直接开发。二者渠道较为狭窄，所能开发的档案资源毕竟是少数，因而基于众筹模式的档案文化创意产品开发无疑为众多需要开发的档案资源提供了一条不同的开发渠道。

（二）开发架构

档案文化创意产品的开发流程可以大致分为以下四个阶段：产品创意与研发、产品生产与制作、产品推广、产品变现。通过了解一般文化创意产品众筹的流程，结合档案文化创意产品开发的四个阶段，笔者总结了基于众筹模式的档案文化创意产品开发的整体架构：开发主体是社会组织、公司等社会力量，其需要对各不同开发阶段负责，确定档案文化创意产品开发主题、设计档案文化创意产品、制作样品、选择合适众筹渠道、进行产品推广与宣传、利用众筹款进行产品生产制作，并在项目结束后回报用户。而档案馆在整个开发流程中，只需要合理提供档案资源，并适当利用自身优势对利用了馆藏资源的档案文化创意产品进行一定宣传即可。整体架构如图7-3所示。

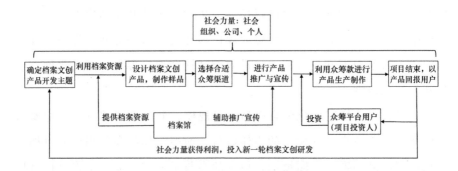

图7-3 基于众筹模式的档案文化创意产品开发架构图

二　摩点网档案文化创意产品开发众筹现状

2011 年，众筹在金融领域取得了优异的表现后，各企业纷纷开始试水众筹模式。2014 年，摩点网便是在这种背景下选择了游戏众筹起家，不断扩展自身的业务领域，从游戏动漫扩展到影视、桌游、潮玩、出版等多种品类，从游戏动漫众筹平台到文化创意产品众筹平台，再到现在逐渐向综合性众筹平台转变，形成了较完善的众筹布局，在国内各类众筹平台中脱颖而出。经统计，摩点网成立至 2023 年 3 月，众筹成功的项目共有 6204 个，笔者重点对其中的档案文化创意产品开发众筹项目进行调研统计，目前而言，摩点网内可以称之为档案文化创意产品开发众筹项目的数量较少，表 7－2 是以"档案"为关键词，在摩点网检索到的可以定义为档案文化创意产品的部分产品。通过对这些产品的分析，了解到摩点网档案文化创意产品开发众筹有以下特点和问题：

（一）众筹特点

1. 发起方为文化公司或者出版社

通过对项目详情的解读，发现各项目大多不是由档案机构主动向发起方提供档案资料，而是项目发起方通过各种渠道获得的相关档案，进而进行档案文化创意产品开发。《香水历史》是由出版社主动寻找译者合作，进而出版的精装中文书籍与周边产品；《刑侦探案系列桌游——1.15尧化新村案》是由文化公司主动向刑侦档案改编的小说获取改编权，再以卷宗档案形式呈现的推理桌游；而《谁杀了肯尼迪？!"美国第一悬案"档案推理盒》则是文化公司对从美国公开档案获取的内容进行的再加工；《谜宫》系列解谜书项目也是由故宫出版社和国内解谜游戏设计公司发起。仅有《第 79 号图纸》是上海汽车博物馆主动联合其他公司与出版社开发的有关汽车档案的文化创意产品。

2. 解谜类文化创意占据主流，固定用户数量低

在摩点网中，档案文化创意产品众筹项目主要有解密桌游、解谜书

等形式，该类型文化创意产品往往是给予用户故事背景和一个身份，用户通过阅读与分析推理进行游玩，逐步解开隐藏在其中的谜题，获知故事全貌。产品中包含多种游戏道具，往往以制作优良、高度还原场景道具为亮点，因而，游玩该类型产品的用户群体多为推理解谜爱好者，或者是本身就对产品主题相关内容感兴趣的群体，同时由于其产品定价较高，用户也要具备一定的经济实力才能投资支持，进一步缩小了固定的用户群体。最终导致当所开发的档案文化创意产品主题鲜为人知时，支持者数量就会偏低，甚至有较大的项目失败的风险，而当所开发的主题众所周知时，其用户群体又会扩展到往常固定的用户群体之外，例如，谜宫系列的故宫互动解谜书，不仅吸引了众多揭秘推理爱好者投资，还吸引了对故宫、历史这些话题感兴趣的人群，获得了远超预期的众筹资金，成为现象级的文化创意众筹项目。

3. 筹款金额差距大：个别金额大，多数金额偏低

同属于推理解谜类的档案文化创意产品，其众筹金额与主题知名度密切相关。故宫作为几乎全民皆知的主题，相关的档案文化创意众筹金额达到了千万之多，而"肯尼迪被杀""尧化新村案""汽车博物馆"等主题知名度逐渐降低，其众筹金额也随之降低，且发起方未进行宣传推广，因而众筹金额与谜宫系列差距更为巨大。

表 7-2　　　　摩点网部分档案文化创意产品众筹项目资料

项目名	产品类型	出版社（项目发起方）	档案来源	众筹金额
香水历史	书籍	天津书田图书有限公司	外文书籍，原作者查阅档案写成	213404 元
第 79 号图纸	解谜桌游	解谜大师、上海汽博、凤凰文艺	上海汽车博物馆	44110 元

续表

项目名	产品类型	出版社（项目发起方）	档案来源	众筹金额
刑侦探案系列桌游——1.15尧化新村案	推理桌游	深圳赛克斯文化有限公司	刑侦档案改编的纪实小说《本案告破》	79346元
谁杀了肯尼迪?!"美国第一悬案"档案推理盒	推理桌游	杭州联帮走马文化发展有限公司	美国国家档案馆公开档案，FBI公开档案	92111元
谜宫系列故宫互动解谜游戏书	解谜书	故宫出版社	清宫、明宫档案	20202404元/14140171元/4422127元

（二）存在的问题

从收集到的摩点网档案文化创意产品的情况来看，其主要存在以下几方面问题：

1. 总体项目数量偏少，种类单一

首先是档案文化创意产品项目数量偏少，网站有记录的众筹项目数量在8000个以上，而档案文化创意产品开发众筹项目不足20个，相较于中国丰富的档案资源而言，这个数值明显偏低。其次是文化创意种类较为单一，大部分为推理解谜类桌面游戏，以及少部分的出版书籍，虽然这两类文化创意产品能最大限度地保存档案内容，传递档案信息，但同时也将用户群体局限在一个较小的范围内，难以有所突破。

2. 档案文化创意产品总体的知名度较低

很少有开发者会投入一定资金对档案文化创意产品进行宣传，导致大多数档案文化创意产品项目的知名度很低，只有极个别档案文化创意产品能够借助高知名度的IP取得较大成功，大多数档案文化创意产品只有不足千人的支持者。

3. 档案文化创意产品开发者的档案资源多数不来自档案馆

一方面,档案文化创意产品开发者缺乏开发档案文化创意产品所具备的档案意识,并未意识到可以从档案机构获取更为翔实的档案资源;另一方面,档案机构自身宣传不到位,文化创意产品的开发者不知从何处获取所需档案资料,难以取得相关授权,影响了档案文化创意产品的开发。

三 基于众筹模式的档案文化创意产品开发策略

档案文化创意产品开发包括自主开发、合作开发、授权开发等多种开发形式①。自主开发通常由档案机构负责整个档案文化创意产品开发流程,并不适合进行众筹。而合作开发与授权开发则使得档案机构不再是档案文化创意产品开发的唯一主导者,这就为众筹模式的引入提供了可能。接下来笔者将结合前文分析,从提供档案资源的档案机构、进行档案文化创意产品开发的社会力量和筹集开发资金的众筹平台三个方面来论述基于众筹模式的档案文化创意产品开发策略。

(一)档案机构方面——做好资源供给,保障知识产权

1. 做好资源供给

综合档案馆可以结合当地习俗、重大历史事件、主要消费人群,确定馆内优势档案资源。例如,青岛市档案馆保存有"五四运动"时期的档案材料,同时本身也由于重要历史事件"五四运动"的影响为众人所知,"五四运动"相关档案资料便可以作为文化创意产品开发的优势档案资源,结合五四青年节进行宣传,引导社会力量从馆中获取相关可公开的档案材料授权,进行相关主题的档案文化创意产品开发。专门档案馆也可以选择自身所保存的档案开发相关文化创意产品,如苏州中国丝绸档案馆保存有丰富的丝绸档案,其保存的档案本

---

① 朱烨青:《档案文化创意产品开发流程与实践路径研究》,硕士学位论文,山东大学,2021年。

身就可以作为档案文化创意产品开发的卖点，开发各类与丝绸相关的档案文化创意产品。各档案机构除主动对自身优势档案资源进行宣传外，有条件的还可以展开跨馆合作，开发线上数字档案主题资源库，汇聚各馆关于同一主题、同一事件以及同一领域的数字档案，参与建设的各馆应主动进行宣传，鼓励引导社会力量利用资源库中的档案资源进行文化创意产品开发。

2. 保障知识产权

无论合作开发模式还是授权开发模式，档案文化创意产品的研发、设计均主要由文化公司等社会力量负责。档案机构不管选择哪种模式，在授权档案材料时，都要对公司的产品情况与设计人员进行了解，优先选择业绩良好、创意新颖、能够紧跟国内文化创意市场潮流的公司。而对于文化创意产品开发者来说，也要根据公司擅长的领域选择合适的档案机构进行合作。如果说合作开发与授权开发模式降低了档案馆所需承担的风险，那么众筹模式便降低了进行档案文化创意产品开发的开发方的风险。

档案文化创意产品开发中的知识产权保障有两个方面：一是档案资源中涉及的知识产权；二是档案文化创意产品的知识产权。档案资源中涉及的知识产权主要应当由档案机构负责厘清，减少不必要的知识产权冲突。在做好档案资源提供的同时，各档案机构也要注意筛选确认档案中涉及知识产权的内容，制定符合法律规范的政策办法，在社会力量对其进行开发时，要使之符合相关法规政策的规定，谨防侵权事件发生。而档案文化创意产品的知识产权，由于可能存在同一档案主题资源有不同开发者的情况，则需要鼓励开发档案文化创意产品的社会力量主动进行知识产权申请，档案机构也做好档案资源申请开发的记录，同时提醒各开发者主动了解过去是否有相似产品开发，避免知识产权纠纷。

（二）社会力量方面：做好产品调查，打造稳定 IP

1. 进行市场调研，锁定产品人群

获得授权的开发者在确定了要开发的档案文化创意产品主题后，应当进行市场调研，不同主题吸引的用户人群也会有所不同。文化创意产品归根结底是面向用户进行开发的产品，需要以公众需求为导向。档案文化创意产品开发者应充分了解所要开发主题的档案涉及的领域，利用大数据的特点划分出对相关领域感兴趣的人群，再对人群感兴趣的文化创意形式加以分析，从而确定最终要开发的档案文化创意产品形式。例如，要开发与丝绸相关的档案文化创意产品，"丝绸"与"汉服""帛书"等领域或话题相关，便可以通过大数据分析关注"丝绸""汉服""帛书"这些内容的人群会更倾向于购买哪些形式的文化创意产品，进而进行针对性的文化创意产品开发。同时，档案文化创意产品的类型也可以借鉴时下热门的文化创意产品类型，尝试多样化的档案文化创意产品。

2. 打造特色 IP

在文化创意产业领域，打造一个富有特色的文化创意 IP 对于拓宽和稳固文化创意产品的市场具有重要作用。借用众筹模式，可以大幅度降低文化公司产品开发成本与开发难度。有实力的开发者可以利用众筹模式先募集资金再进行生产制作的特点，围绕某一主题设计高质量的系列档案文化创意产品，如连续短片、叙事性的出版物等，并配合相关营销手段适当进行宣传，使之形成规模，激发受众继续消费的欲望，再根据主题制作更多其他类型的档案文化创意产品，进而形成档案文化创意产品 IP，从而获得可持续发展。实力较弱的开发者若想打造档案文化创意产品 IP，可以紧追社会热点，及时发掘热点当中与所开发的档案文化创意产品主题相关的信息，借助社会热点的话题获取公众关注。在获取一定关注度且热点话题衰退之前，根据产品自身特点，提炼出专属的产品 IP，逐步脱离社会热点的影响，为以后文化创意产品的持续产出吸引一批较为稳定的用户。

（三）众筹平台方面：选择众筹平台，做好产品沟通与宣传

档案文化创意产品开发者选择众筹平台要注意两项内容：一是众筹平台的用户规模与主要用户群体；二是是否有流畅的沟通渠道。档案文化创意产品作为比较冷门的文化创意分类，其基础用户量较低，但要达成众筹目标，也就是获取足够的开发资金，需要保证有足够的用户进行投资，因此所选择众筹平台的用户基数十分重要，用户基数大的众筹平台更容易达成众筹目标。此外，众筹期间也是产品不断进行完善的过程，流畅的沟通渠道可以保证项目开发者及时与投资了产品的用户沟通，补充完善产品的细节，满足用户需求。档案文化创意产品开发者可以借助档案机构的线上线下渠道进行档案文化创意产品宣传，良好的众筹平台本身也会带有一定的流量，帮助开发者获得更多支持者。

总之，在公众精神文化需求不断扩大的当下，档案文化创意产品对于丰富群众的精神文化生活具有重要意义。虽然目前国内档案文化创意产品开发早已处于起步状态，但与国内的文博文化创意和国外档案文化创意产业发展程度相比已然落后。本节尝试探索档案文化创意产品开发的新路径，也就是将众筹模式融入档案文化创意产品开发当中，从而降低档案文化创意产品开发的门槛，最大限度地推动档案文化创意产业的发展。基于众筹模式的档案文化创意产品开发只是众多开发路径之一，真正能够使档案文化创意产业持续发展的核心仍然是创新。只有不断创新，紧跟时代，才能使文化创意产品保持吸引力，促进档案文化创意产业的持续发展。

第八章

结 论 与 展 望

第 一 节　研 究 结 论

近年来，互联网、社交媒体和 Web2.0 技术的发展推动了参与式档案馆的兴起和档案众包的繁荣。加拿大档案学者特里·库克（Terry Cook）认为，西方档案界出现了方向性转变，第四范式呼之欲出，所谓第四范式即社会/社区范式——参与式档案及辅导员型的档案工作者，在这一范式中，档案工作者与社会/社区（既有城市和乡村中的真实社会/社区，又有网络空间社会媒体连接起来的虚拟社会/社区）一道共建共享档案①。历史档案开发利用众包便是第四范式在网络空间的重要体现。"随着采用转录技术（例如转录工具栏、Scripto）来增加公众参与，档案管理员在访问方面仍然是中间人。然而，他们的技能组合必须扩大到包括成为教育者、编辑和管理者，以促进馆藏材料和公众之间有意义的互动。"②

历史档案作为社会记忆的重要载体，其开发与利用关乎历史知识的传播与社会文化的延续。在信息技术迅猛发展的背景下，众包模式在历

---

① ［加拿大］特里·库克：《四个范式：欧洲档案学的观念和战略的变化——1840 年以来西方档案观念与战略的变化》，李音译，《档案学研究》2011 年第 3 期。

② Lorraine A. Dong, "Subtle Transformations: Increasing Participation and Access through Transcription", in Edward Benoit Ⅲ and Alexandra Eveleigh, eds. *Participatory Archives: Theory and Practice*, London: Facet Publishing, 2019, pp. 85－94.

史档案的开发利用中展现了巨大的潜力。通过将大众的智慧和力量引入到档案开发的过程中，档案众包模式有望解决传统档案开发过程中资源有限、效率低下、创新不足等问题。然而，众包模式的应用并非毫无挑战，需要在理论与实践的双重维度上进行深入探讨与优化。

一 历史档案开发利用众包模式的优势

第一，众包模式为历史档案开发利用引入了广泛的公众参与，使得档案开发的速度和规模得以显著提升，促进了公众对历史文化的认同与传承。传统档案工作往往依赖于专业的档案人员，受限于人力资源与时间成本的制约，档案的整理、分类、编目、鉴定等过程往往耗时较长。而通过众包模式，档案机构可以借助数以千计乃至上万计的公众力量，极大提高档案开发利用效率，降低档案开发在资金、时间、人力、物力等方面的投入和成本，改善档案获取渠道和开发质量，促进档案资源的深度开发。公众不仅加深了对历史档案的理解，还增强了文化归属感与认同感。这种互动式的参与机制，既是档案开发的助力，也是历史文化传播的重要途径。特雷弗·欧文斯（Trevor Owens）认为："众包为我们提供了一个机会，为个人参与和贡献公共记忆提供有意义的方式。众包不仅是一种工具，使我们能够更好地向最终用户提供内容，它实际上是最好的方式，让我们的用户参与到这些数字收藏存在的根本原因中。""我们能够让这些收藏的用户在收藏上留下印记。他们不再是浏览收藏品，而是真正地成为我们历史记录的作者。"①

第二，众包促进了档案机构社群驱动使命的达成。一方面，用户社群可以更好地了解馆藏并持续参与馆藏档案开发利用，加强了公众与馆藏档案以及与过去历史的联系和互动。另一方面，加深了档案机构与公

---

① Trevor Owens, "Making Crowdsourcing Compatible with the Missions and Values of Cultural Heritage Organisations", in Mia Ridge, ed. *Crowdsourcing Our Cultural Heritage*, Surrey: Ashgate, 2014, pp. 269—280.

众或社群的关系，档案机构可以更好地参与用户社群，是组织核心使命的延伸。安德森·索德·佩德森（Anders Sode-Pedersen）认为，"众包不是廉价劳动力和档案机构对人群的严格控制，而是与档案记录用户建立开放式的合作关系"①。

第三，众包模式的广泛应用使得档案开发的技术手段得到了创新与扩展。借助现代网络技术和平台，档案众包项目可以通过大数据、人工智能、区块链等技术手段优化任务分配、质量控制、激励机制等环节。特别是在数字化时代，档案的数字化、可视化、元数据管理等的应用都为众包模式的实施提供了重要的技术支撑。

二 众包模式应用中的挑战与局限

尽管众包模式在历史档案开发利用中展现了诸多优势，但其在实践中的应用仍然面临着诸多挑战与局限，它们包括但不限于以下方面：

第一，档案资源的开放性问题。历史档案的开发需要在信息安全、隐私保护与数据共享利用之间寻找平衡。特别是涉及敏感信息或未公开档案的项目，其开放性问题尤为复杂。

第二，众包模式的质量管控问题。由于众包项目参与者的专业水平参差不齐，部分参与者在档案整理、编目过程中可能存在误操作、低质量完成任务的情况。这种情况不仅可能导致档案资源的错误分类，还可能影响后续档案研究工作的质量。如爱德华·贝努瓦三世（Edward Benoit Ⅲ）和亚历山德拉·伊夫利（Alexandra Eveleigh）认为，参与性文化至少有可能颠覆目录的等级制度，也有可能颠覆记录、研究人员和档案管理员之间的权力关系。档案馆的用户参与倡议经常被一种恐惧所困扰，即担心投稿人可能是错误的，或者描述性数据可能被从档案馆的背景中抽离出来，而使用合作创作资源的研究人员可能不知何故毫无疑问

---

① Anders Sode-Pedersen, "Crowdsourcing: An Integrated Part of Archival Description", *Archiving Conference*, Vol. 11, No. 1, 2014, pp. 181−183.

或毫无根据地吞下所有这些内容①。因此，如何设计有效的质量控制机制、提高参与者的专业素养，成为众包模式应用过程中亟须解决的问题。

第三，众包项目的持续性与公众参与度问题。由于众包项目往往依赖于参与者的自愿贡献，而公众的热情和投入度可能会随着时间的推移而减弱。因此，如何设计有效的激励机制，吸引公众持续参与，成为档案众包模式长效运作的关键。如米娅·里奇（Mia Ridge）认为，"如果众包项目几乎不可避免地通过与人群的接触而改变（并变得更好），那么它们必然会给任何习惯于将网站启动视为他们积极参与项目的终点的组织和资助者带来挑战。对于许多组织来说，对于社区管理（如内容审核、沟通和进度更新）和维护内容供应所需的资源和工作流程相对较新，即使某些任务本身可以众包"②。

第四，档案众包模式的政策法规与信息安全挑战。在政策法规层面，尽管中国现有政策法规明确鼓励社会力量参与档案事务，但针对众包模式的具体规定仍显不足，缺乏明确的权责界定和规范指引，导致实践推广面临阻力。在信息安全和法律风险方面，公众匿名参与众包的安全性存在隐患，平台面临网络攻击、数据丢失等风险，公众上传档案和智力成果的知识产权保护问题亟待解决。一旦信息被盗用或滥用，可能威胁国家安全、社会利益及公众合法权益。因此，档案众包模式的推进需在政策法规、信息安全和法律保障上进一步完善。

三 国外经验的借鉴与启示

通过对美国、澳大利亚、英国、新加坡、加拿大、德国、荷兰等国

---

① Edward Benoit Ⅲ and Alexandra Eveleigh, "Defining and Framing Participatory Archives in Archival Science", in Edward Benoit Ⅲ and Alexandra Eveleigh, eds. *Participatory Archives: Theory and Practice*, London: Facet Publishing, 2019, pp. 1—12.

② Mia Ridge, "Crowdsourcing Our Cultural Heritage: Introduction", in Mia Ridge, ed. *Crowdsourcing Our Cultural Heritage*, Surrey: Ashgate, 2014, pp. 1—13.

档案众包项目的案例分析可以看出，成熟的档案众包项目往往具备较为完善的管理机制与多样化的公众参与方式。以美国国家档案馆（NARA）的档案众包项目为例，其通过平台化、智能化的任务分配方式，成功调动了大量公众的积极性，并在档案开发的质量和效率上取得了显著成效。

国外的成功经验为中国档案众包项目提供了重要借鉴。首先是平台的规范化与专业化建设，国外众包项目往往依托专业的技术平台，能够实现参与者与档案任务的高效匹配。其次是档案众包项目的开放性与灵活性，国外经验表明，适度开放档案资源，鼓励多样化的参与方式，能够极大地提升项目的社会影响力。

四 中国档案众包模式的未来展望

面对众包模式的机遇与挑战，结合国内外档案众包项目的经验与教训，中国档案众包模式可以在以下方面进行优化与创新。

第一，加强顶层规划和过程管理。一方面，强化合作网络和统一众包平台的建设。历史档案开发利用众包看似简单，实则需要大量的档案、人力、时间、物力、财力、技术等资源的投入，这对于基层小型档案机构来说困难重重，因此，未来历史档案开发利用众包的一大发展方向可能是图书馆、档案馆、博物馆等文化遗产机构合作网络的建立，或者一个系统内部建立类似公民科学平台 Zooniverse 这样统一的众包平台，它可以有效降低历史档案开发利用众包的技术壁垒，促进众包经验分享，扩大众包项目的参与人群，促进项目创新，这对于分散单个机构压力、降低历史档案开发利用众包项目风险、提升项目标准化和成功率至关重要。另一方面，将任务设计、技术平台、人群与社区管理、成果审核、知识产权、流程整合等要素置于过程管理框架下予以综合考量，同时项目团队在项目运行过程中应保持敏捷并时刻应对变化，加强历史档案开发利用众包项目的持续改进。

第二，进一步完善档案开放与隐私权以及知识产权保护的相关法律法规。明确众包参与者的权利与义务，为众包模式的顺利实施提供法律保障。通过设立透明的档案开放流程与标准，确保档案资源的开发利用既能最大化发挥其社会价值，又不侵犯个人隐私、知识产权和国家安全。

第三，建立健全的质量控制机制与激励体系。在保证档案开发效率的同时，必须确保任务完成的质量。通过引入任务审核机制以及分层次、差异化的激励制度，可以有效提升参与者的积极性与责任感。此外，应充分借助现代技术手段，如人工智能辅助审核、区块链记录任务进程等，以实现档案众包项目的高效管理与透明运作。

第四，众包模式的发展需与数字化技术的创新紧密结合。随着大数据、人工智能等技术的不断进步，未来的档案开发将不再局限于传统的人工操作，智能化的档案识别、整理、编目等技术将成为档案众包模式的重要助力。通过技术的创新与应用，未来的档案开发将呈现更加高效、智能的特点，众包模式也将因此焕发新的生机。伊夫·莱蒙德（Yves Raimond）等认为，"自动化数据永远不会完全准确，所以我们建立了众包机制，让用户更正和添加数据。然后，所得的众包数据用于改进存档中的搜索和导航，以及评估和改进我们的算法。作为这种反馈循环的结果，我们的存档和语义 Web 之间的相互联系正在不断改进。语义 Web 技术、自动化和众包的这种独特组合极大地减少了在线发布如此丰富的存档所需的时间和精力"①。叶曦认为，"随着科学技术的发展，为进一步提高档案转录工作的经济效益和社会效益，'AI＋众包'或将成为未来档案转录工作社会参与的新趋势"②。随着机器学习和人

---

① Yves Raimond，Tristan Ferne，Michael Smethurst and Gareth Adams，"The BBC World Service Archive Prototype"，*Web Semantics：Science，Services and Agents on the World Wide Web*，Vol. 27－28，2014，pp. 2－9.

② 叶曦：《档案转录工作的社会参与研究》，硕士学位论文，福建师范大学，2020 年。

工智能技术的发展，诸如档案著录、OCR 文本转录与校对、文字翻译、视频描述等低层次的众包任务可能会被人工智能技术所取代，但历史档案开发利用众包模式不会退出历史舞台，毕竟总有一些任务需要人脑计算，需要综合利用人类和机器智能的优势，因此人机混合型众包模式可能是历史档案开发利用众包模式未来的发展方向之一。

第五，积极探索历史档案开发利用多种类型众包模式的应用。除了微任务众包，历史档案开发利用还应积极探索应用众筹、众赛、宏任务众包等模式。事实上，中国档案机构或社会力量关于上述类型众包模式在实践中已有探索和实践，比如腾讯乐捐平台开展的历史档案开发利用公益性众筹、摩点众筹网站对历史档案文化创意产品的众筹开发、国家档案局等机构发起的"世界记忆·中国文献遗产创意竞赛"、八戒公采网站对历史档案开发利用的招投标采购等。由此可见，历史档案开发利用众包的部分实践已经走在了学界探讨的前面，互联网正以前所未有的规模和速度深刻影响着中国历史档案开发利用实践。档案机构应充分借助互联网的力量，依据自身需求选择合适的众包类型，助力历史档案开发利用转型升级。

第六，尝试更高层次历史档案开发利用众包任务。即像"旧天气"（Old Weather）和"战争部文件（1784—1800）"［The Papers of the War Department（1784－1800）］项目那样，鼓励公众参与贡献更多的档案新知识和研究问题，或在基于档案的参与式数字化项目中嵌入研究人员已经在执行的工作[①]，这样一来，历史档案开发利用众包将更具挑战性和创新性，公众智慧和知识共享将在档案开发利用中发挥更大作用。

综上所述，历史档案开发利用众包模式是适应数智时代背景的一种创新型模式，其通过调动公众力量，实现了档案开发利用的规模化与高

---

① Mia Ridge, "Crowdsourcing Our Cultural Heritage: Introduction", in Mia Ridge, ed. *Crowdsourcing Our Cultural Heritage*, Surrey: Ashgate, 2014, pp. 1－13.

效化。美国学者安妮·伯迪克（Anne Burdick）等在《数字人文——改变知识创新与分享的游戏规则》一书中提出："为了让资源能够更加迅速地被用户群体利用，我们需要充分运用元数据的自动生成、用户标记、众包等技术手段。总之，建立以用户为中心的档案库——而不是以文档或对象为中心的档案库——必须成为准则。档案库作为封闭保护基地的时代已经过去。"[①] 爱德华·贝努瓦三世（Edward Benoit Ⅲ）和亚历山德拉·伊夫利（Alexandra Eveleigh）认为，"归根结底，参与式实践的未来必然——在道德上——既掌握在那些研究其命运并试图影响其进程的人手中，也掌握在参与者手中。参与式档案馆的未来将取决于对话、交谈和参与"[②]。以历史档案开发利用众包模式为典型代表，社会力量在线参与档案事务本质上属于一种档案公共服务范式的变革，它需要以用户为中心，需要鼓励公众参与并加强与参与者的对话，它将公共数字档案资源推向了真正的民治、民有与民享，促进了档案资源开发利用模式的深度变革，对于密切档案机构与公众的关系、构建属于全体民众的集体记忆、建设更加亲民的公共档案馆意义深远。然而，众包模式在中国的应用仍然面临一系列挑战，亟须在法律法规、质量控制、技术创新等方面进行优化。通过借鉴国外的成功经验，结合中国的实际情况，可以预见，未来的档案众包模式将迎来更加广阔的发展空间，为中国档案事业带来新的活力与更大机遇，真正实现集智共创，达成助力档案强国的目标。

---

① ［美］安妮·伯迪克、约翰娜·德鲁克、彼得·伦恩费尔德、杰弗里·施纳普：《数字人文——改变知识创新与分享的游戏规则》，马林青、韩若画译，中国人民大学出版社 2018 年版，第 64 页。

② Edward Benoit Ⅲ and Alexandra Eveleigh, "Challenges, Opportunities and Future Directions of Participatory Archives", in Edward Benoit Ⅲ and Alexandra Eveleigh, eds. *Participatory Archives: Theory and Practice*, London: Facet Publishing, 2019, pp. 211—217.

第二节　研究局限

限于时间以及笔者个人的研究水平和能力，本书尚存在以下研究不足和局限之处：

第一，对于历史档案开发利用众包基础理论的探讨和深挖不足，例如，在线用户参与对于来源原则和档案分类等基础理论的影响、公众对历史档案开发利用众包成果的接受与使用、历史档案开发利用众包对于档案职业和档案工作者的影响等探讨不足。

第二，对于历史档案开发利用众包平台技术层面的探讨不足，如对于平台的技术框架、软件支持、平台设计与应用探讨不足，对于国外先进历史档案开发利用众包平台技术的学习借鉴不足。

第三，对于文化遗产众包、数字人文众包以及图书馆、博物馆等领域众包的研究或实践案例关注不足。

第四，本书研究方法主要以文献分析、案例分析、问卷调查等定性分析方法为主，定量分析方法运用不足，影响到数据的量化分析以及部分结论的科学性。

今后笔者将着力弥补上述研究局限，加强对该领域的持续研究，不断提升个人研究水平和能力，促进该研究领域的深化拓展，争取产出更多更高水平的研究成果。

第三节　研究展望

历史档案开发利用众包在国内外虽然已取得不少研究成果，本书也在这些成果的基础上进行了一定拓展和深化，但笔者认为该领域今后仍值得进一步继续拓展研究，具体表现在以下方面：

第一，历史档案开发利用众包模式的实践应用探讨。加快众包模式在中国档案实践部门的应用落地，基于真实场景探讨模式的应用问题。

第二，历史档案开发利用众包相关技术及其实验性应用研究。包括针对历史档案开发利用众包平台设计、技术架构、开源软件等方面的实验性应用研究，即将理论探讨做实，真正做到理论与实践（实验）相结合，探讨历史档案开发利用众包模式应用中的关键影响因素。

第三，历史档案开发利用众包或在线用户参与对档案学基础理论以及档案职业的影响研究。即对历史档案开发利用众包与学科理论以及档案行业实践的关系进行深度探讨，提升学界和业界对该模式的理性认识。

第四，人工智能技术对历史档案开发利用众包的影响研究。探讨历史档案开发利用众包在人工智能时代的发展趋势和应用前景，分析机遇、挑战以及应对策略。

第五，历史档案开发利用众包与数字人文、文化遗产众包、数据治理、参与式档案馆等领域的交叉融合研究。通过跨学科研究，推进历史档案开发利用众包与人文科学、信息技术、LAM 机构公共服务等领域的交叉融合研究。

第六，历史档案开发利用众包研究方法的融合创新研究。推进多元研究方法在历史档案开发利用众包研究领域的应用，提升研究的科学水平。

众包模式在中国国家档案馆历史档案开发利用中的应用现状与前景问卷

尊敬的先生/女士:

　　您好!感谢您在百忙之中填写问卷!互联网时代,依靠网络大众力量进行在线生产与创新的众包模式成为许多行业的热门选择。档案众包是档案机构将原本需要自己独立承担的档案开发利用业务(如征集,内容识别、校对与转录,贴标签,著录标引,翻译,注释,考证,编研等),依靠互联网平台以自由自愿的形式分配给非特定网络大众共同开展的创新模式。本问卷旨在了解中国国家档案馆(包括历史档案馆和各级综合档案馆)历史档案开发利用众包模式的开展情况和应用前景。整个问卷会花费 3—4 分钟时间,请您根据所在单位实际情况及个人实际感受如实填写,问卷采用匿名形式,我们保证所得数据仅用于科学研究与政策建议,不作他用,请您放心填写。有效问卷提交后经审核通过将发放 5 元红包以表感谢。

　　祝您工作顺利、万事如意!

国家社科基金"基于过程管理的历史档案开发利用众包模式研究"课题组

2021 年 8 月

1. 您是否为国家档案馆（历史档案馆或各级综合档案馆）工作人员？（　）（单选题 ＊必答）

A. 是

B. 不是

2. 您的年龄是（　）（单选题 ＊必答）

A. 25 岁以下

B. 26—35 岁

C. 36—45 岁

D. 46—60 岁

E. 60 岁以上

3. 您的最高学历是（　）（单选题 ＊必答）

A. 高中/中专及以下

B. 大专

C. 本科

D. 硕士及以上

4. 您的职称是（　）（单选题 ＊必答）

A. 正高级

B. 副高级

C. 中级

D. 初级

E. 其他（请描述）

5. 您的工作年限是（　）（单选题 ＊必答）

A. 1—2 年

B. 3—5 年

C. 6—10 年

D. 11—20 年

E. 20 年以上

6. 您所在的国家档案馆类型为 （　　）（单选题 ＊必答）

A. 历史档案馆

B. 综合档案馆

7. 您所在的国家档案馆级别为 （　　）（单选题 ＊必答）

A. 中央级

B. 省、自治区、直辖市级

C. 地、市、州、盟级

D. 区、县级

8. 您所在的国家档案馆地处 （　　）（单选题 ＊必答）

A. 东北

B. 华北

C. 华东

D. 华中

E. 华南

F. 西南

G. 西北

9. 您所在的职能部门类型是 （　　）（单选题 ＊必答）

A. 办公室

B. 人事

C. 档案馆室业务

D. 经济科技档案业务

E. 宣传教育

F. 档案接收征集

G. 档案保管保护

H. 档案利用开发

I. 信息技术

J. 编辑研究

K. 安全保卫

L. 财务保障

M. 机关党委

N. 其他（请描述）

10. 贵单位馆藏历史档案（1949 年以前形成的档案）大致数量为
（　）（单选题 ＊必答）

A. 无

B. 1 万卷（件）以下

C. 1—10.9999 万卷（件）

D. 11—30.9999 万卷（件）

E. 31—50.9999 万卷（件）

F. 51—100.9999 万卷（件）

G. 101—150.9999 万卷（件）

H. 151—200.9999 万卷（件）

I. 201—300.9999 万卷（件）

J. 301—500.9999 万卷（件）

K. 501—1000 万卷（件）

L. 1000 万卷（件）以上

11. 贵单位馆藏历史档案类型为（　）（多选题 ＊必答）

A. 旧政权档案

B. 革命历史档案

C. 其他（请描述）

12. 目前贵单位馆藏历史档案的数字化率为（　）（单选题 ＊必答）

A. 0％

B. 1％—10％

C. 11％—20％

D. 21％—40％

E. 41%—60%

F. 61%—80%

G. 81%—100%

13. 贵单位馆藏历史档案的开放率为（　　）（单选题 ＊必答）

A. 不开放

B. 10%及以下

C. 11%—20%

D. 21%—40%

E. 41%—60%

F. 61%—80%

G. 81%—100%

14. 贵单位馆藏历史档案的开发利用方式为（　　）（多选题 ＊必答）

A. 征集

B. 整理（分类、著录标引等）

C. 考证与鉴定

D. 翻译

E. 数字化及 OCR 识别校对

F. 保管与保护

G. 统 d 计

H. 借阅

I. 展览

J. 编研

K. 视频制作

L. 参考咨询

M. 其他（请描述）

15. 您对目前贵单位历史档案开发利用工作是否满意？（　　）（单选题 ＊必答）

A. 非常满意

B. 满意

C. 一般

D. 不满意

E. 非常不满意

16. 您觉得贵单位历史档案开发利用存在的问题是什么？（　）（多选题　*必答）

A. 重视不足

B. 档案鉴定不足

C. 档案开放率低

D. 历史档案专业知识要求高，开发利用难度大

E. 档案开发利用方式单一

F. 社会需求把握不准确

G. 人力、资金与时间不足

H. 信息化水平低

I. 内容挖掘不足，成果质量不高

J. 引入社会参与不足

K. 其他（请描述）

17. 您以前听说过众包吗？（　）（单选题　*必答）

A. 听说过

B. 没听说过

18. 下列哪个商品不属于水果？（　）（单选题　*必答）

A. 苹果

B. 香蕉

C. 牛肉

D. 橘子

19. 贵单位是否应用了档案众包模式？（　）（单选题　*必答）

A. 是

B. 否

20. 贵单位将众包应用于历史档案开发利用的何种工作？（　　）（多选题　＊必答）

A. 历史档案征集

B. 历史档案分类、著录、标引或贴标签

C. 历史档案翻译

D. 历史档案识别、校对、纠错与转录

E. 历史档案考证与鉴定

F. 历史档案保管

G. 历史档案统计

H. 历史档案背景描述、注释、编辑或评论

I. 历史档案数字化

J. 历史档案信息管理系统开发与维护

K. 历史档案编研

L. 历史档案视频制作

M. 历史档案信息参考咨询

N. 历史档案展览

O. 历史档案开发利用建言献策

P. 开发资金筹集

Q. 其他（请描述）

21. 贵单位将众包应用于历史档案开发利用的效果如何？（　　）（单选题　＊必答）

A. 好

B. 不好

22. 贵单位将众包应用于历史档案开发利用效果不好的原因是（　　）（多选题　＊必答）

A. 政策、法规、标准等制度保障不足

B. 档案信息安全和法律风险（隐私权、知识产权等）

C. 平台构建等信息化技术障碍

D. 群体选择与管理困难

E. 群体激励困难

F. 质量控制难度大

G. 组织机构无保障

H. 资金不足

I. 人才不足

J. 创新意识不足

K. 其他（请描述）

23. 您认为可以在中国国家档案馆历史档案开发利用中应用众包模式吗？（　）（单选题 ＊必答）

A. 可以

B. 不可以

24. 您认为不可以应用众包模式的原因是（　）（多选题 ＊必答）

A. 政策、法规、标准等制度保障不足

B. 档案信息安全和法律风险（隐私权、知识产权等）

C. 平台构建等信息化技术障碍

D. 群体选择与管理困难

E. 群体激励困难

F. 质量控制难度大

G. 组织机构无保障

H. 资金不足

I. 人才不足

J. 领导意愿不足

K. 单位创新意识不足

L. 单位引入社会参与意识不足

M. 其他（请描述）

25. 您觉得中国国家档案馆历史档案开发利用可以应用众包模式的原因是（　）（多选题 ＊必答）

A. 馆藏历史档案数量大且开发利用难度大，需要进行模式创新

B. 众包模式可降低档案开发成本，节省人力投入，提高开发质量和效率

C. 法规政策可行，《档案法》鼓励社会力量参与档案事业发展

D. 众包平台建设难度小，技术易实现

E. 网络用户庞大

F. 众包模式盛行，国内外已有不少档案众包成功案例

G. 历史档案大多为开放档案，涉密信息少，上网开展众包风险小

H. 国家档案馆资金保障充足

I. 国家档案馆人才济济

J. 更好满足公众需求，扩大档案馆的社会影响力

K. 其他（请描述）

26. 您觉得众包可以应用于历史档案开发利用的哪些具体工作？（　）（多选题 ＊必答）

A. 历史档案征集

B. 历史档案分类、著录、标引或贴标签

C. 历史档案翻译

D. 历史档案识别、校对、纠错与转录

E. 历史档案考证与鉴定

F. 历史档案保管

G. 历史档案统计

H. 历史档案背景描述、注释、编辑或评论

I. 历史档案数字化

J. 历史档案信息管理系统开发与维护

K. 历史档案编研

L. 历史档案视频制作

M. 历史档案信息参考咨询

N. 历史档案展览

O. 历史档案开发利用建言献策

P. 开发资金筹集

Q. 其他（请描述）

27. 您觉得目前将众包模式应用于贵单位历史档案开发利用的主要障碍和难点是（　　）（多选题　＊必答）

A. 政策、法规、标准等制度保障不足

B. 档案信息安全和法律风险（隐私权、知识产权等）

C. 平台构建等信息化技术障碍

D. 群体选择与管理困难

E. 群体激励困难

F. 质量控制难度大

G. 组织机构无保障

H. 资金不足

I. 人才不足

J. 领导意愿不足

K. 单位创新意识不足

L. 单位引入社会参与意识不足

M. 其他（请描述）

28. 您觉得中国国家档案馆历史档案开发利用如果采用众包模式应做好哪些工作？（　　）（多选题　＊必答）

A. 合法合规审查

B. 开放历史档案，加强档案上网鉴定

C. 组织、人才和资金保障

D. 明确众包内容

E. 选择或搭建众包平台

F. 分解与设置众包任务

G. 众包试验

H. 吸引与选择群体

I. 群体管理（培训、激励、社区交流与引导等）

J. 成果审核与汇总

K. 众包评价与持续改进

L. 加强过程管理

M. 其他（请描述）

29. 您对众包在贵单位历史档案开发利用中的应用前景有信心吗？
（　　）（单选题 ＊必答）

A. 非常有信心

B. 有信心

C. 一般

D. 没有信心

E. 非常没有信心

30. 您会向贵单位推荐应用众包模式吗？（　　）（单选题 ＊必答）

A. 强烈推荐

B. 推荐

C. 一般

D. 不推荐

E. 强烈不推荐

31. 开放问题：您对历史档案开发利用应用众包模式还有何其他看法？（填空题）

参考文献

一 著作

国家档案局政策法规研究司编：《境外国家和地区档案法律法规选编》，中国政法大学出版社 2017 年版。

黄国华、王强编著：《众包与威客》，中国人民大学出版社 2015 年版。

马费成、宋恩梅、赵一鸣编著：《信息管理学基础》，武汉大学出版社 2018 年版。

[美] 安妮·伯迪克、约翰娜·德鲁克、彼得·伦恩费尔德、杰弗里·施纳普：《数字人文——改变知识创新与分享的游戏规则》，马林青、韩若画译，中国人民大学出版社 2018 年版。

[美] 大卫·艾伦·格里尔：《众包》，肖江波译，人民邮电出版社 2015 年版。

[美] 杰夫·豪：《众包》，牛文静译，中信出版社 2009 年版。

[美] 杰夫·豪：《众包——群体力量驱动商业未来》，牛文静译，中信出版社 2011 年版。

中国档案学会编著：《新时代档案工作者的使命：融合与创新——2018 年全国档案工作者年会论文集》，中国文史出版社 2018 年版。

Edward Benoit Ⅲ and Alexandra Eveleigh, eds., *Participatory Archives*:

Theory and Practice，London：Facet Publishing，2019.

Edward Sallis，*Total Quality Management in Education*（3rd Edition），London：Routledge，2002.

Mia Ridge ed.，*Crowdsourcing Our Cultural Heritage*，Surrey：Ashgate，2014.

Richard J. Cox，*Personal Archives and a New Archival Calling：Readings，Reflections and Ruminadons*，Duluth：Litwin Books，2008.

二 论文

曹宇、孙沁：《〈加拿大图书档案馆法〉述评及其对我国〈档案法〉建设修改的启示》，《档案学通讯》2011 年第 1 期。

陈建：《社会力量参与公共档案管理的风险及其控制机制研究》，《浙江档案》2020 年第 8 期。

陈建：《适度可控与合作互动——社会力量参与公共档案管理的多元主体分析》，《档案管理》2020 年第 5 期。

陈建：《我国档案众包实践特点、问题及完善路径》，《浙江档案》2021 年第 12 期。

陈建、徐亚娟：《新〈档案法〉背景下我国档案众包的发展机遇、障碍与路径》，《档案与建设》2022 年第 10 期。

陈忠海、常大伟：《众筹模式在档案馆档案信息资源开发中的应用研究》，《档案学通讯》2014 年第 6 期。

楚艳娜、谭必勇：《档案基金会资金筹集与运用策略探析——以美国国家档案馆基金会为例》，《档案学研究》2017 年第 1 期。

楚一泽：《文创产品同质化下档案文创产品的困境与"突围"策略》，《浙江档案》2022 年第 5 期。

邓景峰、吴品才：《基于长尾理论的档案资源建设众包探析——以美国"公民档案者"项目为例》，《浙江档案》2020 年第 11 期。

董雨、周耀林：《"互联网＋"环境下档案信息资源建设众包模式研究》，《北京档案》2019 年第 2 期。

顾丽娅：《国外档案众包实践及启示》，《浙江档案》2015 年第 7 期。

郭笑红：《基于 SWOT 的档案众包理论应用分析》，《图书情报导刊》2016 年第 8 期。

锅艳玲、陈红：《我国档案众包质量控制探析》，《档案学通讯》2019 年第 3 期。

韩文婷、宋士杰、赵宇翔、朱庆华：《数字人文类众包抄录平台中任务绩效的影响因素研究——基于任务复杂度与领域知识视角》，《图书与情报》2019 年第 3 期。

胡娟、柯平：《我国图书馆数字人文项目建设经验与启示——以上海图书馆家谱知识服务平台项目为例》，《图书馆工作与研究》2022 年第 1 期。

霍建梅、李书宁：《图书馆数字馆藏建设用户参与激励机制探究》，《图书情报工作》2015 年第 2 期。

孔冠男：《英国：在月球存档》，《中国档案》2016 年第 2 期。

李曦：《基于威客模式的数字图书馆信息组织研究》，《图书馆学研究》2016 年第 23 期。

李燕：《基于国内威客网知识流程外包模式研究》，《图书情报工作》2011 年第 6 期。

李宗富、周晴：《4V 营销理论视域下的档案文化创意产品营销策略分析》，《档案与建设》2019 年第 12 期。

连志英：《公众参与数字档案资源社会化开发项目动机研究》，《档案学研究》2022 年第 4 期。

刘倩倩、夏翠娟：《家谱知识服务平台众包模式的设计与实现》，《图书馆论坛》2020 年第 5 期。

刘小琴：《基于众包模式的高校图书馆阅读推广研究》，《四川图书馆学报》2019 年第 6 期。

刘晓娟、刘慧平、潘银蓉:《国外数字人文类众包项目的实践经验与启示》,《情报资料工作》2021 年第 4 期。

刘幸昕:《威客模式:网络时代的互动式参考咨询》,《国家图书馆学刊》2007 年第 3 期。

陆承兆:《图书馆应用众筹模式的案例与分析》,《图书与情报》2014 年第 3 期。

罗宝勇、吴一诺:《社交媒体视域下档案文创产品开发策略研究》,《档案与建设》2019 年第 11 期。

聂勇浩、董子晗:《档案信息资源建设中众包的实施框架与路径》,《档案学通讯》2019 年第 4 期。

聂云霞、吴一诺:《公众视域下档案文创产品开发策略研究》,《档案与建设》2019 年第 5 期。

裘丽:《档案众包质量管理及评价体系研究》,《档案与建设》2017 年第 9 期。

曲春梅、刘晓雨、王溶琨:《档案开放促发展　数据共享惠民生——2022 年中国档案利用体系建设发展报告》,《中国档案》2023 年第 3 期。

孙洋洋:《基于众包模式的档案馆信息资源协同共建研究》,《浙江档案》2015 年第 11 期。

谭必勇:《从文化层面解读加拿大公共档案馆的早期发展模式》,《档案学通讯》2015 年第 4 期。

唐竟、仇壮丽:《历史档案著录"众包"研究》,《档案时空》2016 年第 4 期。

王协舟、王露露:《"互联网＋"时代档案工作改革的几点思考》,《档案学通讯》2016 年第 5 期。

王玉珏、张晨文、陈洁:《美国国家档案馆公众教育服务的发展》,《档案学研究》2017 年第 5 期。

王知津：《创新型的知识机构——新组建的加拿大图书档案馆》，《档案学通讯》2005 年第 4 期。

夏翠娟、刘炜、陈涛、张磊：《家谱关联数据服务平台的开发实践》，《中国图书馆学报》2016 年第 3 期。

夏佳静、陈建：《探索与蜕变：中国档案众包实践探析》，《山西档案》2022 年第 2 期。

徐孝娟、赵泽瑞、贾海洋、史如菊：《国外数字人文众包个人信息保护研究及启示——以网站运营者"隐私政策"为视角》，《现代情报》2023 年第 2 期。

徐拥军、王兴广：《治理视域下档案服务外包安全监管研究》，《档案学研究》2022 年第 4 期。

晏秦：《档案信息资源开发大众参与激励机制探析》，《北京档案》2017 年第 3 期。

姚明：《美国"Citizen Archivist"项目研究：驱动因素、业务内容、启示借鉴》，《档案管理》2021 年第 1 期。

原良娇：《美国国家档案馆的社交媒体战略》，《北京档案》2014 年第 5 期。

詹逸珂：《数字人文项目前端历史档案资源众包探析：特征、风险及其控制》，《山西档案》2020 年第 2 期。

张林华、原婧妍：《美国国家档案馆促进公众参与的策略及启示》，《浙江档案》2021 年第 9 期。

张素芳、张向怡虹：《图书馆数字人文类众包项目志愿者服务模式研究——以 By the People 项目为例》，《图书馆学研究》2022 年第 4 期。

张卫东、韩效东：《图博档数字资源的众包模式研究》，《情报理论与实践》2016 年第 10 期。

张卫东、陆璐、左娜：《网络用户参与 LAM 机构众包的意愿及影响因素研究》，《现代情报》2018年第8期。

张熙、倪丽娟：《长尾理论在档案众包中的应用研究》，《北京档案》
　　2022年第6期。

张轩慧、赵宇翔、刘炜、朱庆华：《数字人文众包抄录平台用户体验优
　　化的行动研究：基于社会技术系统理论》，《中国图书馆学报》2020
　　年第5期。

张轩慧、赵宇翔、宋小康：《数字人文类公众科学项目持续发展阶段的
　　公众参与动因探索——基于盛宣怀档案抄录案例的扎根分析》，《图书
　　情报知识》2018年第3期。

章成志、赵华、李蕾、肖璐：《中英文图片标签质量差异比较研究——
　　以Flickr为例》，《情报理论与实践》2018年第4期。

赵栋祥：《公众科学平台：发展现状、服务实践与启示——以Zooniverse
　　为例》，《图书情报工作》2018年第17期。

赵梦媛、魏莹莹、杨航、曹玉：《北美国家档案馆网站用户参与特色模
　　块分析——以美国国家档案与文件署DocsTeach与加拿大国家图书档
　　案馆Co-Lab模块为例》，《北京档案》2020年第2期。

赵雪芹、邢慧：《家谱知识服务平台用户持续使用意愿研究——以上海
　　图书馆家谱知识服务平台为例》，《图书馆》2019年第3期。

赵亚婷、蔡文：《基于IP运营视角的档案文化产品开发策略研究》，《浙
　　江档案》2020年第7期。

赵屹、陈晓晖、方世敏：《Web2.0应用：网络档案信息服务的新模
　　式——以美国国家档案与文件署（NARA）为例》，《档案学研究》
　　2013年第5期。

赵宇：《档案众包平台的构建及运行机制研究》，《浙江档案》2016年第
　　4期。

赵宇：《"互联网＋"时代数字档案信息资源建设的众包策略探究》，《档
　　案管理》2017年第2期。

赵宇翔、练靖雯：《数字人文视域下文化遗产众包研究综述》，《数据分析与知识发现》2021 年第 1 期。

周枫：《大数据时代档案馆的特征及发展策略》，《档案与建设》2013 年第 8 期。

周文泓、黄榆涵、洪页子、李晓昱：《档案机构对社交媒体的多元化应用探究——基于 NARA 的调查与启示》，《档案学研究》2018 年第 3 期。

周文泓、张宁：《开放政府框架下档案工作的进展与展望——基于 NARA 开放政府行动的分析》，《山西档案》2017 年第 2 期。

朱莉：《档案文化创意产品开发阻碍因素及策略分析》，《档案与建设》2016 年第 9 期。

Amber L. Cushing, "'We've No Problem Inheriting That Knowledge on to Other People': Exploring the Characteristics of Motivation for Attending a Participatory Archives Event", *Library & Information Science Research*, Vol. 40, No. 2, 2018.

Anders Sode-Pedersen, "Crowdsourcing: An Integrated Part of Archival Description", *Archiving Conference*, Vol. 11, No. 1, 2014.

Andrée J. Rathemacher, "Crowdfunding Access to Archives", *Library Journal*, Vol. 140, No. 2, 2015.

Andrew Walsh, "The Potential for Using Gamification in Academic Libraries in Order to Increase Student Engagement and Achievement", *Nordic Journal of Information Literacy in Higher Education*, Vol. 6, No. 1, 2014.

Debra A. Riley-Huff, Kevin Herrera, Susan Ivey and Tina Harry, "Crowdfunding in Libraries, Archives and Museums", *The Bottom Line*, Vol. 29, No. 2, 2016.

Javier Stanziola, "Some More Unequal Than Others: Alternative Financing for Museums, Libraries and Archives in England", *Cultural Trends*, Vol. 20, No. 2, 2016.

Jeff Howe, "Crowdsourcing: Why the Power of the Crowd is Driving the Future of Business", *Crown Business*, No. 6, 2008.

Jeff Howe, "The Rise of Crowdsouring", *Wired*, Vol. 14, No. 6, 2006.

Karim R. Lakhani and Jill A. Panetta, "The Principles of Distributed Innovation", *Innovations*, Vol. 2, No. 3, 2007.

Karin Hansson and Anna Näslund Dahlgren, "Crowdsourcing Historical Photographs: Autonomy and Control at the Copenhagen City Archives", *Computer Supported Cooperative Work*, Vol. 31, No. 1, 2022.

Kassandra Gahagan, J. Mitchell Vaterlaus and Libby R. Frost, "College Student Cyberbullying on Social Networking Sites: Conceptualization, Prevalence, and Perceived Bystander Responsibility", *Computers in Human Behavior*, Vol. 55, No. 7, 2016.

Laura Schnitker, "Archives, Advocacy and Crowd-Sourcing: Towards a More Complete Historiography of College Radio", *Journal of Radio & Audio Media*, Vol. 23, No. 2, 2014.

Lee Seo Yeon and Kim Min, "A Study on Designing Cultural Products through Heritage Archiving—Focused on the Case of Korea's First Stamps Crowdfunding", *Journal of Basic Design & Art*, Vol. 21, No. 5, 2020.

Leping You and Yu-Hao Lee, "The Bystander Effect in Cyberbullying on Social Network Sites: Anonymity, Group Size, and Intervention Intentions", *Telematics and Informatics*, Vol. 45, No. 12, 2019.

Mark Finnane, Andy Kaladelfos and Alana Piper, "Sharing the Archive: Using Web Technologies for Accessing, Storing and Re-using Historical

Data", *Methodological Innovations*, Vol. 11, No. 2, 2018.

Matt Enis, "Industry: T160k to Help Catalog Timbuktu Manuscripts", *Library Journal*, Vol. 140, No. 3, 2015.

Renée Sieber and Victoria Slonosky, "Developing a Flexible Platform for Crowdsourcing Historical Weather Records", *Historical Methods: A Journal of Quantitative and Interdisciplinary History*, Vol. 52, No. 3, 2019.

Ruud Hortensius and Beatrice de Gelder, "From Empathy to Apathy: The Bystander Effect Revisited", *Current Directions in Psychological Science*, Vol. 27, No. 4, 2018.

Samantha Blickhan, Coleman Krawczyk, Daniel Hanson, Amy Boyer, Andrea Simenstad and Victoria van Hyning, "Individual vs. Collaborative Methods of Crowdsourced Transcription", *Journal of Data Mining and Digital Humanities*, No. 12, 2019.

Sara Bushong, Susannah Cleveland and Christopher Cox, "Crowdfunding for Academic Libraries: Indiana Jones Meets Polka", *The Journal of Academic Librarianship*, Vol. 44, No. 2, 2018.

Sultana Lubna Alam and John Campbell, "Temporal Motivations of Volunteers to Participate in Cultural Crowdsourcing Work", *Information Systems Research*, Vol. 28, No. 4, 2017.

Tim Causer and Valerie Wallace, "Building a Volunteer Community: Results and Findings from Transcribe Bentham", *Digital Humanities Quarterly*, Vol. 6, No. 2, 2012.

Tim Causer, Justin Tonra and Valerie Wallace, "Transcription Maximized: Expense Minimized? Crowdsourcing and Editing the Collected Works of Jeremy Bentham", *Literary and Linguistic Computing*, Vol. 27, No. 2, 2012.

Tizian Zumthurm and Stefan Krebs，"Collecting Middle-Class Memories? The Pandemic，Technology，and Crowdsourced Archives"，*Technology and Culture*，Vol. 63，No. 2，2022.

W. A. Shewhart，"Economic Quality Control of Manufactured Product"，*Bell System Technical Journal*，Vol. 9，No. 2，1930.

Xuanhui Zhang，Si Chen，Yuxiang Chris Zhao，Shijie Song and Qinghua Zhu，"The Influences of Social Value Orientation and Domain Knowledge on Crowdsourcing Manuscript Transcription：An Empirical Investigation of the Transcribe Sheng Project"，*Aslib Journal of Information Management*，Vol. 72，No. 2，2020.

三　报纸

洪伟成：《上海图书馆升级家谱平台：用户可以在线上传家谱了》，《中国文化报》2019 年 5 月 22 日第 6 版。

梁继红：《光影声色：数字重建北京城市记忆》，《中国档案报》2015 年 12 月 14 日第 3 版。

后　记

　　本书是我于 2018 年申报的国家社会科学基金青年项目"基于过程管理的历史档案开发利用众包模式研究"（项目批准号：18CTQ039）的最终研究成果，该成果于 2023 年被全国哲学社会科学规划办公室予以鉴定结项。在本书的撰写过程中，许多人给予了我无私的帮助和支持。首先，我要深深感谢课题组的徐亚娟、祝一、丁越、刘金芝、田艳罗、徐璐瑶、李可儿等同学，他们为国外档案众包项目的调研付出了大量心血；李蕙名、丁越、陈萌雨、周若菲、周玉秋、林彧等老师和同学则在部分理论问题和案例研究中倾注了智慧与努力。感谢刘金芝、祝一、丁越、徐亚娟、王天卓、朱明涛、赵婧羽、樊华、李梓杰、陈萌雨、张建伟、张嘉玮、徐正楚、徐璐瑶、任婧怡、吴悦、马诗芮、林彧、闫月娟、吴琳琳、梁颖娴、李可人、周若菲等同学，他们在外文翻译中所展现的辛勤与专注令我深受感动。此外，感谢国家社科基金各位匿名评审专家在项目结项评审中给予的宝贵修改意见，有助于我在本书出版之前能有针对性地予以充实、修订和完善；众多档案实践部门的同仁在历史档案开发利用众包模式的问卷调查中给予了大力支持，我深感幸运并致感谢。我要特别感谢我的博士生导师——中国人民大学胡鸿杰教授，他在百忙之中拨冗为本书作序，这份关怀与鼓励令我感念于心。感谢此书的责任编辑中国社会科学出版社刘艳女士，她在书稿的每一个细节上都付出了辛勤的劳动，其专业精神让我感到敬佩。最后，我要感谢国家社会科学基金规划办以及山东大学历史学院对本书撰写与出版的资助。限于学识，书中难免有不足之处，恳请各位方家批评指正。

陈　建

2025 年 4 月于山东大学